學燈

香港浸會大學孫少文伉儷人文中國研究所 主辦

第二輯

上海古籍出版社

編輯委員會

弁　言

　　《學燈》第二輯的編輯工作，自 2014 年 5 月就已經開始了，至今已有三年之久。本期的編輯工作，是先由一些同仁作爲欄目主持人，提出專欄選題，然後再徵文以成編。賴各界同道鼎力支持，共計收文三十八篇，審定刊發十九篇，分別爲"古史系統研究"兩篇，"先秦名辯思潮研究"兩篇，"唐以前歷史敘述新研究"四篇，"四書學專題"兩篇，"海德格爾研究"一篇；一些專欄之外的文章，編爲"研究反思"兩篇，"佚文叢殘"兩篇，"書評書話"四篇，計約三十二萬字。除佚文叢殘外，所有文章都經過兩名匿名評審人審議，很多文章都經過了再次審議與修訂。專欄主持人據定稿文章，撰寫導語。惟喬秀岩因工作變動等原因，其專欄由黃振萍寫了跋文。"書評書話"專欄有書評三篇，本刊曾致信原書作者，諮詢是否有回應，原書作者均表示不回應。

　　專欄選題中的各篇文章，都有導語或跋文，在此就不一一介紹了。專欄之外編成的"研究反思"專欄，收有李幼蒸先生的《中西哲學互動問題芻議——論必須建立獨立自主的中國人文科學理論體系》，此文可謂"知我者，謂我心憂，不知我者，謂我何求"。陳偉先生的《有關"楚簡"的幾點思考》，則是在具體的研究中，由微觀上升到宏觀的反思，探討了"楚簡"的定義和來源。"佚文叢殘"專欄，收有金景芳先生在復性書院所撰《尚書戈春》一文，不僅可爲《尚書》研究者之助，更可考見復性書院諸多史事。李達麟先生的《玄秘塔碑之惑——大字本·通行本》一文，對於書法家、書法研究者、愛好者則可謂平地驚雷，他認爲通行的柳公權書《玄秘塔》碑乃贗品重刻，提供了多張原拓照片與今本照片的對比圖。"書評書話"專欄，收有蕭旭先生的兩篇書評：《王天海〈荀子校釋〉評論》、《張覺〈韓非子校疏〉評論》，詞鋒銳利，所論當前頗有好評的兩部子書新釋作品，是非對錯，端賴讀者鑒之。游逸飛先生的書評《製造辛德勇——從〈製造漢武帝〉反思歷史事實、歷史書寫與歷史學家之間的關係》，僅題目就可謂饒有趣味，如果要挑選評論《製造漢武帝》之作品，相信讀者一定不會錯過。張俊毅、祁逸偉的《李純甫〈鳴道集説〉研究述評》，評述近百年來《鳴道集説》的整理與研究狀況，對於據《鳴道集説》來研究宋代、金代理學與宗教思想者，頗有裨益。

　　本輯的作者群,可謂展示了《學燈》的風格。其中既有學界長輩如李幼蒸、葛志毅、陳偉,也有中青年專家如王志平、鄭開,更多的則是年輕學者。"唐以前歷史叙述的新研究"專欄最先編成,作者當時都是在讀博士生;而張俊毅、祁逸偉兩位作者,目前還是應屆本科畢業生。作者中既有專職科研人員,也有"圈外"的獨立學人如李幼蒸、李達麟、蕭旭。

　　《學燈》第三輯已經在編輯過程中,我們設定了六個專欄:先秦美學,《莊子》要義研究,四書學,明清思想史反思,現代西方哲學,印度哲學,也歡迎其他文章及書評,略付薄酬。望學界同仁繼續支持《學燈》!

目　録

弁言　　　　　　　　　　　　　　　　　　　　　　　　　　　　／　1

古史系統研究

專欄導語　　　　　　　　　　　　　　　　　　　　　李　　銳／　3

司馬遷《史記》先秦史分期框架全璧之論擬　　　　　葛志毅／　4

黃帝子孫與族群認同　　　　　　　　　　　　　　　王志平／　22

先秦名辯思潮研究

專欄導語　　　　　　　　　　　　　　　　　　　　　江向東／　47

始制有名與道隱無名

　　——道家名學研究新論　　　　　　　　　　　　鄭　　開／　49

作爲方法的正名

　　——研究孔子正名思想的基本思路　　　　　　　苟東鋒／　85

唐以前歷史叙述新研究

《漢書》列傳編纂研究　　　　　　　　　　　　　　曲柄睿／　103

正史與譜牒之間：論裴松之《三國志注》中的世系注　聶溦萌／　129

《三國志·趙雲傳》所見之人物同傳的意義　　　　　柴　芃／　146

再造禮樂：關於王肅形象的歷史書寫　　　　　　　沈　琛／　156

跋　　　　　　　　　　　　　　　　　　　　　　　黃振萍／　177

四書學專題

專欄導語　　　　　　　　　　　　　　　　　　　樊沁永 / 181

清末王覺一《大學解》之"學天"思維與人性論　　　鍾雲鶯 / 183

《論語》的身心觀探究　　　　　　　　　　　　　李明書 / 201

海德格爾研究

專欄導語　　　　　　　　　　　　　　　　　　　朱清華 / 215

從海德格爾檢視尼采的"超人"之自由　　　　　　　梁寶珊 / 217

研究反思

中西哲學互動問題芻議

　　——論必須建立獨立自主的中國人文科學理論體系　李幼蒸 / 237

有關"楚簡"的幾點思考　　　　　　　　　　　　陳　偉 / 267

佚文叢殘

尚書戈春　　　　　　　　　　　　　　　　金景芳　著 / 275

跋　　　　　　　　　　　　　　　　　　　　　　呂文郁 / 295

玄秘塔碑之惑

　　——大字本·通行本　　　　　　　　　　　　李達麟 / 300

書評書話

王天海《荀子校釋》評論　　　　　　　　　　　　蕭　旭 / 315

張覺《韓非子校疏》評論　　　　　　　　　　　　蕭　旭 / 328

製造辛德勇

　　——從《製造漢武帝》反思歷史事實、歷史書寫與歷史學家之間的關係

　　　　　　　　　　　　　　　　　　　　　　　游逸飛 / 340

李純甫《鳴道集説》研究述評　　　　　　　張俊毅　祁逸偉 / 349

古史系統研究

專 欄 導 語

李　鋭

　　古史系統研究專欄，初衷是有見於五種社會形態的討論被放棄之後，三代之前的古史"失語"，學界慣常拿考古學的時代劃分來代替之，或再輔以五帝時代。但考古學和歷史學雖有緊密聯繫，畢竟亦有區別。而三皇五帝的古史系統，據說早已被疑古派給打破。故當前重用五帝的古史系統，嚴格說來尚缺少學理證明。因而目前三代之前的古史系統，實尚待建立。當前，顧頡剛的層累說，蒙文通的上古民族三系說，楊寬的神話分化說，仍然影響著史學界，其餘圖騰之說，神守、社稷守之說，酋邦之說，考古學的文明起源說，巫史之說等，也有較大影響，但莫衷一是。以上諸說，是否有可采可廢，重鑄新說的可能？是否要另用新的理論來討論古史系統問題？就歷史學或歷史學與考古學的結合來看，是否可以在現階段達成一定共識，建立一個古史系統？諸多問題，實有待更多的討論和研究。

　　本期所登兩篇文章，所論合題，但著眼點却又有所不同。葛志毅先生的《司馬遷〈史記〉先秦史分期框架全璧之論擬》一文，重點在於說明司馬遷潛在史學意識中關於先秦史分期框架已爲三皇之說留下了位置。王志平先生的《黃帝子孫與族群認同》一文，則由近年的黃帝祭典之爭出發，引出以"黃帝子孫"爲中國近代國族建構的産物之說，引經據史以批評之，并追溯"黃帝子孫"的由來，認爲這個古史系統可能是於東周時期的楚國出於文化認同，把自己的固有世系與華夏黃帝、顓頊一系合譜的結果。

　　兩文可謂有同有異，大同大異。葛先生之文，可謂由司馬遷之《史記》說明三皇五帝之說的淵源有自；王先生之文則說明黃帝子孫之說的其來久遠。前文或許言外之意在反駁疑古派廢三皇五帝系統之說，後者則文中明用顧頡剛論《國語》之舊說論黃帝古史系統之由來。

　　讀者諸君覽文之餘，自可對有關問題有自己之意見及思索。但兩文所發覆索隱之對象，却均可謂路標，可指引後來者進一步的研究。

司馬遷《史記》先秦史分期
框架全璧之論擬

葛志毅

【提　要】綜據《史記》之《五帝本紀》、夏商周《三王本紀》以及《三代世表》、《十二諸侯年表》、《六國年表》等所記內容，其先秦史分期似應爲五帝、三王、春秋五伯及戰國七雄四大段。但司馬遷曾論天道三五之運，此唯三皇、五帝、三王、五伯之人事歷史世運之次，足以相副。司馬遷尊經崇儒，自述其本六經修史之志，六經以《易》爲首，故"正《易傳》"必首稱伏羲。《史記》相關敘事中又每以伏羲、神農置於黄帝前，此大體合於三皇五帝之系統組合形式，此類例證頗有。總之，深入剖析《史記》記載內容，種種跡象表明，唯應在五帝前再冠以三皇，排成三皇、五帝、三王、五伯及七雄之歷史運次，方合司馬遷潛在史學意識中關於先秦史分期框架之全璧。

【關鍵詞】《史記》先秦史分期　三五之運　三皇　五帝　三王　五伯　七雄　尊經崇儒

　　《史記》以《五帝本紀》置於卷首，此若從至少春秋戰國以來已盛傳之三皇五帝視角視之，實爲一缺憾。且漢代起，三皇五帝說愈盛，那麼，既列五帝，如何無三皇？於是唐人司馬貞補作《三皇本紀》，以慰讀史者之望。但由於所據多爲緯書材料，頗爲人所質疑批評。但緯書淵源有自，決非無本無源之物，其應出自口耳相傳的古代，書諸竹帛相對較晚，其中無疑保存諸多早期先民的歷史記憶，皆不容輕否。司馬遷曾盛稱天道三五之運，其說自先秦以來頗多述及；先秦屢見記載的天地人三才說等，似此皆與三皇五帝說之產生，有密切關聯，亦皆爲考求探究之資。司馬遷尊經崇儒，自言本六經修史之志，因謂首正《易傳》，數稱伏羲、神農、黄帝以來。循此稽考，尤其是對《史記》相關記載的剖析比證，頗可見司馬遷潛在史學意識中的三皇影響。故本文欲以《史記》自身的記載爲主，旁及經傳文獻諸書，參伍錯綜，深入剖析稽考，比勘推求，冀爲《史記》先秦史分期排出三皇、五帝、三王、五伯及七雄的框架完璧。其盼同志諸人留意焉。

一、"天運三五"與司馬遷的歷史觀

張守節《史記正義論例·論史例》曾謂太史公作《史記》,起黃帝迄于漢武帝天漢四年,又作《十表》,"象天之剛柔十日,以記封建世代終始也。"[1]按"封建世代"主要指分封制建立維繫的社會歷史時代。考《史記》所記,大體起於黃帝迄漢初武帝時代前後。秦統一,是古代分封制終結的標誌,中古郡縣制的開始;但分封與郡縣兩種制度的交替變化,大致要到漢武之世中央集權體制的再次强化,方始完成。故謂《史記》所記乃"封建世代終始",不爲無理。只是事物的發展轉變,前後需經一個過程。如秦以武力强制統一六國,社會政治、經濟及文化上的全面轉型過程,由此僅始啟端緒。因秦以武力禁制天下的慣性思維定式還在延續,故整個社會難於發生大的合理變化。經秦漢之際的掃蕩破壞,天下生氣斫喪殆盡,武力禁制已無從談起;再經漢初幾十年的自然恢復,社會才按照自身的生存願望,走上正常的生存機理秩序。如此才可能實現與前一時期的歷史告別,并開啟新的社會生活過程。那麼,從分封嚮郡縣的制度轉變必須有個過程,與此相關的過渡期從戰國後期經秦統一直至漢武時代前後。

由於戰國秦漢之際此封建世代終始所引起的社會歷史動蕩,乃是三代以來最爲劇烈的一次狂野衝擊,它對整個社會必産生極大心理影響,身爲史家的司馬遷必然也受到相當的思想刺激,從而成爲其歷史觀形成的重要原因之一。這是我們在此注意論説封建世代終始的重要原因所在。同時,《史記》這部曠世之作的出現,亦必與此亙古罕見之世運巨變關係密切。

中國古代史似昭示這樣一個道理,即一個社會必至居上位者暴殄驕奢至極,在下位者決絶至求生無望時,於是一時俱起,上下并爭,共同尋求彼此渲泄化解戾氣的社會出路,這導致必將出現一個無盡的掃蕩破壞過程,此過程不達掃蕩破壞至一切無餘的地步,決不罷手。當社會元氣斫喪淨盡,所有破壞力量竭盡無餘,於是乃有一絲天地生氣複萌於巨劫之後的灰燼餘瀝之中,使新的社會生機爲之再現,天人全體亦進入新一輪的復蘇希望。此殆即所謂大亂及於大治的循環之"真理"。秦漢之際的社會暴亂與破壞,即演示了這樣一場由浩劫降臨再至劫盡復蘇的殘酷歷史全景,也完成了一個以傷痛破壞爲結果的社會歷史週期。此即"封建世代終始"落幕降臨之際,呈現在人們面前的那一幕殘破衰蔽、劫後餘生再至喘息復蘇的社會歷史過程。當"天地閉,賢人隱"[2]的否極之世過後,爲開啟新的歷史世運,必須有聖賢出而總結收拾歷史,

---

[1] [日]瀧川資言等《史記會注考證附校補》上冊,上海古籍出版社,1986年,頁6。
[2] 《易·文言傳》。

以給世人生的啟迪。司馬遷受到思想上終始盛衰的巨變刺激,亦領悟到改正朔、易服色歷史使命之迫切,痛感必須有聖賢出而以儒家六經爲指導,宣示治道,撥亂反正,以爲重啟歷史世運的大法明鑒。他亦當仁不讓,以周公、孔子後五百歲世出的聖賢自命,發願修史,用以勵世喻民。是乃司馬遷欲奉六經修史的社會歷史思想背景,爲此且明揭"究天人之際,通古今之變,成一家之言"的史家宏旨。《太史公自序》中自言爲繼孔子《春秋》修史,須秉持六經傳統,爲此首當正《易傳》,稱曰"伏羲至純厚,作《易》八卦"。故《史記》雖首列《五帝本紀》,但他心中的文明開闢史,乃以純樸天成的伏羲時代爲起始。因爲伏羲畫卦,乃文明始啟的源頭,亦爲黃帝"成命百物,明民共財"[1]的人文先導。黃帝之後以堯舜三代之聲明文物制度爲盛,迄于周幽、厲之世轉衰,至春秋戰國之時乃三代以來世運變化之極,接下來承弊易變,開出貞下起元之新局。對於這樣的終始盛衰變化,司馬遷胸中已形成自己的史家洞鑒,并在他融會貫通於心的"三五之運"睿智中得到闡釋總結。

司馬遷提出天數三五作爲觀察天運世局變化的法則樞紐。《史記·天官書》:

> 夫天運三十歲一小變,百年中變,五百載大變,三大變一紀,三紀而大備。此其大數也。爲國者必貴(貫)三五,上下各千歲,然後天人之際續備。

又曰:

> 爲天數者,必通三五,終始古今,深觀時變,察其精粗,則天官備矣。

《索隱》謂"三五"即三十歲一小變,五百歲一大變。按"三五"并非司馬遷的發明,實前有所承,如《楚辭·九章·抽思》:"三五之象",《尚書大傳》:"三五之運",《史記·孔子世家》:"三五之法"。"三五"乃天運大數,可作爲參照根據觀察歷史世運的變化。按"三大變一紀,三紀而大備",一紀爲1520年,三紀一元,4560年,乃一大的天文曆法週期,亦爲天文三五之數的範疇,又稱之爲曆元[2]。司馬遷對天運三五的認識,是他對由三五概念構建起的歷史體系認識的基礎,相關如三皇、五帝、三王、五伯的概念,在其歷史敘述中皆已涉及。

三五之運最初僅是與天文運行週期相關的概念,在人事法天的理念作用下,於是用之於解釋社會人事歷史的範疇。三五之運較早僅是抽象的概念框架,最早雖有三皇五帝三王五伯之說,但關於皇、帝、王、伯的具體人物實指,尚未明確界定,至少《周官·春官·外史》中的"三皇五帝"是如此,後來見於《文子》、《莊子》、《呂氏春秋》中的三皇五帝、三王五伯概念大抵如此。就是說,受三五之運說的影響,較早已形成三皇

---

[1] 《國語·魯語上》。
[2] 陳遵媯《中國天文學史》中冊,上海人民出版社,2006年,頁998,注6。

五帝三王五伯的數字概念框架,但具體的皇、帝、王、伯人選之充實確定,并未同時形成,而是大約遲至秦漢時代才最終完成。察《史記》所載,可見到些相關跡象,但并不完。司馬遷明確提出三五之運的概念,但與三皇五帝三王五伯具體人選之完全確定,尚有距離,整個概念人物之指實還在醞釀形成中。如夏商周三王至少因有相關三本紀可爲明證,五帝已坐實於《五帝本紀》,三皇名稱在《秦始皇本紀》中已有所涉及,唯五伯人選的指實還在迷離恍惚之中。五伯概念雖見於《十二諸侯年表序》、《天官書》、《李斯傳》、《平津侯主父傳》、《太史公自序》等,但并未指明五伯的具體人選爲哪五位,倒是由《十二諸侯年表序》之《索隱》及《天官書》之《正義》注出,二者所據同爲《孟子》趙岐注。[1]《史記》如此,其前盛稱五霸之孟子,亦未指明五霸人選,僅在《孟子·告子下》有謂:"五霸,桓公爲盛",其他再無指明五霸人選之言,端賴趙岐注說明。[2] 可以認爲,因三五之運說的影響而有三皇五帝三王五伯概念的構擬,但三皇五帝三王五伯人選細目的確定落實,又經過一個過程,直至《史記》五伯人選猶未最後明確下來。由五伯人選之遲遲未明確,可見五伯乃受三五之運說的啟發而形成,其著重表達的是數字"五",至於其下的具體人選初時并未十分措意。三皇五帝三王五伯造端之初意,原爲印證三五天運說之有效性,可信性,至於具體人選的確定,本非主要目的。如此可進一步理解三皇五帝三王五伯異說多有之原因所在,因除印證三五天運說之有效性,可信性外,人選構成本非初時看重者。如據《風俗通義·皇霸》,三皇有四說,五帝有四說,三王說相對固定,五霸至少有四說。[3] 綜之,三皇五帝三王五伯之具體人選所以如此紛紜互歧,歸根結底乃因其說原重在從數字表達形式上印證三五天運說之確實可信,至其人選細目本非最初所甚措意者。故可以認爲,三皇五帝三王五伯概念框架之形成,最初無疑是受到三五天運說的啟示,其後又經歷一積漸成形的過程,各皇王人選陸續落實,但終不免歧說紛紜的結果。

如果往前追溯,五帝概念至少在《大戴禮記·五帝德》中已出現,《史記·五帝本紀》在史著中倡言使用。是司馬遷固有意宣傳弘揚五帝概念,但尚未正式提出使用三皇概念,三皇概念正式形成乃在司馬遷之後。但其端緒乃可由《史記》引出,此即《秦始皇本紀》所見之天、地、泰三皇之說。司馬遷自稱要"正《易傳》",《易傳》僅稱伏義、神農而未及燧人。按《尚書大傳》三皇說,必加上燧人方可成較合理之三皇說。燧人發明用火,伏義畫卦,神農耕稼,皆可作爲早期文明始啟的象徵。司馬遷本六經修史,故由伏義作《易》談起,未上及燧人,因《易傳》未言燧人。[4]《史記·太史公自序》曰:

[1] 《史記會注考證附校補》上冊,頁352、761。
[2] 阮元校刻《十三經注疏》下冊,中華書局,1980年,頁2759。
[3] 所舉各說,兼采吳樹平《風俗通義校釋》所言。《風俗通義校釋》,天津人民出版社,1980年。
[4] 古代記載或以燧人在伏義前,亦或以在伏義後,當以在前爲是。見鐘肇鵬《讖緯論略》,遼寧教育出版社,1992年,頁217。

> 伏羲至純厚，作《易》八卦；堯舜之盛，《尚書》載之，禮樂作焉；湯武之隆，詩人歌之；《春秋》采善貶惡，推三代之德，襃周室，非獨刺譏而已也。漢興以來，至明天子，獲符瑞，封禪，改正朔，易服色，受命於穆清。

此乃謂修成一部起伏羲迄五帝三王下及漢武帝時代的歷史，據其所述，其先秦部分顯然可概括爲三皇五帝三王五伯至七雄的歷史。當然，因受時代條件的限制，如此宏大的史構，由於《三皇本紀》的缺位而留下遺憾。但在《史記》的叙事中，可見其以三皇與五帝前後聯貫，銜接相續的史學構想。司馬遷首要"正《易傳》"，《繫辭》在述伏羲以來古帝聖王創物利民的功業時，乃稱"包犧氏没，神農氏作"，"神農氏没，黃帝、堯、舜作"，是乃三皇五帝聯貫接續系統的芻型。後來劉歆作《世經》，亦以《繫辭》爲本，所謂"稽之于《易》，炮犧、神農、黃帝相繼之世可知。"[1] 故司馬遷作《史記》據六經修史，雖只作《五帝本紀》，但三皇的端緒已潛在其書之内。《風俗通義·皇霸》曰："《易》紀三皇，《書》叙唐虞"，即視《易》與《書》二者乃述三皇五帝的主要資料，以之與上引《太史公自序》之言相較，彼此相合。

由於"《易》紀三皇"，司馬遷"正《易傳》"，述伏羲，就相當於從三皇寫起，而且在《史記》中可以指出相當以伏羲、神農爲歷史源頭之例。這些都可證明三皇在司馬遷心中的歷史地位。緯書中有天、地、人皇爲前三皇之說，又以伏羲、女媧、神農爲後三皇[2]。其中前三皇乃見於《秦始皇本紀》，《史記》中又多處以伏羲、神農置於黃帝前，那麼，説明司馬遷對所謂後三皇并非毫無所知。同時，《史記》中既有天皇、地皇、泰皇及伏羲、神農等古帝聖王名號，司馬貞補撰《三皇本紀》從學術角度看，自有相當合理性，其中亦不得謂毫無司馬遷的啟發。《禮記·樂記》謂武王克商封先王之後，包括黃帝、帝堯、帝舜及夏、殷之後[3]，但《史記·周本紀》於黃帝前又記"乃襃封神農之後于焦"，如果以神農爲代表三皇，則黃帝以下爲五帝、三王，那麼，未嘗不可據此認爲是乃三皇五帝三王説的端緒。其他亦可從《史記》關於伏羲、神農的記述，比證探究三皇五帝的統緒。如第一，《五帝本紀》：

> 軒轅之時，神農氏世衰，諸侯相侵伐，暴虐百姓，而神農氏弗能征……諸侯咸尊軒轅爲天子，代神農氏，是爲黃帝。

此以神農、軒轅前後相代，又以軒轅爲黃帝。若以神農爲三皇之一，黃帝爲五帝之首，則是乃三皇五帝相承的縮略語。第二，《周本紀》：

> 武王追思先聖王，乃襃封神農之後于焦，黃帝之後于祝。

---

[1]　《漢書》卷二十一下《律曆志下》。
[2]　參拙作《三皇考論》，待刊。
[3]　又見《呂氏春秋·慎大覽》。

以下依次封帝堯、帝舜、大禹之後。如前所言,是可見三皇五帝三王體系之端緒。第三,《曆書》記太史公曰:

> 神農以前尚矣,蓋黃帝考定星曆,建立五行,……少皞氏之衰也,九黎亂德……顓頊受之,乃命南正重司天以屬神……其後三苗服九黎之德……堯復育重黎之後……年耆禪舜。

此以神農、黃帝相先後,與上《五帝本紀》、《周本紀》合。又以少皞、顓頊、堯、舜相續,其人物、事件相代之次,大體可與相關記載比證,如《國語・楚語下》,亦大體合於三皇五帝的框架。第四,《封禪書》記管仲論封泰山十二家,包括無懷氏、宓羲、神農、炎帝、黃帝、顓頊、帝嚳、堯、舜、禹、湯、周成王。所述除首位無懷氏外,其餘大體合於三皇五帝三王之序。第五,《趙世家》:

> 宓戲,神農教而不誅,黃帝、堯、舜誅而不怒,及至三王,隨時制法,因事制禮。

此又見於《戰國策・趙策二》、《太平禦覽》卷七六引《六韜》及《商君書・更法》,是戰國記載中較有影響的一段文字,代表了當時對所述諸古帝聖王及其制度文化的看法評價。其所述形式大體合於三皇五帝三王的概念次序,所述相關之制度文化的時代變革特徵,亦深合于戰國秦漢時代有關三皇五帝三王的系統性認識。第六,《貨殖列傳》:

> 太史公曰:夫神農以前,吾不知已,至若詩書所述,虞夏以來。

此可視爲三皇五帝三王體系的簡約縮略版概念。綜上諸例,可見司馬遷不僅以伏羲、神農并稱,又習慣於以"神農以前"作爲五帝時代以前的概稱,其實就相當於藉以標示三皇時代。其又以神農、黃帝前後相銜,因以神農當三皇,黃帝本列五帝之首,亦相當於喻示三皇五帝聯貫相續之義。最可注意者,是《封禪書》封禪泰山十二家,除去首位無懷氏之外,餘下者相當於三皇五帝三王諸帝王全具的歷史體系框架之標示。《趙世家》所言,證明司馬遷對反映三皇五帝三王各時代面貌的制度文化特徵及相互區別,亦有較清楚的認識。所以,若以各例所列古帝聖王之名號位次與天運三五的概念比較相證,可見司馬遷對於三皇五帝三王五伯的歷史世運模式必有相當的認識瞭解,只因所掌握史料仍有局限,故無法較詳細完全的加以整齊敘述,但司馬遷潛意識中以三皇五帝同爲上古歷史源頭的構想,却由此可以顯現。

二、孔子刪書與司馬遷著史之尊經尚儒

孔子刪書,斷自唐虞;司馬遷著史,則首列五帝。二者何以有此異,前人曾有論説。如有學者指出:

歐陽永叔曰:"孔子修書,以堯舜爲斷,而子長上述黄帝,蓋以此爲詬厲。"是
亦不深考耳。夫宗其道則欲其人,詳其人則欲并其父祖曾高而詳之。子長紀五
帝,乃所以著堯舜所從出。自孔子傳周文之易,而遂及羲黄堯舜,子長亦祖述其
意耳。[1]

即司馬遷欲詳記三代,必自五帝溯其世系淵源。[2] 不寧唯是,《五帝本紀》首列黄帝,
以之作爲華夏共祖,樹立起華夏族胤本始,固然重要,但必須再往前溯。由此必及天
地人三才的概念抽象層次,以紬繹引申出更根本的起源由來問題,是乃由中國古代邏
輯思維方式的特定形式三才起源論所決定。《史記·秦始皇本紀》記秦博士所言天、
地、泰三皇,在追溯宇宙社會起源本始時,其在概念上具有無可替代的意義。察天、
地、泰三皇概念的産生,在很大意義上,是出於從宇宙社會本體的發生層面,解決天人
萬物起源問題之需要。《尚書大傳》謂託遂皇於天,託戲皇於人,託農皇於地,且曰"天
地人之道備,而三五之運興矣"[3],即明顯是從天地人三才本始追溯三皇起源。此問
題之重要,就在於它寄託承載著宇宙世界由來這樣的根本問題。與此天、地、泰三皇
相關,《封禪書》記漢武帝時有人上書言:"古者天子三年一用大牢祠神三一:天一、地
一、太一。"此"神三一"乃由天地泰三皇引申而來,乃由以三才追溯宇宙世界原始的設
想推導而出,只不過"神三一"託之於宗教神話式的本體形式。二者相比,天地人三皇
近於具象化的人格形式,三一乃神格化的抽象概念。但二者同承載著中國古代旨在
探求宇宙社會由來的願望。《説文》:皇,"大也,從自王。自,始也。始王者,三皇大君
也。"是以三皇爲太古首出禦世之君。大君者,太古之君也,乃後來萬世帝王之始君。
《説文》又曰:"三,數名,天地人之道也。"故三本義爲天地人之道的數字抽象概念,《老
子》曰:"道生一,一生二,二生三,三生萬物。"是天地人三者上升至抽象數字層面的、
關於世界萬物由來之邏輯推導形式。古書講天開於子,地闢於丑,人始於寅,據此推
測,則天地既已開闢,於是始有生民,《商君書·開塞》曰:"天地設而民生之。"生民既
始,於是有人君禦世臨民。是乃據三才說推出的宇宙世界開闢史。三才既闢,必有帝
王統系的開啟傳衍之緒,故繼三皇之後,乃接以五帝人君的叙事。當然古代對天地人
開闢過程的設計較此詳細,緯書中認爲天地開闢至《春秋》獲麟之歲,凡三百二十七
萬六千歲,分爲九頭紀、五龍紀等十紀,第十紀曰流訖紀,此紀當黄帝時。那麼,由三
皇至五帝時代又經歷了漫長歲月。此三皇開闢歷史,在司馬遷僅啟其端緒,其詳細論
説演繹多存於漢代緯書中。緯書雖晚出,畢竟乃古代對太古歷史的一種認識,其傳承

---

[1]　《史記會注考證附校補》上册,頁1。
[2]　《日知録·姓》謂"言姓者本乎五帝",即從五帝追溯中國古代族群的姓氏本始。那麼,不只三代,五帝乃關乎中
　　國古代民族血緣全體的族氏起源根本。
[3]　王闓運補注《尚書大傳》,商務印書館,1936年,頁57。

淵源之緒,亦不容輕否;尤其應包括早期先民的珍貴歷史記憶,值得探求尋究,庶幾有補於太古歷史之萬一。由此可言,司馬貞據緯書作《三皇本紀》,不可謂全無意義,更何況前文論述中,已指出司馬遷史學潛在意識中,對三皇史有某種認同在。史學研究,首先要對古代傳下的史料,採取珍視謹敬的態度,加以鑽研窮究的精神,切切不可輕否。

五帝而三代,必涉及古帝家世血緣的傳遞追溯。《國語‧魯語上》在講到虞夏商周四代祭祀時,記各代祭祀之禘郊祖宗大祭要涉及黃帝等五帝,其曰:

> 故有虞氏禘黃帝而祖顓頊,郊堯而宗舜;夏後氏禘黃帝而祖顓頊……商人禘舜而祖契……周人禘嚳而郊稷。

是夏商周三代之祭必溯及五帝,五帝被三代奉爲宗祖神,爲三代世系所從出。故對夏商周三代《本紀》而言,是乃《五帝本紀》之最大意義。可以說,《五帝本紀》主要是從祖神聖系的淵源上,紹述三代王統的傳衍脈緒。五帝以黃帝爲首,黃帝地位之重要,在其以華夏共祖的身份,成爲中華民族大一統的由來象徵。其後爲顓頊、帝嚳,兩位地位遠不如堯、舜重要。因爲堯、舜兩位影響及於後世者,要遠大於顓頊、帝嚳。但此二者在黃帝至堯舜兩代的世系傳承上,却起著族氏血緣標誌的重要指示意義。黃帝元妃嫘祖生二子,其一曰玄囂,其後爲帝嚳高辛所從出,其後爲唐堯所從出。嫘祖另一子昌意,其後乃顓頊高陽所從出,又爲虞舜所從出。堯舜兩代事蹟影響,遠大於顓頊、帝嚳,但在族姓淵源上,堯舜兩代却須憑藉顓頊、帝嚳兩位上承共祖黃帝。此外,三代制度及貴族淵源多要從唐虞時代溯起,其人文聲明之盛亦使之成爲五帝時代記載重點,從而亦成爲認識三代文化傳統由來的樞紐所在。察孔子刪書,斷自唐虞,其因蓋在此。孔子刪書對司馬遷著史有借鑒啟發,如對唐虞以來歷史的注重,即孔子留給司馬遷的最大影響。《太史公自序》曰:"述往事,思來者,於是卒述陶唐以來至於麟止",無論述陶唐還是至麟止,都是司馬遷自述繼承效法孔子之意。《索隱》曰:

> 《史記》以黃帝爲首,而云述陶唐者,案《五帝本紀贊》云:"五帝尚矣,然《尚書》載堯以來,百家言黃帝,其文不雅馴",故述黃帝爲本紀之首,而以《尚書》雅正,故稱起于陶唐。[1]

此有助於指明孔子刪書與司馬遷著史間的關聯影響。司馬遷受孔子刪書影響之一,即認爲真正的文明信史當始自唐虞之世。《五帝本紀贊》曰:

> 學者多稱五帝,尚矣。然《尚書》獨載堯以來,而百家言黃帝,其文不雅馴,薦紳先生難言之。孔子所傳宰予問《五帝德》及《帝系姓》,儒者或不傳。

---

[1] 《史記會注考證附校補》下册,頁 2069。

據此則司馬遷當初對五帝歷史似非相信無疑,至少對黄帝如此,因此使之四處訪查詢問,勘比考實。但唐虞以來,則視爲文明信史無疑,這可舉以下例證説明之。《貨殖傳》:"夫神農以前,吾不知已,至若詩書所述,虞夏以來",《五帝本紀》:

> 四海之内,咸戴帝舜之功。於是禹乃興《九招》之樂,致異物,鳳凰來翔,天下明德皆自虞帝始。

此既視唐虞夏爲文明信史的開始,亦認爲唐虞治績垂鑒後世。《夏本紀贊》:"自虞夏時,貢賦備矣。"此以貢賦制定于虞夏時。《秦始皇本紀》:"秦之先伯翳,嘗有勛于唐虞之際",《高祖功臣侯者年表》:

> 《書》曰:協和萬國。遷于夏商,或數千歲,蓋周封八百,幽、厲之後,見於《春秋》、《尚書》有唐虞之侯伯,曆三代千有餘載,自全以藩衛天子。

《陈杞世家》:

> 右十一人者,皆唐虞之際名有功德臣也,其五人之後皆至帝王,餘乃爲顯諸侯。

《太史公自序》:"余先,周室之大史也,自上世嘗顯功名于虞夏",又:"維禹之功,九州攸同,光唐虞際"。《史記》列黄帝於五帝之首,盛推其功業顯赫,澤流後世,但就《五帝本紀》記載内容看,德業功績不虛且實跡明著豐富者,還須數唐虞二代。以上舉諸例論之,無論就制度制訂,還是賢哲名臣德業功實之建立,皆當須以唐虞時代爲著,故其留給夏商周三代的影響亦爲深入。《史記》如此記載,自與孔子删書的影響直接相關。唐虞文明的標誌性事件之一是曆法的制定,此曆法乃陰陽合曆,表明其當時獨步世界的水準,唐虞文明由此可見一般。《論語》"唯天爲大,唯堯則之",實乃對堯制曆功業的讚譽肯定。《尚書》首篇《堯典》所記堯大事以此爲主,《五帝本紀》記堯德業,亦以此制曆明時爲主,此在上古世界文明史上實堪大筆特書之例。

司馬遷受孔子影響,注意從《尚書》汲取有關唐虞三代文明的記載,此外,《左傳》、《國語》相關記載亦足以比證唐虞三代人物歷史之文明繁盛。《國語·鄭語》謂"成天地之大功者,其子孫未嘗不章,虞夏商周是也",下舉四代之祖虞幕、夏禹、商契、周棄俱建功業于唐虞之際。其次述楚先祝融,身爲高辛氏火正,曆虞夏之世,後裔昆吾、大彭、豕韋主要用事于夏商;姜姓先祖伯夷佐堯,嬴姓先祖伯翳佐舜,亦皆建功業于唐虞夏商之世。《楚語下》記少昊氏衰,九黎亂德,顓頊之世乃命重、黎分司天地神民,無相侵瀆;其後三苗複九黎之德,堯複育重、黎之後使複典之,以至於夏商。即在堯世平復少昊、顓頊以來之亂而致治。《左傳》文公十八年記高陽氏才子八愷,高辛氏才子八元,俱至堯舜時才得舉用。又有帝鴻氏不才子渾沌,少暤氏不才子窮奇,顓頊氏不才子檮

杌,縉雲氏不才子饕餮,謂之四凶,俱至堯舜時乃去除。是亦可證唐虞之世治績卓著。《左傳》昭元年記高辛氏有二子曰閼伯、實沈:

> 後帝不臧,遷閼伯于商丘,主辰,商人是因,故辰爲商星。遷實沈于大夏,主參,唐人是因,以服事夏商。

杜注謂遷二人之帝爲堯,甚是。因襄九年謂"陶唐氏之火正閼伯居商丘……相土因之,故商主大火"。即高辛氏二子顯榮於堯時迄于夏商。是亦可見唐虞三代大族顯宦事業活動之盛。堯舜之世曾命官分職,尤其舜命二十二人,皆爲上古名族之後,又建功業于虞夏之際,并下啟三代大家名姓貴族體制。其最有名之例可舉春秋范宣子爲參照,其自謂有曰:

> 昔匄之祖,自虞以上爲陶唐氏,在夏爲禦龍氏,在商爲豕韋氏,在周爲唐杜氏,周卑晉繼之,爲範氏。"[1]

是范氏乃歷經唐虞三代的貴族典型個例,用此可推見舜命二十二人所開啟的貴族體制之一般。《五帝本紀》曰:

> 此二十二人咸成厥功。皋陶爲大理,平,民各伏得其實;伯夷主禮,上下咸讓;垂主工師,百工致功;益主虞,山澤辟;棄主稷,百穀時茂;契主司徒,百姓親和;龍主賓客,遠人至;十二牧行,而九州莫敢辟違。唯禹之功爲大,披九山,通九澤,決九河,定九州,各以其職來貢,不失厥宜。

是舜命二十二人不僅造就唐虞時代貴族體制,亦終成就堯舜盛世。是後夏商周三代繼之而起,從而形成儒家六經一再推崇讚譽的唐虞三代盛世理想。古代文明經長期增進積累,積鬱爲堯舜盛世,其又下啟三代,三代文明至西周極盛之後,於春秋時開始轉型,戰國秦漢大抵乃此轉型之延續完成過程。故唐虞三代乃五帝以來最重要的歷史階段,在史著中必須有所反映。孔子刪書斷自唐虞,司馬遷撰史"卒述陶唐以來",皆與此有關。其實司馬遷撰史不僅繼承了孔子刪書的精神,而且對全部六經内容皆有所繼承借鑒,《史記》亦在其相關記載内容中有所表現。孔子儒家理想托寓於唐虞三代,明著於六經,司馬遷既然繼孔子《春秋》且本六經修史,那麼,由此就決定了《史記》的記載内容特徵及其史著性質指向,必然使之在思想觀念上與孔子儒家交會相通。

六經之外,亦可見到些與唐虞三代有關的史册。《逸周書序》謂周穆王欲自警悟,乃命史官作《史記》記古國敗亡之例,作爲借鑒。其中如夏後氏、殷商、有虞氏、三苗、

---

[1]《國語·晉語八》。

扈氏、義渠、有巢氏、共工、阪泉等,皆爲大國名族,其餘亦應包括淵源于唐虞夏商以來的諸侯方國,有二十餘國。[1] 此《逸周書‧史記》或相當於孔子所見之周室《史記》之類[2],此亦從一個側面證實唐虞三代史册之相對詳實,所記歷史之豐富,亦爲孔子删書斷自唐虞的原因之一,故司馬遷著史有所參照有其必然。綜之,司馬遷衷心服膺孔子儒家六經,故唐虞三代歷史必爲其留意矚目,亦終成《史記》在内容上"拾遺補藝"、"厥協六經異傳"的特點,成就其著書修史以羽翼六經之志。《史記‧三代世表》:

> 太史公曰:五帝三代之記尚矣……余讀諜記,黄帝以來皆有年數,稽其《曆譜諜》《終始五德之傳》,古文咸不同,乖異,夫子之弗論次其年月,豈虚哉! 於是以《五帝系諜》《尚書集世》,紀黄帝以來訖共和,爲《世表》。

是雖名《三代世表》,而叙述内容包括五帝、三代二者在内。《三代世表》之《索隱》曰:"且三代皆出自五帝,故叙三代要從五帝而起也。"[3]此爲司馬遷作《三代世表》的原因,即由五帝追溯三代世系。此外,當時所見記五帝三代史册尚不少,如所謂《曆譜諜》、《終始五德之傳》等,此外尚有《五帝系諜》及《尚書集世》等相關史册。按《五帝系諜》,"系"指《帝系》,"諜"指《曆譜諜》;《尚書集世》之"世",當指《世本》。即五帝三代年世久遠,雖無可信的紀年資料傳下,却可憑藉其時所可見到的世系譜牒類記載,撰成《三代世表》,用表見五帝三代的歷史大略,紬繹出五帝三王的家世系譜梗概。是司馬遷記五帝三王歷史所憑藉資料,晚出而有較詳紀年者多不可信[4],倒是出自較早大家名族的世系譜牒類族氏記録可供利用。這些世系譜牒類記録,主要應與興起于唐虞三代以來的大家貴臣的家族傳統相關。前文曾指出,司馬遷論列大家貴族往往從唐虞三代數起,唐虞三代歷史其實構成六經内容主體,那麽,唐虞三代的貴族文化傳統必由此得到反映,由此亦決定六經的貴族文化特質。所以,司馬遷主要據《五帝系諜》、《尚書集世》修五帝三王歷史,既可見六經貴族文化特質之體現,亦可見唐虞三代歷史在《史記》記載内容上的比重。如此尤可見司馬遷尊崇孔子六經,使儒家思想體

---

[1] 劉師培《周書補正》指出,《路史‧國名紀六》記古亡國,乃據《周書‧史記》及《六韜‧周志》,兩篇内容相近。見《劉申叔遺書》上册,江蘇古籍出版社,1997 年,頁 777。查今本《六韜》無《周志》,《路史》卷二十九《國名紀六》確云:"右古亡國見《周書‧史記解》及《六韜‧周志》"。

[2] 《史記‧陳杞世家》及《晉世家》、《孔子世家》。

[3] 《史記會注考證附校補》上册,頁 340。

[4] 中國古代的紀年記事方式不會出現很早,當不會早于夏商之際。據《漢書‧律曆志》所載《世經》,具體的紀年例證始自殷周兩代,其中尤以周代紀年例證爲多,此值得關注。我曾推測作爲史册名稱的"春秋"概念起于夏商之際,最早的紀年記事方式亦起於此時。司馬遷對於黄帝以來皆有年數的現象不認可,故作《十二諸侯年表》時,將明確可信的紀年定于西周共和元年,此自周史家謹慎。阜陽漢簡《年表》叙事起于西周共和前後,可與此相參。但西周一代紀年決非完全不可考,如《書‧洛誥》"惟周公誕保文武受命,惟七年",此若指周公攝政七年,可與《尚書大傳》詳記攝政七年每年的大事細目,彼此相參。《尚書大傳》之《殷傳》、《周傳》又記有文王受命七年的每年大事細目,這些應是有根據的。此外,《史記‧魯世家》關於西周魯君在位年數基本可考,《魯春秋》紀年記事自周公、伯禽始。可參拙文《春秋命義考》,載《國學學刊》,2011 年 3 期。如此,則清華簡《系年》所載,亦具一定可信性,可作爲研究參證。

系在《史記》一書刻下印痕之深厚。

《史記·天官書》記太史公曰：

> 自初生民以來，世主曷嘗不曆日月星辰，及至五家三代，紹而明之。

《正義》謂"五家三代"即五帝三王。即從天文曆法層面言之，至少從五帝三王以來已入有文獻傳說可考按的原史時代。司馬遷記史著重從五帝三王講起，但五帝與三王相比，記三代史更詳於五帝。這從僅立一《五帝本紀》，三代則各立《本紀》，其詳略之判已明。不唯三代記事詳於五帝，對三代制度文化之探究亦較五帝爲深入，這當然與所傳下史料能提供之方便有關，更與司馬遷之深邃史家洞察力相關。《史記·高祖本紀贊》記太史公曰：

> 夏之政忠，忠之敝，小人以野，故殷人承之以敬；敬之敝，小人以鬼，故周人承之以文；文之敝，小人以僿，故救僿莫若以忠。三王之道若循環，終而復始。周秦之間，可謂文敝矣，秦政不改，反酷刑法，豈不繆乎？故漢興承敝易變，使人不倦，得天統矣。

按此將三王之道整塑爲典型成法，希望後世永遠嗣續之，且周而復始地循環罔替；其間漢去秦承周，乃爲遵循此三代典型所作的選擇與更擬撥正，以期回歸三代正統。因漢代視三王爲後世應永續遵循之典型常道，故亦注重對三王歷史及三統、三正等制度文化的宣傳，漢儒亦以複三代之治相號召。所謂漢得天統，"天統猶天叙也，謂終始循環之統紀"[1]，天統猶天成之自然法則，即三代制度永駐不替，爲後世永續遵循之常道大法。是乃司馬遷總結三代制度文化，提出去秦承周，繼三王正統的歷史取鑒。《史記·曆書》：

> 夏正以正月，殷正以十二月，周正以十一月。蓋三王之正若循連環，窮則反本。

漢武帝改制用夏正，乃遵行三正循環之顯例，亦可見三代制度文化在漢代影響之深入。總之，司馬遷作《五帝本紀》、夏商周三王《本紀》，注重唐虞三代歷史文化的記述，乃漢初以來承孔子儒家巨大影響，既以三代之制爲典型，三代制度亦已被儒家模式化、系統化。司馬遷正是在此文化氛圍影響中記述三代歷史的。

繼三代史之後，司馬遷對春秋、戰國兩個歷史時期的記述更顯詳實、豐贍和深入；頗可見其對歷史演進梗概及其脈絡特徵的總結觀察，表現出史家的史鑒睿智與深邃洞見力。其中對春秋史的記載，綜括了對三代以來歷史的品鑒總結；對戰國史的記

---

[1]《史記會注考證附校補》上冊，頁253。

載,則蘊含著對秦漢歷史的瞻視開啟。由於戰國與秦距漢代較近,易於取鑒,亦爲司馬遷更加關注。《六國年表》曰:

> 然戰國之權變,亦有可頗采者,何必上古! 秦取天下多暴,然世異變,成功大。傳曰'法後王',何也? 以其近己,而俗變相類,議卑而易行也。學者牽於所聞,見秦在帝位日淺,不察其終始,因舉而笑之,不敢道,此與以耳食無異,悲夫!

是司馬遷不僅尊儒,于法家亦頗有所取。戰國法家力主變法,因而表現出濃重的厚今薄古主張,此爲司馬遷接受亦表贊同。他認爲秦雖在帝位日短,但能順應形勢完成統一六國的政治偉業,却是前無古人可比。司馬遷固因尊儒而重六經,亦希慕唐虞三代之高世,但作爲識見遠大的史家,又能理性地評價"俗變相類,議卑而易行"的近世秦文化,不去盲從流俗之論而一概拒斥輕賤暴秦,乃是對歷史精神有深切獨到體會的睿智使然。司馬遷對歷史精神的體會,又表現爲對更迭與連貫的規律性持續之認識。在具體叙述上,則由五帝而三王而五伯而七雄而秦漢,分期節奏明白。故春秋五伯與戰國七雄乃經五帝三王的更迭演進系列而來。《太史公·自序》序列一百三十篇大旨,詳究《三代世表》第一,《十二諸侯年表》第二,《六國年表》第三之小序所言,即可清楚司馬遷關於先秦史分期的大概觀點。其中《三代世表》包括五帝三王世系,故《三代世表》、《十二諸侯年表》及《六國年表》,乃對五帝、三王、五伯及戰國七雄脈絡大體之綜括。《史記》記事,愈後愈詳,由上引《自序》十表之首三篇所記,可見對春秋戰國史的叙述要詳於五帝三王,對春秋戰國兩段歷史之特點亦有簡要揭示,其寓意歷史,關注現實的深意亦大略可見。春秋戰國乃繼五帝三王之後承前啟後的歷史世運樞紐,尤爲司馬遷所關注。他曾從世變愈亟而世人愈屬意于天文星占的心理變化角度,論述春秋戰國時代巨變之特徵所在。《天官書》:

> 自是之後,衆暴寡,大并小,秦楚吳越,夷狄也,爲强伯;田氏篡齊,三家分晉,并爲戰國,爭於攻取,兵革更起,城邑數屠。因以饑饉焦苦,臣主共憂患,其察機祥,候星氣尤急。近世十二諸侯,七國相王,言從橫者繼踵,而皋、唐、甘、石,因時務論其書傳,故其占驗凌雜米鹽。

此借言星氣占驗之事,將春秋大國爭霸雜以夷狄坐大的歷史,以及由卿大夫奪國演爲七國縱橫相王的複雜形勢,簡明扼要點出。此外,又於《十二諸侯年表》與《六國年表》中,將春秋與戰國兩個時代的特徵及其區別,分別予以闡明。

《十二諸侯年表》主要論述了春秋時代概況及其歷史特點。其有曰:

> 及至厲王,以惡聞其過,公卿懼誅而禍作,厲王遂奔於彘,亂自京師始而共和行政焉。是後或力政,強乘弱,興師不請天子,然挾王室之義,以討伐爲會盟主,

政由五伯。諸侯恣行，淫侈不軌，賊臣篡子滋起矣。齊晉秦楚，其在成周微甚，封或百里，或五十里。晉阻三河，齊負東海，楚介江淮，秦因雍州之固，四國迭興，更爲伯主，文、武所襃大封，皆威而服焉。

即周室自厲王之亂，天子開始微弱，東周以後，政由五伯，大國迭爲伯主。其中以齊、晉、秦、楚四國爲首，以討伐會盟主導天下諸侯，周初所封諸侯相繼威服，分封局面爲之一變。此對春秋歷史概況及其波譎變化特點，加以綜括，爲春秋史内容範疇進行了大致界定。是雖題《十二諸侯年表》，但"政由五伯"實乃春秋時代突出特點，故《太史公自序》亦謂："幽、厲之後，周室衰微，諸侯專政……五霸更盛衰"，《天官書》："天子微，諸侯力政，五伯代興，更爲主命"，亦指出五伯盛衰更迭在春秋歷史中的核心主導地位，從而指明三代王政向春秋伯政轉變的政風世運特點。五伯尚存三王餘風，即仍不得不假借天子威名與仁義之道，號召諸侯，推行政教。孔子作《春秋》講尊王攘夷，突出齊桓、晉文伯業的特點，是後孟、荀二大師喜論王、伯之道，仍意在倡言仁義。這些皆應對司馬遷有所影響，使之在此啓發引導下形成自己對春秋歷史的理解認識。

《六國年表》所述主要爲戰國歷史概況及其特點。由於《六國年表》主要據《秦記》而成，故述秦事爲多，且從秦襄公始封諸侯講起。秦襄公以兵送周平王東遷，受封爲諸侯，且賜之岐以西之地，秦人之興自此始。秦由是奠定其東征爭雄中原的基礎，至穆公後秦人角逐中原之勢益不可扼，東進勢頭日强，加之中原諸國内外交爭，使戰國形勢愈加複雜。《六國年表》曰：

> 穆公修政，東竟至河，則與齊桓、晉文中國侯伯侔矣。是後陪臣執政，大夫世禄，六卿擅晉權，征伐會盟，威重于諸侯。及田常殺簡公而相齊國，諸侯晏然弗討，海内爭於戰功矣。三國終之卒分晉，田和亦滅齊而有之，六國之盛自此始。務在强兵并敵，謀詐用而從衡短長之説起，矯稱蜂出，誓盟不信，雖置質剖符，猶不能約束也。

秦與六國適成戰國七雄之局，此時代之特點，承春秋以來政權下移之勢，終演成三家分晉、田氏代齊乃至列國爭雄之局。戰國諸侯成分已較西周春秋時代有較大更新變改，新興諸侯之競逐亦使局面益趨複雜激烈。列國首在强兵兼併，因此尚謀詐，以縱横之説離合相傾，趨利背義，最終由暴虐之秦統一天下。司馬遷對戰國歷史的概括，大致爲後來戰國史的概括奠定框架。此題《六國年表》，是因爲秦後來統一六國，故除秦不計。[1] 既以六國代稱戰國時代，時或又稱七國或戰國，使諸侯割據鼎立，以戰爭相互抗衡兼併的時代特點，爲之突出。前引《天官書》外，又如《蘇秦列傳》："凡天下戰

---

[1] 有學者認爲，所謂"六國"，原是指秦以外的東方六國而言，把秦排除在外，當是沿用東方人敵視秦國的習慣。見楊寬《戰國史》，上海人民出版社，1998年，頁2。

國七,燕處弱焉",《匈奴列傳》:"冠帶戰國七而三國邊於匈奴"。又以五伯、戰國、秦王統一稱帝等概念敘事,《平津侯主父列傳》:

> 五伯更起……五伯既没,賢聖莫續,天子孤弱,號令不行,諸侯恣行,强淩弱,衆暴寡,田常篡齊,六卿分晉,并爲戰國……及至秦王,蠶食天下,併吞戰國,稱號曰皇帝……元元黎民,得免於戰國。

在《史記》的叙述中,使用了春秋五伯、戰國七國的概念,既簡明扼要地標明二者的歷史節目大概,即周天子持續微弱,各諸侯强國的縱橫兵爭,成爲春秋戰國的時代特點;但二者又各具特點而相異,即春秋大國猶以尊王攘夷相號召,戰國七雄則日益擺脱周王影響,幾至完全成爲獨立推進社會歷史的主流代表。《六國年表》曰:"余於是因《秦記》,踵《春秋》之後,起周元王,表六國時事。"此指出戰國史記載的資料根據出自與《春秋》有別的《秦記》,它完全是以迥異於西周春秋的秦人制度文化爲主導,因此這標誌著三代文化的終結及以秦文化代表的歷史時代之來臨,更表明春秋與戰國是兩個相異的社會歷史單元。秦人有其强烈的社會文化特徵,它的出現,使戰國文化受到很大影響。《戰國策·魏策三》:

> 秦與戎翟同俗,有虎狼之心,貪戾好利而無信,不識禮義德行。苟有利焉,不顧親戚兄弟,若禽獸耳。

《六國年表》:

> 今秦雜戎翟之俗,先暴戾,後仁義……秦始小國僻遠,諸夏賓之,比于戎翟。

這裏應指出秦文化影響之特殊性。按其族系及圖騰崇拜,秦人應起於東夷,後來西遷,新出清華簡《系年》可爲證明。秦西遷後佔據周人故地,《左傳》中曾稱秦詩爲夏聲,雲夢秦律中亦有稱秦爲夏之例,此皆秦文化與中原文化的聯繫。但秦人西遷後,是在同戎狄的長期包圍鬥爭中發展起來的,其必雜入戎狄之俗。如秦人殺戮好戰,與列國戰爭至有殺傷數十萬之例,此必染有西戎殺戮好戰之俗。商鞅變法的濃厚功利性,又加劇秦人尚利好戰之俗。故中原諸國對秦文化的拒斥批評,不得全然視爲敵愾,記載中諸如秦人貪暴好利,不識禮儀德行,被諸夏擯斥,以禽獸視之等,不會是毫無根據影響之談。因此,秦人進入中原,必對諸夏文化造成破壞,會使西周春秋以來的禮樂文化傳統崩壞消亡。《新論·王霸》曰:"秦之重法,猶盛三代之重禮樂也。"[1]尚法與崇禮本爲相反之治,而秦之重法與三代崇禮樂,二者各致其極,那麼,秦法治得行,必去除三代之禮治可無疑。後來漢武帝尊儒改制,很大原因是爲對戰國以來秦人

---

[1] 〔漢〕桓譚著,朱謙之校輯《新輯本桓譚新論》,中華書局,2009 年,頁 5。

侵蝕破壞三代以來禮俗文化傳統進行的抵制糾正,其積極意義不容否認,亦是漢初以來撥亂反正的繼續。秦法家崇尚功利,急刑酷法,對社會文化有極大影響破壞,漢武帝借助孔子儒家的禮樂仁義精神,對殘虐肆行的秦政予以肅清改造,使社會的道德風化擺脫秦政的消極影響,其積極的文化建設作用應予肯定。可以說,戰國作爲一個特殊的歷史階段,對於結束三代社會,開啟秦漢歷史的轉型過程來説,起著關鍵性作用,其深層的社會文化意義,至今仍有深究的必要。

綜之,《史記》的記述,視域廣闊,内容詳瞻,叙述中既能做到複雜之中不遺細微,又往往能在史事叙述中捕捉歷史趨進大勢闡發之,給人以啟迪與想像的靈感,因此不愧作爲一部史學名著傳於後世。其中雖有紀傳書表體制之分,但在整體歷史的排列叙述層面,經緯有濾,主次分合得體。即暨能階段時序劃分明確,又能前後一體賡續聯貫,綱領清晰,條目不紊。其中應予指出的是,它對先秦歷史分期的見解,有自家獨到之處,對後世研究亦具有啟發引導作用。只是其中意義及相關見解,必須經過深入的剖析探究,才會被認識理解。這方面最爲明顯者,乃是關於三皇問題。

三、餘論：關於司馬遷先秦史分期框架全璧的論擬

《史記》對先秦歷史的記述,其分期時段顯而易見者,乃由五帝、三王、春秋五伯、戰國七雄等幾個時序排成。但若按其三五之運的歷史認識,及對相關史實記述的剖析,實應補記三皇於首,然後始成其三皇、五帝、三王、五伯乃至七雄的先秦史分期全璧。由前文的論析可知,在司馬遷潛在的史學意識中,本應包括三皇原史在内,但遺憾的是,受當時社會文化及歷史知識水準的局限,此未克實現。察三皇五帝概念較早見於《周官·春官·外史》;孔子傳《五帝德》,并未明言三皇,三皇后經《尚書大傳》納入《書説》體系中。孔傳《尚書大序》本《左傳》"三墳五典"説三皇五帝,與《五帝德》及《尚書大傳》有出入,但畢竟正式肯定了三皇五帝概念。《尚書大序》之説顯系受緯書影響,漢代緯書對三皇五帝多所論擬宣傳。[1] 今文經典《白虎通義》已納入,且於卷二《號篇》列"三皇五帝三王五伯"條目,此實相當於正式宣稱其作爲儒家經學之古史觀。察漢儒已有意無意在運用三皇五帝三王五伯的歷史體系,宣傳其包括政教制度、道德倫理及社會歷史文化理想在内的思想理論體系。對其體系及意義的論述,漢代桓譚所論值得關注。《新論·王霸》曰:

> 夫上古稱三皇五帝,而次有三王五伯,此天下君之冠首也。故言三皇以道

---

[1] 葛志毅《讖緯思潮與三皇五帝史統的構擬》,《管子學刊》,2007 年,4 期。後收入《譚史齋論稿四編》,黑龍江人民出版社,2008 年。

治,而五帝用德化,三王由仁義,五伯以權智。其説之曰:無制令刑罰謂之皇;有制令而無刑罰謂之帝;賞善誅惡,諸侯朝事,謂之王;興兵衆,約盟誓,以信義矯世,謂之伯。王者往也,言其恩澤優遊,天下歸往也。五帝以上久遠,經傳無事,唯王霸二盛之美,以定古今之理焉。[1]

按此論三皇五帝之治,顯然已雜入老莊道家思想,論三王五霸則無疑與儒家觀念相符。其又謂"王霸二盛之美"亦合儒家實情。因爲除傳出孔子《五帝德》外,《論語》、《孟子》、《荀子》俱未言三皇,五帝多言堯舜,而以稱三王五伯之事爲多,其意蓋在借之宣説禮樂仁義之道。但總的可以説,至少自漢代始,三皇五帝三王五伯歷史體系已成爲儒家論説自己禮樂仁義思想體系的工具。綜之,以尊經崇儒爲特徵的《史記》叙事,若再在五帝、三王、五伯之上明冠以三皇,合爲三皇五帝三王五伯的歷史時序,其後再綴以七雄,始克成《史記》關於先秦史分期框架之全璧。對此可以如此理解,三皇乃五帝歷史前編,即從宇宙社會起源的探究叙述中,表達華夏先民在現實啟示與歷史感悟雙面作用激發出的遠古歷史開幕場景;繼起的五帝三王五伯歷史,主要乃由儒家文化理念主導下的上古理想社會歷史畫卷之展現;七雄間的爭衡較量與秦一六國的勝負成敗開合,乃奏出秦漢歷史大幕開啟前的序曲。

Proposal on the Phasing Framework of Pre-Qin Dynasty History of SimaQian's The Records of the Grand Historian

Ge Zhiyi

Abstract: According to the account of Annals of the Five Emperors, Annals of kings in the Xia, Shang and Zhou Dynasty, Genealogical Table of the Three Ages, Yearly Chronicle of the Feudal Lords, Yearly Chronicle of the Six States in The Records of the Grand Historian, it seems that the pre-Qin Dynasty history should be divided in to 4 phases: Five Emperors, Three Kings Five Kingdoms during the Spring and Autumn Period, and Seven Kingdoms during the Warring States Period. But SimaQianused to have such a comment: the universe functions in the order of Three and Five, namely Three Sovereigns, Five Emperors, Three Kings and Five Kingdoms, which is exactly a harmonious integration of heaven and human being. SimaQian worshiped Confucianism and Confucian Six Classics, who expressed his

---

[1]《新輯本桓譚新論》,頁3。

ambition of compiling annals based on the Six Classics. The Book of Changes ranks 1st in the Six Classics, and if "so", Fuxi will be surely put at the beginning. In some related account in The Records of the Grand Historian, Fu Xi and ShenNong are often recorded before the Yellow Emperor, which is roughly in line with the mechanism of Three Sovereigns, Five Emperors system, and there are quite a few such examples. In general, if we analyze documents in The Records of the Grand Historian, various evidences show that we are supposed to put Three Sovereigns before Five Emperors, thus constitute this historical sequence: Three Sovereigns, Five Emperors, Three Kings, Five Kingdoms and Seven Kingdoms, which conforms to SimaQian's underlying awareness of the phasing framework of the pre-Qin Dynasty history.

Keywords: phasing of pre-Qin Dynasty history, Three and Five mechanism, Three Sovereigns, Five Emperors, Three Kings, Five Kingdoms, Seven Kingdoms, worship Confucianism and Confucian Six Classics

葛志毅，大連大學中國古代文化研究中心，教授。中國先秦史學會副會長，中國孔子基金會學術委員會委員。gzy1947@163.com

黃帝子孫與族群認同[*]

王志平

【提　要】有學者把"黃帝子孫"視爲中國近代國族建構的産物,并不符合古代中國的歷史實際。"黃帝子孫"的起源與古代的國家統一和民族融合有關,是古代中國大一統思想的産物;可能是東周時期的楚國出於文化認同,把自己的固有世系與華夏黃帝、顓頊一系合譜的結果。後來魏晉南北朝時期的少數民族政權,也都力圖把本族歷史"嫁接"到華夏宗統之中。

黃帝作爲氏族首領,既是政治領袖,也是氏族代言,集"先祖"與"聖王"於一身。漢唐以後平民百姓普遍有姓氏,只是所出國族認同的某種便宜標誌。宋元明清之後,大修宗譜,盲目攀附,都號稱"炎黃子孫",反映的是同樣的文化認同。

滿、蒙、回、藏等族文字歷史清晰,不便於重新書寫和建構華夏世系。"炎黃子孫"難以涵蓋滿、蒙、回、藏等族宗統。但是"炎黃子孫"是一個延續兩千多年的中華民族族群不斷重構和擴充的文化認同過程。既不能以近現代的"國族建構"否認歷史上的"黃帝苗裔"文化認同,也不宜把"黃帝苗裔"的歷史蘊涵原封不動地照抄照搬到現在。

【關鍵詞】黃帝子孫　大一統　華夏四裔　族群認同

一、問題的緣起

去年有條新聞引起了包括學術界在內的社會各界關注。《光明日報》2015 年 9 月 7 日《國學》專欄刊登了《國家拜祭體現時代創造力——"黃帝故里拜祖大典與國家文化建設"研討紀要》,據報導介紹,在中華炎黃文化研究會和河南省政協聯合主辦的"黃帝故里拜祖大典與國家文化建設"專家研討會上,許嘉璐、李學勤、李伯謙、劉慶柱

---

* 本文承蒙匿名審稿人提供寶貴意見,謹致謝忱。作者在原稿基礎上作了一些新的補充論證,如有其他錯誤,概由本人負責。

先生作了主題演講。會議展開廣泛深入研討，達成了如下一些共識：

> 中國的國家形成是從黄帝開始的，黄帝既是最早的國家領導人，也是中國人世代命運共同體的人文共祖、血脈之根、精神之魂。自古以來，中國人對黄帝的敬重和崇拜從没有間斷。歷代帝王廟從建立一直到清代這個階段都是國家祭祀。從中國五千年文明史來看，華夏文明延續不斷的主要原因是重視血緣關係和祖先崇拜。

> "國之大事，在祀與戎。"慎終追遠，尋根拜祖，舉行國家祭拜要從國家締造者和文明時代締造者的代表性人物黄帝開始。祭拜黄帝既是對國家的信仰，也是對中華民族的信仰，國家祭拜即祭拜國家。祭拜黄帝不僅是血緣關係，也是地緣關係。祭拜黄帝，既是文化祭祀，也是政治祭祀，是解決國家認同、民族認同等問題的需要。

第十屆全國人大常委會副委員長、中華炎黄文化研究會會長許嘉璐先生在名爲《把拜祭黄帝上升爲國家級拜祭》主題演講中爲國祭黄帝作了正名："歷代對黄帝對先祖是'拜廟不拜陵'。特别是進入周代以後，先祖拜祭都是在宗廟中進行，這就解決了新鄭黄帝故里拜祖和陝西黄陵拜祭的關係。"[1]對此，西安市副市長、西北大學教授方光華先生撰文反駁：《對黄帝的國家祭典到底應該在哪里?》，反駁許嘉璐先生"拜廟不拜陵"的主張。[2]

兩地的黄帝祭典君子之爭本來無傷大雅，不料騰訊網的一篇短評却火上澆油，掀起了更大的平地風波。騰訊評論旗下《短史記》專欄第 398 期刊文《中國人何時自稱"炎黄子孫"?》，認爲中國人開始普遍自稱"炎黄子孫"，"黄帝"成爲國人的"共同祖先"，其實是很晚的事情，與近代的救亡圖存運動有關。[3] 此文釜底抽薪，迎合了近來流行的後現代解構主義史學思潮。而影射冷嘲兩地黄帝祭典之爭形同鬧劇，也頗得逆反心理的青年口味。網友的評論也是兩極分化，無論支持還是反對，多數都是情緒化發言，甚少學理上的深入分析。

其實，近來某些學者把"黄帝子孫"視爲中國近代國族建構的產物，這種實際是由港臺海外引進而來的説法本來只是一家之言；但是這些年類似説法流行甚廣，伴隨著海外輸入的反民族主義思潮，其社會影響已經從學術界滲透到社會各界的普羅大衆了。

這種説法最有影響者當屬臺灣學者沈松僑《我以我血薦軒轅——黄帝神話與晚

---

[1]　許嘉璐先生此後又撰文《國家祭拜的力量》(《光明日報》2015 年 11 月 9 日)，意見更爲詳盡。
[2]　搜狐網，2015 年 9 月 17 日(http:∥mt.sohu.com/20150917/n421401030.shtml)。
[3]　騰訊網，2015 年 9 月 18 日(http:∥view.news.qq.com/original/legacyintouch/d398.html? q4xwn)。

清的國族建構》一文,沈文援引美國政治學家本尼迪克特·安德森(Benedict Anderson)"想像的共同體"(Imagined Communities)理論,[1]把"黄帝神話"視爲一種"想像的共同體",黄帝形象只是晚清國族建構想象的産物。[2]

海外學者孫隆基在《清季民族主義與黄帝崇拜之發明》一文援引英國歷史學家霍布斯鮑姆(Eric Hobsbawm)"被發明的傳統"之説,[3]更把黄帝視爲清末中國人爲了民族國家建構而新發明的一種"崇拜"對象,認爲中國人好稱"黄帝子孫",此種概念在中國自稱"天下"的大一統時代是不可能形成的。明清之際的王夫之提倡嚴夷夏之防,曾奉黄帝爲華夏畛域之奠立者,清季的漢民族主義分子遂將黄帝轉化爲民族始祖。黄帝崇拜的叙事,由古代、現代、本土、外來的因素編織而成,表面上首尾一貫,其實是一個混合語,而且一首一尾都是舶來品。[4]

日本學者石川禎浩在《20世紀初年中國留日學生"黄帝"之再造——排滿、肖像、西方起源論》一文中也認爲清末排滿情緒席捲中國,導致明確的漢族民族認同興起。中國近代黄帝崇拜及畫像的出現乃系1903年崛起于東京,當時的黄帝是以出生於遠古西方的巴比倫,率領後來成爲漢族的原始部落民千里迢迢遷至中國的英雄姿態出現的。黄帝崇拜的出現,是中國近現代民族國家這個"想像的共同體"重構集體記憶的過程,黄帝既是民族認同的凝縮象徵,也是一個"民族的神話"。[5]

由於古代中國研究的相對缺位,以致類似的學術誤導頗爲流行,國内一些近現代史和民族學研究者也在此話語框架内遥相唱和,桴鼓相應。如新聞史學者姜紅《"黄帝"與"孔子"——晚清報刊"想像中國"的兩種符號框架》一文認爲"黄帝"和"孔子"是中華民族重要的符號象徵資源,晚清中國的革命派報刊將黄帝符號由帝王之起源"發明"爲民族之始祖,而保皇派報刊則將孔子從天下之師"重構"成中華教主。黄帝和孔子成爲晚清"保種"和"保教"兩個巨大的民族主義叙事框架中的耀眼元素。報刊不僅在新的"文化心理"構圖上重新"想像"黄帝和孔子的故事,而且提供一個故事與故事之間相互競爭的場域。符號鬥爭的背後,呈現的是種族民族主義和文化民族主義兩套報刊話語體系的觀念碰撞。[6]

回族學者馬戎也在《中華民族的共同文化與"黄帝崇拜"的族群狹隘性》一文中指

[1] Benedict Anderson, *Imagined Communities: Reflections on the Origin and Spread of Nationalism* (revised edition), London: Verso, 1991;[美]本尼迪克特·安德森著,吴叡人譯:《想像的共同體:民族主義的起源與散佈》,上海人民出版社,2005年。

[2] 沈松僑:《我以我血薦軒轅——黄帝神話與晚清的國族建構》,《臺灣社會研究季刊》1997年第28期。

[3] Eric Hobsbawm and Terence Ranger, eds., *The Invention of Tradition*, Cambridge: Cambridge University Press, 1983;[英]E. 霍布斯鮑姆、T. 蘭格著,顧杭、龐冠群譯:《傳統的發明》,譯林出版社,2004年。

[4] 孫隆基:《清季民族主義與黄帝崇拜之發明》,《歷史研究》2000年第3期。

[5] [日]石川禎浩:《20世紀初年中國留日學生"黄帝"之再造——排滿、肖像、西方起源論》,《清史研究》2005年第4期。

[6] 姜紅:《"黄帝"與"孔子"——晚清報刊"想像中國"的兩種符號框架》,《新聞與傳播研究》2014年第1期。

出,“黃帝崇拜”只是晚清漢人民族主義的發明,與排斥中華其他各族的漢人狹隘民族主義密切關聯。少數族群中有不少人認爲歷史上的“炎黃”只是中原漢人的祖先,其他少數族群另有自己的祖先。把“炎黃”有心或無心地等同於“中華民族”的祖先,稱之爲“中華共祖”“華夏共祖”,是非常不妥的。[1]

不可否認,清末民初確實出現了“黃帝子孫”稱謂的勃興,這與清末民初國家及民族認同確有關聯。[2] 但是把中國歷史上的“黃帝苗裔”、“軒轅世胄”等血緣、地緣和文化認同一律視爲近代民族主義的“想像”或“發明”,既於古不合,也於理不通。與其説民族共同體是“想像”的、“發明”的,還不如説是在原有傳統上“重構”的。英國學者安東尼·史密斯(Anthony Smith)認爲,現代民族主義不可能憑空主觀“想像”,只能是在其既有的族群——歷史(ethno-historical)基礎上“重構”(reconstructed)而成的,“族群的過去會限制‘發明’的揮灑空間。雖然過去可以被我們以各種不同方式‘解讀’,但過去畢竟不是任何過去,而是一個特定共同體的過去,它具有明顯的歷史事件起伏形態、獨特的英雄人物以及特定的背景網絡,我們絕對不可能任意取用另外一個共同體的過去以建構一個現代國族。”[3]

騰訊網評《中國人何時自稱“炎黃子孫”?》雖然引用了王明珂先生的名著《論攀附:近代炎黃子孫國族建構的古代基礎》一文,但是其結論却與王明珂先生大相徑庭。王明珂指出:

> 我認爲在漢代或更早,黃帝的確只與帝王或少數古帝王族系有關。然而在戰國時及此後,由於一種普遍的心理與社會過程——攀附——在“血緣”記憶或想像上可與黃帝聯繫上的人群逐步往兩種“華夏邊緣”擴張:政治地理的華夏邊緣,以及社會性的華夏邊緣。最後,在此歷史記憶與歷史事實基礎上,并在國族主義影響下,晚清知識分子終於將黃帝與每一個“中國人”系上想像的血緣關係。也就是説,清末諸賢的確受西方國族主義之影響,重新集體回憶黃帝并賦予新的意義,以創建中華民族。然而,如果不以“近代”斷裂歷史,我們可以發現一個“族群想像”可以經歷兩千年而形成當代的“炎黃子孫”。
>
> ……
>
> “古代”并非如近代建構論者所認爲的“同質”;所謂“近代建構”只是長遠的歷史建構與想像的一部分,而近代“中華民族”之形成,也基於一長遠的“族群形

---

[1] 馬戎:《中華民族的共同文化與“黃帝崇拜”的族群狹隘性》,《西北民族研究》2010年第2期。

[2] 參見高強、田延峰:《試論清末“黃帝子孫”稱謂的勃興》,《寶雞文理學院學報》2000年第3期;高強:《辛亥革命時期“黃帝子孫”稱謂的錯位》,《貴州文史叢刊》2001年第4期。

[3] Anthony Smith, *The Nation: Invented, Imagined, reconstructed?* in Marjorie Ringrose and Adam J. Lerner eds., *Reimagining the Nation*, Buckingham: Open University Press, 1993.轉引自江宜樺:《自由主義、民族主義與國家認同》,臺灣揚智文化事業公司,1998年,頁33—34。

成過程"(ethnic process)。藉此,相對于後現代主義學者注意的歷史斷裂與建構,我強調一種歷史的沿續性。這個歷史,自非是國族主義下的歷史,而是一個"華夏邊緣"研究角度下的歷史。[1]

二、黃帝子孫與大一統世系

由於此前這一問題的話語權爲海外學者所掌控,他們認爲中國古代大一統時代不可能有"想像的共同體"之説。但實際上中國古代盛稱的"黃帝子孫"恰恰是大一統思想的時代産物。《史記·五帝本紀》云:"自黃帝至舜、禹,皆同姓而異其國號,以章明德。故黃帝爲有熊;帝顓頊爲高陽;帝嚳爲高辛;帝堯爲陶唐;帝舜爲有虞;帝禹爲夏后而別氏,姓姒氏;契爲商姓子氏;棄爲周姓姬氏。"就是這種唐虞三代同宗共祖理論的具體體現。歷史上也曾有人對這種大一統世系表示懷疑。《三國志·蜀書·秦宓傳》:"宓見《帝系》之文,五帝皆同一族,宓辨其不然之本。"又《禮記·祭法》"有虞氏禘黃帝而郊嚳,祖顓頊而宗堯;夏后氏亦禘黃帝而郊鯀,祖顓頊而宗禹;殷人禘嚳而郊冥,祖契而宗湯;周人禘嚳而郊稷,祖文王而宗武王。"孔穎達疏云:"(張)融據經典三代之正,以爲五帝非黃帝子孫相續次也。"類似學者頗多。[2] 顧頡剛先生對這種大一統世系作過系統的清理。他在《答劉胡兩先生書》中已經指出,這種大一統世系與古代的國家統一和民族融合有關:

> 在現在公認的古史上,一統的世系已經籠罩了百代帝王,四方種族,民族一元論可謂建設得十分鞏固了。但我們一讀古書,商出於玄鳥,周出於姜嫄,任、宿、須句出於太皞,郯出於少皞,陳出於顓頊,六、蓼出於皋陶庭堅,楚、夔出於祝融、鬻熊(恐是一人),他們原是各有各的始祖,何嘗要求統一,自從春秋以來,大國攻滅小國多了,疆界日益大,民族日益併合,種族觀念漸淡而一統觀念漸强,於是許多民族的始祖的傳説亦漸漸歸到一條線上,有了先後君臣的關係,《堯典》《五帝德》《世本》諸書就因此出來。……我們對於古史,應當依了民族的分合爲分合,尋出他們的系統的異同狀況。[3]

其有關見解在《〈古史辨〉第四册序》中論述更爲詳盡:

> 從古書裏看,在周代時原是各個民族各有其始祖,而與他族不相統屬……至

---

[1] 王明珂:《論攀附:近代炎黃子孫國族建構的古代基礎》,《中央研究院歷史語言研究所集刊》第73本第3分册,2002年。
[2] 參見葛志毅:《黃帝與〈五帝本紀〉》,《譚史齋論稿續編》,黑龍江出版社,2004年,頁136—137。
[3] 顧頡剛:《顧頡剛古史論文集》第1册,中華書局,1988年,頁126—127。

於奉祀的神,各民族亦各有其特殊的。如《左傳》説鯀爲夏郊。又如《史記・封禪書》上説秦靈公于吳陽作上畤時,祭黃帝;作下畤時,祭炎帝。這原是各説各的,不是一條線上的人物。到了戰國時,許多小國併合的結果,成了幾個極大的國;後來秦始皇又成了統一的事業。但各民族間的種族觀念是向來極深的,只有黃河下流的民族喚作華夏,其餘的都喚作蠻夷。

疆域的統一雖可使用武力,而消弭民族間的惡感,使其能安居于一國之中,則武力便無所施其技。於是有幾個聰明人起來,把祖先和神靈的"橫的系統"改成了"縱的系統",把甲國的祖算做了乙國的祖的父親,又把丙國的神算做了甲國的祖的父親。他們起來喊道:"咱們都是黃帝的子孫,分散得遠了,所以情誼疏了,風俗也不同了。如今又合爲一國,咱們應當化除畛域的成見!"……本來楚國人的鴃舌之音,中原人是不屑聽的,到這時知道楚國是帝高陽的後人,而帝高陽是黃帝的孫兒了。本來越國人的文身雕題,中原人是不屑看的,到這時知道越國是禹的後人,而禹是黃帝的玄孫了……最顯著的當時所謂華夏民族是商和周,而周祖后稷是帝嚳元妃之子,商祖契是帝嚳次妃之子,帝嚳則是黃帝的曾孫,可見華夏的商周和蠻夷的楚、越本屬一家。[1]

顧頡剛先生最早是把這種大一統的帝王世系置於秦朝統一之後,未免時代略晚。顧先生後來也覺不妥,又改變了看法。據顧先生的學生王煦華介紹,顧先生晚年在《周公東征考證》中對《帝系》的祖先同源説出現的時代作了考證,認爲《帝系》講楚先世的那一段"和《鄭語》説的'惟荊實有昭德,若周衰,其必興矣',正是一鼻孔出氣。這就表明寫作這篇文字是爲楚取得中原統治張目的。因此,它的出現當在楚能問鼎中原的時期。戰國中期,在秦還没有稱王之際,楚威王滅越,統一了南方中國,有力量統一中國,所以作家們紛紛爲它裝點,把黃帝、顓頊等大神推到楚祖吳回、陸終的頂上,使楚的一系和唐、虞、夏、商、周同條共貫,以取得統治中原的法統,因而就把無數族類的祖先熔化成爲一個整體,這就是《帝系》的祖先同出一源説出現的歷史背景"。[2]

那麽,顧先生前後哪種説法更爲可靠呢?要弄清楚這點,還需從基本文獻作起。古書上記載黃帝世系最早的首推《國語・晉語》:

黃帝之子二十五人,其同姓者二人而已——唯青陽與夷鼓皆爲己姓。青陽,方雷氏之甥也;夷鼓,彤魚氏之甥也。其同生而異姓者,四母之子,別爲十二姓。凡黃帝之子二十五宗,其得姓者十四人,爲十二姓:姬、酉、祁、己、滕、箴、任、荀、僖、姞、儇、依是也。唯青陽與蒼林氏同于黃帝。故皆爲姬姓。

[1] 顧頡剛:《顧頡剛古史論文集》第1册,中華書局,1988年,頁224—225。
[2] 顧頡剛:《顧頡剛古史論文集》第1册王煦華《前言》,中華書局,1988年,頁12。

不難看出,有關文字前後內容重複,語言囉嗦。其整理過程顯有錯簡。楊希枚先生經過仔細梳理,把本節文字重新排比,區分經注,眉目豁然開朗:

> 黃帝之子二十五人凡黃帝之子二十五宗。其同姓者二人而已;唯青陽青陽,方雷氏之甥也與夷鼓夷鼓,彤魚氏之甥也皆爲己姓唯青陽與蒼林氏同于黃帝,故皆爲姬姓。其同生而異姓者,四母之子,別爲十二姓其得姓者十四人,爲十二姓,姬、酉、祁、己、滕、箴、任、荀、僖、姞、儇、依是也。[1]

楊希枚先生還認爲黃帝之子二十五人,"其得姓者十四人",當爲"其得生者十四人",是指能得嗣傳宗的僅十四人而已,餘者都絕後無嗣了。"十二姓"即十二族。可以說,經過楊希枚先生重新編排整理,已經大致弄清了《國語》文本原貌。[2]

儘管《國語》文本已大致可讀,但是其內容還是令人費解。黃帝之子二十五人、十二姓的有關記載也引起了極大爭議。例如清崔述《考信錄·補上古考信錄》卷上《黃帝氏》即云:

> 余按上古之時人情朴略,容有未受姓者,故因錫土而遂賜之,所以《禹貢》有"錫土姓"之文,非每人皆賜之以姓也。安有同父而異姓者哉! 姓也者,生也;有姓者,所以辨其所由生也,苟同父而各姓其姓,則所由生者無可辨,有姓曷取焉?且十二姓之見於傳者,姬、祁、已、任、姞五姓而已,然皆相爲昏姻。后稷取于姞,王季取于任,春秋時之欒與祁昏,魯之孟與己昏,而姬、劉、祁、范乃世爲昏姻,皆無譏者。果同祖也,可爲昏乎? 若同祖者易其姓而即可爲昏,則吳之孟子何譏焉?《春秋傳》云:"任、宿、須句、顓臾,風姓也,實司太皥與有濟之祀。"又云:"炎帝爲火師,姜姓其後也。"觀其文,皆似古帝王之子孫世守其姓而不改者,唯虞後本姚姓,而陳乃嬀姓,故史趙以爲周之所賜,蓋偶然之事,時或有他故焉。要之,嬀猶姚耳,非姚與嬀之遂可以相爲昏也。
>
> 自《國語》始有一人子孫分爲數姓之說,而《大戴記》從而衍之,《史記》又從而采之,遂謂唐虞三代共出一祖,而帝王之族姓遂亂雜而失其真矣。然則,是誣古聖而惑後儒者,皆《國語》爲之濫觴也。

崔述認爲黃帝之子"同父而異姓",一些學者認爲并不符合上古母系氏族的社會性質。但是《國語》文中明確說"同生而異姓者,四母之子,別爲十二姓",顯然認爲黃

---

[1] 楊希枚:《〈國語〉黃帝二十五子得姓傳說的分析上篇》,《中央研究院歷史語言研究所集刊》第 34 本下冊,1963 年;又《先秦文化史論集》,中國社會科學出版社,1995 年,頁 216。

[2] 楊希枚先生認爲"皆爲己姓"之"己"即"自己"的"己",指黃帝自己;"皆爲己姓"意指"唯青陽與夷鼓"都屬黃帝本姓本族。但此說却於語法有礙。此處主語并非黃帝,而是青陽與夷鼓,若"己"爲反身代詞,當是指"青陽與夷鼓"自己的姓,而非黃帝之姓了。所以周法高先生認爲"皆爲己姓"仍然是十二姓中的"己姓";而經作"皆爲己姓",注作"皆爲姬姓",是經注材料來源不同,不必强求統一。

帝之子是一父(黃帝)四母所生,即使從母系氏族角度解釋,"四母"也是四個母系氏族,怎麼能是一個氏族集團呢? 就算同出一母,同從母姓,可是一父四母最多分爲四個姓,爲何又分爲十二姓呢? 我們同樣可以質問:"苟同母而各姓其姓,則所由生者無可辨,有姓曷取焉?"

楊寬先生《中國上古史導論》則認爲"皇"、"黃"古通用,"黃帝"爲"皇帝"之字變,本指皇天上帝,"皇帝"是通名而非專名。[1] 楊寬先生把黃帝諸子傳説視爲上帝降生神話,表面上似乎可以消解有關疑難。楊寬先生還據《山海經·大荒經》、《海內經》説:"是不特古帝王爲黃帝子孫,即犬戎、北狄、苗民、毛民等亦無莫不然。此果何故? 一言以蔽之,由黃帝本上帝之化身,故爲天下之所共祖耳。"[2] 但這樣的上帝是"唯一神"的觀念,似乎還不是古代先民所應有的。再者,世系傳説中的"黃帝"已經是人祖而非天神了,這也不是用"上帝化身"一語就可以化解上古時期同宗共祖黃帝現象的。

徐旭生先生《中國古史的傳説時代》又據《山海經·大荒東經》"帝俊生黑齒"郭璞注:"諸言生者,多謂其苗裔,未必是親所產。"復據《史記·五帝本紀》"黃帝者少典之子"《索隱》:"少典者,諸侯國號,非人名也。又按《國語》云:'少典娶有蟜氏女而生炎帝。'然則炎帝亦少典之子,炎、黃二帝雖則承帝王代紀,中間凡隔八帝、五百餘年,若以少典是其父名,豈黃帝經五百餘年而始代炎帝后爲天子乎? 何其年之長也! 又按《秦本紀》云:'顓頊氏之裔孫曰女修,吞玄鳥之卵而生大業,大業娶少典氏而生栢翳。'明少典是國號,非人名也。黃帝者,少典氏後代之子孫。賈逵亦以《左傳》'高陽氏有才子八人',亦謂其後代子孫而稱爲子。是也。"認爲古人所用地名、氏族名、人名常常不分,《山海經》所記三代以前的某生某,《國語》所記有虞氏與夏后氏所禘的黃帝,殷人所禘的舜,周人所禘的嚳,大約全是氏族分離的關係,與個人的血統關係無干。時代越近,所謂生的,所祖祭、郊祭、宗祭、報祭的才多真正由於血統的關係。[3] 這樣一來,黃帝也就成了黃帝氏族的共名,十二姓未必出自一父,而是可能出自多父了。但是一個大的氏族,却又分爲十二姓,彼此又沒有血統上的聯繫,其實已經很難説是同一個血緣氏族集團了。

從《國語》的世系記載來看,其血緣宗統實際是從父系而不是從母系的,這樣的世系傳説不可能是早期母系時代的口傳實録,而應當是晚期父系時代的追憶叙述。黃帝二十五子、十二個氏族也許未必是一個大的血緣氏族集團,或許只是某種暫時或永久的地域聯盟。假如黃帝集團也包含地緣關係的話,就并不見得每個氏族都有血緣上的聯繫了。

[1] 參見呂思勉、童書業編著:《古史辨》第7冊(上),上海古籍出版社,1982年,頁189—199。
[2] 參見呂思勉、童書業編著:《古史辨》第7冊(上),上海古籍出版社,1982年,頁209。
[3] 徐旭生:《中國古史的傳説時代》,廣西師範大學出版社,2003年,頁40。

　　加拿大漢學家白光華(Charles Le Blanc)曾經研究過黄帝神話,他把先秦兩漢典籍中有關黄帝的各種記載分爲三個不同範疇:其一爲系譜始祖性(genealogical ancestrality),其二爲典範帝王性(paradigmatic emperorship),其三則爲神性的黄帝。白光華認爲,在周人所創造的黄帝傳説中,"先祖"與"聖王"這兩層意義,特別受到强調,并且透過血緣的聯繫,緊密地結合爲一體。黄帝是堯舜二代的共同始祖,黄帝本人"以姬水成,故姓姬",而周人姬姓,乃是黄帝的嫡系宗子,因而得以在宗法制度的政治秩序下,經由根基性(primordial)的血緣紐帶,具體傳承先祖的"聖王"典範,從而確立周人對旁支孽庶各族群之統治權威的道德合法性基礎。[1]

　　傅斯年《〈新獲卜辭寫本後記〉跋》曾指出:

　　　　現在若把《左傳》、《國語》中這些材料抄出,則顯然可以看出有兩類,大多的一類是記載族姓國別的,例如上文所引《鄭語》中的一節;甚少的幾段記古帝之親屬關係,例如黄帝子廿五宗,受姓十四人之類。上一類是記載民族國姓之分別,乃是些絶好的古史材料,下一類當是已經受大一統觀念之影響,强爲一切古姓古帝(古帝即每一民族之宗神 tribal gods 説另詳)造一個親屬的關係。此種人類同源的觀念,雖於發展到秦漢大一統的局勢上有甚多助力,但是混亂古史的力量也非常屬害的。[2]

　　衆所周知,以黄帝爲始祖的大一統帝王世系也見於比《國語》更晚的《世本》、《大戴禮記‧帝系》、《五帝德》等,其時代大約在戰國晚期。[3] 徐中舒先生曾據戰國青銅器《陳侯因資敦》認爲,黄帝之傳説最早見於齊國青銅器《陳侯因資敦》及齊人鄒衍著作等,懷疑黄帝傳説導源于齊地。[4] 其説雖然地域可商,至少時代是吻合的。而白光華把黄帝傳説,視爲周人的創造,未免含糊其辭。[5] 如果説黄帝傳説是周人的創造,何以西周之前不見蹤跡,反而東周之後大行其道? 這顯然是與東周時期的夷狄之禍及世系危機分不開的。

　　如果僅從文獻出處及區域地理分析,黄帝傳説也未嘗没有可能是三晉的產物。黄帝二十五子的傳説始見於《國語‧晉語》,而同爲三晉所出的魏人《竹書紀年》也是

[1] Charles Le Blanc, *A Re-examination of the Myth of Huang-ti*, *Journal of Chinese Religions*, 13/14 (1985-86), p.53.
[2] 傅斯年:《〈新獲卜辭寫本後記〉跋》,中央研究院歷史語言研究所:《安陽發掘報告》1930年第二期;又歐陽哲生主編:《傅斯年全集》第三卷,湖南教育出版社,2003年,頁126。
[3] 以上博簡《容成氏》爲例,其中軒轅氏、神農氏還只是容成氏之後的古帝王之一,位居容成氏之後。軒轅氏既未上升爲萬世始祖,容成氏也尚未下降爲黄帝之臣。
[4] 徐中舒:《陳侯四器考釋》,《中央研究院歷史語言研究所集刊》第3本第4分册,1933年。
[5] 丁山先生也認爲:"禘在殷商,爲泛祭各神之名,不盡是郊祀上帝、配以始祖的專名。虞、夏之禘黄帝,商、周之禘帝嚳,此周人新説,絶不合于殷商祭典。"參見丁山:《中國古代宗教與神話考》,龍門聯合書局,1961年,頁477。

"起自黃帝,終於魏之今王".[1] 據學者考證,詳載黃帝大一統世系的《世本》也是三晉趙人的作品。[2] 清華簡《良臣》亦以"黃帝之師"居首,而其文字屬三晉一系,作者可能與鄭有密切關係。[3] 可見晉、鄭一帶也是黃帝傳說的核心區域,這與傳說中黃帝的活動區域也是若合符節的。

儘管如此,我們覺得顧頡剛先生的推測其實也有某些道理。春秋戰國之後到秦漢之際的黃帝崇拜確實與道家"黃老"思想的流行難以分開。[4] 春秋戰國時期儒家宗周,墨家尚夏,道家尊黃帝,一個比一個來頭更大,年頭更早。《淮南子·修務》曾評論說:

> 世俗之人多尊古而賤今,故爲道者必托之于神農、黃帝而後能入説。[5] 亂世闇主高遠其所從來,因而貴之。爲教者蔽於論而尊其所聞,相與危坐而稱之,正領而誦之,此見是非之分不明。

清崔述《考信録·補上古考信録》卷上亦云:

> 夫《尚書》但始于唐、虞;及司馬遷作《史記》,乃起于黃帝;譙周、皇甫謐又推之,以至於伏羲氏;而徐整以後諸家,遂上溯于開闢之初。豈非以其識愈下,則其稱引愈遠;其世愈後,則其傳聞愈繁乎?且《左氏春秋傳》最好稱引上古事,然黃、炎以前事皆不載。其時在焚書之前,不應後人所知乃反詳于古人如是也。

顧頡剛把以黃帝爲首的大一統世系置於戰國中期的楚國,無論是從時代背景還是從學術傳承來說都入情入理。[6] 楚國是道家的發源地和大本營,道家思想文化從學術淵源上追尊黃帝,這與楚國帝王世系從血緣承桃上遠紹黃帝,其道理是一致的。《世本》除了記載帝王、諸侯、卿大夫的世系、姓氏源流等宗統之外,還特設《作篇》,從學統上記録上古帝王的偉大發明,把"黃帝"視爲政教合一"奇裏斯瑪"(Charisma)式的精神領袖,中國古代文明的締造者,即其用意所在。自然,其中很多發明都與黃帝

---

[1] 《史記·魏世家》裴駰《集解》引和嶠説。參見《史記》,中華書局,1959年,頁1849。

[2] 陳夢家《世本考略》認爲《世本》爲戰國末趙人所作,其書成于趙政稱帝(即秦始皇)前十餘年。參見陳夢家:《西周年代考·六國紀年》,中華書局,2005年,頁191—197。

[3] 李學勤主編:《清華大學藏戰國竹簡(三)》,中西書局,2012年,頁156。

[4] 匿名審稿人指出:道家都祖黃帝,從《老子》一書看,并不見"黃帝"一詞。老子楚人,其後爲周室之史官。但以周室史官身份去服務楚國張大族源、問鼎華夏的這種"需要",無異僭逆。此意見值得重視。但傳統以爲道家先驅爲楚國先祖鬻熊,鬻熊與老童、祝融并爲"三楚先",曾爲文王之師。梁劉勰《文心雕龍·諸子》:"至鬻熊知道,而文王諮詢,餘文遺事,録爲《鬻子》。子目肇始,莫先於茲。"但《鬻子》早佚,今本爲後人僞託。(參見李學勤:《論包山簡中一先祖名》,《文物》1988年第8期)。《列子·黃帝》曾引《粥(鬻)子》語,而《莊子》中"黃帝"亦多見。孔、孟、荀等儒家均不言黃帝,而盛讚堯、舜、禹;而道家之《管子》(《漢書·藝文志》列入道家,至《隋書·經籍志》方改列法家)、《莊子》等均盛稱黃帝,可見道家與黃帝淵源有自。

[5] 高誘注:"説,言也,言爲二聖所作,乃能入其説於人,人乃用之。"

[6] 戰國中期大一統世系已經完全成形,但其醖釀過程則要早至春秋時期,與大一統思想的興起約略同時。

君臣有關，[1]以致丁山先生感慨説：

> 黄帝簡直成了中國一切文物的創造者——自天空的安排直至人類的衣履，都是黄帝命令他的官吏分别製作的。這樣，黄帝不就等於創世紀所謂耶和華上帝嗎？因此，我才明白《魯語》所謂"成命百物"，就是創造文物；"明民共財"，當然就是原始共産社會的寫實。[2]

但是，把黄帝視爲"中國一切文物的創造者"，其實與"諸子出於王官"、"老子化胡"等傳説的比附冒祖情形是非常類似的。

三、黄帝苗裔與族群認同

當然，楚國這種宗統上的攀附遠紹有可能是相對晚起的現象。楚國屬於祝融八姓之一的羋姓，[3]可是黄帝十二姓却并不包括羋姓，説明祝融集團和黄帝集團本無交集。[4]傅斯年《〈新獲卜辭寫本後記〉跋》認爲：

> 若楚之宗乃是祝融，《鄭語》明標祝融八姓，而以祝融與虞夏商周爲對，明其并非一族。《離騷》曰，"帝高陽之苗裔兮"，此高陽之帝，當是祝融。帝而曰陽，陽而曰高，與火正之義正合。又按，虞夏之盛，南方民族必受其文物之影響，則初謂虞夏之祖與自己之祖有若何關係，《楚語》"顓頊受之，乃命南正重司天以屬神，命火正黎司地以屬民"正其例。然此但指官守而已，後來更有大一統之論者，以爲有如何血統之關係。尤後更錯亂其名號，於是高陽乃成顓頊。高陽成顓頊之説，只見於《史記》，不見於《左傳》、《國語》。《左傳》、《國語》所紀，則顓頊自顓頊，祝融自祝融。祝融爲羋等八姓之祖，顓頊爲虞夏之祖。《國語》雖已有黄帝十二姓之説，然"泛祖宗之黄帝"論，猶未暢然發達，且高陽之帝號猶未見。[5]

清華簡《楚居》從羋姓始祖季連開始講起，其述世系及遷徙非常詳盡，遠較《世本》、《楚世家》等爲繁，但是却并未遠紹黄帝、顓頊。望山楚簡、包山楚簡、新蔡楚簡祭

[1]　參見齊思和：《黄帝的制器故事》，《史學年報》1934年第2卷第1期。
[2]　丁山：《中國古代宗教與神話考》，龍門聯合書局，1961年，頁426。
[3]　參見李學勤：《談祝融八姓》，《江漢論壇》1980年第2期；唐嘉弘：《釋"祝融八姓"》，《江漢論壇》1981年第3期。
[4]　《楚帛書》説："炎帝乃命祝融以四神降"，《山海經·海内經》也説祝融爲炎帝之後，與黄帝無關。《禮記·月令》和《吕氏春秋·孟夏紀》都説南方"其帝炎帝，其神祝融。"從地域上説，祝融屬於炎帝集團的可能性更大。可是《大荒西經》又説祝融是顓頊、老童之後，殆傳説異詞。
[5]　傅斯年：《〈新獲卜辭寫本後記〉跋》，中央研究院歷史語言研究所：《安陽發掘報告》第二期，1930年；又歐陽哲生主編：《傅斯年全集》第三卷，湖南教育出版社，2003年，頁122—123。匿名審稿人指出：《左傳·文公十八年》高陽氏"八愷"有庭堅，而庭堅爲姬姓，其後爲舜所舉；若此高陽爲祝融，則其時(公元前609年)南北兩大族群，即已發生聯繫，可有大一統之"時代背景"乎？筆者認爲：楚先祖鬻熊爲文王師，猶高陽氏"八愷"有庭堅等，南北兩大族群發生聯繫甚早，固不始於公元前609年也。但以高陽爲顓頊，恐仍屬晚起，不必遽以此事爲疑。

祀老童、祝融、鬻熊等“三楚先”也并未上溯到顓頊高陽。[1] 據報導安徽大學藏簡已經有“顓頊生老童”的明確記載，[2]可惜有關簡文尚未公佈，詳情不知。《史記·楚世家》却稱“季連生附沮，附沮生穴熊。其後中微，或在中國，或在蠻夷，弗能紀其世。”從《楚居》等來看，所謂“弗能紀其世”顯然并不成立。楚國的世系肯定有一個出於時代需要而重新建構的過程。“或在中國，或在蠻夷”就是某種重新建構的標準模型和認知範式。[3]

王明珂先生曾以“太伯奔吳”的故事傳説等爲例指出，古代華夏邊緣人群爲了尋求華夏諸國的認同，在華夏化過程中常常尋得或假借一個來自華夏的祖源，來改變固有的集體祖源記憶；而華夏族群也往往經由“尋回失落祖先的後裔”，創造新的族群邊界，來認可和容納邊緣人群爲華夏。透過華夏及其邊緣族群雙方互動，共同建立新的歷史記憶。[4] 也就是説，古代華夏族群邊界的形成與變遷，普遍是通過某種“結構性失憶”（structural amnesia）來重建“集體記憶”（collective memory）的。《史記·楚世家》的“弗能紀其世”就是一個典型例證。中原諸國不斷擴大族群邊界，期待“尋回失落祖先的後裔”；而邊緣族群則通過對楚國固有世系的“結構性失憶”，重建了楚國世系新的“集體記憶”。這是周邊蠻夷與中原諸國相互融合的一個認可過程，二者以“或在中國，或在蠻夷”、“四海之内皆兄弟也”的標準模型和認知範式共同重建了可以總攝新的華夏族群的大一統世系。

《周官·秋官·司儀》：“詔王儀，南鄉見諸侯，土揖庶姓，時揖異姓，天揖同姓。”鄭玄《注》曰：“庶姓，無親者也……異姓，昏姻也。”同姓、異姓、庶姓之分大約相當於人類學的血親（consanguinity）、姻親（affinity）、擬親（fictive kinship）等概念。[5]《左傳·成公十六年》：“呂錡夢射月，中之。占之，曰：‘姬姓日也，異姓月也，必楚王也。’”呂思勉先生《蒿廬劄記·姬姓日也，異姓月也》釋云：

> 此周人之妄自尊大也。蓋古以日爲君象，月爲臣象。自黄帝戰勝炎帝以來，爲天子者皆姬姓，故遂妄自尊大也。《隱公十一年》：“滕侯薛侯來朝，爭長。滕侯曰：‘薛庶姓也，我不可以後之。’公亦使羽父請于薛侯曰：‘周之宗盟，異姓爲

---

[1] 也有學者認爲新蔡楚簡已經出現“昔我先出自顓頊”之語，但其文字考釋却不無疑問。參見董珊：《新蔡楚簡所見的“顓頊”和“雎漳”》，簡帛研究網，2003 年 12 月 7 日；又《簡帛文獻考釋論叢》，上海古籍出版社，2014 年，頁111—114。

[2] 《“安大簡”首露真容，上載〈詩經〉、楚史等珍貴文獻》，中安線上 2016－05－17（http：//ah. anhuinews. com/system/2016/05/17/007347975. shtml）。

[3] 《國語》、《史記》在叙述諸侯世系時頗多類似之語。如《國語·鄭語》：“或在王室，或在夷狄。”《史記·曆書》：“故疇人子弟分散，或在諸夏，或在夷狄。”《史記·秦本紀》：“子孫或在中國，或在夷狄。”又《史記·魏世家》：“或在中國，或在夷狄。”

[4] 王明珂：《華夏邊緣：歷史記憶與族群認同》，臺灣允晨文化出版公司，1997 年，頁 255—287；又增訂本，浙江人民出版社，2013 年，頁 171—193。

[5] 所謂“擬親”（fictive kinship）就是本無血緣關係而强拉關係，如泛稱的“大哥”“大姐”“叔叔”“阿姨”等。

後。'"……(《襄公二十九年》)子大叔曰:"……諸姬是棄,其誰歸之,吉也聞之,棄同即異,是謂離德。"……楚靈王謂子革曰:"昔我先王熊繹,與呂級、王孫牟、燮父、禽父并事康王,四國皆有分,我獨無有。"子革曰:"齊王舅也,晉及魯、衛,王母弟也。楚是以無分,而彼皆有。"(《左氏》昭公十二年。)……蓋薛與楚,皆周之所謂庶姓者也。[1]

楚之羋姓本來與周之姬姓連異姓昏姻都算不上,只能算是庶姓無親,也就是人類學所説的"擬親(fictive kinship)"。《國語·鄭語》説:"姜、嬴、荆羋,實與諸姬代相干也。"韋昭注:"代,更也。干,犯也。言其代强,更相犯間。"荆楚與諸姬有仇而無親。正因爲楚國與姬周没有密切關係,問鼎中原時才需要攀龍附鳳,與中原諸姬姓國拉近關係。《左傳·昭公二十九年》:"顓頊氏,有子曰犁,爲祝融。"《國語·楚語》:"少皞之衰也,九黎亂德,民神雜糅,不可方物……顓頊受之,乃命南正重司天以屬神,命火正黎司地以屬民。"已經開始嘗試把楚的世系重新排譜,力圖納入黄帝、顓頊一系。[2]因此,才會出現屈原《離騷》"帝高陽之苗裔兮"這樣自我催眠式的認祖歸宗行爲。於是《大戴禮記·帝系姓》等重新構建出一套羋姓之祖季連是黄帝、顓頊之後的説法,也就水到渠成,順理成章了。對此,《史記·楚世家》表述爲:"楚之先祖出自帝顓頊高陽,高陽者,黄帝之孫、昌意之子也。"總之,楚夏"五百年前本是一家"之類的。[3]

我們前面已經指出,崔述質疑的"唐虞三代共出一祖",其實并非意味著唐虞三代等都是血親(consanguinity)關係,很多可能只是姻親(affinity)或擬親(fictive kinship)關係,擬親而共祖也是出於大一統需要的某種族群認同。"子孫或在中國,或在夷狄"是一個行之有效的標準模型和認知範式。《山海經》甚至把黄帝子孫擴大到犬戎(《山海經·大荒北經》)、北狄(《山海經·大荒西經》),把顓頊子孫擴大到苗民(《山海經·大荒北經》),把禹之子孫擴大到毛民(《山海經·大荒北經》)等等,都反映了這種華夏邊緣庶姓無親的族群認同。

自從《山海經》創設了把華夏四裔遠紹黄帝苗裔的傳統時起,類似攀附屢見不鮮。如《史記·匈奴列傳》:"匈奴,其先祖夏后氏之苗裔也,曰淳維。"《後漢書·西羌傳》:"西羌之本,出自三苗,姜姓之别也。"常璩《華陽國志》卷一《巴志》:"巴國遠世則黄炎之支封,在周則宗姬之戚親。"最值得注意的是,魏晉南北朝時期少數民族政權對於華

---

[1] 吕思勉:《論學集林》,上海教育出版社,1987年,頁633—635。

[2] 匿名審稿人指出:《左傳》此處記載出自晉蔡墨之口,并非楚人;左昭二十九年當公元前513年,是服務於誰的"大一統"呢? 筆者認爲:出自晉人之口也不足爲奇,這説明楚國的攀附遠紹已獲得中原諸侯認同,此一史實反映的仍然是華夏與邊緣族群的雙邊互動,共建新的歷史記憶過程。這種雙向認同的絶對斷代仍然要置於楚莊王問鼎中原(公元前606年)之後至楚威王滅越(公元前333年)之前相對的時代大背景之中,這種新的血緣譜系的形成與當時的政治軍事形勢息息相關,是一個漫長的興論籌備過程。

[3] 參見彭豐文:《從蠻夷到華夏:先秦楚人的族源記憶與民族認同》,達力紮布主編:《中國邊疆民族研究》2013年第7輯,中央民族大學出版社。

夏血統的刻意攀附與主觀認同。呂思勉先生《慕容、拓拔》曾云：

> 晉世五胡，率好依附中國，非徒慕容、拓拔稱黃帝之後，宇文托於炎帝，苻秦自稱出於有扈，羌姚謂出於有虞也。[1]

例如，《晉書·劉元海載記》："劉元海，新興匈奴人，冒頓之後也。名犯高祖廟諱，故稱其字焉。初漢高祖以宗女爲公主，以妻冒頓，約爲兄弟，故其子孫遂冒姓劉氏。"《晉書·慕容庾載記》："慕容庾，字奕洛環，昌黎棘城鮮卑人也。其先有熊氏之苗裔，世居北夷，邑于紫蒙之野，號曰東胡。"又《苻洪載記》："苻洪字廣世，略陽臨渭氐人也。其先蓋有扈之苗裔，世爲西戎酋長。"又《姚弋仲載記》："姚弋僕，南安赤羌人也。其先有虞氏之苗裔。禹封舜少子於西戎，世爲羌酋。"又《赫連勃勃載記》："自以匈奴夏后氏之苗裔也，國稱大夏。"北齊魏收《魏書》卷一《帝紀·序紀》如此記述鮮卑族源：

> 昔黃帝有二十五子，或内列諸華，或外分荒服。昌意少子受封北土，國有大鮮卑山，因以爲號。其後世爲君長，統幽都之北、廣莫之野……黃帝以土德王，北俗謂土爲托，謂後爲拔，故以爲氏。其裔始均入仕堯世，逐女魃于弱水之北，民賴其勤。帝舜嘉之，命爲田祖。爰歷三代，以及秦漢，獯鬻、獫狁、山戎、匈奴之屬，累代殘暴，作害中州，而始均之裔不交南夏，是以載籍無聞焉。[2]

爲什麼華夏四裔在認祖歸宗的過程中會出現這麼多的冒祖現象？這并不能認爲僅僅只是漢族史臣的文飾之詞。姚大力先生曾經撰文特別探討過《魏書》的這段記載，指出這一重構具有明顯的漢化色彩，因爲它顯示出將拓跋部的先世史"嫁接"到中原古史的言說框架内的強烈傾向。[3]北魏時除了漢人大臣聲稱"祖黃制朔"、"以國家繼黃帝之後，宜爲土德"等言論之外，就連皇帝制詔也標榜"魏之先出於黃帝"（《魏書·禮志一》）之類。《周書·文帝紀上》："太祖文皇帝姓宇文氏，諱泰，字黑獺，代武川人也。其先出自炎帝神農氏，爲黃帝所滅，子孫遯居朔野。有葛烏菟者，雄武多算略，鮮卑慕之，奉以爲主，遂總十二部落，世爲大人。"其族群認同的確是真心誠意的。此外，如《晉書·沮渠蒙遜載記》記載沮渠蒙遜聞劉裕滅姚泓，"顧謂左右曰：'古之行師不犯歲鎮所在，姚氏舜後，軒轅之苗裔也。今鎮星在軒轅，而裕滅之，亦不能久守關中。'"亦相信姚秦爲舜後，黃帝苗裔。又如《晉書·赫連勃勃載記》記載赫連勃勃曰："朕大禹之後，世居幽朔，祖宗重暉，常與漢魏爲敵國。中世不競，受制於人，逮朕不肖，不能紹隆先構，國破家亡，流離漂虜。今將應運而興，復大禹之業，卿以爲何如？"

---

[1] 呂思勉：《呂思勉讀史劄記》，上海古籍出版社，1982年，頁808。

[2]《山海經·大荒西經》云："有北狄之國。黃帝之孫曰始均，始均生北狄。"《晉書》及《北史·魏本紀一》也以始均作爲鮮卑始祖。

[3] 姚大力：《論拓跋鮮卑部的早期歷史——讀〈魏書·序紀〉》，《復旦大學學報》2005年第2期；又《北方民族史》，廣西師範大學出版社，2007年，頁5。

自承大禹之後，要復興大禹之業。這些少數民族政權通過這種"結構性失憶"(structural amnesia)手段重建了新的"集體記憶"(collective memory)，强行把自己納入了華夏宗統。因此《晉書·載記序》才説：

> 古者帝王，乃生奇類，淳維，伯禹之苗裔，豈異類哉！反首衣皮，餐膻飲湩，而震驚中域，其來自遠，天未悔禍，種落彌繁。其風俗險詖，性靈馳突，前史載之，亦以詳備。軒帝患其干紀，所以徂征；武王竄以荒服，同乎禽獸。而於露寒之野，候月覘風，覦隙揚埃，乘間騁暴。邊城不得緩帶，百姓靡有室家。孔子曰："微管仲，吾其被髮左袵矣！"此言能教訓卒伍，整齊車甲。邊場既伏，境内以安。

陳寅恪先生《隋唐制度淵源略論稿·禮儀》一章曾敏鋭地指出，北朝胡、漢之問題，實一胡化、漢化之問題，而非胡種、漢種之問題。當時之所謂胡人、漢人，大抵以胡化、漢化而不以胡種、漢種爲分别，即文化之關係較重，而種族之關係較輕。[1] "北朝胡漢之分，不在種族，而在文化。"[2] 不論其種族血統爲何，端視其所受之文明教化爲胡、爲漢而定。

雖然匈奴、鮮卑等與華夏文化不同，但是北方漢人却也并未把這些少數民族完全視爲異類，而是視爲"失落祖先的後裔"，"五百年前本一家"。這説明"子孫或在中國，或在夷狄"仍然是一個普遍適用的標準模型和認知範式。這種做法之所以得逞，正是依靠不斷擴充的黄帝世系。

白光華曾經把黄帝十二姓，比作電腦主板上可供擴充用的"空置插槽"(open slot)，周人以外的諸部族，乃至華夏以外的諸族群，在必要時，便可利用這些現成的插槽，製造一套新的祖源記憶，從而躋身華夏正統。[3] 可以説黄帝十二姓，爲擴充華夏族群大開了方便之門。無論多麽遥遠的關係，如要攀附的話，總有一套適合你。[4]

當然，這只代表了民族融合背景下北朝士人的看法，南朝士人仍然不把拓跋鮮卑視爲"黄帝子孫"，依然鄙稱爲"虜"。《南齊書·魏虜傳》稱鮮卑爲"魏虜，匈奴種也"；而《宋書·索虜傳》則稱："索頭虜，姓托跋氏，其先漢將李陵後也。陵降匈奴，有數百千種，各立名號，索頭亦其一也。"貶抑其爲漢朝降將之後。這是由於南朝的歷史背景和

---

[1] 陳寅恪：《陳寅恪集：隋唐制度淵源略論稿·唐代政治史述論稿》，三聯書店，2001年，頁79。
[2] 陳寅恪：《陳寅恪集：隋唐制度淵源略論稿·唐代政治史述論稿》，三聯書店，2001年，頁46。
[3] Charles Le Blanc, *A Re-examination of the Myth of Huang-ti*, *Journal of Chinese Religions*, 13/14 (1985–1986), p.54.
[4] 由於華夏世系的空置插槽過多，因此一些少數民族政權在攀附遠紹時甚至可以對應多個插槽。《遼史·世表》："庖犧氏降，炎帝氏、黄帝氏子孫衆多，王畿之封建有限，王政之布濩無窮，故君四方者，多二帝子孫，而自服土中者，本同出也。考之宇文周之書，遼本炎帝之後，而耶律儼稱遼爲軒轅後。儼《志》晚出，盍從周書。"則遼之遠紹世系，有炎帝、黄帝二説。而正史徑取炎帝一説。參見孟古托力：《遼人"漢契一體"的中華觀念論述》，陳述主編：《遼金史論集》(第五輯)，書目文獻出版社，1991年；趙永春：《試論遼人的"中國觀"》，《文史哲》2010年第3期；趙永春、李玉君：《遼人自稱"中國"考論》，《社會科學輯刊》2010年第5期。

地理環境,導致其先天缺乏胡漢民族融合的願望和可能。

正是由於這種"子孫或在中國,或在夷狄"的標準模型和認知範式過於強大,以致魯迅先生在《僞自由書·文章與題目》一文中曾諷刺說:

> 我没有看過《清史》,不得而知,但據老例,則應説是愛新覺羅氏之先,原是軒轅黄帝第幾子之苗裔,遯于朔方,厚澤深仁,遂有天下,總而言之,咱們原是一家子云。[1]

魯迅先生的調侃并不是事實。事實上,拋開清阿桂《滿洲源流考》、清官修《八旗通志》等滿人自己的撰述不論,即使民國趙爾巽等所撰的《清史稿》,也没有採納以前風行的攀附潮流,而冒認祖宗。其祖源與軒轅黄帝了不相干。[2]

無獨有偶,滿清之先的金人,對於遠紹黄帝雖有附議,但却并未成事。據《金史·張行信傳》記載,參議官王澮嘗言:"本朝紹高辛,黄帝之後也。昔漢祖陶唐,唐祖老子,皆爲立廟。我朝迄今百年,不爲黄帝立廟,無乃愧于漢唐乎!"張行信駁斥説:"按《始祖實録》止稱自高麗而來,未聞出於高辛。今所據欲立黄帝廟,黄帝,高辛之祖。借曰紹之,當爲木德,今乃言火德,亦何謂也?"最後,皇帝也同意了其看法。出於女真的金人也未遠紹黄帝,因此滿清(後金)不冒認祖宗,也情有可原。

其實,不光金和後金,蒙、藏各自的民族文獻叙述其世系源流皆與黄帝無關,即使是漢文正史如《元史》等,也并未援引"或在中國,或在夷狄"的慣例,創造出一套合適的華夏正統世系。究其原因,在於這些民族都有自己的語言文字和民族歷史,如果記憶過於深刻,不易遺忘,也就不便於重新書寫和建構。而且,正值當時中原積弱,吸引力不强,因此各族融入華夏正統的動力也略顯不足。

四、黄帝子孫的演變過程

王明珂先生曾總結説:

> 近代以"黄帝"或"炎黄"爲共同起源想像的中國國族建構,乃承自於一古代歷史與歷史記憶基礎。也就是説,近代"中國國族"建構,是一延續性歷史過程的最新階段。在這歷史過程中,華夏或中國之人這樣的"我族"認同,在祖源"黄帝"中已藴含領域、政治權力與血緣之多重隱喻。這樣一個渾沌初成的族體,在戰國

---

[1] 魯迅:《魯迅全集》第5卷,人民文學出版社,2005年,頁128—129。

[2] 但是金得純《旗軍志》張潮題辭却説:"自黄帝創立八陣,遂爲萬世兵法之祖。三代之盛,寓兵于農。遂井之爲方者九,而耕夫惟八,實亦八陣之遺意。諸葛武侯亦復有八陣圖,以是知八之爲數,乃兵法之所不能外。興朝八旗之制,最爲詳備。"又把八旗之制遠紹黄帝。參見金德純:《旗軍志》,《遼海叢書》第四冊,瀋陽,遼海書社,1985年,頁2603。

時代以來,透過攀附"黄帝"或炎帝與炎、黄後裔,逐漸在兩種"華夏邊緣"擴張——政治地理的華夏邊緣,以及社會性的華夏邊緣。也就是説,透過"姓"以及與姓相連結的祖源歷史記憶,可以與"黄帝"(或炎黄)直接或間接發生血緣聯繫的"族群"逐漸往中國周邊,以及中國域内之社會下層推移。

在"華夏"的政治地理邊緣方面,許多本土社會的領袖家族或知識菁英,由攀附黄帝而躋身華夏之内,同時也將本地納入華夏之域。由戰國至漢晉時期,這樣的過程發生在吳、越、楚、趙、魏、秦、滇與巴蜀等地。華夏之"域"的邊緣至此已大致底定,此後只有局部的變化。魏晉南北朝時期的"五胡",事實上是原居此域内或由外進入此域内,而自稱黄帝或炎帝之裔的族群。唐、宋時期的北方士族中一些原出於西域或草原的家族,也在長期定居中國後才攀附炎黄爲祖源。更值得注意的是,由中古時期開始,一些進入中國的北方部族如女真、蒙古等以及西方的吐蕃,較少攀附炎、黄爲其祖源。因此直至今日,以"黄帝之裔"或"炎黄子孫"爲隱喻建構之"中華民族"或"中國民族",難以涵括漢族之外(或傳統華夏之域以外)的各北方、西方"中國境内少數民族"。也因此,強調"炎黄子孫"的中國國族概念難以得到滿、蒙、藏等民族的普遍認同。在傳統華夏之域的南方或西南部分地區,則情況有些不同。[1]

有些人認爲這種攀附是"皇權遊戲",與平民百姓無關。其實這也是完全昧於歷史的無知產物。從歷史發展來看,在原始共產主義時期,必須強調集體合作和分工,個體的力量無足輕重。部落酋長或氏族首領既是政治領袖,也是氏族代言,其集王統、宗統於一身,帝王政統、氏族宗統合二爲一,因此也是族群的識别標誌。所以黄帝集"先祖"與"聖王"於一身,本來無可厚非。即使發展到早期國家階段,仍然只是貴族有氏,平民無氏的。平民百姓普遍有姓氏,還是漢唐以後才出現的家族認同。《新唐書·張説傳》:

(武)后嘗問諸儒:"言氏族皆本炎黄之裔,則上古乃無百姓乎?若爲朕言之。"説曰:"古未有姓,若夷狄然。自炎帝之姜,黄帝之姬,始因所生地而爲之姓。其後天子建德,因生以賜姓。黄帝二十五子,而得姓者十四。德同者姓同,德異者姓殊。其後或以官,或以國,或以王父之字,始爲賜族。久乃爲姓。降唐、虞,抵戰國,姓族漸廣。周衰,列國既滅,其民各以舊國爲之氏。下及兩漢,人皆有姓。故姓之以國者,韓、陳、許、鄭、魯、衛、趙、魏爲多。"

所謂"下及兩漢,人皆有姓"云云,也僅僅只是所出國族認同的某種便宜標誌。由

---

[1] 王明珂:《論攀附:近代炎黄子孫國族建構的古代基礎》,《中央研究院歷史語言研究所集刊》第73本第3分册,2002年。

於唐末五代戰亂頻仍,世家大族消滅殆盡。宋洪皓《鄱陽集》卷四《跋李利涉命氏編》云:

> 姓氏族譜,古人甚重,以辨昭穆,俾之不亂;以別婚姻,俾之不犯。古有史官,漢有官譜,晉有譜局,以助選舉。又有譜學,以明傳受。宋因晉制,齊梁亦然。元魏遷洛,妄賜踰百。雖別姓族,以爲選格,譜系亂華,稽考惟艱。唐興賜姓,多及裔夷,厥後亂離,尤乖古制。屢撰志録,薦肆紛更。

真正開始大規模的族譜修訂,還是宋元以後,尤其是明清之際的風尚。其中不乏盲目攀龍附鳳,冒認祖宗者。明方孝孺《遜志齋集》卷一《重譜》云:

> 不修譜者謂之不孝,然譜之爲孝,難言也。有徵而不書,則爲棄其祖;無徵而書之,則爲誣其祖。有恥其先之賤,旁援顯人而尊之者;有恥其先之惡,而私附于聞人之族者;彼皆以爲智矣,而誠愚也。夫祖豈可擇哉! 兢兢然尊其所知,闕其所不知,詳其所可徵,不强述其所難考,則庶乎近之矣。而世之知乎此者常鮮,趨乎偽者常多。
>
> ……
>
> 故今天下之受氏者,多堯舜三王之後,而皆始于黃帝。譬之巨木焉,有盛而蕃,有萎而悴,其理固有然者。人見其常有顯人也,則謂之著族;見其無有達者也,則從而賤之。貴賤豈有恒哉? 在人焉耳! 苟能法古之人,行古之道,聞於天下,傳於後世,則猶古人也。雖其族世未著,不患其不著也。

清錢大昕《潛研堂文集》卷二十六《巨野姚氏族譜序》云:

> 宋元以後,私家之譜不登於朝,於是支離傳會,紛紜踳駁。私造官階,倒置年代,遥遥華胄,徒爲有識者噴飯之助矣。

清龔自珍《定盦續集》卷三《懷甯王氏族譜序》也談到:

> 民之生,盡黃帝、炎帝之後也,盡聖者之後也……譜何起? 起江左,濫于唐,誕於明。賢矣,有禄於朝,則引史書貴官聞人以爲祖。江左諸帝倡之,又品差之。明之文士述家譜,誕者至八十世。婚姻必書漢郡:李必隴西,陳必潁川,周必汝南,王必太原是也。儒者實事求是,又思夫大本大原皆黃炎,漢郡何足書! 我則笑之。

這種盲目攀附的結果就是"民之生,盡黃帝、炎帝之後",總之,咱們都是"炎黃子孫",本來都是一大家子。清孫治《張氏宗規序》曾感慨:

> 僕因是思之,今之氏族,莫非黃炎之後。而至於踣斃不振者,無德焉故也。[1]

---

[1] 清孫治:《孫宇台集》卷六《張氏宗規序》,清康熙二十三年孫孝楨刻本。

因此黃宗羲曾批評説:"然以余觀之,天下之書,最不可信者有二:郡縣之志也,氏族之譜也。"(黃宗羲《南雷文定三集》卷一《淮安戴氏家譜序》)所以遠紹黃炎不僅僅是帝王的特權,也屬於平民的盛宴。但是,不論是皇權遊戲還是平民盛宴,反映的都是家族的血緣認同。由於這時王統、宗統已經分離,所以帝王世系并不能代表境内所有百姓的宗譜。儘管如此,等級不同的攀附遠紹背後,反映的仍然是同樣的文化認同。

由於"炎黃子孫"難以涵蓋滿、蒙、回、藏等少數民族,以致近來"崖山之後無中國,明亡之後無華夏"一類説法也頗爲流行。但是,這一説法并不符實。姚大力先生《中國歷史上的民族關係與國家認同》一文指出,明初君臣都是認可元代國家統治的。朱元璋曾説:"元雖夷狄,然君主中國且將百年,朕與卿等父母皆賴其生養。元之興亡,自是氣運,于朕何預?"[1]以致錢穆在《讀明初開國諸臣詩文集》一文裏發現,當時人們大都"僅言開國,不及攘夷","心中筆下無華夷之别"。[2]元郝經《陵川集》卷三十七《使宋文移》也曾説:"今日能用士,而能行中國之道,則中國之主也。""能行中國之道,則爲中國之主"的提出,是當時國家認同的一個新的理論突破,[3]與歷史上"諸侯用夷禮則夷之,進於中國則中國之"(唐韓愈《昌黎文集》卷十一《原道》)"所以爲中國者,以禮義也;所以爲夷狄者,無禮義也。豈系於地哉!"(唐皇甫湜《皇甫持正文集》卷二《東晉元魏帝正閏論》)的觀念是一脈相承的。

與此類似,清朝"以滿洲之君,入爲中國之主",遭到各地明朝義軍和遺民反抗。雍正皇帝在《大義覺迷録》中爲夷夏之防辯解説,"本朝之爲滿洲,猶中國之有籍貫。""自古中國一統之世,幅員不能廣遠,其中有不向化者,則斥之爲夷狄。"雍正聲稱:"我朝肇基東海之濱,統一中國,君臨天下,所承之統,堯舜以來中外一家之統也;所用之人,大小文武,中外一家之人也;所行之政,禮樂征伐,中外一家之政也。"[4]強調清朝是"天下一統,華夷一家"。[5]乾隆皇帝也説:

　　夫遼金雖稱帝,究屬偏安;元雖一統,而主中華者,才八十年。其時漢人之爲臣僕者,心意終未浹洽。我國家承天麻命,建極垂統,至於今百四十年矣。漢人之爲臣僕者,自其高、曾,逮將五世。性情無所不通,語言無所不曉。[6]

這與金海陵王完顏亮的大一統觀念是完全一致的。完顏亮爲與南宋爭正統,曾屢次聲言:"自古帝王混一天下,然後可以爲正統。"(《金史·耨盌温敦思忠傳》)"天下

[1]《明實録》卷五十三,"洪武三年六月"。
[2]參見姚大力:《中國歷史上的民族關係與國家認同》,《中國學術》2002年第4輯;又《北方民族史》,廣西師範大學出版社,2007年,頁258—279。
[3]參見李治安:《華夷正統觀念的演進與元初漢文人仕蒙》,《學術月刊》2007年第4期。
[4]《清世宗實録》卷一三〇,"雍正十一年四月己卯"。
[5]《清世宗實録》卷八六,"雍正七年九月癸未"。參見郭成康:《清朝皇帝的中國觀》,《清史研究》2005年第4期。
[6]《清高宗實録》卷一一五四,"乾隆四十七年四月辛巳"。

一家,然後可以爲正統。"(《金史·李通傳》)類似觀念如出一轍。[1]

　　清末民族主義者驅虜排滿,重建華夷之別,也并未得到包括漢族士人在內的普遍贊成。章太炎認爲滿清盜有中夏,因此不奉清朝正朔。其師俞樾曾指責章太炎"背父母陵墓,訟言索虜之禍,不忠不孝,非人類也!曲園無是弟子,小子鳴鼓而攻之,可也!"清朝後期推行滿漢一體政策,"能行中國之道,則爲中國之主",恐怕俞樾心目中已經接受了滿清的王朝正統,所以才會指責章太炎"訟言索虜之禍,不忠不孝"呢!遠在巴黎的褚民誼也曾在《新世紀》撰文批評章太炎,"今主民族主義者,即排滿也;夫排滿,則私矣。""民族主義者,復仇主義也;復仇主義者,自私主義也。""既失博愛之誼,即生殘忍之心。"

　　誠然,清末民初對"黃帝子孫"的理解也産生了新的分歧,不同派別含義各有所指。改良派所謂的"黃帝子孫"一般泛指包括滿漢在內的全體中國人,革命派所謂的"黃帝子孫"則專指漢族人。[2] 這與清末民初不同派別各自的國家及民族認同確有關聯。辛亥革命成功以後,迫于現實政治形勢,民族主義者也不得不從同盟會的"驅逐韃虜,恢復中華"、光復會的"驅滿復漢"、"光復漢族"等發展到國民黨的"五族共和"。1924 年,蒙古人民共和國宣告成立。次年,時任京兆尹的薛篤弼在京兆公園(今北京地壇公園)蓋了個"共和亭",寓意"五族共和"。亭中懸掛"五族偉人像"。"五族偉人"中漢族是黃帝,滿族是努爾哈赤,蒙族是成吉思汗,回族是穆罕默德,藏族是宗喀巴。可惜此亭後來被推倒了,"五族偉人像"自然也蹤跡難覓了。

　　回顧歷史,以今天的眼光來看,反而是康有爲、梁啟超、楊度等保皇派的民族觀念更爲可取。在這個問題上,確實存在歷史主義與倫理主義的二律背反。

五、結　語

　　"人生亦有祖,誰非黃炎孫。"(清丘逢甲《嶺雲海日樓詩鈔》卷十二《以攝影心太平草廬圖移寫紙本(自題五言古六首)》之二)追根溯源,"黃帝子孫"本來就是一個不斷重構和擴充的族群標誌,我們今天的黃帝國祭,也是擴大了的"炎黃子孫"概念,是包括 56 個民族在內的 14 億中國人。從這個角度來説,以"炎黃子孫"指稱全體國民,確實是近現代之後才"發明"出來的國族觀念。但這是與全世界民族主義的興起密切相

---

[1]　參見熊鳴琴:《金人"中國"觀研究》,上海古籍出版社,2014 年;宋德金:《正統觀與金代文化》,《歷史研究》1990 年第 1 期;齊春風:《論金朝華夷觀的演化》,《社會科學輯刊》2002 年第 6 期;劉揚忠:《論金代文學中所表現的"中國"意識和華夏正統觀念》,《吉林大學學報》2005 年第 5 期;趙永春:《試論金人的"中國觀"》,《中國邊疆史地研究》2009 年第 4 期;趙永春:《"中國多元一體"與遼金史研究》,《中央民族大學學報》2011 年第 3 期。

[2]　參見高強、田延峰:《試論清末"黃帝子孫"稱謂的勃興》,《寶雞文理學院學報》2000 年第 3 期;高強:《辛亥革命時期"黃帝子孫"稱謂的錯位》,《貴州文史叢刊》2001 年第 4 期。

關的,在現代民族國家出現之前,自然也不可能産生同樣的觀念。[1] 楊度《金鐵主義説》早已指出:

> 中國向來雖無民族二字之名詞,實有何等民族之稱號。今人必目中國最舊之民族曰漢民族,其實漢爲劉家天子時代之朝號,而非其民族之名也。中國自古有一文化較高、人數較多之民族在其國中,自命其國曰中國,自命其民族曰中華。即此義以求之,則一國家與一國家之别,别於地域,中國云者,以中外别地域遠近也。一民族與一民族之别,别于文化,中華云者,以華夷别文化之高下也。即此以言,則中華之名詞,不僅非一地域之國名,亦且非一血統之種名,乃爲一文化之族名。故《春秋》之義,無論同姓之魯、衛,異姓之齊、宋,非種之楚、越,中國可以退爲夷狄,夷狄可以進爲中國,專以禮教爲標準,而無親疏之别。其後經數千年混雜數千百人種,而稱中華如故。以此推之,華之所以爲華,以文化言,不以血統言,可决知也。故欲知中華民族爲何等民族,則於其民族命名之頃,而已含定義於其中。與西人學説擬之,實采合于文化説,而背於血統説。[2]

與此類似,試圖以近現代的國族建構進而否認歷史上的黄帝認同,也同樣是違反歷史主義的。羅志田先生雖然也承認黄帝身份的虚懸性,但是他堅持認爲,“不論黄帝是真實的歷史人物還是一個‘創造’的人物,對於晚清人來説他都是既存的傳統;黄帝决非近代才‘創造’出的民族始祖,他的‘創造’遠早於清代。”[3]從中國歷史上看,這是一個持續了兩千多年不斷重構和擴充的族群認同和識别過程。

歷史并未斷裂。“炎黄子孫”其實是一個延續兩千多年的中華民族族群不斷重構和擴充的過程。既不能以近現代的“國族建構”否認歷史上的“黄帝苗裔”文化認同,也不宜把“黄帝苗裔”的歷史藴涵原封不動地照抄照搬到現在。

The Descendants of the Emperor of Huang and the Identities of the Ethic Groups

Wang Zhiping

Abstract: The descendants of the Emperor of Huang are regarded as the modern

---

[1] 參見黄興濤:《現代“中華民族”觀念形成的歷史考察——兼論辛亥革命與中華民族認同之關係》,《浙江社會科學》2002 年第 1 期。

[2] 劉晴波編:《楊度集》,湖南人民出版社,1986 年,頁 373—374。

[3] 羅志田:《包容儒學,諸子與黄帝的國學:清季士人尋求民族認同象徵的努力》,《臺大歷史學報》2002 年第 29 期。

reconstruction of the nation by some scholars, which is not coincident the history. The origin of such general genealogy which reminds the ancient Great Unification of early China derives from the Chu state within Eastern Zhou dynasty, while the alien Chu state identified itself as the descendant of the Emperor of Huang and etc. Hence some minority powers in Chinese history grafted its genealogy on Chinese bloodline as the same.

The Emperor of Huang is the chief of the clans, which is regarded as the ancestor and holy king of early China, so that each class identifies themselves as the descendants of the Emperor of Huang and the Emperor of Yan in medieval and modern China.

Mongolian, Tibetan, Manchu, Hui and other minorities have their own historical and cultural identities, unlikely reconstruct their new Chinese blood. It seems that the descendants of the Emperor of Huang and the Emperor of Yan exclude the Mongolian, Tibetan, Manchu, Hui and other minorities, but the sign of the descendants of the Emperor of Huang and the Emperor of Yan is an everlasting reconstruction course of cultural identities for thousand years, and it is neither unable to negate the historical identities of the descendants of the Emperor of Huang, nor inconvenient to copy the original significance by now.

Keywords: Descendants of the Emperor of Huang, Great Unification, Chinese and Aliens, Identities of the Ethic Groups

王志平, 中國社會科學院語言研究所研究員, w_zhp@sina.com

先秦名辩思潮研究

專 欄 導 語

江向東

　　先秦時代最爲引人注目的社會思潮當屬"名辯思潮"，先秦諸子圍繞"名實關係"這一核心主題展開了極富哲學意義的"爭鳴"。從某種意義上，我們甚至可以説，只須循著先秦"名辯思潮"的哲學問題史線索，我們即可建構出先秦諸子哲學的大體發展脈絡。依筆者個人淺見，先秦"名辯思潮"雖將當時的儒、道、墨、法與名等主要的先秦諸子學派捲入，但因道家持"無名"立場（即不就"概念"或"知識"立論）、後期墨家之關於"名"之立論乃在回應名家的相關論題、法家的"形名"主張實由荀子"正名"思想轉出，故先秦諸子學派中對"名實關係"這一核心主題真正作出過實質性理論回應的唯儒、名兩家。質言之，先秦關於"名"之理論探討，可區分爲基本旨趣不同的兩個維度，亦即：以儒家爲中心偏於政治與道德旨趣的維度，此乃實踐旨趣的維度；以名家爲中心偏於形而上學與邏輯學旨趣的維度，此乃理論旨趣的維度；進而言之，如若以此種儒家與名家關於"名實關係"這一核心主題之不同的理論回應方式爲參照系，我們不難勾勒出此兩個維度在先秦關於"名"之理論探討上之大體線索，亦即：就其偏重實踐旨趣一系而言，由孔子《論語》中之"必也正名乎"主張發端進至荀子《正名篇》之"正名"理論再到韓非等法家所提出的"形名"主張，儘管其内部仍可相對地區分其差異，但其偏重於政治與道德之"社會秩序"建構的思路却是一致的；就其偏重理論旨趣一系而言，由老子《道德經》中之"無名"主張發端進至名家之"專決於名"的純粹"概念"或"知識"興趣再到後期墨家所提出的"墨辯"主張，儘管其内部同樣仍可相對地區分其差異，但其偏重於形而上學與邏輯學之"純粹理論"建構的思路却是一致的。毋庸置疑，如若拋開關於先秦"名學"一詞之外在非本質意義上的煩瑣考證不論，就其内在本質性含義而言，先秦"名學"實乃指先秦時代專門以"名"自身爲考察對象并就此建立了一套理論之學派所提出或主張之學説或學問，故持此狹義上之"名學"的思想家群體非先秦名家莫屬（如公孫龍在其《指物論》、《白馬論》與《堅白論》中關於"名"之討論均已脱離"實"即爲其明證）。有鑒於此，我們在本輯之"先秦名辯思潮"專欄中所收錄的兩篇大作：一篇是苟東鋒先生的《作爲方法的正名——我研究孔子正名思想的基本思路》，另一篇是鄭開先生的《始制有名與道隱無名——道家名學研究新論》，此兩篇大作都不同程度地表達了建構一門"新名學"積極意願，無疑均爲近年來有關先秦名辯思潮研究之力作。儘管讀者不一定都會認同其全部論點，但苟東鋒先生研究孔子"正名"思想的新發現對於海內外學界深入瞭解作爲先秦名辯思潮中偏重實踐旨趣一系之先秦儒家關於"名"之理論不無補益，而同樣地鄭開先生關於廣義上之所謂"道家名學"的重新梳理對於海內外學界深入瞭解作爲先秦名辯思潮中偏重理論旨趣一系之先秦道家關於"名"之理論助益良多，唯讀者明鑒之！

始制有名與道隱無名

——道家名學研究新論

鄭 開

【提　要】道家名學一方面具有複雜的理論結構,涉及邏輯學、知識論、倫理學、政治哲學和心性論等方面的内容,另一方面它也隱含了嚴整的思想邏輯,似乎可以從有名與無名之間的張力中予以分析和把握。就是説,包括道家名學在内的中國古代名學還不能化約爲西方哲學中的邏輯學抑或知識論,而是應該從"始制有名"、"道隱無名"、"名的建構"和道與言之間的張力諸方面予以闡釋和理解。

【關鍵詞】名　無名　名的建構　道與言

　　道家名學一方面具有複雜的理論結構,涉及邏輯學、知識論、倫理學、政治哲學和心性論等方面的内容,[1]另一方面它也隱含了嚴整的思想邏輯,似乎可以從有名與無名之間的張力中予以分析和把握。就是説,包括道家名學在内的中國古代名學還不能化約爲西方哲學中的邏輯學抑或知識論。進一步的問題自然是,這種中西方哲學理論(形態與内容)的差異意味著什麽? 我認爲,道家名學的卓犖特色正在於其深邃的"無名"理論。我們知道,自古希臘哲學以來最重要的概念 Being(舊譯存在,陳康譯爲相,更加準確)之不同於 existence(近於物質性的存在),因爲它不出現於時間和空間,具有金剛不滅的永恒特性。通過特殊的名學得以闡釋的"道",既不出現于時空之内,亦不出現于名言之中。這是不是很特別,是不是可以促使我們更深入比較"道"與邏各斯(Logos)、本原或本體(Being)間的異同? 下面試詳論之。

---

[1]　鄭開:《道家名學鉤沉》,《哲學門》2005 年第 1 期。這篇小文章發表於十年以前,拙稿作爲"新論",旨在略舊作之未逮。如果説舊作試圖揭示道家名學的複雜理論結構,并且嘗試在這種複雜理論結構中理解和把握道物關係的話,那麽這篇所謂的"新論"則更明確地致力於從有名與無名之間的張力,梳理和發掘道家的思想邏輯,進而討論道與言的關係以及道的真理的特徵諸問題。

一　引言：什麼是“名學”？

首先解釋一下這裏爲什麼啟用古色古香的“名學”而不是富於現代氣息的“邏輯學”。用一句話說就是，道家“名學”涉及的内容要比嚴格意義上的“邏輯學”更加深廣，“邏輯”僅是“名學”的一部分而非全部。“邏輯（學）”是個不折不扣的外來詞，嚴復以之作爲 logic 的音譯之名；值得注意的是，嚴氏亦將 logic 譯作“名學”，這樣一來，似乎可以把中國思想世界裏人們非常陌生、非常隔膜的“邏輯”（通過“名學”的媒介）接引了進來。我們還知道，logic（邏輯）在日語裏的正式譯法是“論理（學）”。把“邏輯”（logic）理解爲“名學”抑或“論理（學）”是否確當，其實已經無關宏旨了，更重要的是，“名學”、“論理學”作爲中西思想文化交會之際而打開的一個介面，很好地提示了中國哲學與西方哲學切磋會通的可能性。

我們不妨賦予“邏輯學”這個概念以更加寬泛、廣義的内涵：它是“理則學”，也是“論理學”，因爲它主要涉及了思維自身的規律，涉及了概念、推理、判斷的理性原則。就中國哲學的固有内容而言，它（邏輯學、論理學等）集中體現於“名學”理論。

“名學”研究在中國哲學史研究傳統中的地位與意義十分獨特。在近代以降的中西文化的碰撞和融合的風雲際會中，先秦諸子的“名學”理論得到了特別的關注、挖掘和闡釋，而沉寂已久的佛教唯識學和墨學亦顯示出了復興的跡象。[1]

“名學”之所以被重視，除了它比較近於西方哲學中的邏輯學和知識論的原因而外，還因爲它在中國哲學傳統中居於特殊重要的地位。事實上，“名”與“辯”乃是諸子哲學的重要部分，儒、墨、道、法都各有其“名學”，更不必説以擅長“名辯”著稱的“名家”了，此外，以前被誤認爲是道家先驅的楊朱也有自己的“名學”。[2] 概言之，“儒家標榜‘正名’，焦點仍在社會政治方面‘禮崩樂壞’引發的‘名實散亂’；墨家造作《辯經》，可以説沉湎於邏輯上的興趣；道家高唱‘無名’，目的在於闡明形而上的‘道的真理’，并藉以批判儒家企圖以仁義宰制人心；鄧析、商鞅、韓非、申不害以來的刑名理論，講究法律意義上的‘循名責實’‘參伍之驗’，或者相反的‘操兩可之説，設無窮之辭’（《列子·力命》對鄧析的描述），其實是政治理念制度更張的思想形式。而公孫龍

---

[1] 胡適、馮友蘭都很重視名辯之學的研究，也許是因爲它差可比擬於西方哲學，特別是其中的邏輯學和知識論的緣故吧。胡適認爲，所謂“名學”就是“邏輯方法”（Logical Method），而嚴復亦將“邏輯”譯爲“名學”。（胡適：《先秦名學史》，學林出版社，1983 年）郭湛波也認爲，“辯學”是中國哲學的方法論，猶如印度哲學的方法論是“因明”，西方哲學的方法論是“邏輯”。（郭湛波：《先秦辯學史》，上海書店據中華印書局 1932 年版影印，1992 年，頁 1。）

[2] 例如孔子和荀子的“正名”和孟子的“辯”（儒家），《墨經》中所載的墨家後學的“墨辯”（墨家），老子的“無名”、莊子的“形名”和黃老的“刑名”（道家），申、韓的“控名責實”與“刑名法術”（法家），公孫龍的“指”、“馬”二論、惠施的“歷物之意”以及辯者的那些“鑽牛角尖”的議論（名家）。而楊朱“名學”殘説見於《列子·楊朱篇》。

子往而不返地推進一種本質上原始而樸素的感覺主義,并賦予這種感覺主義以獨特的名理形式,既深奧又曲折。"[1]具體地說,先秦諸子的"名學"思想十分豐富,例如"正名"、"名辯"、"形名"和"刑名"等都是"名學"理論的諸形態。伍非百先生曾把戰國中期之前的"名學"理論歸納、概括爲"名理"、"名辯"和"名法"三個方面或流派:

1. "名法"——申不害和商鞅推行的、政治意義上的刑名法術之學的核心內容,主要關注"循名責實"、"綜核名實"等問題;

2. "名理"——旨在研究"極微要眇"理論的,如辯論"天地之終始,風雨雷霆之故","萬物之所生惡起"及"至大至小"、"有窮無窮"、"堅白同異"等問題,惠施的思想理論是其典型,莊子哲學也多有涉及;

3. "名辯"——追究"名"、"辭"、"說"、"辯"的原理及其應用,後期墨家造作《辯經》乃是其代表。[2]

上述歸納和概括當然有助於我們瞭解、認識諸子"名學"思想的豐富性和多樣性,但它遺漏了先秦"名學"思想中最重要的內容——儒家"正名主義"和道家"無名主義"。儒家"正名"所包含的核心問題"名實"問題,其實看作是"形名"問題的另一種表述;道家的"無名",更是以"形名"爲跳板而超越之的理論形態。初步的分析表明,先秦諸子哲學中的各種各樣"名學"理論,一方面體現了基於名言反思的哲學思維之特點,一方面又是諸子百家思想的理論基礎。換言之,先秦諸子都依據"名"闡論自己的"道",所以不得不辨,亦不能不辯,這正是"名"(學)之中蘊涵了"辯"(學)的原因;諸子哲學中的"名學"理論其實都是進行抽象哲學議論的工具,這種共同點構成了"百家爭鳴"的共同語境和理論預設。也就是說,更具體地說,幾乎所有的"名學"都可以或多或少地歸結爲"形名"或"刑名",因爲諸子百家幾乎都涉及了"形名"或"刑名"問題,或者是"形名"或"刑名"的另一種表述;[3]其中,道家(包括莊子)的"名學"即"邏輯學"具有特殊而重要的意義,也最有特點:它不僅體現了"反"的思維,也運用了"無名"的論證,還建構了深閎而肆的"道論",而且在破詰百家之說的同時表明了自身的鮮明特徵。出現於道家哲學語境中的"名"兼賅語言、政治兩個方面的內容,其所謂"名"就是語言和政治的抽象形式,表達了建構於其中的思想與制度;而老莊的"名學"也包括上述兩個層面的反思,更可以進一步分析爲以下幾個問題:

1. 名的重要性在於,它是思想世界建構的基石。換言之,倘若沒有名或不經由

---

[1]　鄭開:《公孫龍子·指物論繹旨》,《哲學門》第19輯。

[2]　伍非百:《中國古名家言·序錄》,中國社會科學出版社,1983年。

[3]　例如:"鄧析好刑名之學,操兩可之辭,設無窮之辯,數難子產法,子產無以應。"(劉向《別錄》)"墨子著書,作《辯經》以立名本。惠施、公孫龍祖述其學,以正刑名,顯於世。"(魯勝《墨辯序》)"公孫龍好刑名,以白馬爲非馬也。"(《孔叢子》)"夫刑名之家,皆白馬非馬也。"(《戰國策》)"申子之學,本于黃老而主刑名。""韓非者,韓之諸公子也,喜刑名法術之學。"(《史記·老子韓非列傳》)"商鞅少好刑名之學。"(《史記·商君列傳》)"申子之書,言人主當執術無刑,因循以督臣下;其責深刻,故號曰'術'。商鞅所爲書號曰'法'。皆曰刑名。"(劉向《新序》)

名,萬事萬物不可能呈現於思想之中,這樣的話,現象世界或外部自然對於我們來説,不過是無法穿透的黑暗、無法理解的混沌。即便是對於老莊這樣比較特殊的哲學思考,同樣也不能繞過名的問題,實際上,老莊從來也沒有否認過思想世界中的物是通過名提示出來的。如果説心的思考不能不借助於名的話,那麼對於物理(物的規律)的把握就必然訴諸"知"。可見名、物、心、知密切相關。

2. 名言能否表述存在? 或者説思想世界中"物"是不是與現象世界中的"物"一致,這就是哲學史上老生常談的思(思維)與在(存在)問題。對於道家哲學來説,更具挑戰性的問題在於,名能否揭明究極真理——"道的真理"? 這涉及"道"與"言"的複雜討論,自老子開始就是道家哲學的中心話題之一,莊子更推進了對這一話題的深入探討。實際上,"道"與"言"(名)之間的持續張力仍然是推動理論創造的重要動力;而道家哲學關於"道"與"名"的深刻闡論,也不時引起西方思想家的興趣與共鳴,例如海德格爾和維特根斯坦。

3. 通過名言建構起來的社會政治制度(例如禮俗),以及匹配於制度設施的倫理規範和價值觀念(例如仁義),是恒常不變的呢,還是可以因時推移的? 道家,特別是老子和莊子,不遺餘力地揭露了隱匿於"名"背後的權力運作,當然是出於他們對現實的深切關懷;而這種深刻的理論洞見,幾乎就是古代世界各民族哲學思考中絶無僅有的孤例。

道家名學的部分内容,例如第 1 點和第 2 點,我們覺得有理由稱之爲"邏輯學"(logic);而另一部分内容(上述第 3 點)由於涉及政治和倫理(還部分地涉及了修辭學)甚至更複雜的心性論語境,當然逸出了嚴格意義上的"邏輯學"範圍之外。對此我們更舉一個例子進一步説明之。《莊子·齊物論》展現了很強邏輯思辨力,但究竟如何理解其篇旨即如何解讀"齊物論"這三個字呢? 自古以來,或讀作"齊物之論";[1]或理解爲"整齊物論"或"齊彼物論",[2]此外,"論"是否讀爲《論語》之"論"(倫),也還是一個問題。鐘泰別出心裁,説:"'齊物論'者,齊物之不齊,齊論之不齊也。"[3]這個看法是很有啟發性的。考諸《莊子·齊物論》的内容,不難看出其中既有"齊物"或者"齊物倫"的思想("齊物之論"),也有批駁諸家"物論"而以"道論"自樹的意圖。那麼,《莊子·齊物論》所要整齊、批駁的"物論"究竟指的是什麼呢?"道"、"物"之間的區别與對

[1] 例如劉勰《文心雕龍·論説篇》:"莊周齊物,以論爲名。"然而,早期文體中是否有"論"這種體裁還是個有待於詳細辨明的問題。劉永濟認爲,《莊子·齊物論》已具有了"論"的性質,魏晉以降,人們圍繞玄學(老莊易)和佛學深入討論理論問題,出現了各種各樣的"論"。(劉永濟:《文心雕龍校釋》,中華書局,1962 年,頁 64—80。

[2] 例如王安石、呂惠卿之説。章太炎《國故論衡·論式》自注曰:"《齊物論》舊讀皆謂齊物之論,物兼萬物、物色、事物三義。王介甫始謂齊彼物論,蓋欲以七篇題號相對,不可與道古。"同書《原道上》:"莊周因之以號齊物",《原道中》:"是故齊物之論作,而達尊之位成",《原道下》:"齊物之論由此作矣"。郭沫若也説:"'齊物論'之命名,實當爲'齊彼物論'而非'齊物之論'。"(《十批判書》,《郭沫若全集》歷史編第二卷,頁 175)

[3] 鐘泰:《莊子發微》,上海古籍出版社,2002 年,頁 26。

立乃是道家哲學立論的重要基礎。[1] 推敲《齊物論》、《天下篇》諸篇,《莊子》具有非常明確的"判教意識",據此道家判明了自己與其他諸子百家之間的差別:百家之學"皆囿於物"(物論),與道家追究"道的真理"(道論)的旨趣截然不同。比如説,莊子多次批評了惠施,要點在於:惠施"逐萬物而不反",因而昧於超出了"物論"的"道的真理",同時莊子也對惠施沉湎於名辯的哲學方法不以爲然、不屑一顧。再比如説,《莊子·天下篇》記載了彭蒙、田駢、慎到諸人"趣物不兩"、"齊萬物以爲首"的主張,有的學者據之以爲,"齊物"出於慎到,或者《齊物論》祖述慎到之學,其實這兩種説法都没有確鑿的依據,不足爲訓。[2] 分析《齊物論》的具體内容,可以看出,其對諸家"物論"的批判破斥,主要集中于儒家、墨家,以及惠施和公孫龍子(《漢書·藝文志》列入"名家")。這些線索早已爲人們所認識。宋代高道陳景元(碧虚)注解《莊子》,附公孫龍《白馬》、《指物》二論于《南華真經餘事雜録》,注意到了"名家"(即辯者、察士)和莊子(道家)之間的意味深長的理論關係。伍非百認爲,"《齊物論》大旨,乃批評當日儒、墨百家名辯之學"。[3] 森秀樹依據《齊物論》,專門討論了道家與名家的思想聯繫。[4] 鐘泰甚至提出,《齊物論》的宗旨,不過"正名而已矣"。[5] 顯然《齊物論》集中體現了道家名學的特色,其中的哲學論證和思想邏輯值得進一步挖掘。

通過以上分析,我們也許能夠更好理解道家"無名"理論的思想動機吧。所謂"無名",并不是消除"名"、放棄"名",而是應該準確地理解爲"對名的否定"以及"對名的揚棄",其意義在於通過質疑、反思乃至於解構"名",以顯示"道的真理"的深刻性。由此可見,只有否定"名"才能呈現"無名",只有超越"物"才能顯示"道"。倘若循著道家

---

[1] 鄭開:《道家形而上學研究》,宗教文化出版社,2003 年,頁 4。

[2] 考《天下篇》中叙述的慎到之説,要旨不外"趣物"二字,或"與物宛轉"四字;"無知之物"(活死人)就是他追求的目標,換言之,就是把人性歸於物性,以摒除精神境界爲代價而追求與萬物同一。如果我們把《天下篇》關於慎到的評述和下面一段評述關尹、老聃的話相比較,不難看出,關、老道家之説旨在"澹然獨與神明居",也就是説,乃基於心性論而發;而慎到仍然拘於物或趣向於物,所以《莊子》説,"其所謂道非道,而所言之韙不免於非",因爲他所説的"道"不是真正的"道",充其量不過是"齊萬物以爲道",所以説他并不"知道"(透徹地瞭解和把握"道")。説來説去,慎到之"齊物"與《齊物論》了無關係,彼此之間只不過説辭偶似,穿鑿附會者可謂好事之徒歟? 又按:"齊萬物以爲首"的"首",疑即"道"字之訛誤。《管子》四篇和黄老帛書亦有其例。奚侗説,首,借作"道"。《史記·秦始皇本紀》:"追首高明",《索隱》曰:"今碑文首作道"。《逸周書·芮良夫篇》"稽道謀告",《群書治要》"道"作"首"。是其證。即便如此,也只能認爲慎子以物爲道,或者説以淪於物爲道,所謂"冷汰於物,以爲道理",這樣的思想顯然不能與《齊物論》合轍。

[3] 伍非百:《中國古名家言》,中國社會科學出版社,1983 年,頁 633。他還説:"《齊物論》中全是用名墨兩家術語,而破詰百家之説,也多是從'名辯學術'攻入,才恍然于《莊子》書中所謂'儒墨之辯'、'楊墨之辯',都是針對他們的'名辯'而言,并非泛論一般學術思想。如《齊物論》中之'非指''非馬',是針對《公孫龍子》的'白馬''指物'而發.'我與若辯''吾誰使正之'中'辯''正'二義,是針對《墨經》的'辯勝當''正無非'之論而發。'彼是説'是兼破《公孫龍子》、《墨辯》兩家的'彼此可,彼此不可,彼此亦可'之論而發。其他'未始有物'、'未始有始'、'未始有無'、'知止其所不知',則總破惠施等一切辯者之'知識論''宇宙觀'等。因此,可以看出《齊物論》是與《公孫龍子》、《墨子經》彼此對立,互爲論敵之名家學説。"(伍非百:《中國古名家言》,中國社會科學出版社,1983 年,頁 15—16)

[4] 森秀樹:《道家與名家之間》,載《道家文化研究》第 15 輯,三聯書店,1999 年。

[5] 鐘泰:《莊子發微》,上海古籍出版社,2002 年,頁 26。

思想邏輯的内在理路進行分析研究，就應該首先探討"有名"（即形名），然後進而追尋"無名"。這就是我們爲什麽圍繞著"始制有名"與"道隱無名"，討論道家名學之中的形名和無名理論的原因所在。

二　始制有名：形與名之間的張力

道家名學思想已在《老子》那裏略具雛形。實際上，《老子》所説有"名"已經比較抽象，它把形形色色的萬事萬物抽象爲"名"或"有名"（即可以名言的東西），而將天地未形以前原始狀態或混沌狀態稱之爲"無名"。老子的確也借助"有名"、"無名"概念，進一步闡述"道"、"物"關係，例如《老子》第1章所説：

> 道可道，非常道；名可名，非常名。無名，天地之始；有名，萬物之母。故常無欲，以觀其妙；常有欲，以觀其徼。（《老子》第1章）

上引《老子》首章，自來就受到了高度重視，而且得到了充分闡釋。值得注意的是，在這裏，老子創造性地將"道物關係"的宇宙論表述轉化爲更抽象的哲學表述。需要特別强調指出的是，這段話中的屬讀（句讀）問題由來已久，分歧在於："有"、"無"字下斷句，還是讀作"有名"、"無名"。也就是説，"有名"、"無名"能否破讀，是一個自北宋王安石以來就分歧莫甚的語文學問題。幸好我們現在可以依據馬王堆出土的簡帛《老子》，印證早期傳世文獻，可以斷定：北宋以前的注疏皆以"有名"、"無名"、"有欲"、"無欲"屬讀，換言之，"無名"、"無欲"不可破讀，如果我們的目的不是追求別出心裁的哲學闡釋，而是旨在如其所是地理解古代思想的話。[1] 而且我們也有理由認爲在老子那裏尚没有出現諸如"有"、"無"這樣的抽象概念，其所謂"有""無"都是"有形""無形""有名""無名""有爲""無爲""有欲""無欲"的略語而已，問題是，《老子》確曾出現幾個單獨使用的"有"、"無"的用例，例如：

> 天下之物生於有，有生於無。（第40章）
> 有無相生。（第2章）

這又該如何解釋呢？問題在於，如何準確第40章的"有生於無"命題？兹擷取幾條早期文獻，以供參證：

> 有形産於無形。（《文子·道原》）
> 有形出於無形，未有天地能生天地者也。（《淮南子·説山訓》）

---

[1] 鄭開：《道家形而上學研究》，宗教文化出版社，2003年，頁61—63；拙稿：《道家"名學"鈎沉》，載《哲學門》2005年第1期；《老子第一章劄記：語文疏證與哲學闡釋》，載《清華大學學報（哲學社會科學版）》2008年第1期。

有形生於無形,則天地安從生?(《列子·天瑞》)

這幾段話可以看作是對老子"有生於無"命題的注解或闡釋。也就是説,"無"的準確含義即"未形"、"無形","有"即"有形"。《淮南子·俶真訓》明確指出:"有"就是"萬物始有形兆也",而"無"就是"無可名也"。李榮《道德經注》亦能得其古誼,其曰:

有者,天地也,天地有形故稱有。天覆地載,物得以生,故言生於有。無者,道也,道非形相,理本清虛,故曰無。[1]

可見,所謂"有""無"不僅意味著"有形""無形",也意味著"有名""無名"。以此類推,我們可以認爲第2章"有無相生"其實就是表述了"有形"和"無形"、"有名"和"無名"相輔相成的思想。這個解釋雖然大膽,倒也并非前無古人。[2]

爲了將哲學、宇宙論意義上的"道物關係"進一步拓展運用到政治社會層面,老子提出了"樸"與"器"兩個相對的概念。值得深思的是,老子用"樸"(未斫的原木)表示原始狀態和自然形態,并稱之爲"無名之樸"(第37章)。倘若這種原始形態的"樸"經過人爲的加工製造——即經由"僞"的文化、社會化過程,那就是"樸散則爲器"(第28章)。在老子看來,"樸"是"無名"的,而由"樸"剖割離析出來的"器"却是"有名"的,所謂"大道無形,稱器有名"(《尹文子·大道上》)。《老子》曰:

道常無名。樸雖小,天下莫能臣。王侯若能守,萬物將自賓。天地相合,以降甘露,民莫之令而自均焉。始制有名,名亦既有,夫亦將知止,知止可以不殆。[3] 譬道之在天下猶川谷之與江海也。(第32章)

道常無爲而無不爲。[4] 侯王若能守之,萬物將自化。化而欲作,吾將鎮之以無名之樸。無名之樸,夫亦將無欲。不欲以靜,天下將自定。(第37章)

高明注意到,上面兩章經文"内容基本相似",[5]但這種"相似"僅在於前半部分的結構而已。前一章的"始制有名"難道不是"樸散則爲器"而引發的"稱器有名"的後果嗎?而後一章的"無名之樸"與"無欲"間的聯繫亦值得注意。[6] 我們這裏以"樸"這樣一個"近取諸身"的例子,説明"名"的背景是"無名"。既然從"樸"到"器"的過程意味著"無名"到"名",那麼,把它推展到宇宙論模式中就再自然不過了。《老

---

[1] 蒙文通:《道書輯校十種》,巴蜀書社,2001年,頁618。
[2] 例如:魏源就曾認爲,《老子》第2章紬繹了"常名(案即有名)、無名之旨",也就是説,"聖人知有名之不可常",所以從根本上説"不居其名",所謂"有名之美善,每與所對者(案即無名)相與往來興廢"(詳見《老子本義》,諸子集成本)。
[3] "知止",唯獨河上公《章句》本作"知之",諸本(包括帛書本和郭店竹簡《老子》甲組)皆作"知止"。
[4] 此句帛書甲乙本皆作"道恒無名",郭店竹簡《老子》甲組作:"道恒無爲也"。
[5] 高明:《帛書老子校注》,中華書局,1996年,頁424。
[6] 第32章"樸雖小"句頗費解,然而小大之説亦見於第34章:"大道氾兮,豈可左右。萬物恃之而生而不辭,功成不名有。衣養萬物而不爲主,常無欲,可名於小。萬物歸焉而不爲主,可名於大。"

子》説：

> 道生一，一生二，二生三，三生萬物。（第 42 章）

這段話的主題，嚴遵概括爲"有生於無，實生於虛"。而且"萬物"以上或以前，都屬於無形的範疇。[1] 應該説，這種解釋比較符合老子以萬物化生而"始制有名"的思想。

《老子》只是試圖以"無名"、"有名"進一步解説"道"、"物"，也提出了"道"是"視之不見、聽之不聞、搏之不得"的"希"、"夷"、"微"（亦即"無形"）的説法，却没有明確地將"名"和"形"聯繫起來，以形名古學的話語論證"道物關係"，以及"道的真理"。道家形名説在老子那裏只是略具雛形而已。真正把"形"、"名"聯繫起來，從而奠定了道家形名古學基礎的是《莊子》。自兹而往，《管子》四篇和《尹文子》諸書亦祖述其説，建構了較爲嚴謹的"形名"理論，并且方便地借助於形名話語這樣的"名學"（邏輯學）利器，展開關於"道的真理"的哲學論證。《莊子·天道》引述了這樣一個重要命題：

> 故書曰：有形有名。

既然使用了"故曰"，説明"古人有之"。這個命題表述了這樣的思想：有形的東西（物）都可以通過語言（概念思維）來把握；而且惟有借助於"名"（語言和概念），"形"（"物"及"物理"）才有可能呈現在思維和意識當中。可見，"名"乃是一切思考包括哲學思考的起點，這在《老子》那裏是明確的，《老子》第一章既言"道可道"又説："有名天地之始"，意思是説天地萬物以及作爲萬物本原的"道"都是能夠（或者更準確地説，不能不）通過"名"予以揭明和闡釋。換言之，作爲最重要的哲學概念（注意不是語詞），首先出現於我們的思想世界之中，而這個思想世界又是由名言建構起來的，畢竟我們無法在現象世界發現它，正如我們在現象世界中找不到數字 0 也找不到幾何學意義上的"圓"一樣。道家哲學的複雜性在於，"道"既訴諸"名"，出現於思想世界，同時又逸出了思想世界，因爲它從根本上説是"無名"的。

首先應該明確的是，所謂"有形"指的是"物"，即有形之物，例如：

> 凡有貌象聲色者，皆物也。（《莊子·達生》）
>
> 方以類别，物以群分，性命不同，皆形於有……皆爲物矣，非不物而物物者也，物物者亡乎萬物之中。稽古太初，人生於無，[2] 形於有，有形而制於物。（《淮南子·詮言訓》）

---

[1] 比如："無有所名謂之道"；"無形無名""混混沌沌"謂之"一"；"滑淖無形""無響無存"謂之"二"；"渾渾茫茫，視之不見其形，聽之不聞其聲，搏之不得其緒，望之不睹其門"謂之"三"。相應地，"有形臠可因循者，有聲色可見聞者，謂之萬物"。總之，"萬物之生也，皆元于虛始於無"（《道德指歸》卷二）。

[2] 案：《御覽》此下有注云："當太初天地之始，人生於無形。無形生有形也。"

這表明了凡是物(包括社會實在)都是有形有象、有聲有色的東西,都是可以通過感覺(訴諸五官感知)而能夠把握的存在(existence)。[1] 然而,上述看法并不是道家的"專利",毋寧説它是諸子之間哲學諍辯的共識之一,是"古代思想世界(特別是戰國中期以來的諸子學)的深層背景","是當時的學術話語和論辯工具"。[2] 實際上,它也是先秦諸子進行哲學論辯時的基本理論預設。比如説:

見乃謂之象,形乃謂之器。(《周易·繫辭上》)

凡物載名而來。(《管子·心術下》)

凡見者之謂物。(郭店楚簡《性自命出》)

有物有形。

有,生乎名。(郭店楚簡《語叢一》)

這些例子充分説明了先秦諸子把"有形"的東西"名"之爲"物",而"物"又是以"名"(概念、名言)的形式存在於人們的思想世界中。從某種意義上説,"物固有形,形固有名"(《管子·心術上》)以及"名者,名形者也;形者,應名者也"(《尹文子·大道上》)乃是諸子時期哲學家們基本信念之一。自《莊子》以降,這種"形"與"名"之間緊固的耦合關係很值得玩味。[3] 形名之間的對應關係,是不是可以比照古希臘世界中的 logos 之路呢? 古希臘哲學以"主詞+係詞+形容詞"的思考與論證的 logos 方式,似乎可以部分地相應於形名對應關係,只不過諸子百家對"形"的理解不同於古希臘哲學中的屬性,更迥異乎古希臘哲學津津有味討論的"存在",而形學古學中的"名",則比較接近作爲理性叙述、訴諸概念的 logos。

實際上,"有形有名"這個形名古學的原則,還隱含了更爲深邃的內容。倘若我們自"有形"到"有名"這個方向來分析,它具有因"形"以定"名"的含義;反之,則具有由"名"而知"物"的含義。

物固有形,形固有名。名當謂之聖人。故必知不言、無爲之事,然後知道之紀。(《管子·心術上》)

大道無形,稱器有名。名也者,正形者也。形正由名,則名不可差……大道不稱,衆必有名。生於不稱,則群形自得其方圓。名生於方圓,則衆名得其所稱也。(《尹文子·大道上》)

當然,"形"、"名"之間的相互交涉的耦稱關係不容傾覆和破壞,但是導致它傾覆

[1] 以《淮南子》高誘《注》爲例,"有"、"形"兩字可以互用(例如《説山訓》《注》);而且,"形"一般被理解爲可以"看得見"的東西,所謂"形,見也"(例如《繆稱訓》和《覽冥訓》《注》)。

[2] 鄭開:《道家形而上學研究》,宗教文化出版社,2003年,頁68。

[3] 《戰國策》記載的一條材料很值得玩味:"夫形名之家皆曰:白馬非馬。"(《趙策二》)我認爲,較合理的解釋是:公孫龍這樣的"名家"又被稱爲"形名家",在一定程度上表明了公孫龍子的理論基礎亦系於形名古學。

和破壞的危險性却是顯而易見的。這就引發了"正名"問題，或者説"名"、"實"問題。上引《管子·心術上》和《尹文子·大道上》都隨即談到了"正名"：

> "物固有形，形固有名"：此言不得過實，實不得延名。姑形以形，以形務名，督言正名，故曰"聖人"。"不言"之言，應也；應也者，以其爲之人者也；執其名，務其應，所以成之，應之道也。"無爲"之道，因也；因也者，無益無損也；以其形因爲之名，此因之術也。名者，聖人之所以紀萬物也。（《心術上》）

> 名也者，正形者也。形正由名，則名不可差。故仲尼云："必也正名乎？名不正者言不順也。"……形而不名，未必失其方圓黑白之實；名而無形，[1]不可不尋名以檢其差。故亦有名以檢形，形以定名，名以定事，事以檢名，察其所以然，則形名之與事物，無所隱其理矣。（《大道上》）

上述"正名"理論主要"正"的是"形"、"名"相耦關係。[2] 無論如何，"形"與"名"間的耦合、對應關係是不能忽略的。《心術上》既説"以其形因爲之名"，又强調説"名者，聖人之所以紀萬物也"。遺憾的是，後者的意義在以前的研究中似乎没有得到重視。一個不能否認的事實是：倘若没有語言和概念，我們將不會理解我們身處其中的世界同時也不能理解我們自己，因爲那樣的話，我們既不能分辨周圍的萬物，也不能將把自己和它們區別開來。其中已經隱含了這樣的觀點："物"之所以能夠被感知和被思考，乃是因爲它們是由"名"即概念所建構起來的。（詳下）

根據道家（包括莊子在内）的思想邏輯，"有形有名"的另一面就是"無形無名"，難道不是這樣的嗎？就是説，道家没有停留在以"有形"、"有名"説明"物"，而是繼續追問"形"、"名"、"物"的緣起，在他們看來，"有形有名"的另一種表述就是"無形無名"，所謂：

> 泰初有無，無有無名。一之所起，有一而未形。物得以生謂之德；未形者有分，且然無間謂之命；留動而生物，物成生理謂之形。（《莊子·天地篇》）

> 天乏（範）無□，覆生萬物，生物不物，莫不以名。（馬王堆帛書《伊尹·九主》）

> 大道無形，稱器有名。（《尹文子·大道上》）

> 大道不稱，衆有必名。（《尹文子·大道上》）

上述文獻的要點仍是借助於"形名"概念論述"道"、"物"。所謂"無"，就是"無有（形）"、"無名"。因其"無有"，所以道不是物；因其"無形"，所以道視之不見，聽之不聞；因其"無名"，所以道乃"言之所不能論，意之所不能察致者"，亦爲名言所不能及、辯論

---

[1] "無形"二字據孫詒讓《劄迻》補。（孫詒讓：《劄迻》，中華書局，1989年。）

[2] 然而，《公孫龍子》的"正名"理論却與道家不同。簡單地説，《公孫龍子》的"正名"，已經轉而關注去"正"那種"名實"相符關係了。詳見《公孫龍子·名實論》，并請參考譚戒甫：《公孫龍子形名發微》，中華書局，1983年。

所不能明,因爲"視而可見者,形與色也;聽而可聞者,名與聲也"(《莊子・秋水》)。但是,"道"却隱匿在形色名聲("形")之外,乃是玄遠、深邃而又空同的真理,老子稱之爲"玄之又玄",《莊子》則説:

> 世人以形色名聲爲足以得彼之情。夫形色名聲,果不足以得彼之情,則知者不言,言者不知,而世豈識之哉?(《莊子・天道篇》)

這樣一來,道家所闡述的"道、物"和"有、無"問題就在"形名"理論基礎上得到了更深入和更明確的論述,《莊子》追尋的"道的真理"也借助更抽象的概念論證而得到清晰的闡明。總之,《莊子》邏輯學的重要貢獻在於運用從"形"、"名"概念和"形名相耦"原則詮釋"道"、"物"和"有"、"無":所謂"物"就是"有形"和"有名"的東西,而"道"則超越於"形""名"之上,是"無形""無名"的。所謂"形名相耦"就是指:"有形即有名",即:凡是有形的都是有名的(可名言的);反之,"無形即無名",即:凡是無形的皆屬無名的(不可名言的)。可見,形名耦合亦包括了無形無名相互耦合的含義。這一表面上看起來再簡單不過的思想原則乃是《莊子》邏輯學或者道家"名學"的起點,後來的王弼頗采形名理論以闡釋《老子》,乃是形名古學的餘波和迴響。[1]

三　物謂之而然:名的建構性作用

道家哲學思想的一個合邏輯的推論就是:訴諸語言名號的"名的建構"作用既體現于創造出一個思想(包括理性認識和意識形態等方面)的精神世界,也表現於創建社會實在(social reality)亦即政治社會制度和文化世界。這樣看來,"名的建構"作用相當重要,不可小覷。由《莊子》邏輯學的視點來看,由前面提到并加以論證的"形名相耦"原則擴展出來的種種邏輯關係,恰好可以闡明"名的建構",所以我們仍從形與名之間的匹配關係及其張力開始討論。

《莊子・齊物論》開篇伊始,即點出了"吾喪我"的重要命題,篇末又以"物化"作結,前後呼應(突出了"無己"思想),意味深長。《齊物論》對"吾喪我"所做的進一步解釋是"嗒焉似喪其耦"。"耦"舊訓"妃偶",乃彼此相待、交互涉入的意思,與"獨"相對而近乎"對偶"。在我看來,《齊物論》首句出現的這個"耦"(或訓"偶")似有深意。"吾喪我"命題表明了日常生活中"吾"、"我"之間相耦對待的關係,揭明"吾"(真正的我)陷溺於"情態的我"(社會化的我)、失落於"形態的我"(生物性的我)的可悲現實;[2]同

---

[1]　湯用彤《魏晉玄學論稿》論玄風之漸起及其思想蜕變之跡,特別重視名學,向郭注《莊》:"粗稱曰萬物,《即色論》析言曰形色耳。"(湯用彤:《魏晉玄學論稿》,中華書局,1962年)可見形色,或曰形名,即"道德之術"語境中的宇宙萬物。何晏的著作即題《無名論》。

[2]　陳靜:《吾喪我——〈莊子・齊物論〉解讀》,載《哲學研究》2001年第5期。

時，也指點了將“吾”從“我”的纏綫之中解脱出來的方向。從這個角度分析，《齊物論》提出“吾喪我”之後，隨即提出“人籟、地籟、天籟”的話題，并聚焦於對“天籟”的闡述上，以及篇末以“物化”予以呼應，乃是一種邏輯性很强的思想脈絡。有意思的是，《齊物論》却没有像對“人籟”、“地籟”那樣詳細描述“天籟”，只是説：

> 吹萬不同，而使其自已也，咸其自取，怒者其誰邪？[1]

對於如此重要的“天籟”，《齊物論》却語焉不詳，欲言又止，這説明了什麽？我們知道，莊子經常以“問而不答”的方式提示言語道斷、默存神會的精神境界，所謂“沉默是金，雄辯爲銀”。看來，“天籟”并非可同語言文字所能摹狀描繪，然而“天籟”又不在“地籟”、“人籟”之外，而是寓於“地籟”、“人籟”之中，[2]正如“吾”寓於“我”之中而非離於“我”之外。可見，吾我相耦，天（籟）人（籟）、天（籟）地（籟）亦相耦，如果説“天籟”是一種“自然的簫聲”，它却不是聽之於耳的聲響。《齊物論》下文立即轉入了“知”與“言”、“是”與“非”、“名”與“辯”等問題的議論，這些問題和上文提到的“喪耦”、“天籟”之間有什麽關係呢？可以肯定，《齊物論》這裏提到“地籟”（衆竅）、“人籟”（比竹），目的是爲了引起下面的“人言”（名言、知識）的主題打下的伏筆，而“知與言”、“是與非”、“彼與此”正可以納入相互匹配的關係之中進行哲學論證，無論是修辭學還是邏輯學的角度看，這都是合邏輯的理解。根據莊子的思想邏輯，透徹闡明《齊物論》開篇提出的“吾喪我”命題，深入抉發“天籟”隱喻的意義，則有待於下文逐次批判儒墨，破斥辯者（惠施、公孫龍），終於“物化”，方有可能。

《齊物論》接著説道：

> 大知閑閑，小知間間；大言炎炎，小言詹詹。其寐也魂交，其覺也形開，與接爲構，日以心鬥……日夜相代乎前，而莫知其所萌。

自此以下的討論觸及了知識論問題，但《齊物論》之所以在這裏“言”、“知”并舉，表明了《莊子》試圖通過邏輯學（名理、論理的原則）澄清知識論問題。完全可以這樣推想：“知”與“言”之間的關係也是一種匹配關係、耦合關係。早期文獻中出現的“知”通“智”，就是能知之“智”與所知之“知”，都離不開“言”和“名”——即概念思維。《莊子·齊物論》顯然洞見到世故的人類語言及由此而來的世俗知識之局限性，無論是“大知”還是“小知”，無論是“大言”還是“小言”都是如此。上文中的“與接爲構，日以心

---

[1] 《世説新語·文學篇》注引“吹萬不同”上有“天籟者”三字，蓋據郭《注》所增（王叔岷：《莊子校詮》，中華書局，2007年，頁48）。但無論如何，“吹萬不同”數語乃是説明“天籟”的。又案：“已”字，郭象誤作“己”，司馬彪《注》云：“己，止也。”王叔岷對司馬彪“訓已爲止”不以爲然，然而，比起訓“己”（自己），“已”更爲確當（王叔岷：前揭書，頁48），對此鐘泰辯之甚詳（鐘泰：前揭書，頁30）。

[2] 鐘泰解説“天籟”頗契理，其曰：“顧天籟非言語文字所可摸擬狀繪，不得已因托於地籟以言之，是以子遊‘敢問其方’，而子綦獨稱地籟也……所以（讀者）疑子綦始終未談及天籟也，不知地籟有所止，而天籟無所止，能於無所止處著眼，天籟固不在地籟外，亦且不在人籟外也。”（前揭書，頁28—30）

門"之語,需要分析一下。《莊子》所謂"接",主要指訴諸感覺的經驗知識,或曰感性知識;所謂"知",通過既包括感覺又包括心知,即包括感性和理性(知性)兩種知識,正如《莊子・庚桑楚》所説:

> 知者,接也;知者,謨也。[1]

可見,前一種"知"即訴諸感覺的經驗知識,後一種"知"則是訴諸心靈思考的理性知識。"與接爲構,日以心鬥"這句話表明了:訴諸感覺的經驗知識出於接觸外物而建構起來的,而理性知識則訴諸心靈思考。由此可見,除了"知言相耦"之外,"知"、"智"、"心"三者之間,"視"、"目"、"形"三者之間,"聞(聽)"、"耳"、"聲"三者之間,都有交互涉入、彼此相待的匹配耦合關係;而匹配耦合關係由邏輯學(形名理論)範疇到知識論領域的拓展,恰好體現了道家名學的特色。甚至可以説,這種樸素而且具有較強邏輯性的耦合關係,從部分意義上説,乃是古代知識論的重要基礎,普遍存在於早期思想史料之中。例如:

> 一曰貌,二曰言,三曰視,四曰聽,五曰思。貌曰恭,言曰從,視曰明,聽曰聰,思曰睿。(《尚書・洪范》)
>
> 夫樂不過以聽耳,而美不過以觀目,若聽樂而震,觀美而眩,患莫甚焉。夫耳目,心之樞機也,故必聽和而視正。聽和則聰,視正則明,聰則言聽,明則德昭,聽言昭德,則能思慮純固。以言德於民,民歆而德之,則歸心焉。(《國語・周語下》)
>
> 君子有九思:視思明,聽思聰,色思温,貌思恭,言思忠,事思敬,疑思問,忿思難,見得思義。(《論語・季氏》)
>
> 一曰辭聽,二曰色聽,三曰氣聽,四曰耳聽,五曰目聽。(《周禮・小司寇》)
>
> 五色令人目盲,五音令人耳聾,五味令人口爽,馳騁田獵,令人心發狂。(《老子》第12章)
>
> 目徹爲明,耳徹爲聰,鼻徹爲顫,口徹爲甘,心徹爲知,知徹爲德。(《莊子・外物》)
>
> 人之情:目欲視色,耳欲聽聲,口欲察味,志氣欲盈。(《莊子・盜跖》)
>
> 口之於味也有同耆焉,耳之於聲也有同聽焉,目之於色也有同美焉;至於心獨無所同然乎? 心之所同然者何也? 謂理也,義也。(《孟子・告子上》)
>
> 形、體、色、理以目異……説、故、喜、怒、哀、樂、愛、惡、欲以心異。心有征知。征知,則緣耳而知聲可也,緣目而知形可也。然而征知必將待天官之當簿其類然後可也。(《荀子・正名》)

---

[1] 《墨子・辯經》亦云:"知,接也。"《説》曰:"知也者,以其知(智)過物,而能貌之,若見。"針對感性知識和經驗知識而發。

色不忘乎目，聲不絕乎耳，心志嗜欲不忘乎心。（《禮記·祭義》）

耳目者，視聽之官也。心而無與於視聽之事，則官得守其分矣。夫心有欲者，物過而目不見，聲至而耳不聞也。（《管子·心術上》）

故口爲聲也，耳爲聽也，目有視也，手有指也，足有履也，事物有所比也。（《管子·白心》）

視不得其所堅而得其所白者，無堅也；拊不得其所白而得其所堅者，無白也。（《公孫龍子·堅白論》）

目好色，耳好聲，口好味……此四者，耳目鼻口不知所取去，心爲之制，各得其所。（《淮南子·詮言訓》，《文子·符言》作“目好色，耳好聲，鼻好香，口好味……耳目鼻口，不知所欲，皆心爲之制，各得其所”。）

容色，目司也；聲，耳司也；嗅，鼻司也；味，口司也；氣，容司也。志，心司。（郭店楚簡《語叢一》）

我們不避文煩，抄録了幾段早期文獻資料，希望它們能夠説明這樣一個普遍而公認的“常識觀念”：感性能力和其物件（萬物）之間存在著某種較爲穩定的對應耦合的關係，相當於“能”（能知）與“所”（所知）、“境”（物件）與“智”（能力）之間的關係；它是感性知識結構裏的基本關係。[1] 從上述角度來看諸子哲學的各自特徵及彼此間的差異，時常有別具興會的意外發現。[2] 總之，《齊物論》進行“論理”的一個邏輯基礎就是通過“耦”的擴展，將“言”（“名”）、“物（形）”、“知”、“心”之間形成了一個相互耦合、始卒若環的鏈條。《齊物論》一方面論述了“知”與“言”出於“心”；《齊物論》詳盡描寫了“心”的各種樣態，例如“喜、怒、哀、樂、慮、歎、變、慹、姚、佚、啟、態”，皆迭生於心，不能自已，亦不知所由，好像“樂出虛，蒸成菌”；至於常識觀念裏面的“日夜相代乎前”之基本經驗，亦出於“心”或“智”的建構。

接下來，《齊物論》進一步論證了由於“心生分別”——亦即知與智的作用——而產生的諸種問題，例如常識觀念中的彼我對待之耦合關係，例如“儒墨之是非”，例如“方生方死”（惠施）之説。至此我們似乎能夠這樣的結論：道家名學通過“耦合關係”的不斷拓展，而將形名、知言、是非、彼我、生死等問題納入到了一個交互涉入、

----

[1] 而且，同時，古漢語的固有特點也加强了上述“境”與“智”、“能”與“所”間的耦合關係。古漢語中的名詞往往兼職動詞，體現也一種施、授不分的特點（詳見楊樹達：《古書疑義舉例續補》）；比如説古籍中的“智”常常寫作“知”，在這種語言習慣的影響下，他們沒有在“能”（智）“所”（知）之間劃下一條“楚河漢界”。

[2] 比如説，道家總是强調“道”的視之不見、聽之不聞、搏之不得的特點，目的是把它從“物”的世界裏拯救出來；此外，道家還强調“徇耳目內通”、“耳視（眹）而目聽”（《列子·仲尼篇》、《亢倉子》卷上），這種反常識特點意味著道家“知識論”的獨特性。同樣，申不害主張“獨視者謂明，獨聽者謂聰”（《韓非子·外儲説右上》引），其實就是法家“內獨視聽”的“主術”原則。《公孫龍子》論“白馬非馬”曰：“馬者所以命形也；白者所以命色也。命色者非命形也，故曰白馬非馬。”顯然，割裂視覺正是《公孫龍子》得出這種反常識結論的理論原因。由此可見，諸子間的分歧和他們各自的特點都可以從中略見一斑。

彼此對待的關係模式中予以分析和理解,而一切"物論"和"物倫"都出於"名的建構"。

現在我們由《齊物論》的線索轉進到老子和黃老的形名理論,從更廣的視野分析"名的建構"諸問題。《老子》曰:

> 道可道,非常道;名可名,非常名。(第 1 章)
> 有物混成,先天地生……吾不知其名。(《老子》第 25 章)

王弼《注》曰:

> 可道之道,可名之名,指事造形,非其常也。
> 名以定形。混成無形,不可得而定,故曰"不知其名"也。

這裏所說的"指事造形"是什麼意思呢?[1] 根據前面我們關於形名理論的分析與闡釋,"指事"就是"以其形因爲之名"的意思,而"造形"則體現了"名的建構"。"名以定形"正是"造形"的確切含義。既然"名以定形",但由於"道"獨立無待,既不可視聽又不可名言(不能通過感性知覺和比較推理來判明之),所以就不能以概念思維描述或者建構"道的真理"。可見,"名"具有兩種不同然而相互聯繫的意味:一是"因形定名"的"名",即根據物的屬性予以"命名";二是"名以定形"的"名",即根據概念(名言)思維建構生活世界的"名"。

道家黃老學派特別重視"刑名"理論,而"刑名"理論部分地脫胎于形名古學。[2] 稷下學者這樣論述了從"形"抽象爲"名"的理論過程:

> 物固有形,形固有名,此言不得過實,實不得延名。姑形以形,以形務名,督言正名……因也者,無益無損也,以其形因爲之名,此因之術也。名者,聖人之所以紀萬物也。(《管子·心術上》)
> 名者,正形者也。形正由名,則名不可差……故亦有名以檢形,形以定名;名以定事,事以檢名。察其所以然,則形名之與事物,無所隱其理矣。(《尹文子·大道上》)

簡言之,"名"是關於"形"的抽象(也是關於社會實在的抽象),也就是説對上述感性物件的把握(即命名、分類與整理)。需要説明的是,這裏所説的"形"概括了"形"、

---

[1] 樓宇烈引《説文》"六法"之"指事"及《繫辭》"在天成象,在地成形"解釋"指事造形"(樓宇烈:《王弼集校釋》,中華書局,1980 年,頁 2),而牟宗三訓"造"爲"造訪"之"造",解釋"造形"爲"尋形、循形"(牟宗三:《才性與玄理》,臺灣學生書局,1985 年,頁 1 29),這兩種説法都有進一步討論的必要。

[2] 通常認爲"刑名"即"形名",因爲從語文角度上説,"刑"通"形"。然而,黃老學派盛言的"刑名"却很不同于形名古學。拙稿《道家"名學"鈎沉》曾詳細論述了這一點。

"聲"、"味"等包括洛克所説"事物第二性質"在内感性物件。[1]《心術上》説:"以其形因爲之名",現象界的"物"的"名"是根據它的"形"——實際上就是它的形、色、聲、音、香、臭等訴諸感性知覺的外在特徵——而得以命名的,正因爲如此,作爲符號系統的"名"才可以表徵乃至於把握萬物(所謂"紀萬物")。

前面曾提到,道家名學的兩個基本點是:

1. "因形爲名",即《尹文子》所説"名以檢形,形以定名";

2. "名以定事",這一原則隱含了語言通過各種社會意象建構意識形態和社會行動的重要内容。從一般意義上説,"因形以爲名"適宜於概括可感覺的物件(例如自然事物),而不那麼適用於表達社會事物。換言之,"形"訴諸視覺,那麼不能直觀的事物,例如觀念性的仁義以及制度設施如禮樂,又是如何定名的呢?《尹文子》曾經一定面臨過這樣的難題:"形名相耦"("有形必有名,有名必有形")原則并不能把囊括所有的現象;更重要的是,必須突破上述"形名相耦"原因才能奠定"名"與"法"的理論基礎。《尹文子》認識到了這一點,所以提出了"有形者必有名,有名者未必有形"。這是對"形名相耦"的重要修正,意義不可小覷。這樣一來,《尹文子》就可以從容地把社會政治事物概括在"形名"的範疇之内了,其曰:

> 形而不名,未必失其方圓黑白之實;名而無形,不可不尋名以檢其差。故亦有名以檢形,形以定名,名以定事,事以檢名,察其所以然,則形名之與事物,無所隱其理矣。(《大道上》)

重要的是,"形名"之於事物,具有支配和建構的作用,換言之,《尹文子》的"形名"理論把社會實在(Social Reality)當成是"名"、"理"建構起來的東西。進而言之,體現了"自道以至名,自名以至法"(《四庫提要》)傾向的《尹文子》的"名學"正是在關於"名"的範疇上更改了此前拘泥於"形"的"名"的概念,它把"名"規定爲以下"三科":

> 一曰命物之名,方圓白黑是也;二曰毁譽之名,善惡貴賤是也;三曰況謂之名,賢愚愛憎是也。

這三種意義上的"名"直接建構了社會政治層面上的禮俗和法度各個方面,所謂"四呈":

> 一曰不變之法,君臣、上下是也;二曰齊俗之法,能鄙、同異是也;三曰治衆之

---

[1]《尹文子》曰:"名以檢形,形以定名",所謂"形"不僅意味著訴諸視覺的"形"("形狀"或"形體"),而且概括了所有訴諸感性的"五色"、"五聲"、"五臭"、"五味";客觀意義上的"黑白、商徵、膻焦、甘苦"的名稱("彼之名"),匹配著主觀意義上的"愛憎、韻舍、好惡、嗜逆"的分辨("我之分"),也就是説"事物有所比也"(《管子·白心篇》)。其實這種"形"詞該"形、色、聲、味"之例是并不少見,例如徐幹《中論·貴言》曰:"形乎視聽,著乎顏色。"

法,慶賞、刑罰是也;四曰平准之法,律度、權量是也。

由此,"名"就不僅僅限於語言層面("命物之方"),更拓展到倫理、道德以至於社會政治的制度層面,而《尹文子》的確就是這樣論證其"仁義禮樂,名法刑賞"("八術")理論的(《大道下》)。然而,《尹文子》上述主張,在根本上,并沒有偏離道家思想。比如説,道家所謂"物"既包括自然現象(天地萬物)也包括社會實在(仁義禮樂),同時還包括人的感覺狀態("欲")和心理活動("知"或"智")。不同的地方在於:在道家思想裏,像"仁義"這樣看不見、摸不著的事物,之所以被歸結爲"物",因爲它是"有名"的,而制度或者依附於制度的意識形態都是由語言建構起來的。《尹文子》兩篇闡述了從"形"經由"名"而至於"刑"的"名學"邏輯,換言之,就是論證了"名"既因於"形",又建構了制度設施,例如"法"與"刑"。因此,《尹文子》自"形名"推展至"刑名",正體現了"道生法"(馬王堆黃老帛書《經法》)的思想過程。而在這個過程中凸顯了這樣一個命題:"名"體現了建構於其中的社會實在。

黃老刑名法術之學的立論基礎之一就是:"刑"出於"名"(語言)的建構,同時"刑"又反過來賦予"名"以很强的政治意味。其實,前諸子時期的思想家早已清醒認識到"禮"是由"名"所建構,例如:

名以制義,義以出禮。(《左傳·桓公二年》)

杜預《集解》曰:

名之必可言也。

這段話很好説明了"名"、"義"、"禮"三者之間的聯繫。《莊子》亦强調了"名"與"義"(涉及社會制度)之的聯繫,其曰:

名止於實,義設於適。(《莊子·至樂》)

黃老文獻特別强調名的意義,致力於將它與理、法聯繫起來,從而爲重構秩序奠定基礎,其曰:

虛無有,秋毫成之,必有形名。形名立,則黑之分已。故執道者之觀於天下也,無執也,無處也,無爲也,無私也,是故天下有事,無不自爲形名聲號矣。形名已立,聲號已建,則無所逃匿正矣。(馬王堆帛書《經法·道法》)

天下有事,必審其名。名□□循名究理之所之,是必爲福,非必爲災。是非有分,以法斷之。虛靜謹聽,以法爲符。審察名理終始,是謂究理。唯公無私,見知不惑,乃知奮起。故執道者之觀於天下□,見正道循理,能舉曲直,能舉終始。故能循名究理。形名出聲,聲實調和,禍災廢立,如影之隨形,如響之隨聲,如衡

之不藏重與輕。（《經法·名理》）

　　天乏（範）無□，覆生萬物，生物不物，莫不以名。（馬王堆帛書《伊尹·九主》）[1]

　　從某種意義上說，出現于上文中的"名"，都是指名號、名位這樣政治化、社會化的"名"，含有很强的社會政治意味。孔子正是在這種意義上闡述其"正名"主張的，其政治社會背景是"禮崩樂壞"引起"名實相怨"。因此，孔子所謂"名"其實就是關於政治社會制度（即禮）的抽象表述而已；胡適也說，孔子的"正名主義"主要體現於政治社會和倫理層面，他寄託於《春秋》中的"正名字"、"定名分"和"寓褒貶"的"正名"主張，以及訓"政"爲"正"的人文動機，是一脈相承的。[2] 既然如此，從《莊子》邏輯學角度分析，老莊道家激越批判儒家就不是偶然而是必然的了。孔子"正名"旨在維護周禮，又企圖以仁義之道教化百姓，挽救精神價值之狂瀾於既倒。老莊（特別是《莊子》）"毀棄仁義，絕滅禮學"正是針對儒家而來的。在《莊子》看來，儒家所標榜的仁義，只是"先王之陳跡"，而不是"所以跡"；換言之，"仁義"是具有形跡的東西（亦即有形），所以說："仁義，先王之蘧廬也，止可以一宿而不可久處。"（《莊子·天運》）總之，"仁義有形"乃是從《莊子》"邏輯學"角度得出的結論，"仁義所以有形，因爲其有名；仁義所以有名，因爲它是基於分別的、物件性的概念思維，而不能'莫得其偶'。"[3]可見，《莊子》中的哲學論證（"論理"）具有鮮明特色。

　　以上我們討論《莊子》"邏輯學"觀念中關於"名的建構"的深刻洞見，《莊子》致力於揭示"名"背後隱匿的權力運作，徹底批駁儒家所維護的周禮及其匹配於周禮的仁義觀念。接下來，我們行將討論無名原則，其中的一個重要內容就是"名的解構"，恰好與"名的建構"過程相反。

四　道隱無名：反思、批判和解構的力量

　　我們曾在前面的討論中得出了一個重要結論，就是《老子》第 1 章中的"無名"絕不能破讀，因爲它是一個老子哲學的重要概念。司馬遷也曾說："老子以自隱無名爲務"，（《史記·老子列傳》）這當然是一個值得注意的批評。《老子》提到以下說法：

　　道隱無名。（第 41 章，另外參考首章"無名"）

　　道常無名。（第 32、37 章，第 37 章見帛書甲乙本，作"道恒無名"，通行本作

---

[1]　茲引馬王堆帛書釋文依魏啟鵬《馬王堆漢墓帛書〈黃帝書〉箋證》。
[2]　胡適：《中國哲學史大綱》，頁 92。
[3]　鄭開：《道家形而上學研究》，宗教文化出版社，2003 年，頁 194。

“道常無爲”）

　　繩繩兮不可名。（第 14 章）

　　這裏所説的“無名”并不是簡單的取締“名”、抹殺“名”的意思，“無名”的準確含義應該是基於“名”的反思而對“名”予以否定或揚棄，揭示“名”的局限性；實際上“無名”也是一種“名”，只不過它是一種特殊意義上的“名”，比如説“無名”就是“無名川”的“名”，“未名”就是“未名湖”的“名”。在老子看來，即使“道的真理”不落言詮，雖然“吾不知其名”，儘管“繩繩兮不可名”，仍可以“强字之曰道”（《老子》第 25 章）。可見，“無名”正是由於對名的深入反思而出現的辯證觀念，既然“道的真理”只能訴諸“無”（例如“無形”“無名”）和“反”（馮友蘭先生所謂“負的方法”）。《莊子》、《尹文子》諸書頗能發揮“無名”理論的精義。

　　“無名”是對“名”的否定與揚棄，而包括《老》《莊》諸書在内的諸子時期的思想史料中的“名”大多語涉政治和語言兩個方面，從政治（針對禮法以及匹配禮法的仁義）和語言（針對邏輯學和知識論語境中的“知識”和“名辯”等問題）兩個方面解構“名”正是老莊思想邏輯的核心，亦是其“無名”理論的實質。也就是説，道家對“名”（政治、語言）抱有深刻的懷疑態度，很不同於西方思想家。西方思想家似乎對語言抱有某種本能的信仰，他們認爲邏輯和形而上學的基礎就是語言，信賴語言可以表達世界的本質；（例如古希臘）同時，還認爲語言可以表達社會秩序和法律，信任訴諸語言的法律是確實可靠的。（例如古羅馬）上述差異直接導致了中國和西方在邏輯理論上的分歧和差異。另外，道家也不像儒家那樣執著“名”（例如孔子）、重視“思”（例如孟子）、强調“知”（例如揚雄），也許在道家看來，儒家思想反映了某種盲目樂觀的信念。儒、道之區別，説到底，仍在於儒家執著於“名”，而這個“名”同時又和“思”、“言”、“知”互爲表裏。

　　“無名”乃是道家關於“無”的理論核心，因爲它在關於宇宙（無形）、知識（無知）和政治社會問題（無爲）諸方面都扮演著重要角色，更不用説它在“名辯”方面的核心作用了。“無名”理論的重要意義在於從政治（制度）和語言兩個方面超越“名”的窠臼，提示“道高物外”的精神境界。接下來，我們擬圍繞著上述問題闡述道家的“無名”理論及其意義。

　　既然“無名”意味著徹底地解構“名”，下面我們不妨沿著“邏輯學的方法”和“知識論的脈絡”，借助於“形名相耦”原理之“跳板”，進入“無名”理論。在前面的分析中，我們曾觸及到了由“形”到“名”的抽象過程中的“心”的功能或作用。很顯然，“心”意味著理性，司職概念、推理與判斷，和主管知覺的“五官”不同。在關於知識的經驗論當中，它們（“心”與“五官”）都是知識的來源。莊子説：“知者，接也；知者，謨也”，表明“與接爲構”的“接知”和“心與心識知”的“心知”就是道家稱之爲“知”的範疇；但重要的是,莊子所謂的"真知"不能囊括在上面的"知"的範疇中。其中的原因是,道家關於"心"的理解與衆不同。籠統地説,儒、墨兩家皆重視"心"、"知"和"思"的作用,比如説孟子特别重視"思",强調"心"對於感覺的宰製作用,他説:

> 耳目之官不思,而蔽於物。物交物,則引之而已矣。心之官則思,思則得之,不思則不得也。(《告子上》)

這段話强調了"思"的重要作用,與上述調"心"優越於感性(耳目)的理論旨趣一致。這種重視"心"、"思"的思想在儒家學者那裏已經十分明確:

> 心不在焉,視而不見,聽而不聞,食而不知其味。(《禮記·大學》)
> 君子以心導耳目,小人以耳目導心。(《意林》輯《子思子》佚文)

在新近出土的思孟學派的作品——馬王堆帛書和郭店竹簡《五行篇》中,我們可以找到類似然而更加充分的表述。[1] 與思、孟不同,在荀子看來,"名"是依據事物間固有的"同異"關係而確定的,所謂"異形離心交喻,異物名實玄(互)紐"。也就是説,"名"緣於事物本身的性狀,經過比較等理性判斷過程而形成。這也是荀子强調"心有徵知"的原因:

> 五官簿之而不知,心徵之而無説。則人莫不然謂之不知。[2] 此所緣而以同異也。然後隨而命之,同則同之,異則異之。(《正名篇》)

王念孫説,"五官"指"耳目口鼻體"。儘管荀子强調了"心有徵知"的作用和功能,但值得注意的是,他似乎并没有像其他儒家大師那樣,特别重視心的整合感覺、建構知識的作用,他所説的"心有徵知"只是和感覺并列而已,也就是説没有著力强調"心"宰製知覺的作用。在這一問題上,荀子也許受到稷下道家(黄老學)的影響,亦未可知。前引《心術上》云:"耳目者,視聽之官也。心而無與視聽之事,則官得守其分也",似乎直接否定了"心"對於感覺的宰製。在《管子》四篇看來,如果不能"虚心去欲",結果將是"物過而目不見,聲至而耳不聞",而所謂的"心術"則意味著"無爲而制竅"(《心術上》)。值得注意的是,這裏所説的"無爲"不是指理性層面的"心",而是指"心中之心",即潛伏於理性的"心"之下的、能夠直觀"道的真理"的"心"("神明")。比較起來,老莊似乎比黄老更激進地詆毁和反對"智"和"心"的意義和作用。例如《莊子》曰:

> 心與心識知,不足以定天下。然後附之以文,益之以博。文滅質,博溺心。(《繕性》)
> 無聽之以耳而聽之以心,無聽之以心而聽之以氣。聽止於耳,心止于符;氣

---

[1] 例如郭店竹簡《五行篇》:"耳目鼻口手足六者,心之役也。"
[2] 據王念孫説,"然"字衍。

也者,虚而待物者也。唯道集虚。(《人間世》)

如果説"無聽之以耳而聽之以心"比較接近儒家之説的話,那麽後面所説的"無聽之以心而聽之以氣"才是莊子著力闡述的看法。顯然,道家和儒、墨兩家的"知識理論"方面的差異在於道家從根本上否認了"心"的主宰作用,確切地説,道家反對的是"知識"層面的、理性的"心",即進行概念、推理和判斷的理性心理活動(例如思、謀、慮、知……),以及由這種"心"建構起來的仁義禮樂。[1]

上引《莊子·繕性》既説:"心與心識知",説明"心"、"知"、"識"之間的關係也是耦合關係;由於"名"依賴於"心",所以在上述"形名"耦合關係中就納入了"心"、"思"、"知"等理性要素。例如《管子》云:

彼心之心,音(意)以先言,音(意)然後形,形然後言,言然後使,使然後治。(《內業》)

意以先言,意然後形,形然後思,思然後知。(《心術下》)

如此,基於形名相耦關係,《莊子》進一步把語言符號(言)、心理狀態(形)、理性功能(思)、認識能力(智)和知識形態(知),甚至於社會行動及其後果("使"與"治")囊括在內,成爲某種廣義的"形-物-名-言-心-知-智-思-辯"相耦形式。我們知道,理性的基礎是概念思維(名言),同時社會行動和實在的建構亦可以歸結爲語言所製造的各種社會意象。一言以蔽之,"名"的符號建構了人們的生活世界。《莊子·齊物論》由此("名學"或"邏輯學")入手攻訐儒墨百家,可謂入室操戈,擊中要害。

問題的關鍵還在於,道家如何論證仁義禮樂這樣的社會實在以及附庸其上的意識形態(例如仁義忠孝)屬於"有形有名"的範疇,從而把它們和"無形無名"的"道"區別開來呢? 可以説,上述問題意識及其論證在老子那裏還是樸素而粗糙的:仁義孝慈以及鑲嵌其中的制度設施("禮")顯然都是"始制有名"之後的產物,都是相對于"樸"的"器"。莊子以降的道家哲學,由於"形名"理論的磨礪和心性論的拓展,已將理性及其產物(例如思、知、名、言……)鏈入了"形名"相耦的原則中,修正并擴展了這個"名學"原則:

1. 凡是有形的就是有名的,比如説牛馬、黑白、方圓等自然事物;

2. 凡是有名的皆是有形的,比如説仁義禮樂,這是因爲,仁義禮樂之所以具有"形",因爲它是由"名"建構起來的。

《莊子》等道家著作中的所有論證和論斷無不與上述原則若合符節。實際上,上

---

[1] 概括地説,道家把"心"分爲兩個不同層面:一是理性的"心",即知識、謀劃、思慮的層面;另一層面是"無心",即《莊子·德充符》所説的"以其心得其常心"中的"常心",或者《管子·心術下》中"心之中又有心"中的"心中之心"。這個問題涉及道家心性論問題,詳見拙稿《道家心性論研究》(《哲學研究》2003年第7期)。

述原則不僅是《莊子》貫徹始終的理論原則,也是解構、破斥諸子哲學的重要法寶。現在我們重新回到《莊子·齊物論》思想邏輯,從"名的解構"的角度,考察其如何批駁諸家"物論",闡明"無名"原則,提示"道的真理"。《齊物論》具有很强的論戰性和針對性,這是因爲其首要目的在於破斥諸子百家的"物論";實際上,《齊物論》往返出入於百家"名學"之間,入室操戈,攻破了百家之説。

直觀地看,《莊子》對儒墨兩家的批評主要集中於倫理價值(例如仁義、性命等)問題(《莊子·天下篇》)。這方面,《莊子》繼承了老子"大道廢,有仁義;智慧出,有大僞"、"絕仁棄義,絕聖棄智"的思想傳統(例如《駢拇》、《馬蹄》諸篇),認爲"仁義攖人之心"(《在宥》),"儒以詩禮發塚"(《外物》),"明乎禮義而陋于知人心"(《田子方》)。然而,《齊物論》卻提出了另外一種思路即置身於名言、知識之間的張力之中思考和批判儒墨"各是其所是,非其所非"的成見,而破其執心(其實就是一種自我中心的意識)。《齊物論》首先指出人性普遍而且深度迷失於"物的世界"的可悲境況——

> 與物相刃相靡,其行盡如馳,而莫之能止,不亦悲乎! 終身役役而不見其成功;苶然疲役,而不知其所歸,可不哀邪! ……其形化,其心與之然,可不謂大哀乎? 人之生也,固若是芒乎? 其我獨芒,而人亦有不芒者乎?

倘若"吾"(真正的我)不能掙脱物我相耦關係之束縛,那麼"我"必然陷溺於"與物相刃相靡,其行盡如馳"的可悲境況而不能自拔("莫之能止")。"其形化,其心與之然"也是日常生活世界中人生百態入木三分的刻畫:人的軀殼隨波逐流,沉淪於物的世界而不自覺;人的"心"亦放浪於萬物,沉溺於情志的變幻而不能自脱。老子説"民之難治,以其智多"(第65章),未免偏激。相比之下,《莊子》對"知識"與"理智"的局限性和負面作用有著更清醒的認識和更徹底的批判。《莊子》曰:

> 吾生也有涯,而知也無涯,以有涯隨無涯,殆矣!(《養生主》)
> 目之於明也殆,耳之於聰也殆,心之於殉也殆。凡能其於府也殆,殆之成也不給改,禍之長也茲萃。(《徐無鬼》)

宇宙無限,萬物紛紜,關於物的知識(物表和物理)也是無限的;感性和知性的認知能力也是有限的,至少它們不能認識"物"以外的東西,不能超過它們所固有的認識方式(感覺、心思、名言等)而認知,就好像飛鳥不能超過自己的影子一樣。在莊子看來,"知"出自於"心",心的諸功能就是理性的諸方面,主要包括概念(名言)、推理(辯)、判斷(是非)。在某種意義上,"知"乃是"德"的對立面,[1]這就是《莊子》爲什麼説"知

---

[1]《人間世》明確地表述了"德"與"知"相反的觀念:"且若亦知夫德之所蕩而知之所爲出乎哉? 德蕩乎名,知出乎爭。"

爲孽"(《德充符》)的原因。更有甚者,莊子不僅從知識語境的層面上批判"知",還在社會政治層面控訴和抨擊"知",《莊子》說:"天下每每大亂,罪在於好知。"(《胠篋》)"知出於爭",因爲"知"通過社會意象建構了同異、是非、貴賤、善惡等種種耦合關係,而這些糾葛纏繞於人的生活世界,使人的生活世界有某種淪入物的世界的危險的耦合關係,往往掩蓋了真正的價值——德,所以《莊子》明確指出:

> 德蕩乎名,知出於爭。名也者,相軋也;知也者,爭之器也。(《人間世》)

這樣一種表面上似乎偏激、矯枉過正的看法,換個角度說,道家竭力詆毀與解構的"知"和"名"正是從反面提示"無名",而"無名"的意義在於使個人從社會化符號性的面具中解放出來,這當然是一種深刻的洞見。

總之,《莊子》看來,"心"(確切地說是"成心")、"知"、"言"之間的耦合關係必然引發莫衷一是的是非問題,以及無休無止的論辯。《齊物論》說:

> 夫言非吹也,言者有言,其所言者特未定也。果有言邪? 其未嘗有言邪? 其以爲異於鷇音者,其有辯乎? 其無辯乎? 道惡乎隱而有真僞? 言惡乎隱而有是非? 道惡乎往而不存? 言惡乎存而不可? 道隱于小成,言隱於榮華。故有儒、墨之是非,以是其所非,而非其所是。欲是其所非,而非其所是,則莫若以明。物無非彼,物無非是。自彼則不見,自知則知之。故曰:彼出於是,是亦因彼。彼是,方生之說也。雖然,方生方死,方死方生;方可方不可,方不可方可;因是因非,因非因是。是以聖人不由,而照之於天,亦因是也。是亦彼也,彼亦是也。彼亦一是非,此亦一是非。果且有彼是乎哉? 果且無彼是乎哉? 彼是莫得其偶,謂之道樞。樞始得其環中,以應無窮。是亦一無窮,非亦一無窮。故曰:莫若以明。

這段話包含了複雜而豐富的思想,我們只討論其中的相關問題,沒有必要面面俱到。首先,"言非吹也"判明了"言"不是前文"吹萬不同"的"天籟",這是因爲出於"成心"且與"知"相耦的"言"具有某種意向性,即意義的指向;換言之,就是其中包含著"意義"。因此,"有意味"的"言"就不同於雛鳥破卵而出之際的"鷇音"(比喻發乎天然的、有"聲"而無"意"的聲音),這樣"言"也就成了表達立場、觀點和意識形態的"話語"(discourse)。然而,言辯者所說的"話語"的"意味"卻因人而異、各各不同,說明并沒有一個公認的判據以判明孰是孰非。那麼,我們又憑什麼判明"道"的真僞、"言"的是非? 實際上,莊子通過幾個有力的反詰句表明了:道固無真僞,而(至)言亦無是非;至於"道隱于小成,言隱於榮華",則"古之道術爲天下裂",於是乎真僞判而是非起;儒、墨之辯只不過是"天下皆得一察焉以自好"的結果罷了,他們相互攻訐也相與爲偶(以鄰爲壑),"以是其所非,而非其所是",企圖辨別所謂"是非",終究是徒勞的,所以《莊子》說"莫若以明"。莊子根據儒墨相互非難,破斥兩家之說,這不是"魚蚌相爭,漁人得利"？莊子隨即引作爲諸子論辯特徵的"彼是（此）"比擬惠施的"方生方死"，目的是破斥其説。"彼是"在這裏是一個關鍵字，不能不察；然而，舊注諸説或曰"彼此"，或謂"彼人自是（自以爲是）"，或説"那方面、這方面"，或指"人我"，[1]皆望文生義而未澈。伍非百斷言"彼是"乃名家之説，其主要思想是："是非生於彼此，彼此相生，迴圈無端；是非相出，亦卒始無窮。彼非此是，可轉易爲彼是此非。簡稱之曰'彼是'，詳言之曰：'彼出於是，是亦因彼'"，[2]其説迂曲，亦不足據。我認爲，從《齊物論》語境（Context）中推敲玩味，"彼是"也許是"彼此"、"是非"的略語，因爲道家以爲"彼此"、"是非"是可以比擬的"同類"，因而將它們縮在一起，簡括爲"彼是"。彼與此、是與非皆爲對立、相耦之物；而且，彼此之別意味著是非之分，同樣是非之辯也意味著彼此之爭，《莊子》所謂"彼（彼此）出於是（是非），是（是非）亦因彼（彼此）"，"是（是非）亦彼（彼此）也，彼（彼此）亦是（是非）也"，可見，"彼此"與"是非"不僅相通，而且也是對立、相耦之物。在莊子看來，惠施"方生方死"之説，乃是基於時間上的先後、形態上的生死之"物論"，與"彼（此）是（非）"没有什麼不同，所以他説"彼是，方生之説也"，而且他還批評惠施之流的"辯者"、"察士"説："皆囿於物者也。"（《徐無鬼》）在道家看來，彼此、是非、大小、長短、有無、生死、新故、前後、古今、善惡……都是對立、對待（相耦）的東西，都是"知"與"言"（理性）造作的産物，所以《莊子》嚴辭批評説："求之以察，索之以辯，是直用管闚天，用錐指地"（《秋水篇》）；倘若"以道觀之"，本無所謂彼此、是非、有無、生死、可不可、然不然……云云，糾纏於其中的分別和論辯也是無謂的。

　　上引《齊物論》提到的"儒墨之是非"，可以理解爲《齊物論》試圖把知識和道德兩方面的問題進一步推進到抽象論理的層面，將其轉化爲"是非"問題進行討論。《莊子》還巧妙地以儒、墨之相非，并折儒、墨，各打五十大板。儒家所謂"是"，墨家則以爲"非"；有人認爲是"美的"，另有人却以爲是"醜的"。這説明衡量"是非"的尺度與標準也很成問題，而這些尺度和標準毫無疑問也是由"名"（概念思維即理性）所建構。

　　破詰儒、墨之後，《齊物論》又把批判鋒芒轉向惠施的"方生方死，方可方不可"，認爲"生死"、"可不可"都是"心生分別"之後滋生了許多是非之後的産物，因此它們也可以納入到"形名"耦合鏈條中的環節。爲了提示言語道斷、不拘於俗的道的真理，莊子點出了"彼是莫得其偶"的"道樞"，以及"莫若以明"，舍此則不能從"形名"相耦的鏈條中、或者説從物的生滅變化的因果鏈中解脱出來！從道家"名學"的角度看，"辯"不過是"巧智"與"名言"的結合，根本不足爲訓。

　　接下來，《齊物論》進而批判了當時徜徉於世的"辯者"（sophist）之説，特別是見諸

---

[1]　參考崔大華：《莊子歧解》（頁62）和陳鼓應：《莊子今注今譯》（頁54—55）徵引諸家之説。
[2]　伍非百：《中國古名家言》，頁652—653。又，頁652—656徵引《墨經》、《公孫龍子》諸篇什，以論"彼是"古説頗詳。

《公孫龍子》的"指物"、"白馬"兩個論點：

> 以指喻指之非指，不若以非指喻指之非指也；以馬喻馬之非馬，不若以非馬
> 喻馬之非馬也。

這裏所説的"指"、"馬"，就是《公孫龍子》中的《指物》、《白馬》兩篇。顯然，"指之非指"出於《公孫龍子·指物論》的核心命題"物莫非指，而指非指"，"馬之非馬"則概括了《白馬論》的核心命題"白馬非馬"。前者旨在説明"指謂"(第一個"指"，即"名")并不就是所指的物(形)，因此"名"、"形"截然兩分，其理論基礎是"唯謂無名"。[1] 後者闡述了："馬者，所以命形也；白者，所以命色也。命色形，非命形也。故曰：白馬非馬。"旨在説明"形色"之不相容。這兩個命題都挑戰了當時的"形名"相耦原則。簡單地説，"白馬非馬"表明了色、形的割裂，色、形所緣的視覺同樣也被割裂，和《白馬論》同樣有名的《堅白論》也通過"堅"(訴諸觸覺)、"白"(訴諸視覺)的割裂闡明了感覺的割裂；更重要的是，訴諸感覺的"形"(包括色、堅性等)的割裂直接引發了"名"的危機，"白馬非馬"即其例。總而言之，《公孫龍子》是從感覺主義角度揭示了"形名"理論的内在矛盾和深刻危機。[2]《莊子》"邏輯學"的主旨在於如何超過"有形有名"而趨近"無形無名"，從"無形無名"的高度看，"有形有名"的"物"并無什麼分別，更不能拘執於知、言、形、名的分別，在這種意義上，莊子説："呼我牛也而謂之牛，呼我馬也而謂之馬"(《莊子·天道》)，"天地一指也，萬物一馬也"(《莊子·齊物論》)。

《齊物論》下文提到了辯者"可不可，然不然"的説法：

> 惡乎然？然於然。惡乎不然？不然於不然。物固有所然，物固有所可。無物不然，無物不可。

上述説法亦見於《莊子·秋水》《則陽》諸篇。在討論這些問題的時候，《齊物論》提出了一個非常重要的命題——

> 道行之而成，物謂之而然。

"物謂之而然"命題表明了"物"是由名言(名謂)建構而成，(由於語言概念與知識理性之間的耦合關係)人們對物的認識也是由名言(概念思維或理性思維)表述的，比如説，依據儒、墨、名家之"物論"，所謂"物理"就是追究一個何以如此之"故"，追究一個"所以然"。相反，名言却不能把握"道"，只能"行其當行，止其當止"、"不知説生，不知惡死"而"不知其所以然而然"。同時"道行之而成"也提示了道家實踐智慧的旨趣。

---

[1] 詳見伍非百《公孫龍子發微》(《中國古名家言》，頁 159)；譚戒甫：《公孫龍子形名發微》，頁 85。

[2] 鄭開：《道家形而上學研究》，宗教文化出版社，2003 年，頁 101—108；《〈公孫龍子·指物論〉繹旨》，載《哲學門》第 19 輯。

"物固有所然,物固有所可",既是常識觀念,也符合形名相耦之舊説;但是,從道的視域來看,則"無物不然,無物不可"。可見,《齊物論》觸及"無名"(即無形無名)的時候,總是反復强調突破形名舊説(形名相耦)的趣向。《齊物論》所要"齊"的"物論",包括儒、墨、名諸家的理論;在《莊子》看來,諸子哲學,尤其是他們的"名學",皆拘執於形名(有形有名)舊説,即如《公孫龍子》之"指非指"、"(白)馬非馬"也是如此。同樣,《齊物論》所要"齊"的"物倫"(《齊物論》思想的另一個方面),也可以歸結爲解構各種耦合關係(基礎當然在於形名耦合),自"有形有名"(形名耦合)觀點看,萬物由於大小、黑白、方圓、彼此、是非……的分別而呈現出林林總總、形形色色的樣態,甚至於"世界上不存在完全相同的兩片樹葉";換一個"看法",從"無形無名"(超於形名相耦關係)的觀點看,萬事物却了無分別,所以《齊物論》説:"舉莛與楹,厲與西施,恢詭憰怪,道通爲一。"請注意上句中的兩個"與"字,訓"比",即"相耦"、"相敵"的意思,和"道樞"("環中")、"喪耦"正相反。這樣看來,《齊物論》的思想邏輯井然有序:知與言、言與辯、是與非、彼與是、好與惡、美與醜之間都具有相互對待、交互涉入的關係,這些關係是我們理解"物的世界",獲取經驗性知識的基礎;而"喪耦"、"天籟"、"環中"、"道樞"、"天倪"、"以明"、"葆光"和"物化"(以及郭象提煉出來的"無待")諸觀念都可以從超於物的世界、超於形名耦合、不落言詮的角度予以理解和把握。

　　莊子還從"名學"角度批判了楊朱,把他和儒、墨、惠施、公孫龍并列起來,加以批判(《莊子·徐無鬼》)。考《列子·楊朱篇》記載楊朱關於"名"的幾個命題:

　　　　實無名,名無實。名者,僞而已矣。

　　　　名乃苦其身,燋其心。

　　　　名者固非實之所取也……實者固非名之所與也。

　　　　名者,實之賓。

　　從表面上看,楊朱的説法近於老子"名與身孰親?"而且還引用了《莊子》"名者,實之賓"的話,但是楊朱所説的"名"不過是聲名,社會符號而已。那麼,他所説的"實"又是指什麼呢? 其實就是人所生而固有的自然屬性,即楊朱所謂"性"(後世所謂"情")或者"欲"。楊朱認爲,人生短暫,應該及時行樂,而不應追求"一時之虛譽";"名"這樣訴諸社會(外在)的評價與認同没有什麼意義,不過是"重囚累告"而已。顯然這種觀點與道家反對儒家的理由如出一轍,但這并不是混同二者的理由。[1]《列子·楊朱篇》曰:

　　　　故從心而動,不違自然所好,當身之娛非所去也,故不爲名所勸。從性而遊,

------

[1]　胡適亦將楊朱"名學"概括爲"無名主義",實際上,楊朱所説的"無名"與老莊所倡言的"無名"根本不同,不能不辨。

不逆萬物所好,死後之名非所取也,故不爲刑所及。

上面的話似乎近於莊子所説的“爲善無近名,爲惡無近刑”(語見《莊子・養生主》)。但是,上面所説的“性”其實就是“情”或者“欲”;不同于老、莊所稱道的“無欲之樸”:“鎮之以無名之樸,無名之樸,亦將不欲”(《老子》第 37 章),“同乎無欲,是謂素樸,素樸而民性得矣”(《莊子・馬蹄》)。這樣看來,楊朱與老莊的差異集中體現在他們各自對“名”、“實”理解的不同上。楊朱所謂“名”指外在的聲名,“實”指與生俱來的感性欲望。

綜上所述,《莊子・齊物論》眼裏的諸家“物論”,都不免拘執於“物”。惠施“厤物之意”,專注於“物”(物理);宋、尹“接萬物以別宥爲始”,田、慎“齊萬物以爲首(道)”、“趣物”,所以説他們仍然徘徊於“道”的門外;《公孫龍子》的思想特徵和傾向,似乎可以定性地理解爲“感覺主義”,因而其説糾纏形(物)、名(謂)而不能自休;對此,《莊子》一針見血地指出:

> 知士無思慮之變而不樂,辯士無談説之序則不樂,察士無淩誶之事(辭)則不樂,皆囿於物者也。(《徐無鬼》)

這個“皆囿於物”的判斷同樣也適用於儒、墨,因爲兩家“是非之辯”表達了建構於其中的“名”(制度和語言),而“名”出於“分”,取出於“心生分別”。在道家看來,儒墨兩家同樣“囿於物”,比如説儒家所説的制度意味的“名”(其實就是“形”)出於語言意味的“名”的建構,而在莊子那裏,“物”即“形”、“形”即“物”,[1]因此儒家之學亦不過是“物論”;即便是仁義不可得而見,但它們仍然“并有形跡”。[2]根據“形名”理論,仁義終究是形下之“物”,却非形上之“道”。

莊子思辨的邏輯性在於它將“形”、“名”、“知”聯繫於“物的世界”,將“無形”、“無名”、“無知”聯繫於“道的真理”。《齊物論》很好體現了這種思想邏輯,同時也展現了道家名學的特質。《莊子・齊物論》中“形名”理論和知識論是緊密聯繫在一起的,而作爲《莊子》邏輯學特色的“無名”理論亦對應於“無知”理論。這就使得道家名學很不同於諸子百家的思想邏輯,亦迥異於古希臘哲學中的、發源于 logos 傳統的邏輯學。《齊物論》“齧缺問乎王倪”的故事,究竟意味著什麼呢?

> 齧缺問于王倪曰:“子知物之所同是乎?”
>
> 曰:“吾惡乎知之!”

---

[1] 侯外廬:《中國思想通史》第一卷,頁 329。

[2] 例如《莊子》以“六經”爲“先王之陳跡”,而不是其“所以跡”,正如“跡”是“履之所出”而究非“履”(《天運篇》);又把“仁義”等同於“偽”,郭象《注》曰:“仁義有形,固偽形必作。”成玄英《疏》曰:“仁義二塗,并有形跡。”仁義之所以“有形”,是因爲其“有名”。

　　"子知子之所不知邪?"

　　曰:"吾惡乎知之!"

　　"然則物無知邪?"

　　曰:"吾惡乎知之! 雖然,嘗試言之。庸詎知吾所謂知之非不知邪? 庸詎知吾所謂不知之非知邪? ……自我觀之,仁義之端,是非之途,樊然淆亂,吾惡能知其辯?"

　　齧缺曰:"子不知利害,則至人固不知利害乎?"

　　王倪曰:"至人神矣! 大澤焚而不能熱,河漢沍而不能寒,疾雷破山、飄風振海而不能驚。若然者,乘雲氣,騎日月,而游乎四海之外。死生無變於己,而況利害之端乎!"

這就是著名的"四問而四不知"(《莊子·知北游》繼承了這裏的思想)。這是一種卓爾不群的邏輯學,也是一種獨樹一幟的知識論。《莊子》自覺將自身語言特色總結爲三點,即三種語言:"寓言"、"重言"和"卮言"。[1] 這段話雖然可以看作是"寓言"的體裁,但其末尾,卻顯然屬於"卮言"——與其說是邏各斯(logos),還不如說是秘索思(muthos)。進一步的分析表明,《莊子·齊物論》在這裏話鋒一轉,使用了"卮言"并非偶然,其目的是將邏輯學和知識論的問題延伸到心性論和精神哲學的層面進行深化討論。《齊物論》既曰:

　　至人神矣! 大澤焚而不能熱,河漢沍不能寒,疾雷破山、飄風振海而不能驚,若然者,乘雲氣,騎日月,而游于四海之外,死生無變乎己,而況利害之端乎?

接著又借瞿鵲子與長梧子的對話,説:

　　旁日月,挾宇宙,爲其脗合,置其滑涽,以隸相尊。衆人役役,聖人愚芚,參萬歲而一成純。萬物盡然,以是相蘊。

其實這暗示了莊子以邏輯學和知識論開始的討論必然將歸於心性論、終於境界説。而《齊物論》篇末以"罔兩問景"和"莊周夢蝶"兩個故事作爲結束,也是有深意的:

　　罔兩問景曰:"曩子行,今子止;曩子坐,今子起;何其無特操與?"景曰:"吾有待而然者邪? 吾所待又有待而然者邪? 吾待蛇蚹蜩翼邪? 惡識所以然! 惡識所以不然!"昔者莊周夢爲蝴蝶,栩栩然蝴蝶也,自喻適志與! 不知周也。俄然覺,則遽遽然周也,不知周之夢爲蝴蝶與,蝴蝶之夢爲周與? 周與蝴蝶,則必有分矣。此之謂物化。

----

[1] 詳見《寓言篇》和《天下篇》的相關論述。

　　這兩個故事又一次觸及了"莫得其偶"和"無待"問題,因而呼應了開篇時提出的"喪耦"和"天籟"問題。"罔兩(影外微影)問景"的故事自然使我們想起《莊子》批判惠施説過的話:"形與影競走",這是比喻(感覺和理智所産生的)"知"追逐於"物",好像飛鳥不可能超過自己的影子一樣。用上面的話説,就是"知"有待於"物",或者説"知"、"物"相耦;《莊子》説:"夫知有所待而後當,其所待者,特未定也"(《大宗師》),換言之,"知"有所待意味著它不能不訴諸物件,在與物件間的相耦關係中建構自身。形與影,知與物,蛇與蚹,蜩與翼,皆彼此對待、彼此相耦,即彼此間形成了無往不復的環狀鏈條,但是"道樞"却不在這個鏈條上,更不是鏈條上的某個環節,而是"得其環中"。"得其環中"意味著從"有待"的耦合鏈中解脱出來,用郭象的話説就是"無待"。什麼是"無待"? 換個孟浪的説法,就是"無足行"、"無翼飛"。[1] 從知識論上説,作爲"無待"方式的"以明"、"葆光"和"兩行"超越了"知"、"物"相耦,超越了物件性思維(主客兩分)和概念性思維(名言),從而達到了某種自反性即内向性的體證,也就是説它以體認自身爲目的,内斂且反求諸己;而不是追逐於外物,形與影競走。"莊周夢蝶"故事所提示的"物化"則加深了忘我無待的思想,而拆除主客間的藩籬是它的主旨。

　　這樣看來,道家名學的理論形態和具體内容都不同於西方哲學自古希臘以來的邏輯學(logic),例如亞里士多德的邏輯學。其間的區別是如此的明顯,差異是如此的巨大,以至於我一直猶疑於這樣一個問題: 將道家名學的部分内容比擬於"邏輯學"是否也是一個邏輯錯誤? 經過考慮,我以爲正面推進莊子哲學和古希臘哲學之間的對話與切磋也許更有意義,爲此我不惜冒著削足適履、緣木求魚的危險,試圖將《莊子》思想中特具邏輯性的部分以及體現其思想邏輯的部分——即集中反映於道家名學理論的部分的内容,納入到"邏輯學"的名目下進行討論,其目的當然不是按照古希臘以來的西方邏輯學的"圖"在《莊子》裏尋找"驥",而是希望能通過這樣的方式,呈現《莊子》思想的部分特徵,更希望"抛磚引玉",引起更進一步的討論,以促進中西方哲學間的深入會通。

五　道與言: 哲學真理能否訴諸語言表達和傳達?

　　比較而言,西方人似乎對語言抱有某種本能的信仰,他們認爲邏輯和形而上學的基礎就是語言,信賴語言可以表達世界的本質(例如古希臘);同時,還認爲語言可以表達社會秩序和法律,信任訴諸語言的法律是確實可靠的(例如古羅馬);更有甚者,"名"竟然能夠趨向於實在或實存,例如各種各樣的唯名論。道家則在政治和哲學兩

[1] 《莊子・秋水》:"彼以衆足行,此以無足行。"(《莊子・秋水》:"蚿謂蛇曰:'吾以衆足行,而不及子之無足'",言及"以衆足行"和"以無足行"。)《人間世》:"聞有以翼飛者矣,未聞以無翼飛者也。"

個方面,皆具有某種反語言的傾向,這就是無名學説的部分本質。更重要的是,這種傾向直接導致了中國和西方在邏輯理論上的分歧,道家名學之所以不同於西方邏輯學以此。

道家名學之所以具有如此這般的特異形態,最重要的原因是:"道"、"物"分立是其出發點;比起關注物理學所追尋的事物的因果規律來,老莊可能更重視探討幾乎無限複雜的、玄遠微眇的"道的真理";比起古希臘哲學重視邏各斯(logos)的傳統來,道家的無名理論似乎逸出了邏輯學(logic)之外。我們知道,古希臘哲學邏各斯(logos)傳統亦與語言問題交涉甚深,由此而來的所謂本體論(ontology)亦以此爲基礎,晚近西方哲學熱衷於語言分析,可謂其來有自。然而,老莊道家倡言的"無名論"却與之不同。可見,很多研究者喜歡把"道"比擬爲"logos",或者更進一步把"道"的概念與"存在"(to on 或者 to be)概念相提并論,都未免似是而非。像這樣的問題,我們還將深入而詳細地討論,現在轉而探討語言層面的問題,即"道"與"言"關係脈絡中的各種問題。還是圍繞著《老子》第 1 章展開討論吧,因爲它集中體現了"道"與"言"(名)之間的張力,耐人尋味。歷代注家均重視對它的解釋和闡發,晚近以來的研究亦不曾寂寞,[1]

《老子》第 1 章首句:"道可道非常道,名可名非常名。"出現於這句話中的三個"道"字,含義不同: 第一、三個"道"指的是老子所稱的最高哲學概念,不過第三個"道"應指"常道"(連讀而不可割裂);第二個"道"指言説,亦即日常語言的含義。古希臘哲學中的 logos,兼具言語、原則、規律諸般含義,故不少學者以爲老子所謂"道",近乎古希臘的邏各斯。這句話的主旨是什麼? 顯然應該試圖闡明"道"與"名"(名言)的問題。這個問題何以如此重要,以至於《老子》開篇伊始,即首先集中討論它呢? 原因之一就是,這一問題乃進入哲學反思的門檻兒。自然哲學針對最高、最終的原因、元素、本體的追尋,畢竟有這樣那樣的局限性,克服諸般局限性,必須從日用倫常和日常語言(因爲其背後隱含了一種文化制度機制)中脱穎而出,即針對名言及其局限性予以反思。

所謂"名可名,非常名"句,針對性很强,即對於"道"而言,"名""字"僅僅是指示性符號,提示性的標識,而絕不涉及一般意義上的"名"所匹配、所要求訴諸的"實",也就是説,"道"不是"實",不是"物",因而從根本上來説是"不可名"、"不可道"的。這一點意義不容小覷。西方哲學中的 Being(舊譯存在)可以而且不能不出現於語言之中,而且趨向於實在(例如亞里士多德的實體概念),然而道家所謂"道"却絕非什麼"實體","道"的非實體性十分明確。另外,細酌之,前句"道可道非常道"和後句"名可名非常名",并不是并列的關係,而是轉進的關係: 作爲動詞的"道"(前句第二個"道"字),僅

---

[1] 例如許抗生:《再解〈老子〉第一章》,《道家文化研究》第 15 輯;鄭開:《〈老子〉第一章劄記》,《清華大學學報》(哲社版)2008 年第 1 期。

止日常語言、言語而已,而後句的"名"則顯然進入了反思的範疇,因爲它涉及了哲學概念意義上的"名",同時還兼具了政治意味。由日常語義中的"道"(言語、言説)轉進到"名相"、"名言"層面的反思性論説,十分重要,亦很能代表老子哲學思維的特點,這也是爲什麼《老子》開卷伊始就點出了這一問題的緣故。

而且,這對於道家理論而言,更具重要性。因爲老子是歷史上從哲學上自覺闡明語言的局限性之第一人,道家哲學因而具有了質疑名言能否闡明究極真理或最高原則(或者實體)的特色。老子提出了以下具體的説法:

> 道隱無名。(第41章,另外參考首章"無名")
> 道常無名。(第32、37章,第37章見帛書甲乙本,作"道恒無名",通行本作"道常無爲")
> 繩繩兮不可名。(第14章)

這裏面隱含了一個語言自反性所引起的邏輯矛盾:"無名"其實也是一種"名",只不過它是一種特殊意義上的"名",比如説"未名"就是"未名湖"的"名"。所以老子説,對於"道"來説,雖然"吾不知其名",儘管"繩繩兮不可名",但仍可能"强字之曰道"(第25章)。後來的《莊子》、《尹文子》諸書,頗能發揮此意,如曰:

> 大道不稱。(《莊子・齊物論》)
> 大道無形,稱器有名。(《尹文子・大道上》)

可見,老子認爲,"道"作爲究極概念(最高本體、最高概念和最高原則),從根本上來説,是不可道,不可名的,換言之,就是名言(由於自身的局限性)不能、不足以描摹、形容、闡明和論述"道"。由此可見,"道"與"言"的關係及其間的張力,是老子《道德經》語言哲學的核心問題。老子認爲,道不可言,言不及道,名言與道之間是相離、相悖的關係。闡發深化老子思想的莊子説:

> 道不可聞,聞而非也;道不可見,見而非也;道不可言,言而非也。知形形之不形乎! 道不當名。(《莊子・知北遊》)
> 夫大道不稱,大辯不言……道昭而不道,言辯而不及。(《莊子・齊物論》)

道不可言,言不及道,倘若"道"一旦被"道"(言説)出,"道"便不再是(那個無名的)"道"了。老、莊之"道"之所以不可"道",不可"言",一方面是由"道"的特性決定的,另一方面則是由"名"的特性決定的,因爲"名"(言)訴諸人爲而"道"純乎自然。換言之,如果説道自然無爲,混成無形,名則是人爲的造作,是有形的區分。莊子更進一步論證了這一點,他説"道未始有封,言未始有常"(《齊物論》),企圖論證道是無限的(無畛域)而物是有限的。可見"物"都是可名、可道、可言的,獨"道"不然。這樣看來,道家哲學中"道與名言"的關係之中隱含了道物、有無諸問題,值得深思。爲此,我們需要詳盡而深入地討論一下"道"與"名"(言)之間的關係問題。

《老子》第1章接下來的兩句是:

> 無名天地(簡帛諸本作萬物)之始,有名萬物之母。

王弼《注》很有意思。他熱衷於從始終角度分析問題,將"無名"理解爲"未形無名之時","有名"解釋成"及其有形有名之時"。是不是可以説,王弼所理解的老子,似乎具有很深刻的宇宙論意味?但我們現在更清楚了,《老子》闡述道物關係,除了宇宙創化論理論模式之外,還有另外的嘗試和努力。[1] 問題在於,既然説"有名萬物之母",那麼"名"的重要意義就毋庸置疑了。老子既説"有名萬物之母",又説"始制有名",清楚明白地表達了這樣的觀點:如果没有"名言"(命名抑或語言),宇宙萬物以及自我都會陷溺於黑暗之中;换言之,只有訴諸"名言",才能照亮萬事萬物以及自我,使它們進入人的認識,成爲可知覺、可思考的東西;也就是説,出現於思想世界中的物和我皆由"名"建構起來,還可以説,思想世界本身亦訴諸名言的建構作用。這一點對於大多數西方哲學家和先秦諸子來説,幾乎不言而喻。老子真正具有創造性意義的思考在於:道或者説道德真理是可言詮可思考的呢,還是相反?我們不妨從兩個方面進行分析:首先,"道"同樣訴諸名言出現於思想世界之中,倘若決絶地排斥名言的話,"道"則無由被表達、被提示,從而没辦法呈現,那就是一個完全的空虛、純粹的零。實際上,老莊善於運用特殊的語言方式,提示和指點道的真理,比如説,老子曾説"强名之曰道","字之曰道"等等,并没有斷然否認名言可以提示"道";即便是作爲道的本質特點的"無名",它本身也還是一種特使意義上的"名"嘛。同時,我們還應該指出,"道"只能出現於思想世界之中,因爲在現象界(自然和社會)或者説"物的世界"裏我們找不到它,仿佛數學上的"零"(0不是一個自然數)。其次,更關鍵的是,"道"出現於思想世界却又逸出了思想世界,正如它不能不訴諸名言却終究超絶名象、不落言詮。從有名與無名之間的張力分析"道",加深了我們對其非實體性的理解,同時也使道物關係變得深閎而肆。道的真理之所以超逸於思想世界,因爲它推拓出了新的、更高層次的"世界",那就是精神境界。如此看來,道高物外的精神境界超然於思想世界之上,而道的非實體性就意味著道的真理和精神境界的非物質化。這種觀點是不是很斬截、很超然、很高邁?

最後,我們打算從更廣的視野,不僅僅限於邏輯和語言的角度,對道與言之間關係予以討論。葉維廉反復指出,道家一開始就對語言有前瞻性的見解,其"無言獨化"的知識觀念和語言策略,"觸及根源性的一種前瞻精神,最能發揮英文字 radical 的雙

---

[1] 鄭開:《試論老莊哲學中的"德"》,《湖南大學學報》(社科)2016年第4期(第30卷)。

重意義,其一是激發根源問題的思索從而打開物物無礙的境界,其二是提供激進前衛的顛覆性的語言策略"。這裏提到的"激進前衛的顛覆性的語言策略",可謂老莊論説的慣技,比如説時常攻人未防的驚人的話語和故事,特異性的邏輯和戲謔性語調,模棱兩可的詞句和吊詭矛盾的表述。[1] 葉氏的見解是很有啟發性的。

　　葉氏還説,道家洞見到語言與權力的隱秘勾連,乃人性危殆和人性異化的根源。老子"無名"針對西周以來的名制而發,也就是説,訴諸君臣、父子、夫婦的封建宗法結構體系,特權的分封,尊卑關係的設定,名教或禮教的創建,"完全是爲了某種政治利益而發明,是一種語言的建構","老子從名的框限中看出語言的危險性。語言的體制和政治的體制是互爲表裏的。道家對語言的質疑,對語言與權力關係的重新考慮,完全是出自這種人性危機的警覺。所以説,道家精神的投向,既是美學的也是政治的。政治上,他們要破解封建制度下圈定的'道'(王道、天道)和名制下種種不同的語言建構,好讓被壓抑、逐離、隔絕的自然體(天賦的本能本樣)的其他記憶復蘇,引向全面人性、整體生命的收復。道家無形中提供了另一種語言的操作,來解除語言暴虐的框限;道家(或有道家胸襟的人)通過語言的操作'顛覆'權力宰製下刻印在我們心中的框架并將之爆破,還給我們一種若即若離若虛若實活潑潑的契道空間。……從這個觀點,我們就可以瞭解到道家美學爲什麼要訴諸'以物觀物',爲什麼中國山水畫中都自由無礙地讓觀者同時浮游在鳥瞰、騰空平視、地面平視、仰視等角度,不鎖定在一種透視不限死在一種距離,引發一種自由浮動的印記活動,爲什麼文言詩中用一種靈活語法,跳脱大部分語言中定向定義的指義元素,讓字與讀者之間建立一種自由的關係,讀者在字與字之間保持一種'若即若離'的解讀活動……中國古典詩在并置物象、事件和(語言有時不得不圈出的)意義之'間',留出一個空隙,一種空,想像活動展張的空間,讓我們在物物之間來來回回,冥思靜聽,像在中國山水畫前景後景之間的空靈雲霧,虛虛實實地,把我們平常的距離感消解了,在空的'環中',冥思萬象,接受多層經驗面感受面的交參競躍而觸發語言框限之外、指義之外、定距的透視之外更大的整體自然生命的活動"。當老子説出"上德不德"、"大巧若拙"以及"絕聖棄智"、"絕學無憂"的時候,他希圖透過這種似是而非的反邏輯、模棱兩可的詞語和表述,突破語言固有的語義的閾限,提示某種超乎語言概念的哲學沉思。[2]

　　更重要的是,道家借助這樣的語言策略,提示了一種逆向思維,老子説:"正言若反"(第 78 章),又説:"反者道之動"(第 40 章),這裏所説的"反"字,包含兩層意思:相反與反(返)回。錢鍾書説:"'反'有兩義。一者,正反之反,違反也;二,往反(返)之反,

---

[1] 葉維廉:《道家美學與西方文化》,北京大學出版社,2002 年,頁 95;另外可以參考葉維廉:《言無言:道家知識論》,載氏著《中國詩學》,三聯書店,1992 年。
[2] 葉維廉:《道家美學與西方文化》,頁 96—98、100。

回反(返)也……老子之'反'融貫兩義,即正反而合。"[1] "正言若反"乃是老子"顛覆語言"的招數或策略。更值得玩味的却是,"反"="無"(例如:無知、無爲、無名、無形、無物、無欲等)還提示了某種非同尋常的思維模式或思想方法,即"負的方法"(馮友蘭),或"負面的建構"、"負面的超越"(葉維廉)。[2]

反思是哲學的特質。最初的中國哲學的創造性活動之迸發,亦源於對"名"的反思,而這種對"名"的反思首先體現於對語言與思想之間張力的自覺省察。事實上,《老子》和《莊子》都具有鮮明的語言特色。仿佛柏拉圖的《泰阿泰德》被稱爲"宇宙詩"一樣,《老子》被稱爲"哲學詩";然而,《老子》之爲"哲學詩"并不能僅僅歸結爲韻文體裁而已,還應該從"詩"、"史"這樣的古代文體如何確切地表述哲學的深邃思考這一角度推敲。[3] 換言之,《老子》、《莊子》的語言特色也許出乎偶然因素(例如個人的興趣與偏好或者一時興起),更具有某種必然性,特別是《莊子》,已經具有了某種"文學的自覺"。[4] 實際上,《莊子》亦確曾這樣自述其語言特點曰:

> 以謬悠之說,荒唐之言,無端崖之辭,時恣縱而不儻,不以觭見之也。以天下爲沉濁,不可與莊語;以巵言爲曼衍,以重言爲真,以寓言爲廣。獨與天地精神往來,而不敖倪於萬物,不譴是非,以與世俗處。其書雖瑰瑋而連犿無傷也,其辭雖參差而諔詭可觀。(《莊子·天下篇》)

司馬遷曾評價莊子的文辭說,"善屬書離辭,指事類情,用剽剝儒、墨",又說:"其言洸洋自恣以適己。"(《史記·老子韓非列傳》)楊升庵曰:"莊子書恢諧佚宕於《六經》之外,殆鬼神于文者乎?"(《藏雲山房老莊偶談録》所附"雜說")皆比較吻合於《莊子》的自我評價,也比較符合我們閲讀《莊子》的經驗。值得注意的是,《莊子》提到了三種"言"——即"寓言"、"巵言"和"重言"這三種語言方式——可以說是《莊子》的主要體裁或寫作方法。"寓言",根據劉向《別録》和《史記索隱》推斷,可能就是一種特殊的、略不同于柏拉圖的"對話體";"巵言",按諸《莊子》本文,就是指《莊子》中獨特的文學語言,它充分體現了莊子的文字風格和思想特點;[5] "重言",含義不詳,可能就是莊子中的那些借重於歷史人物和寓言人物所闡述的"正面命題或問題",所謂"重言爲真(純粹的意思)"。然而,《莊子》所說的三種"言",我認爲,還應該從道家經常談論的"道"與"言"的關係中去理解(晚近的海德格爾後期思考與著述可以說是重新啓動了

---

[1]　錢鍾書:《管錐篇》(第二册),中華書局,1979年,頁444—445。

[2]　葉維廉:前揭書,頁102。

[3]　蒙文通:《周代學術發展論略》,載《古學甄微》,成都:巴蜀書社,1987年,頁1—17。

[4]　聞一多說:"他(莊子)的文字不僅是表現他思想的工具,似乎也是一種目的。"(聞一多:《古典新義·莊子》,載《聞一多全集》第二卷,三聯書店,1982年,頁283)也就是說,在莊子那裏,偉大的文學和偉大的哲學不分彼此。

[5]　王雱曰:"巵言,不一之言也。言之不一,則動而愈出,故曰'日出'。言不一而出之必有本,故曰'和以天倪'。天倪,自然之妙本也。言有其本,則應變而無極,故曰'因以曼衍。'"(《南華真經拾遺》)可備參考。

這一問題）。老子既説："道可道，非常道；名可名，非常名。"莊子也把"言"與"意"，比喻爲"筌"與"魚"（《莊子·外物》末句）。如果説"寓言"僅僅是一種特殊的對話體裁或文字組織形式的話，[1]那麼"重言"和"卮言"恰恰反映了"道"與"言"之間的張力："重言"反映了"道的真理"不能不訴諸語言；"卮言"則旨在突破語言的閾限，以藝術方式消解並且超越了日常語言，這也許就是《莊子》想像奇特、自由奔放、卓爾不群的原因之一吧。

　　老莊造論"無名"，思想内涵極爲豐富，歷史影響極爲深遠。我們這裏集中討論了道家哲學中"道"與"言"之間的張力，《老子》詩意的叙説，《莊子》自覺運用的"卮言"，其實都是藉以提示、説明形而上的"道的真理"的哲學語言！這種特殊的哲學語言與日常語言的區別在於：前者言及於道，而後者言及於物。至於道家"無名論"中藴含的其它思想，例如政治社會理論及審美觀點等，兹不具論了。[2]從歷史影響上看，王弼所以能夠發揮"天地萬物以無爲本"的玄學思想，與他自覺運用"得意忘言（象）"的玄學方法論分不開。佛教（特别是禪宗）主張超絶名相、不落言詮，主張"最高的真理居於名詞和思想的形式之上，不能被表述，却可被領悟"。[3]這一觀點當然能與道家名學特别是"無名論"相互印證。我們知道，西方哲學自古希臘以來，一直延續著主客兩分和原子／個人主義思想之傳統，其中，理論上最爲核心的東西就是基於邏輯主義和知識論的本體論，而對語言有依賴抑或信仰幾乎就是西方思想傳統的最重要的基礎。比較起來，中國古典哲學（由於老子以來道家的獨特貢獻）非常强調超絶名言的"無名論"，正與西方哲學相映成趣。[4]雖然古希臘哲學已經觸及到了"思維（語言）與存在之間的統一性問題"，但是，現代哲人海德格爾等人由於獨特的洞見，深刻質疑了西方"邏輯——語言中心主義"的思想傳統，還引發了他對老子思想的强烈興趣，這一切難道是出乎偶然的麼？以此觀之，道家的智慧，可謂"深矣遠矣，與物反矣"。

"Names Come to Be as Regulations are Made" and "The Dao is Hidden and Nameless." — A New Thesis on the Daoist Study of Names.

Zheng Kai

Abstract：The Daoist study of names comprises a complex theoretical structure

［1］注意這種體裁或叙述方式與歷史纂述迥然不同。
［2］鄭開：《道家"名學"鉤沉》，載《哲學門》第十一輯。
［3］徐梵澄：《筆論序》，《古典重温》，北京大學出版社，2007年，頁112。
［4］鄭開：《道家形而上學研究》，宗教文化出版社，2003年，頁43—49；以及前揭文《道家"名學"鉤沉》。

that involves insights ranging from logic, epistemology, ethics, political philosophy, to the theory of heart-mind nature. It also employs a rigorously logical system of thought, graspable by an analysis of the tension between Name(有名) and Nameless (無名). Neither logic nor epistemology, as conceived by the western philosophical tradition, cover the scope of philosophical investigation subsumed under the study of names in ancient China, the Daoist study of names included. Instead, the Daoist study of names is adequately explicated and understood only via an multi-faceted investigation that pays attention to "when we start to regulate the world we introduce names(始制有名)", "the Dao is hidden and has no name(道隐无名)", "the creation and development of names", and the tension between the Dao and Discourse.

Keywords: Name, Nameless(無名), the Construction of Names, the Dao and Discourse.

鄭開,北京大學哲學系教授,zhengkai@pku.edu.cn

作爲方法的正名

——研究孔子正名思想的基本思路 *

苟東鋒

【提　要】孔子的正名實際上有兩重内涵：一種是以《論語》正名章爲經典表達的作爲政治思想的正名，另一種是體現在整個孔子思想中的作爲思想方法的正名。其中，後一種意義的正名往往爲人所忽略，却是最爲重要的。因爲作爲方法的正名意味著孔子及儒家是因對"名"的正面肯定的立場而區别于諸子并建立了其自身，以此來看，"名"這個極具中國語言和文化特色的術語似乎可以作爲先秦諸子乃至中國哲學的"底本"。以"名"爲"底本"進行的中國哲學的研究應當屬於一種"新名學"，這種"新名學"既從本質上區别於以 Being 爲"底本"的西方哲學，又能與西方哲學進行某種實質性的溝通。

【關鍵詞】正名　方法　底本　新名學　哲學　中國哲學

從表現上看，哲學史無非是各種理論的集合，因此，哲學史研究的首要任務就是如何處理這些理論。就此而言，馮契先生"化理論爲方法"的垂訓，或許可資參考。這句話，在馮先生自然有其具體所指，[1]但也昭示了一個一般原則：一種好的理論同時應當具備方法的内涵。這個原則可以作爲哲學史研究的一個指南，在哲學史上紛繁複雜的各種理論當中，只有那些同時具有方法論性質的理論才真正值得關注。那麼，何謂方法？對於這樣一個宏大得幾乎無人敢下斷言的概念，我依然想下一個斷語：方

＊　本文屬上海市哲學社會科學規劃青年課題《名教思想研究》(2015EZX001)及東南大學"公民道德與社會風尚協同創新中心"研究成果。另，本文在修改過程中得到了匿名評審專家的寶貴意見，僅此致謝。

［1］馮契先生所講的方法與理論的關係有各種不同層面。他説："要把哲學理論化爲自己的研究方法。任何學術研究都要有方法才行，哲學也不例外，要有區别的話，也只是説哲學家在方法論上有更大的自覺性。"(馮契：《馮契文集·第九卷》，華東師範大學出版社，1996 年，頁 567。這是説方法有哲學的方法，也有一般學科的方法。不過，馮先生又言："就'化理論爲方法'説，我主要運用辯證法於中國哲學史研究，貫徹了'哲學是哲學史的總結，哲學史是哲學的展開'的觀點。"(馮契：《〈智慧説三篇〉導論·馮契文集·第一卷》，華東師範大學出版社，1996 年，頁 20。這是説，就哲學研究的方法而言，他自己採取的則是"辯證法"。如果將這三個層面歸結起來，竊以爲，馮先生無非是表明具有方法意義的理論，或具有理論意義的方法才是好的。

法就是通達目的的途徑。如果此言成立,那麼哲學史研究的重心應該就是尋找那些使概念成其爲概念的理論。比如,什麼使得孔子成其爲孔子?什麼使得儒家成其爲儒家?什麼使得中國哲學成其爲中國哲學?什麼使得哲學成其爲哲學?筆者關於孔子正名的研究正是在這一思路的導引下完成的。

一、中國哲學的底本

三百多年前,當方以智通過來華傳教士初步接觸到西方哲學,他便從漢字中拈出"通幾"二字翻譯之,并做了如下解釋:"通觀天地,天地一物也,推而至於不可知,轉以可知者攝之。以費知隱,重玄一實,是物物神神之深幾也,寂感之蘊,深究其所自來,是曰通幾。"[1]這顯然不是單純意義的翻譯之事,而是一種深層意義的"格義"之事。在方以智看來,"通幾"乃是中西文化的共義,其基本特徵就在於"以費知隱",亦即從有形進入無形,藉有名進入無名,由可知進入不可知。無形、無名和不可知的領域,方以智以《易傳》中極富中國文化特色的"幾"字加以描述,因而哲學即爲"通幾"之學。[2]方以智對哲學的理解,質諸三百多年來中西哲學家關於哲學的各種界定,也不會有大的爭議。問題在於,如果在"哲學"前面加上"中國"或"西方"的限定詞,又是什麼意思呢?

一般而言,"中國"和"西方"屬於文化的範疇,所以,至少就字面意思來講,中國哲學應是中國文化中的哲學,西方哲學則是西方文化中的哲學。[3] 以此來看,如果我們要尋找中國哲學或西方哲學各自的方法,也就是那使得中西哲學各自成其爲自身者,就必須從中西方各自的文化中去尋找。於是就說到文化這個大詞了,文化遵循特殊性的原則,至於普遍性,則由文明一詞承擔,因此,文化主要是異同之分,文明則有高低之別。由此可見,從文化中尋找中西哲學各自的方法,實際上就是尋找某種具有可比性的特殊之處。而文化的特殊性隱藏在何處?或曰:藏于特有的思維方式中。思維方式呢?不管怎樣,一種文化的思維方式都與作爲那種文化的載體的語言密切

[1] 方以智:《物理小識》,商務印書館,1937年,頁3。
[2] 值得注意的是,儘管方以智的"通幾"關注的是"不可知"的領域,但他却強調"轉以可知者攝之",這說明方以智依然是一個可知論者,這種理性的思維正是哲學之所以能夠自立的重要標誌。
[3] 1930年,金嶽霖在馮友蘭《中國哲學史》上册的《審查報告》中提出:"所謂中國哲學史是中國哲學的史呢?還是在中國的哲學史呢?"這是中國哲學合法性問題的經典表述,亦即中國哲學所包含的民族性與現代性的矛盾。愚意以爲,關於中國哲學合法性的問題,與其通過將"中國"界定爲文化抑或空間概念來呈現其民族性和現代性的矛盾,不如將"中國"界定爲文化概念,將"哲學"理解爲超文化概念,這樣中國哲學中的"中國"就體現了文化性,也就是民族性和特殊性的一面,而"哲學"則體現了超文化性,也就是現代性和普遍性的一面。實際上,金嶽霖本人後來就將"中國"理解爲文化而非空間概念,這一點從他後來寫成的《中國哲學》和《知識論》中都可以看出來。相關的史料和問題的討論可參見陳衛平:《金嶽霖問題與中國哲學史學科獨立性的探求》,《學術月刊》2005年第11期。

相關。如果這套推論不錯,那麼尋找中西哲學方法論的任務就變成了,在中西方各自的哲學理論中尋找某種與語言密切相關的理論,并且可想而知,這種理論必定處於中西哲學各自的核心并能一以貫之。

這條脈絡,至少在西方文化中還是很清楚的。如所周知,西方的語言及文化中有所謂 Being(存在、是、有、存有)問題,由此便生出一門以之爲研究對象的學説,Ontology(存在論、存有論、本體論)。沿著這個方向來看,Being as Being 的問題最爲根本,於是又產生了以此問題爲關注對象的一門學問,Metaphysics(形上學、第一哲學、物理學之後)。西方哲學最重要的概念,比如理念、邏輯、範疇、概念、本體、本質、形式、内容、真理等都與 Being 不可分割,而西方自古及今的哲學派別或哲學家都因對 Being 的不同思考而建立其自身。可以説,西方文化及其哲學所關注的核心就是 Being 問題。實際上,這個現象站在西方文化内部倒很難發現,這與氤氲其上的西方語言有關。若跳出這種語言,就很明顯了,因此英國漢學家葛瑞漢説:"西方本體論對於印歐語言中動詞 to be 的諸特性的依賴,對於任何一個能站在印歐語系之外考察問題的人來説,這一點都是十分明顯的。"[1]這種站在語言和文化視角找到的,使得西方哲學成其爲自身者,就是西方哲學的方法。這種文化意義的方法,按照俞宣孟先生的説法,就叫"底本",Being 是西方哲學的底本。[2]

於是,自然生出一個問題:按照西方哲學的底本來研究中國哲學,行不行? 實際上,這已經不再是一個理論問題了,隨著中國現代哲學的建立和發展,一些中國哲學家業已建構出了一些中國形上學的模型。其中,最爲突出的有兩家:一是現代新儒家,以牟宗三先生爲代表的道德形上學;二是源于清華學派的金馮學脈,其最新形態則是以楊國榮先生爲代表的具體形上學。在這兩位學者關於中國哲學的建構中,存在(Being)都佔據著極爲重要的位置。牟宗三先生的道德形上學主要講了兩層存有論,他指出:"西方的存有論大體是從動字'是'或'在'入手,環繞這個動字講出一套道理來即名曰存有論……中國的慧解傳統亦有其存有論,但其存有論不是就存在的物内在地(内指地)分析其存有性,分析其可能性之條件,而是就存在著的物而超越地(外指地)明其所以存在之理。"[3]楊國榮先生的具體形上學也以存在爲中心,他認爲:"作爲存在的理論,形而上學以世界之'在'與人的存在爲思與辨的對象。"[4]如何

[1] 葛瑞漢著,張海晏譯:《論道者:中國古代哲學論辯》,中國社會科學出版社, 2003 年,頁 464。

[2] 俞宣孟:《西方哲學底本中的 Being 問題》,《哲學分析》,2013 年第 2 期。從文化的角度尋找一種使得中西方哲學是其所是者的想法,我是由來已久了,只是一直找不到一個合適的詞,直到讀到俞先生的這篇文章,我才發現我要找的就是"底本"這個詞。俞先生所説的作爲西方哲學底本的 Being,就屬於語言文化的層面,同時它又是西方哲學概念群的核心和根源。這預示著,哲學的底本具有特殊性,在非西方文化中,如果也有某種系統的哲學理論,那麼它的底本或許與 Being 不同。

[3] 牟宗三:《圓善論》,學生書局,1985 年,頁 337。

[4] 楊國榮:《道論‧具體形上學‧引言》,北京大學出版社,2011 年,頁 1。

看待這兩種形上學中的存在(Being)概念呢？在俞宣孟先生看來,這是致命問題,他斷言:"中國哲學和西方哲學是兩個不同的底本,中國學者想必至少近期內還無能力去發展西方哲學,那麼,中國學者只能根據中國哲學的底本去發展中國哲學。"以楊國榮先生爲例,俞先生説:"我感到國榮先生是以西方傳統哲學爲底本,試圖用中國哲學的資源爲西方哲學補罅堵漏。"[1]亦即是用中國哲學的觀念去補充、發展西方哲學。

果真如此嗎？在回應俞宣孟先生的文章中,楊國榮先生做了兩點辨釋:其一,使用西方術語已是現代中國學術的現實形態,"不能因爲運用了現代的哲學術語、概念而判定某種哲學思考以西方哲學爲'底本'"。其二,就自己對存在概念的使用而言,一則它已經不是一個純粹西方哲學的概念了,再則"哲學無法回避存在的問題"。由此,楊先生自白道:"從我自己的哲學思考看,我既無意以西方哲學爲底本、運用中國哲學的資源去克服其中的理論缺陷,也無意走相反之路。"[2]不知道俞先生對這個回應的回應如何,至少我認爲楊國榮先生的這個辯護應該從兩方面理解:一方面,現代中國哲學的理想形態一定是中西會通,而這種形態確實難用"姓中"或"姓西"的簡單思維來判定;另一方面,我們也不能因此就否認在現代中國哲學的建構過程中,存在著"以西補中"和"以中補西"兩條途徑,而這兩條途徑都將通向王國維先生所預言的"學無中西"的未來中國哲學。

基於上述理解,我認爲俞宣孟先生提出的中國哲學底本的問題是有意義的。關於中國哲學的底本,我們可以提出三個基本問題:中國哲學有沒有底本？判定中國哲學底本的標準是什麼？中國哲學的底本是什麼？第一個問題,俞先生明確答道:"中國哲學肯定有自己的底本,它們散見於二千多年的文獻中,等待著我們用今天的眼光把它整理出來。"第二個問題,通過對西方哲學底本的梳理,俞先生提出底本當具三個特徵:"語言的特徵、與語言密切相關的哲學問題的方向和表述方式,以及圍繞著哲學問題的爭論而產生的哲學分支或流派。"可惜的是,關於第三個問題,俞先生并沒有給出個明確答案。不過,他曾有這樣的表述:"這個底本也并不是沒有一點整理過的蹤跡,作爲例子,我覺得宋代周敦頤的《通書》和朱熹的《近思録》就是這種階段性的總結,那應當是對照著與佛學的比較所作出的。"[3]此外,俞先生常以"生存"概念闡釋中國哲學,在楊國榮先生看來,這是"把注重人類生存狀態視爲中國哲學的'底本',以此區别于將 being 作爲底本的西方哲學。"[4]令人困惑的是,不管是《通書》、《近思録》中的術語,抑或是"生存"概念,它們何以作爲中國哲學的底本？是因爲符合從西方哲

[1] 俞宣孟:《西方哲學底本中的 Being 問題》。

[2] 楊國榮:《問題、進路與視域——對相關問題的回應之二》,載何錫蓉主編:《具體形上學的思與辨》,北京大學出版社,2013 年,頁 320。

[3] 俞宣孟:《西方哲學底本中的 Being 問題》。

[4] 楊國榮:《問題、進路與視域——對相關問題的回應之二》。

學的底本所找到的三個特徵嗎？我怎麼看不出來。

　　那麼，若嚴格依照俞宣孟先生提出的三條標準，能否在中國文化的術語家族中找到更合適的中國哲學的底本呢？我認爲是顯而易見的，這個底本就是“名”。[1]

　　首先，從語言的特徵來看。漢語中係詞的作用并不突出，甚至都可以忽略，而名詞則超乎尋常得重要。英國哲學家霍布斯曾經猜測：“但是有些民族，或者説肯定有些民族没有和我們的動詞‘is’相當的字。但他們只用一個名字放在另一個名字後面來構成命題，比如不説‘人是一種有生命的動物’，而説‘人，一種有生命的動物’；因爲這些名詞的這種次序可以充分顯示它們的關係；它們在哲學中是這樣恰當、有用，就好像用‘is’聯結了一樣。”[2]我們不知道霍布斯這裏的有些民族是不是指漢族，但漢語顯然就是如此。用荀子的話來説，這就叫“兼異實之名以論一意也”。（《荀子·正名》）此外，還應注意，古代漢語中的“名”并不局限於現代漢語所謂的名詞，詞、片語、短語、句子以至一篇完整的文章都可以作爲“名”，其意更接近於“言”，即凡所言説者都爲“名”，所謂“名言”是也。[3] 由此可見，如果將係詞做成的概念 being 作爲西方哲學的底本，那麼中國哲學的底本或許就是“名”。

　　其次，與語言密切相關的哲學問題的方向和表述方式。中西哲學在起源處就由於關注問題的方式不同而産生了分歧，而這種分歧與各自的底本密切相關。就西方哲學而言，柏拉圖説：“驚奇（thauma）原是哲學家的標誌，此外哲學別無開端。”[4]西方哲學家對這一點多能領會，因爲整個西方的哲學精神都是由這個起源生發的，海德格爾就在《什麼是哲學》中斷定：“驚奇是開端——它貫通於哲學的每一個步驟中。”[5]沿著這一思考進路，西方人自然就將哲學的重點放在了探討萬物（包括人）之存在以及存在之所以爲存在的問題，并因語言習慣而將存在（Being）看作最爲核心的問題。中國哲學則是另一番情形，中國先哲的思想之覺醒源於驚奇者少，更多地決定於一種憂患。《周易·繫辭下》云：“作《易》者，其有憂患乎？”此處所憂之對象并非針對“自然物”而言，而是指向一種“社會物”。[6] 孔子將之概括爲“憂道”（《論語·衛靈公》），所謂“憂道”就是内憂自己是否得道，外憂天下是否有道。中國的哲學家對這一點也多能領會，例如徐復觀先生就在中西比較的意義上明確提出：

---

[1]　由於中西方語言的差異，中國哲學的底本未必能如西方哲學的底本，有那樣凝聚的作用和鮮明的表現。然而，儘管時隱時現，我們還是能夠從中國的哲學概念中找到一個這樣具有彙聚和統貫作用的底本。

[2]　引自胡適：《先秦名學史》，學林出版社，1983 年，頁 41。

[3]　參見陳常燊：《名學與概念研究——探索一種哲學方法》，《中西哲學論衡（第 2 輯）》，中西書局，2013 年，頁 138。

[4]　柏拉圖：《泰阿泰德篇》，載嚴群：《泰阿泰德智術之師》，商務印書館，1963 年，頁 42。

[5]　海德格爾：《海德格爾選集》，三聯書店，1996 年，頁 603。

[6]　嚴復在翻譯《天演論》時加入了憂患的理解，認爲“有人斯有群矣，有群斯有憂患矣”。這表明在他看來，憂患意識是人在組成社會之後的一種自然的意識，由此可見，憂患的物件更多地指向一種社會之事，這與驚奇所指向的自然之事不同。參見夏乃儒：《中國古代“憂患意識”的産生與發展》，《上海師範大學學報（哲學社會科學版）》1989 年第 3 期。

"一般人說,希臘哲學,發生于對自然的驚異;各種宗教,發生於對天災人禍的恐怖;而中國文化,則發生于對人生責任感的'憂患'。"[1]於是,我們自然看到,中國人將思考的重心放在憂患社會問題,進而放在憂患文化命運上。對於文化的憂患和思考,到了春秋時代就表現爲"禮崩樂壞"或"周文疲弊"的問題。體現在漢語的習慣中,由於"名"在語言結構中的重要作用,所以周代文化、禮樂文化甚至文化本身都可以抽象爲"名"。於是中國哲學的重點,就與如何看待和理解"名"密切相關,一些基本問題,如名實之辯、天人之辯、言意之辯、有無之辯、人禽之辨、心物之辯等都很難脱離"名"的語境。

第三,圍繞著哲學問題的爭論而産生的哲學分支或流派。中國古代各派哲學所求之道,從一定程度而言,都因對"名"的理解和立場的不同而自立。如果我們從文化的本質來理解"名"的話,那麼先秦的幾大學派便可以因對"名"的不同立場而得以區分,質言之,儒家因"正名"而求其道,道家因"無名"而求其道,墨家因"實名"而求其道,名家因"辨名"而求其道,黃老法家之學則因"形名"而求其道。[2]此外,根據筆者的研究,在前孔子時代,"名"就是一個重要話題,人們藉以反省和思考禮樂文化。[3]可以説,正因爲有早期"名"的問題的討論在先,所以才引起了先秦名辯思潮在後。先秦以降的兩千多年間,"名"的討論雖然有所減少,但是"名"的問題并未消失。相反,在儒家成爲治國的指導思想以後,"名"的問題就獲得了"名教"的形式,從而成爲先秦以後思想界的核心問題之一。[4]近代以來,由於"名"的問題與西方的邏輯學和認識論有切近之處,因此,中國古代思想中"名"的問題就獲得了它的現代形式——名學,一直延續至今。可以説,在中國哲學的術語家族中,没有一個像"名"一樣引起了這麼大的紛爭并貫穿了始終。

二、舊名學與新名學

以"名"爲底本進行中國哲學研究,這一研究進路理應歸附在"名學"名下。不過,此前還需要做一些澄清前提和劃清界限的工作,因爲"名學"作爲一個專門術語産生于西學東漸之後,這一特定的背景決定了這個詞的内涵已經偏離了它的字面意思。

[1]　徐復觀:《中國人的生命精神》,華東師範大學出版社,2004年,頁174。
[2]　參見拙文:《從名的角度論先秦諸子的發生——諸子起源研究的一個新路向》,《問學(第1輯)》,生活·讀書·新知三聯書店,2015年,頁169—180。亦可參見丁亮:《論中國名學天命的歷史根源》,《思想與文化(第17輯)》,華東師範大學出版社,2015年,頁74—80。
[3]　參見拙文:《孔子正名思想探源》,《湖南大學學報(社會科學版)》2015年第5期。
[4]　參見拙文:《名教的内在理路——由此而論儒家的價值理想如何落實》,《社會科學》,2015年第12期。

“名學”二字連綴在一起，雖然古已有之，[1]但是今天的學術界一般都在兩種意義下使用：

其一，作爲西方邏輯學(logic)的譯名。將“名”與logic進行對譯，可以追溯到明末李之藻所譯的一本西方邏輯學講義《名理探》(1631年)，“名理”就相當於“名學”。至於以後者翻譯logic，根據汪奠基先生的說法，最早出自道光四年(1824年)樂學溪堂刊行的一本無名氏所譯的《名學類通》。[2]此後，較早使用“名學”指稱logic的是嚴復，嚴氏在1895年所作的《原強》一文中說：“欲治群學，且必先有事于諸學焉，非爲數學、名學，則其心不足以察不遁之理，必然之數……”當是時，其《穆勒名學》(1903年)與《名學淺説》(1909年)的譯作尚未發表，所以，現在已存的最早以“名學”命名的邏輯學譯作，當爲楊蔭杭於1902年在日本出版的《名學》一書。自此以後，以“名學”翻譯logic便成了通行譯法，出現了許多以“名學”爲名的論著，如陳文的《名學釋例》(1910年)、屠孝實的《名學綱要》(1925年)、虞愚的《中國名學》(1936年)等。然而，或許因爲“名學”一詞并不能準確概括logic的内涵，所以到了20世紀40年代，更爲簡單的音譯“邏輯學”被廣泛接受，1949年之後，邏輯學作爲正式的學科名稱被確定下來，沿用至今。[3]

其二，作爲中國古代邏輯學的代稱。邏輯學本是西方傳統學術之一種，西學東入之後，部分中國學人判定，中國古代也有一種與之相通的學説，這種學説通常有一個標誌，即以“名”這個詞的研討爲中心，於是便可稱之爲“名學”(亦稱“名辯之學”)。根據晉榮東教授的考證，最早認定中國有一種與西方邏輯學相通的學説，并將其稱爲“名學”的人大概在劉師培與王國維之間，劉氏在1905年的《論理學史序》中説：“若名家者流，則有托恢誕以飾詭詞，不明解字析詞之用，遂使因明之書，流於天竺，論理之學，彰于大秦，而中邦名學，歷久失傳，亦可慨矣。”王氏在同年發表的《周秦諸子之名學》中則提出：“我國名學之祖，是爲墨子。墨子之所以研究名學，亦因欲持其兼愛、節葬、非樂之説，以反對儒家故也……荀子疾鄧惠之詭辯，淑孔子之遺言，而作《正名》一篇，中國之名學于斯爲盛。”[4]這裏所講的“中邦名學”、“我國名學”云云就是指中國古代的邏輯學。其後，章太炎、梁啟超、章士釗和胡適等人都秉持這一思路進行過專

---

[1] 比如《後漢書·鄭範陳賈張傳贊》：“中世儒門，賈鄭名學。”《三國志·吳志·華覈傳》：“漢時皆名學碩儒乃任其職，乞更選英賢。”“名學”在此顯然只是“著名學者”之意。

[2] 汪奠基先生在《中國邏輯思想史》中提到《名學類通》這本書，如果這個説法可信的話，這應當是最早的一本以“名學”來翻譯logic的譯作。汪氏的這個説法影響很大，不過，晉榮東教授對此提出異議，認爲是否存在《名學類通》這個書，還很難説，因爲目前僅能搜索到汪氏提供的這點資訊，孤證難立。分別參見汪奠基：《中國邏輯思想史》，上海人民出版社，1979年，頁406、436。晉榮東：《e-考據與中國近代邏輯史疑難考辯》，《社會科學》2013年第4期。

[3] 晉榮東：《邏輯的名辯化及其成績與問題》，《哲學分析》2011年第6期。

[4] 晉榮東：《e-考據與中國近代邏輯史疑難考辯》。

門的研究,其中,胡適在 1915 年至 1917 年留美期間以英文撰寫的博士論文《先秦名學史》(*The development of The Logical Method in Ancient China*)可以作爲一個代表,其基本的研究思路就是以西方邏輯學作爲探索中國"名學"的研究方法和評判標準。由於"名學"一詞既與西方邏輯學(logic)有關,又能包容中國古代邏輯學的特色,所以,這種意義下的"名學"今天仍在使用。

綜上,第一種意義的"名學"實際上已經沒什麼意義了,今天學界一般所説的"名學"僅指第二種涵義。這種作爲中國古代邏輯學的"名學",其一面是西方邏輯學的方法和思維,另一面則是中國古代與"名"相關的思想,就其實質而言,屬於使用比較研究法中的"反向格義"之法所進行的中國哲學的研究。[1] 這種"名學"的産生具有不可忽視的歷史合法性。試想當年,在中西文化交匯之際,站在中國學者的立場,自然會産生一種比較的視野,由此出發,中國文化缺少邏輯學以及缺乏邏輯性是最顯見的。於是,尋找和彌補中國文化中缺失的這一環便成爲了彼時學者的當務之急。[2] 除了翻譯和介紹西方邏輯學的成果之外,一些學者希望用一種更爲徹底的方式來化解這個問題,即試圖證明中國古代并非没有邏輯學,甚至有更爲獨特而有價值的邏輯學,只是没有得到應有的重視而已。彼時,在有了西方邏輯學的參照之後,中國邏輯學的重新發現便成爲可能。[3] 不過,作爲中國古代邏輯學的"名學"究竟能否成立,也是值得討論的,因爲它至少面臨著兩重困境:

首先,就"名學"的研究對象而言,"名學"到底是名家之學還是諸子之學所共有的,這個問題始終沒有得到解決。"名學",顧名思義可視爲"名"的學問,這很容易讓人與古代的"名家"聯繫起來,因而得出"名學"即名家之學的結論。這一配對"鼓舞人心"的地方在於"名家"確實與邏輯學(logic)有相通之處。問題在於,一方面、并非所有"名家"的內容都與邏輯學有關。甚至,古人所説的"名家"在很大程度上是非邏輯學的,比如,提出"名家"概念的司馬談就認爲"名家"的重要意義在於"控名責實,參伍不失"(《太史公自序》),這其實是指黃老法家之學;又如,在《隋書·經籍志》所列的"名家"代表作中,魏晉的才性名理著作《士操》和《人物志》等赫然在目。另一方面,并非所有與邏輯學有關的內容都在"名家"的範圍內。實際上,最早被列作"名學"核心的倒是墨家,此外,人們還將儒家中的孔子和荀子分別看作先秦"名學"的開創者和終

---

[1] "反向格義"是劉笑敢先生的講法,他基於古代佛教徒以"老莊的術語模擬和解釋佛教教義"的做法,提出"近代以西方哲學的概念和術語來研究,詮釋中國哲學的方法爲'反向格義'(reverse analogical interpretation)"。(劉笑敢:《反向格義與中國哲學》,《哲學研究》2006 年第 4 期)并對"反向格義"現象進行了深入的分析。這個術語的含義還是比較清楚的,所以本文採用這個提法,與此相通的還有一些説法,比如"據西釋中"、"漢化胡説"等。

[2] 當時,主流學者如嚴復大力介紹和宣導邏輯學,并將其視作:"一切法之法,一切學之學。"(嚴復:《嚴復集(第四冊)》,中華書局,1986 年,頁 1028)

[3] 墨學在近代的重新復興便有賴於這種新的方法,梁啟超説得很明白:"憑藉新知以商量舊學。"(梁啟超:《墨經校釋自序·飲冰室合集(專集之三十八)》,中華書局,1989 年,頁 2)

結者。造成這一狀況固然由於"名家"之名本來就有毛病,更根本的原因則在於"名學"自身的矛盾,即一方面以邏輯學爲標準,另一方面則以"名"爲主要的研究對象。這就表現在研究者一方面認爲"名學"的研究範圍應該包括整個諸子之學,因爲幾乎各家都論及"名"的問題;另一方面則極爲偏袒地將"名學"的重心放在"名家"或者經過了邏輯學改造的"名家"。這一矛盾心理從早期的胡適、伍非百,直至當代的任繼愈、龐朴等學者都有體現。

其次,就"名學"的研究方法而言,中國哲學"合法性"的問題在這一領域顯得尤爲突出。中國有没有哲學?這是自中西文化接觸以來便有的問題,一方面,隨著東學西傳,西方哲學家最早接觸這個問題,他們先假定出中國哲學的概念,然後又加以否定,從康德、黑格爾直至當代的德里達,幾乎是一個共識;[1]另一方面,西學東漸以後,中國學者開始從實質意義上以西方哲學爲範本建構中國哲學,這種緊張關係便構成了中國哲學的"合法性"問題。嚴格來講,"名學"即中國學者所建構的中國哲學的一個組成部分,而在"名學"中,中國哲學方法論的危機更易爲人所見。比如,早在"名學"建立之初,梁啟超在將論理(名學)與墨子進行比附的同時,也坦率地講:"所論墨子之論理,其能夠盡免於牽合附會之誚,蓋未敢自信。"[2]這就説明,"以西釋中"的方法論一開始并不被看作一種絶對的方法。又如,大約從 2000 年開始,有見於"反向格義"的方法在學界已經成爲一種禁錮研究的範式,於是,中國哲學界發起了一場新的中國哲學"合法性"的討論。但是,大概很少有人知道,早在上世紀 90 年代,中國邏輯學界已經出現了一種針對"名辯邏輯化"的質疑和批判,[3]這種反思,其實應當看作當代中國哲學"合法性"問題的先聲。

"名學"的問題,既是人病,亦是法病。不過,人病的問題——通過强調"祖上闊過"尋求精神勝利的做法已經没有市場了,今人的心態漸趨平和,因而人病不再是個大問題了。至於法病,雖然遇到了危機,却也隱藏著契機。"反向格義"的研究方法固然問題很多,但是檢視百餘年來的"名學"研究,至少我們能夠肯定:對於中國古代思想而言,"名"的問題具有本質重要性,它不僅與先秦諸子的核心問題均有關聯,從一定程度也貫穿了整個中國思想史。因此,"名學"的研究并非一潭死水,反而激發了人們對於"名"的興趣。明乎此意,我們就可以來一個方法論的轉化了,也就是以中國古代思想中"名"的問題爲核心,不擇手段地加以研究。如果説以"反向格義"法所進行研究的是"舊名學"的話,那麽以這種開放的態度和多元的方法所進行的研究就可以

---

[1] 參見程志華:《中國哲學合法性問題辨析》,《文史哲》,2007 年第 1 期。

[2] 梁啟超:《墨子之論理學·飲冰室合集(專集之三十七)》,中華書局,1989 年,頁 55。

[3] 有關"名辯邏輯化"詳細過程,可參見晉榮東:《邏輯何爲》,上海古籍出版社,2005 年;張晴:《20 世紀的中國邏輯史研究》,中國社會科學出版社,2007 年。

稱爲——"新名學"。[1]

<h2 style="text-align:center">三、孔子之名的涵義</h2>

從研究方向來看,我將自己的工作歸入"新名學"。可是,應該從哪裏開始研究呢? 我認爲,"新名學"既是對"舊名學"的突破,"舊名學"又總與邏輯學糾纏在一起,那麼"新名學"的研究最好找一個離邏輯學較遠的領域,相信其中必有蹊蹺! 儒家名學就是這樣一個既特別又重要的領域,而儒家名學又以孔子正名思想爲肇端和中心。

那麼,孔子正名思想應當如何了解? 由於"名"的複雜性,這個問題在歷史上基本上就變成了如何理解儒家之"名"。以孔子正名思想爲中心,古代儒者對於"名"進行了各種考察,大致提出了三種見解:其一,名言義,在解釋孔子"正名"説時,馬融即認爲是"正百事之名",鄭玄繼而更爲明確地説:"正名,謂正書字也。古者曰名,今世曰字。《禮記》曰:'百名以上,則書於策。'孔子見時教不行,故欲正文字之誤。"[2]其二,名分義,同樣是詮釋孔子"正名"説,朱熹即認爲是正君臣父子之名,并進一步指出:"是時出公不父其父而禰其祖,名實紊亂,故孔子以正名爲先。"[3]王陽明的理解亦不出此範圍,他推測孔子提出正名是爲了達到:"君君臣臣父父子子,名正言順,一舉而可爲政於天下。"[4]其三,名聲義,儒學在東漢以後獲得了一個新名字——名教。而這個名教的原理,按照顏之推的理解,就是"勸也。勸其立名,則獲其實。"(《顏氏家

---

[1] "新名學"這個詞,乃筆者自造。不過,查閱文獻,也間或有人使用,甚至進行討論。早在 1865 年,日本學者西周就使用了漢字組合"新理學"和"新名學",作爲"哲學"一詞的同義語,前者意爲"關於觀念的原初性的學説",後者意爲"關於觀念存在的原則的學説"。(參見敦尼克等編:《哲學史(第四卷下)》,生活・讀書・新知三聯書店,1964 年,頁 590)此後,張東蓀有道:"羅素一流所以反對本體觀念完全是由於發明瞭一套新名學,不建築於主謂式的句辭。"(張東蓀:《知識與文化》,嶽麓書社,2011 年,頁 217)張岱年也説:"吾之作述鵠的:建立新哲學、新道德,闡明新名學、新禮治,討論新文學,指示新文化、新教育。"(張尊超、劉瑛:《追求中國哲學的復興》,《博覽群書》2009 年第 8 期)這是"新名學"早期的幾個出處,可見其涵義十分寬泛,或指哲學,或指中西方的某種哲學。值得注意的是近年來的一些提法,劉梁劍先生在其《漢語言哲學發凡》中説:"漢語言哲學是基於漢語言經驗的語言哲學,或者説:'新名學'。它由名言探入思想,一方面承續中國哲學傳統中關注名實之辯、言意之辯、言行(知行)之辯、道言之辯等問題的名學思路;另一方面接受後期維特根斯坦。海德格爾等當代西方思想家的影響,在西方'語言轉向'的大背景下展開批判性運思。"(劉梁劍:《漢語言哲學發凡》,高等教育出版社,2015 年,頁 19)此外,網上一位署名"陳焱木"(陳常燊)的學者撰寫了一篇題爲《"專決於名"——新名學論綱》的博客,其中不僅認爲"名學"不等於"名家"和"邏輯學",還提出先秦名學應包括語言哲學、邏輯學,尤其是基於語言分析的實踐哲學。(網上資料)上述兩位元學者對於"新名學"的界定大致都可以理解爲對於中國古代"名"的思想的新闡釋。基本上,我對"新名學"的定義也是沿著這樣的思路進行的,只是界定地更加明確。當然,今人關於"新名學"的使用還有一種是延續著邏輯學的思路,意爲一種新的中國邏輯學。比如張曉芒的《奇談怪論説名家》中有一節的標題就叫《新名學如何可能》。張遠山在名爲《張遠山莊子工程答問録:由莊溯老,由老溯易(三)》中也提出"新名學"的説法。(網上資料)

[2] 引自皇侃:《論語集解義疏》,清知不足齋叢書本,卷七。此外,持這種見解的還有皇侃、陸德明、臧琳、錢大昕、盧文弨、江沅、臧庸、陳鱣、章太炎等人,這些學者大致持一種漢學家的立場。

[3] 朱熹:《四書章句集注》,中華書局,1983 年,頁 142。此外,持這種見解的還有鄭鮮之、袁宏、全祖望、張甄陶、劉寶楠等人,這些學者大致持一種宋學家的立場。

[4] 陳榮捷:《王陽明〈傳習録〉詳注集評》,臺灣學生書局,1983 年,頁 79—80。

訓·名實》)范仲淹也在這個意義下説:"人不愛名,則聖人之權去矣。"[1](《上晏元獻書》)這三種見解雖然從不從側面展示了"名"的豐富内涵,却有兩個缺失:其一,失之於淺顯,即雖然指出了"名"的某項内涵,却没有對其進行深入的理論挖掘;其二,失之於籠統,即只是籠統地談"名",没有對"名"的各項涵義加以明確界定,因而也没有探討三種"名"之間的關係。

不過,古人研究的缺陷在現代學術中得到了一定程度的彌補,在中國哲學史的開山之作《中國哲學史大綱》(上)中,胡適不僅注意到正名問題對儒家學説的重要意義,而且試圖從整體的角度建構三種"名"之間的關係。胡適將孔子正名思想稱爲"正名主義",認爲它不僅是"孔子學説的中心問題",而且是"儒家公有的中心問題"。而正名的方法就體現在《春秋》中,分"正名字"、"定名分"和"寓褒貶"三層。[2] 在這個體系中,"正名字"最爲重要,"定名分"和"寓褒貶"都附屬於它,因而胡適認爲《春秋》的第一義,是文法學言語學的事業"。[3] 由此可知,胡適對三種名的理解是以名言義統攝名分義和名聲義,後兩義中的"名"隱而不見,這與經學家的立場并無本質區別。問題在於如果僅從"正名字"出發,如何能夠"定名分",進而"寓褒貶"? 名言就其本身來講并無價值意味,如何通過名言的辨別而規定有價值色彩的名分和名聲? 這中間顯然存在邏輯跳躍。

正確的做法是以名分義統攝名言義和名聲義。這首先在於名分承載了儒家的價值理想和意義世界。前者是就外王而言,孔子心中的理想社會是"君君,臣臣,父父,子子"(《論語·顏淵》),最終達到"老者安之,朋友信之,少者懷之"。(《論語·公治長》)使得社會各個階層、各色人等都能各安其所。在這裏,名分代表了價值和理想,所謂"正名"就是對儒家核心價值的認定和踐履。後者是就内聖而言,在孔子看來,人生的根本意義是在成就他人的過程中成就自己,這就體現在名分之義的落實中。比如"子"之名要求之"孝";"弟"之名要求之"悌";"臣"之名要求的"忠";"友"之名要求的"信"。如果説作爲理想人格的君子也對應一種要求,那就是仁,而"仁之方"則是"己欲立而立人;己欲達而達人"。總之,儒家的意義世界恰如《中庸》所言,是"成己"而"成物"的過程。[4] 由此可見,"正名"就其本質而言就是正名分,它承載了儒家内聖外王的終極理想。

其次,名言是名分得以表達的重要方式。名分的價值色彩只有通過區分方能顯現,在禮樂文化中,名分的分別主要通過禮,按照荀子的説法,禮就是一種"度量分

［1］　此外,持這種見解的還有袁中道、劉知幾、顧炎武等人,這些學者大致持一種文史家的立場。
［2］　三者之間是一種遞進關係,林麗娥曾經形象地説:"這種先'正名字',再'定名分',最後'寓褒貶'的態度,正是孔子推行正名思想的三部曲。"(林麗娥:《從正名思想談〈公羊傳〉對孔子華夷大義的闡發》,《管子學刊》1994年第1期)
［3］　胡適:《中國哲學史大綱》,東方出版社,1996年,頁80—91。
［4］　參考楊國榮:《意義世界的生成》,《哲學研究》2010年第1期。

界",(《荀子·禮論》)"分莫大於禮".(《荀子·非相》)在實際過程中,名分常以俸禄、服飾、音樂、儀仗、車馬工具、器物,以至行爲等禮的樣式表現出來。不過,禮的過程中所展現的這種符號畢竟只是感性符號,只能以可見或可聽的方式被人理解,在此情形下,名言作爲一種超感性符號的優越性就體現出來了,因爲它可以超出感性經驗,直接用心思考。這意味著,通過名言的方式來理解"正名",是以理性的方式思考禮樂文化的標誌。於是我們就可以通過名言的視角來思考禮樂文化乃至名分的深刻內涵了。質言之,名言就其根本而言是對於人們心中認定的區分的固化,實際上是一種約定的符號。於是,名分就體現了整個社會的通約,是人的社會性的一種展現。因此,只有在對人的社會性有充分認識的前提下認可和承認名分,人的意義才得以立基。如果對人所應當的名分拒不承認或者有意淡化,就會導致意義的消解,儒者與隱者,進而與道家的區分就在這裏,這在《論語》中多有體現。

第三,名聲是名分得以確認的重要標準。名分是一種價值理想,正名則意味著對此價值理想的踐行,如此一來,就有一個行爲是否符合價值問題,名聲即由此而來。名聲作爲外界對自我的一種評價,直接涉及自我意義的問題,如果一個人的名聲得到了恰如其分的彰顯,對此人來說就意味著自我意義的某種安頓。因此,對名聲的追求向來都是人們追尋意義進而實現自我的重要方式。在孔子看來,對於自我理解的尋求似乎是人的天性,因而他常言:"不患人之不己知,患不知人也。"(《論語·學而》)"不患莫己知,求爲可知也。"(《論語·裏仁》)"不患人之不己知,患其不能也。"(《論語·憲問》)所謂"不患"云云并非不求理解,而是遵循"求之有道,得之有命"的原則。名聲作爲一種來自他者的承認,顯然是人們判定自己是否得到理解的重要標準。然而,按照《逸周書·諡法》中的説法:"行出於己,名生於人",名聲雖然重要,但追求名聲畢竟是一種"求在外者",而非"求在我者"(《孟子·盡心上》)的行爲,這就意味著對於名分的踐行所導致的名聲一定要有一種審慎的批判意識,否則就會導致意義的外化,這一點倒是儒道兩家都認可的。

總之,正名的實質是正名分,而正名分則可看作人的意義世界的創造的問題。爲了創造意義世界,一方面需要防止意義消解的現象,這就涉及正名言的問題,另一方面則需要避免意義外化的現象,這就涉及正名聲的問題。應當説,正名分之事有機地包含了正名言與正名聲。"名"的問題可以看作撐開孔子及儒家思想的一種內在架構。

四、儒家因正名而立

澄清了孔子之名的涵義,讓我們回到"正名"的主題。"正名"之説出自《論語·子路》正名章,《史記·孔子世家》中除了大致相同的內容外,還提供了它的背景。實際

上,正名章的意思并不複雜,它是針對政治領域中名分的確立而建立的公信的重要性
而言的。"名不正則言不順……民無所錯手足"一段主要説明名分之確立的重要性。
"故名之必可言也……無所苟而已矣"一段是説如何使名分確立。通過爬梳史料還能
發現,早在前孔子時代,人們已經論及"名"在政治中的重要作用了,孔子實乃"述而不
作"。比如,魯國大夫師服説:"夫名以制義,義以出禮,禮以體政,政以正民。"(《左傳·
桓公二年》)這就與上述第一段相當。又如,單穆公曰:"言以信名,明以時動。名以成
政,動以殖生。政成生殖,樂之至也。"(《國語·周語下》)這段話則與上述第二段有可
比性。由此可見,對於孔子正名説的理解,應當置於春秋時代人們對於"名"的問題的
理解的背景下。循此思路,就會看到,除了正名章,在《論語》和其他有關孔子思想的
材料中,還有很多直接討論"名"的地方,以及很多雖未提及,但依然在討論"名"的觀
念的思想。而這些見解,揆諸前孔子時代人們關於"名"的討論,也能找到相通之處。
總之,如果我們將孔子的正名思想放到早期名學的視野下加以考察,就會看到,它的
意義已經超出了正名章。

　　上述結論還可以通過孔子正名思想的詮釋史得到驗證,千百年來,人們對於孔子
正名説的理解和思考往往超出了正名章的範圍,而將它看作孔子爲學的一個基本立
場和方法。近代以來,這一傾向尤爲明顯,人們或者從孔子學説的實踐目的,或者從
孔子思想的理論關鍵入手,紛紛認定正名思想可以看作孔子治學的核心問題。比如
康有爲在《孔子改制考》中引述了此章,解釋説:"此條爲《論語》微言,孔子改制明義
也。蓋改制必改名,而制乃定。"并言:"蓋二千年之治,皆孔子名學治之也。"[1]胡適
則認爲:"他(孔子)的中心問題,只是要建設一種公認的是非真僞的標準。建設下手
的方法便是'正名'。這是儒家公有的中心問題。"[2]沿此套路理解孔子的思路,後
來,馬克思主義學者便依正名思想而將孔子界定爲唯心主義。陳伯達最早提出:"在
孔子看來,名是第一,事(事物)是被名所決定,而不是名被事決定。名實的關係在這
裏是被倒置的。"[3]這些不同立場的詮釋,儘管對孔子思想價值的高低評價不同,但
都將正名看作孔子思想的方法,也就是使孔子成爲孔子者。

　　由此可見,正名實有廣狹二義:一種是以正名章爲經典表達的作爲政治思想的正
名;一種是體現在孔子整個思想中的作爲思想方法的正名。一定程度而言,後者才更
爲重要。那麼,正名何以成爲一種方法? 這可以通過兩個層面來看:

　　首先,正名可使孔子乃至儒家思想在與諸子百家的比較中自顯。學界大致都認
同亞斯貝斯和帕森斯的觀點,認爲中國哲學源於一場發生於先秦時代的"哲學突

[1]　康有爲:《孔子改制考》,民國萬木草堂叢書本,卷十三、卷九。
[2]　胡適:《中國哲學史大綱》,東方出版社,1996年,頁83。
[3]　陳伯達:《孔子的哲學思想》,《解放》1939年4月15日第69期。

破"。[1] 這種"哲學突破"要求將先秦諸子視爲一個整體加以研究,爲此,我們就有必要尋找一個他們所共有的重要概念。一些人認爲,那當然非"道"莫屬了。[2] "道"確實可以看作先秦諸子乃至整個中國哲學的核心概念,這也是學界的共識,但是僅僅通過一個"道"的概念,并不能觸及先秦諸子之間的異同,從而難以真正深入其思想内部。究其原因,也不難理解,"道"是一個終極性的概念,我們可以説各家理解的"道"是不同的,却不能從"道"本身來發現這種不同。更爲重要的是,"道"的問題本身便與"名"的問題牽連在一起,這在《老子》第一章已經明言。那麼,是否有這樣一個概念,它既是諸子共同關注的一種基本概念,又能夠體現諸家之"道"的不同? 我們認爲,"名"就是這樣一個概念。"名"的涵義非常複雜,但是我們可以從"通約"的角度談一種諸子都承認的"名"——名言義以及由此衍伸的人文和文化義。概言之,諸子是因爲對語言和文化的不同領會而互爲區別的。由此可見,先秦諸子正是在"名"的哲學底本下孕育的,而"正名"則是儒家自顯的方法。

其次,正名可使孔子乃至儒家思想在自身的體系建構中自立。區別于他者只是第一步,自身如何確立起來才更爲根本。所謂"正名",可以簡單理解爲對於"名"採取一種正面肯定的立場。前文論及,孔子之名有三重内涵: 名言義、名分義和名聲義,因此正名的立場便可以析爲正名言、正名分和正名聲三個領域。具體而言,我們可以提出三個儒家名學問題: 名(名言)何以把握實? 人爲何遵循名(名分)? 我如何看待名(名聲)?

第一個問題涉及知識論。知識論以知識的存在爲前提。知識的概念在西方源遠流長,自蘇格拉底開始,西方哲學家就試圖尋求一種確定的東西,即知識。康德認爲"主觀上和客觀上都是充分的那種視其爲真就叫作知識",[3] 當今英語世界的知識論教科書普遍認爲"知識是得到確證的真信念"(JTB 理論,即 Justified True Belief),這兩個著名的知識定義都是這個傳統下的產物。近代以來,西方科學誕生,人們似乎找到了知識的化身,於是將知識等同於科學知識。然而,知識是否等於科學知識,却很值得懷疑。實際上,現代西方哲學已經走出了傳統的狹義知識領域,走進了一種廣義的加入了人的存在的知識。[4] 兩種知識論共用一種對知識的理解,亦即西方哲學傳統中對於確定性的尋求。以此來看,中國哲學中也有知識概念,并有以之爲反思和研究物件的知識論。不過,在儒家學説中,這個問題是以名實關係的形式表現的,人們希望通過名言世界尋找一個確切的真實世界。荀子在這個領域的成果最有代表性,在討論名言(命名)的意義時,荀子指出,若名實不符,"則志必有不喻之患,而事必有

[1]　參見余英時:《士與中國文化》,上海人民出版社,1987 年,頁 26—30。
[2]　余敦康:《夏商周三代宗教——中國哲學思想發生的源頭》,《文史哲》2004 年第 6 期。
[3]　康德著,鄧曉芒譯,楊祖陶校:《純粹理性批判》,人民出版社,2004 年,頁 623。
[4]　俞吾金:《從傳統知識論到生存實踐論》,《文史哲》2004 年第 2 期。

困廢之禍",亦即人的知行過程將受到根本的阻礙。可以説,西方的概念知識論是通過理念而尋求確定性,中國的名言知識論則通過語用而求得確定性。

第二個問題涉及倫理學。與 ethical 和 ethics 對應的倫理和倫理學表面上看是西方術語,但是近代以來,當我們大量使用這個概念討論中國學術時,却未引起大的爭議,這就説明中西文化中都有明確的倫理的觀念。按照黑格爾的經典界説:"倫理的東西不像善那樣是抽象的,而是强烈的現實的"。[1] 倫理的現實品性表現在對家庭、市民社會和國家問題的關注中,而這一點在中國哲學尤其是儒家學説中異常突出,亦即"人倫"觀念。孟子曰:"聖人有憂之,使契爲司徒,教以人倫:父子有親,君臣有義,夫婦有別,長幼有序,朋友有信。"[2](《孟子・滕文公上》)這裏的十種名分,合爲五大關係,就是"五倫"。孟子的陳述表明人倫名分的觀念早在中國文化創造之初就作爲一個核心問題提出來了,孔子思想中則有更精煉的表達:"君君,臣臣,父父,子子。"(《論語・顏淵》)這個表述的基本意思可以概括爲:人應當遵循名分之義而行,是一個知行關係問題。可是,人何以應當如此呢?對於這個問題的思考將儒家思想推向了更加縱深的領域。對孔子而言,君君臣臣與父父子子的原則就有本質區別,這表現爲政治與倫理(非政治倫理)的二分。而在孔子後學尤其是孟子和荀子那裏,又因爲對這兩個問題的不同思考而分裂爲兩條路徑。

第三個問題涉及道德論。"道德"雖是中國文化固有的詞彙,但今天的道德一詞還直接通向西方的術語 moral 和 morality。黑格爾認爲:"道德的主要環節是我的識見,我的意圖;在這裏,主觀的方面,我對於善的意見,是壓倒一切的。"[3]斯賓諾莎亦言:"保存自我的努力乃是德性的首先的唯一的基礎,因爲先於這個原則,我們不能設想別的基礎,而没有這個原則,我們又不能設想任何德性。"[4]西方人對道德的這種領會關乎人的自我理解。按照孔孟的見解,道德通向的是"爲己之學",是"求在我者"。爲了通達道德之境,就必須對於"爲人之學"和"求在外者"加以反思和甄別,而在這方面,名比利更易使人困惑。因此,我如何看待名作爲一個現實的問題擺在每個人面前。名聲一方面是人們尋求我自理解和肯定的重要方式,另一方面却與道德的依我而不依他的原則相衝突。儒家對於名聲的這兩個特質都有考察,就前者而言,既然愛名之心人所固有,於是在統治術方面便可發明針對統治者的春秋之學以及針對民衆的名教;就後者而言,對於名的有限性的反省可以將人的視角由外在轉向内在,從而上通性與天道。總之,名聲問題是對名分問題的昇華,在外王的層面,將政道的問題

[1]　黑格爾:《法哲學原理》,商務印書館,1982 年,頁 173。
[2]　孟子這裏没有就十名持守之義分別陳述,而《禮記・禮運》的"十義"可作參考:"父慈、子孝、兄良、弟弟、夫義、婦聽、長惠、幼順、君仁、臣忠十者,謂人之義。"
[3]　黑格爾:《哲學史講演録(第二卷)》,商務印書館,1981 年,頁 42。
[4]　斯賓諾莎著,賀麟譯:《倫理學》,商務印書館,1983 年,頁 186—187。

引向了治道,在内聖的層面,則將倫理的問題引向了道德。

康德在《邏輯學講義》中將畢生所學概括爲四個問題: 1. "我能知道什麽?"2. "我應當做什麽?"3. "我能夠期待什麽?"4. "人是什麽?"[1]可以依稀辨識出,第一個問題關乎名何以把握實,第二個問題關乎人爲何遵循名,第三個問題關乎我如何看待名,而儒家名學的核心無疑也是"人"。這大概并非偶然,或許是由"人"的問題的内在結構決定的。當然,由於提問方式不同,由回答問題建構而成的哲學也各具特色。

Zhengming as a Way: The Basic Idea of My Research on Confucius' Zhengming Theory

Gou Dongfeng

Abstract: I have been thinking about how to specifically define Confucius' Zhengming since I studied this subject for a Ph.D. As research continues, I came to realize that there are two different implications for Zhengming. On one hand, it is regarded as political thought expressed in Zhengming chapter; On the other, it is considered as a way of thinking demonstrated through the whole Confucian thoughts. Among which, the latter one carries one weight but often being ignored. This is the very reason that distinguish Confucius from all the other scholars.

From this point of view, Ming could be considered as the foundation of the pre Qin or even the whole Chinese philosophy, since it has a marked feather about Chinese language and culture. It should be considered as a kind of Neo-Ming theory that studies Chinese philosophy on the basis of Ming. The Neo-Ming theory have essential differences form western philosophy which takes Being as a foundation, while it can be communicated with western philosophy in a deep way.

Keywords: Zhengming, Way, foundation, Neo-Ming theory, philosophy, Chinese philosophy

苟東鋒,華東師範大學哲學系副教授,電子郵箱: asiansharp@126.com

---

[1] 參見康德著,許景行譯:《邏輯學講義》,商務印書館,1991 年,頁 15。

唐以前歷史敘述新研究

《漢書》列傳編纂研究

曲柄睿

【提　要】班固基於自己的儒學背景和東漢初年政治風氣創作《漢書》,在繼承《史記》開創的以人叙傳,按照時間編次列傳的基礎上,將按照人物行事合傳進一步明確爲按照人物的官職位次合傳。此舉成爲人物合傳的基本秩序,爲後代紀傳體史書因襲。

【關鍵詞】班固　《漢書》　合傳　官職位次　列傳編纂

司馬遷的《史記》開創了紀傳體史書的基本體裁,列傳部分按照"列傳範式"編纂。具體而言包含三個要素: 以人叙傳、因事合傳即按照人物行事合傳,以及按照人物行事的時間順序編次列傳。[1]

《史記》之後的紀傳體史書,雖繼承了紀傳配合的體例,但對列傳範式的要素,亦有所修訂,由此體現爲列傳編纂秩序的變化。最明顯的修訂便是《漢書》按照人物的官職位次合傳,按照人物登用官職的時間先後編次列傳。如此,《漢書》列傳在整體結構上雖然與《史記》近似,但其歷史書寫的出發點,以及内部的編纂秩序與《史記》并不完全相同。

於是,《漢書》的列傳編纂的一般情況是什麽,以及官職與位次秩序如何影響、規範《漢書》列傳編纂,成爲了解紀傳體史書演化的重要問題。本文即嘗試對這些問題做出解答。

一、班固撰寫《漢書》的現實問題及其解決

班固作《漢書》時,有兩個現實問題擺在他面前。

---

[1]　參考拙作《前四史列傳編纂研究》,北京大學博士學位論文,2015 年。

首先,班固的學術意圖與司馬遷不同。《漢書》之作意在“緯《六經》,綴道綱”。既然將司馬遷貶斥爲“是非頗繆于聖人,論大道則先黃老而後六經”的異端,班固是否還要堅持《史記》開創的列傳範式呢? 其二,《漢書》成書以前,已有諸多續修《史記》者。《後漢書·班彪列傳》稱“後好事者頗或綴集時事,然多鄙俗,不足以踵繼其書”。班彪懲此,“作後傳數十篇”。[1] 對班固來説,即便不考慮所謂“好事者”的“鄙俗”之書,乃父的續作,也是無法繞過的重要遺産。錢穆認爲班彪續《史記》所寫的六十五篇列傳,“班固并沒有完全用,或許數人并一傳”。[2] 由此可見,如何將成於衆手的文獻統一,成爲班固面臨的難題。

班固續修父作時遇到的波折,爲上述兩個問題的解決給出答案。

《後漢書·班固傳》稱班固修撰《漢書》時,有人上疏明帝,“告固私改作國史”,導致班固下獄,家藏著作被悉數没收。班固所犯禁條事出有因,此前“扶風人蘇朗僞言圖讖事,下獄死”。[3] 兩漢之際圖讖之學興盛,各種政治勢力均用以神化自己。光武帝劉秀更是個中老手,令尹敏整理圖讖,壟斷圖讖的解釋權力。此時班固續修西漢歷史,必然要對王莽篡位至東漢建立之間各種政治勢力的興起、聯繫、繼承、敗亡做出解釋。而解釋這些問題的權力,在朝不在野。

當班超向漢明帝申訴班固創作本意,“郡亦上其書”之後,漢明帝赦免了班固,令他出任蘭台令史。班固因禍得福,反而受命和陳宗、尹敏、孟異共同撰寫《世祖本紀》。修訂完《世祖本紀》後,班固又相繼完成“功臣、平林、新市、公孫述”列傳、載記二十八篇。如此漢明帝才正式批准班固繼續創作《漢書》。[4]

在看到班固的《漢書》草稿,以及收到班超的請求之後,漢明帝并没有當即允諾班固繼續修撰《漢書》。他要求班固先著手修訂東漢初期歷史,似乎有意考校班固的能力。據《後漢書》、《史通》,與班固修書者還有北海王子劉復、賈逵、馬嚴、杜撫,[5]他們在修史中的作用,值得玩味。

一方面,漢明帝似乎對班固是否有能力將東漢歷史和圖讖預言切合并不吃準,便安排尹敏、賈逵等人與之參詳。據《後漢書·賈逵傳》,賈逵曾于永平年間上言《左傳》與圖讖相合之事,深爲明帝賞識,令其“寫其傳詁,藏之秘書”。[6] 則賈逵在圖讖上的造詣,已得明帝肯定。劉復、馬嚴諸人,非但學術水準高,還是明帝親信。史稱馬嚴“常與宗室近親臨邑侯劉復等論議政事,甚見寵倖”。[7] 劉復、馬嚴并非完全以學者

[1] 《後漢書》卷四〇上《班彪列傳上》,中華書局,1965 年,頁 1324。
[2] 錢穆:《中國史學名著》,生活·讀書·新知三聯書店,2005 年,頁 97。
[3] 《後漢書》卷四〇上《班彪列傳上》,頁 1334。
[4] 《後漢書》卷四〇上《班彪列傳上》,頁 1334。
[5] 見余嘉錫:《四庫提要辨證》卷五《史部》,中華書局,1980 年,頁 242。
[6] 《後漢書》卷三六《鄭范陳賈張列傳》,頁 1237。
[7] 《後漢書》卷二四《馬援列傳》,頁 859。

身份參與修史。二人既要保證史書的學術品質，更要保證史書的政治方向準確，甚至可能有監督班固等學者的使命。另一方面，明帝似乎也要檢驗班固修撰《漢書》使用的紀傳體例是否適合東漢及西漢歷史。經過本紀和列傳的修撰，足以證明紀傳體適應東漢修史的需要，此後明帝"乃復使終成前所著書"。[1] 通過對班固學術水準和史書體裁兩方面的檢驗，明帝才能放心將西漢史的修撰工作交給班固。

　　無論以上推測是否成立，班固完成撰修東漢初期歷史的工作在先，而後方才完成《漢書》紀傳的事實是確然無疑的。進一步講，《史記》建立的列傳範式，經過完善後先被應用于東漢史的修撰，得到了漢明帝的認可，而後方才正式作爲《漢書》列傳的準則加以使用。

　　換言之，貫徹東漢對圖讖的政治解釋，立足於自己的儒學主張，延續并完善《史記》的列傳範式，[2] 是班固撰寫《漢書》的前提，亦是對漢明帝的保證。班固的儒學主張，以及班彪續修《史記》產生的數十篇傳記，都可以在列傳範式的基礎上融爲一體。

二、《漢書》列傳編次的一般狀況

　　《漢書》繼承《史記》的列傳範式，依據時間先後編次列傳。與《史記》不同的創新點有二。其一，在編排列傳時，有意識地以"宗王傳"作爲分隔不同時代人物的界限。大體上，《高五王傳》後羅列高祖劉邦至惠帝、高后時代諸臣；《文三王傳》後羅列文帝時代諸臣；《景十三王傳》後羅列景帝時代諸臣；《武五子傳》後羅列武帝、昭帝時代諸臣；《宣元六王傳》後羅列宣帝以後諸臣。至成帝，國統三絶，諸侯王分封就此結束，成帝以降諸名臣因之不曾單獨羅列。[3]

　　其二，歷史人物應編次於何帝朝，取決於此人的登用時間，即將人物行事的時間

---

[1] 《後漢書》卷四〇上《班彪列傳上》，頁 1334。

[2] 彭孫貽認爲："班固《漢書》豐縟密緻，詳略得宜，以較《史記》極爲精粹。然爲《漢書》易，爲《史記》難。《史記》變編年爲紀傳，古無此體，自遷創之爲紀，爲世家，爲傳，以經之；爲表，爲書，以緯之。《漢書》綜《史記》之成，補子長之缺，不能出範圍。且後起者易爲功，持其短長，擇其疵繆，此易易也。然班固之佳，在於不別創條例，即就《史記》之體以成一代之書，至於霍光等傳，其奇偉不在史遷之下。《史》《漢》文章，《史記》不全乎其爲史，《漢書》則真史也。刻畫纖悉，雖使丘明載筆不能過之。"彭孫貽：《茗香堂史論》，《續修四庫全書》第 450 册，上海古籍出版社，2002 年，頁 503。《漢書》"不別創條例"的觀點值得再討論，但是《史記》不全乎其爲史，《漢書》則真史也"亦頗有啓發。

[3] 此處不得不提到所謂的《漢書》"真本"或"古本"問題。《梁書·蕭琛傳》："始琛在宣城，有北僧南度，惟齎一葫蘆，中有《漢書序傳》。僧曰：'三輔舊老相傳，以爲班固真本。'琛琛求得之，其書多有異今者，而紙墨亦古，文字多如龍舉之例，非隸非篆，琛甚秘之。及是行也，以書饟鄱陽王範，範乃獻于東宮。"（《梁書》卷二六《蕭琛傳》，中華書局，1973 年，頁 397）《梁書·劉之遴傳》："時鄱陽嗣王範得班固所上《漢書》真本，獻之東宮，皇太子令之遴與張纉、到溉、陸襄等參校異同。之遴異狀十事，其大略曰：'案古本《漢書》稱"永平十六年五月二十一日己酉，郎班固上"，而今本無上書年月日字。又案古本《叙傳》號爲中篇，今本稱爲《叙傳》。又古本《叙傳》載班彪事行，而古本雲"稚生彪，自有傳"。又今本紀及表、志、列傳不相合爲次，而古本相合爲次，總成三十八卷。又今本《外戚》在《西域》後，古本《外戚》次《帝紀》下。又今本《高五子》、《文三王》、《景十三王》、《武五子》、《宣元六王》雜在諸傳秩中，古本諸王悉次《外戚》下，在《陳項傳》前。又今本《韓彭英盧吳》述云"信惟餓隸，布實黥徒，越亦狗盜，芮尹江湖，雲起龍驤，化爲侯王"，古本述云"淮陰毅毅，杖劍周章，邦之傑子，實惟彭、英，化爲侯王，雲起龍驤"。又古本第三十七卷，解音釋義，以助雅詁，而今本無此卷。'"（《梁書》卷四〇《劉之遴傳》，第 573 頁）所謂（轉下頁）

明確爲登用時間。"某帝某王傳"後羅列此帝朝諸臣,傳首人物登用時間基本上在該帝朝,而同傳的其他人未必同隸於一朝。

下文探討時間秩序在《漢書》中的應用,以明確《漢書》列傳編次的一般情况。

(一)《漢書》"開國群雄傳"編次

《漢書》卷三八是《高五王傳》,此前則可以看做漢初"開國群雄傳"。[1] 自卷三一陳勝、項籍以下諸人構成秦末楚漢相爭的歷史主體,并非漢臣。

《漢書》卷三七《季布欒布田叔傳》源自《史記》卷一〇〇《季布欒布列傳》、卷一〇四《田叔列傳》。季布原爲項羽將領、欒布原爲彭越家人,其登用時間或在楚漢相爭之際,或在漢朝建立之初,歸屬本在諸侯。

表 1　《漢書》、《史記》"開國群雄傳"編次對比

《漢書》		《史記》	
卷次	標　目	卷　次	標　　目
31	陳勝項籍傳	7、48	項羽本紀、陳涉世家
32	張耳陳餘傳	89	張耳陳餘列傳
33	魏豹田儋韓王信傳	90、93、94	魏豹彭越列傳、韓信盧綰列傳、田儋列傳

(接上頁)的《漢書》"真本"與今日即當日通行《漢書》的最大區別就在列傳編次順序不同。所謂"真本",將宗王傳連接于《外戚傳》之下,順次而成。四庫館臣已認爲所謂"真本"《漢書》爲偽書,考辨具見《四庫全書總目》。今人汪春泓認爲《漢書》"真本""其體例更加接近司馬遷《史記》,此反應此真本寫作意圖十分明確,目的就是續寫《太史公書》"。判斷其書確爲班固原著。(汪春泓:《論劉向、劉歆和〈漢書〉之關係》,《史漢研究》,上海古籍出版社,2014 年,頁 11)考察唐以前諸紀傳體正史,只有《魏書》將宗王傳順次排列,其他諸史均按照今本《漢書》的模式,以宗王傳作爲時代的開始或結束以示區隔。《史記》中并没有明確的宗王傳,而是以世家的形式書寫宗王情况。而且,《史記》中的諸王世家分别列於卷五〇至五二,卷五八至六〇,與汪春泓所説不符。所謂"真本"《漢書》出現的時間,比魏收參與到《魏書》修訂的時間早了幾年,但是此前魏收早已"并修國史",參與到北齊歷史的修撰工作中,他是否在此時便已經在頭腦中形成了《魏書》的體例,亦不能完全確定。不過,"真本"《漢書》出現的時間與《魏書》如此接近,不能不令人懷疑是有人偽作。退一步講,即便《漢書》確有所謂"真本",且將宗王傳順次排列,這不過是今本《漢書》之前的一個稿本罷了。班固然棄置不用,其列傳編次模式亦爲班固否定,更能表明今本《漢書》的編次大有深意。洪頤煊認爲《後漢書·班固傳》有"自永平中始受詔,潛精積思二十餘年,至建初中乃成"字句,與"真本"《漢書》中所謂"永平十六年五月二十一日己酉郎班固上"不合,由此判定"真本之謬可知矣",論説角度與四庫館臣基本一致。洪頤煊:《讀書叢録》,《續修四庫全書》第 1157 册,上海古籍出版社,2002 年,頁 723。魯實先在《史記會注考證駁議》中駁所謂古《史記》"字形類籀傳"一説,指出此乃宋人之訛作也。旁及《漢書》,言《梁書·蕭琛傳》,"宣城得《漢書·叙傳》,文字多如龍舉之例,非隸非篆",據此,則古本《漢書》文字奇異,與宋人所傳《史記》同出一轍。魯實先指出:"然案《劉之遴傳》,之遴具古本《漢書》異狀十事,所言上書月日爲'永平十六年五月二十一日己酉',雖與《三統曆》閏五月己丑朔及《續漢書·五行志》載'永平十六年五月戊午晦'之文合,而《叙傳》稱爲中篇,班彪自有傳,皆不合理例。全祖望以爲偽造。殿本《漢書叙傳考證》載齊召南説,亦以爲好事之徒所爲者也。故不可據此謂《漢書》有古文,而《史記》亦有古文也。"魯實先:《史記會注考證駁議》,張舜徽主編:《二十五史三編》第二分册,嶽麓書社,1994 年,頁 561。魯實先考證另闢蹊徑,更具説服力。全祖望以爲:"陳、項是群雄,其不爲諸王屈也,是史法也。"從義例角度否定劉之遴的主張,亦是。(全祖望撰,朱鑄禹匯校集注:《全祖望集匯校集注》,上海古籍出版社,2000 年,頁 2022)今人蕭鳴籟《四庫提要中關於漢書古本問題之附註》(《學文》1931 年第 1 卷第 4 期),亦有關於所謂真本《漢書》的考辨,學者可以參考。至於汪春泓的研究,强調《漢書》本于劉向,推論甚多,今不一一辯駁。

[1]　徐沖:《"開國群雄傳"小考》,《文史》2008 年第 2 期。

《漢書》		《史記》	
卷次	標　目	卷　次	標　目
34	韓彭英盧吳傳	90、91、92、93	魏豹彭越列傳、黥布列傳、淮陰侯韓信盧綰列傳
35	荆燕吳傳	51、106	荆燕世家、吳王濞列傳
36	楚元王傳	50	楚元王世家
37	季布欒布田叔傳	100、104	季布欒布列傳、田叔列傳

（二）《漢書》高祖期登用諸臣列傳編次

《漢書》卷三八《高五王傳》之後，卷三九至卷四六叙述高祖時代諸臣合傳。確切地説，是以高祖時代諸臣爲傳首人物，附帶相似人物與之合傳。

此部分各傳取《史記》而成，傳主基本上爲漢高祖功臣。至於出現的先後順序，與《史記》基本一致。

表2　《漢書》、《史記》高祖諸臣列傳編次對比

《漢書》		《史記》	
卷次	標　目	卷　次	標　目
39	蕭何曹參傳	53、54	蕭相國世家、曹相國世家
40	張陳王周傳	55、56、57	留侯世家、陳丞相世家、絳侯周勃世家
41	樊酈滕灌傅靳周傳	95、98	樊酈滕灌列傳、傅靳蒯成列傳
42	張周趙任申屠傳	96	張丞相列傳
43	酈陸朱劉叔孫傳	97、99	酈生陸賈列傳、劉敬叔孫通列傳
44	淮南衡山濟北王傳	118	淮南衡山列傳
45	蒯伍江息夫傳	92、118	淮陰侯列傳、淮南衡山列傳
46	萬石衛直周張傳	103	萬石張叔列傳

考諸人仕進履歷，均爲高祖時期登用者。

表3　《漢書》高祖諸臣列傳傳首人物仕進履歷

卷次	標　目	傳首人物	仕　進　履　歷
39	蕭何曹參傳	蕭　何	沛公丞・漢王丞相・漢丞相（高祖）
40	張陳王周傳	張　良	沛公廐將・韓司徒・行太子少傅事（高祖）
41	樊酈滕灌傅靳周傳	樊　噲	沛公舍人・漢王郎中・郎中騎將・將軍・左丞相・漢相國（高祖）

續　表

卷次	標　目	傳首人物	仕　進　履　歷
42	張周趙任申屠傳	張　蒼	沛公客・漢王常山守・代相・趙相・代相・漢計相・淮南王相（高祖）・淮南王相・御史大夫（惠帝・高后）・御史大夫・丞相（文帝）
43	酈陸朱劉叔孫傳	酈食其	沛公説客（高祖）
44	淮南衡山濟北王傳	劉　長	淮南王（高祖）
45	蒯伍江息夫傳	蒯　通	辯士・齊相客（高祖）
46	萬石衛直周張傳	石　奮	漢王中涓（高祖）・太中大夫・太子太傅（文帝）・九卿・諸侯相（景帝）

（三）《漢書》惠帝、高后、文帝期登用諸臣列傳編次

以《文三王傳》爲界，至《景十三王傳》，諸傳首人爲惠帝、高后、文帝時登用大臣。

表4　《漢書》、《史記》文帝諸臣列傳編次對比

《漢書》		《史記》	
卷次	標　目	卷　次	標　目
48	賈誼傳	84	屈原賈生列傳
49	袁盎晁錯傳	101	袁盎晁錯列傳
50	張馮汲鄭傳	102、120	張釋之馮唐列傳、汲鄭列傳
51	賈鄒枚路傳	83	魯仲連鄒陽列傳
52	竇田灌韓傳	107	魏其武安侯列傳

表5　《漢書》惠帝、高后、文帝諸臣列傳傳首人物仕進履歷

卷次	標　目	傳首人物	仕　進　履　歷
48	賈誼傳	賈　誼	郡吏（高后）・博士・太中大夫・長沙王太傅・梁王太傅（文帝）
49	袁盎晁錯傳	袁　盎	上將軍舍人（高后）・郎中・中郎將・隴西都尉・齊相・吳相（文帝）・太常・楚相（景帝）
50	張馮汲鄭傳	張釋之	騎郎・謁者・謁者僕射・公車令・中大夫・中郎將・廷尉（文帝）・廷尉・淮南相（景帝）
51	賈鄒枚路傳	賈　山	給事潁陰侯騎（文帝）
52	竇田灌韓傳	竇　嬰	吳相（文帝）・詹事・大將軍・太子太傅・丞相・（景帝）・丞相（武帝）

　　《漢書·賈誼傳》稱"誼以爲漢興二十餘年",按高祖在位 12 年,惠帝 7 年,高后 8 年,合計 27 年,則賈誼被召爲博士,在文帝即位之初。這一時間點與袁盎任文帝郎中吻合。在《史記》中,袁盎傳本就排在張釋之、馮唐、汲黯、鄭當時諸人傳前,《漢書》的排序,亦遵循此例。

　　值得注意的是竇嬰、田蚡、灌夫、韓安國諸人合傳被安排在文帝諸臣中。《史記》將《魏其武安侯列傳》放在《吳王濞列傳》後,《李將軍列傳》前,且從其行文來看,更似是武帝朝政治鬥爭的專論。不過,竇嬰"孝文時爲吳相",按照登用時間,理應歸入文帝諸臣列傳。

(四)《漢書》景帝期登用諸臣列傳編次

　　《漢書》卷五三《景十三王傳》後,卷五四至卷六二爲景帝諸臣列傳。

表 6　《漢書》、《史記》漢景帝諸臣列傳編次對比

《漢書》		《史記》	
卷次	標　目	卷　次	標　　目
54	李廣蘇建傳	109、111	李將軍列傳、衛將軍驃騎列傳
55	衛青霍去病傳	111	衛將軍驃騎列傳
56	董仲舒傳	121	儒林列傳
57	司馬相如傳	117	司馬相如列傳
58	公孫弘卜式兒寬傳	112	平津侯主父列傳
59	張湯傳	122	酷吏列傳
60	杜周傳	122	酷吏列傳
61	張騫李廣利傳	111、123	衛將軍驃騎列傳、大宛列傳
62	司馬遷傳		

表 7　《漢書》景帝諸臣列傳傳首人物仕進履歷

卷次	標　目	傳首人物	仕　進　履　歷
54	李廣蘇建傳	李　廣	郎(文帝)·騎郎將·驍騎都尉·上谷太守·上郡太守·隴西、北地、雁門、雲中太守(景帝)·未央衛尉·驍騎將軍·衛尉·右北平太守·郎中令·將軍·郎中令·前將軍(武帝)
55	衛青霍去病傳	衛　青	平陽侯家騎(景帝)·給事建章·建章監、侍中·太中大夫·車騎將軍·大將軍·大司馬大將軍(武帝)

卷次	標　目	傳首人物	仕　進　履　歷
56	董仲舒傳	董仲舒	博士(景帝)・江都相・中大夫・膠西相(武帝)
57	司馬相如傳	司馬相如	郎(景帝)・郎・孝文園令(武帝)
58	公孫弘卜式兒寬傳	公孫弘	博士・左内史・御史大夫・丞相(武帝)
59	張湯傳	張　湯	長安吏(景帝)・給事内史・茂陵尉・丞相史・侍御史・太中大夫・廷尉・御史大夫(武帝)
60	杜周傳	杜　周	廷尉史・廷尉(武帝)・執金吾・御史大夫(昭帝)
61	張騫李廣利傳	張　騫	郎・太中大夫・校尉・衛尉・大行(武帝)
62	司馬遷傳	司馬遷	郎中・太史令・中書令(武帝)

這一段的傳記有兩個特點最爲明顯。第一,諸多在今人印象中屬於武帝時功臣、名臣,如衛青、董仲舒、司馬相如、公孫弘、張湯等人,均被列在景帝諸臣合傳序列。這與他們在景帝時登用有關。

衛青,《漢書》本傳稱:"青壯,爲侯家騎,從平陽主。建元二年春,青姊子夫得入宮幸上。"[1]則衛青進入史家視野或早于武帝即位以前。董仲舒,"少治《春秋》,孝景時爲博士";[2]司馬相如,"以訾爲郎,事孝景帝,爲武騎常侍",[3]明確記錄爲景帝時登用。公孫弘,"年四十餘,乃學《春秋》雜説。武帝初即位,招賢良文學士,是時,弘年六十,以賢良徵爲博士",[4]景帝在位 17 年(前 156—前 141),公孫弘武帝建元元年(前140)時 60 整,于景帝時求學,與史家對其"年四十餘"的記録大體相應。張湯,"父死後,湯爲長安吏。周陽侯爲諸卿時,嘗繫長安,湯傾身事之。及出爲侯,大與湯交,遍見貴人。"[5]此周陽侯即田蚡弟田勝,據《史記・孝景本紀》,景帝崩於後元三年(前141)正月,太子即位爲武帝。是年三月"封皇太后弟蚡爲武安侯,弟勝爲周陽侯",[6]則田勝被封爲周陽侯在景帝后元年間,其時武帝尚未改元。何況,張湯爲長安吏,侍奉獄中的田勝應有一段時間,他任吏時景帝或未駕崩。如此,將張湯繫年于景帝朝,沒有問題。

第二,家傳的傾向非常明顯。父子相繼,祖孫合傳,是班固對世家體例的融匯修

[1]《漢書》卷五五《衛青霍去病傳》,中華書局,1962 年,頁 2472。
[2]《漢書》卷五六《董仲舒傳》,頁 2495。
[3]《漢書》卷五七上《司馬相如傳上》,頁 2529。
[4]《漢書》卷五八《公孫弘卜式兒寬傳》,頁 2613。
[5]《漢書》卷五九《張湯傳》,頁 2637。
[6]《史記》卷五二《竇田灌韓傳》,頁 2378。

改,形成家傳的新形式。如《李廣傳》附李陵,《蘇建傳》附蘇武,而後《張湯傳》、《杜周傳》均備載子孫顯貴達者。從前學者多以爲世家的設立在於叙述諸侯傳國者。從有封土的角度看,世家之中諸人除孔子外都滿足這一條件。從傳國不絕的角度看,如陳涉、陳平、梁孝王,均不是傳國久遠之人。可見,受封有位才是世家設立的最主要依據。而《漢書》中的家傳,更多强調的是家族延續,代代不絕,重時間要素。如此則形成了大跨度的合傳,體現了更强烈的貫通色彩。

景帝諸臣傳也有變例。如李廣,史稱孝文時"爲郎,騎常侍"。[1] 據此,李廣應係于文帝時。杜周,史稱"義縱爲南陽太守,以周爲爪牙,薦之張湯,爲廷尉史"。考義縱因其姐給事王太后而爲中郎,似應係于武帝以後。即將義縱爲中郎係于景帝初崩至武帝建元之間,而其升任南陽太守前又歷經上黨郡中令、長陵及長安令、河内都尉,則任南陽太守的時間不大可能發生在短短的七個月間。於是,杜周應視爲武帝時人。又有張騫,史稱"建元中爲郎",[2] 此無可疑者。王國維推測司馬遷任郎中在武帝元朔、元鼎間,亦在武帝時登用。[3] 綜上,若嚴格按照時間秩序,《李廣蘇建傳》應列于文帝諸臣傳中,《杜周傳》、《張騫李廣利傳》、《司馬遷傳》應係于武帝諸臣傳。

對諸變例或許可以作這樣的解釋,高祖、文帝、景帝諸臣不僅因時間斷限被區隔開,其内在也是有意義的。

《高五王傳》至《文三王傳》間諸臣,最主要的功業有二,一是輔佐劉邦平秦滅楚,二是保證漢家天下在惠帝、高后時期平穩維持。即便是最末的季布,也因對漢匈力量對比作出清晰、冷靜的判斷而起到了安定漢朝的作用。

《文三王傳》至《景十三王傳》中諸人,最主要的功業在於逐漸打破同姓諸侯王對漢的包圍,并借平定"七國之亂"最終穩固帝位在文帝、景帝間順利繼承。[4]《漢書·叙傳》稱"景十三王,承文之慶",語雖平淡,足見文景時期波瀾湧動的政治局面。最末一人竇嬰,實則是平定"七國之亂"中的要害人物。

從此看來,儘管時間秩序對排定人物先後順序有著至關重要的意義,班固也將同樣的功業作爲列傳編次的輔助。有時,爲了滿足將同樣的功業諸人前後編次,不得不對時間秩序作相應的調整。反觀《景十三王傳》至《武五子傳》間諸人,其功業主要在於對匈奴的戰爭,有著同樣功業的李廣、張騫等人被歸入景帝諸臣傳的原因。儘管有這些變例存在,《漢書》文景時期諸臣列傳基本上還是按照傳首人物登用時間編次順序的。

---

[1]　《漢書》卷五四《李廣蘇建傳》,頁 2439。
[2]　《漢書》卷六一《張騫李廣利傳》,頁 2687。
[3]　王國維:《太史公行年考》,《觀堂集林》,中華書局,1959 年,頁 489。
[4]　參拙作《"高皇帝約"與漢帝位繼承原則的確立》,《史林》2013 年第 4 期。

(五)《漢書》武帝、昭帝期及宣帝以降登用諸臣列傳編次

自《漢書》卷六三《武五子傳》以下至卷七九《馮奉世傳》爲止,是漢武帝、漢昭帝諸臣列傳。《漢書》與《史記》人物重疊之處至此爲止。此後自《漢書》卷八〇《宣元六王傳》始,至卷八七《揚雄傳》,是漢宣帝以下諸臣傳。考察諸人登用時間,基本上與列傳排列順序相對應。如此,《漢書》列傳的編次時間是以諸臣登用時間爲序的結論,基本成立。

表 8　《漢書》武帝、昭帝諸臣列傳傳首人物仕進履歷

卷次	標　目	傳首人物	仕　進　履　歷
64	嚴朱吾丘主父徐嚴終王賈傳	嚴　助	中大夫・會稽太守・侍中(武帝)
65	東方朔傳	東方朔	待詔公車・待詔金馬門・郎・太中大夫給事中・待詔宦者署・中郎(武帝)
66	公孫劉田王楊蔡陳鄭傳	公孫賀	騎士・太子舍人(景帝)・太僕・輕車將軍・車騎將軍・左將軍・浮沮將軍・丞相(武帝)
67	楊胡朱梅雲傳	楊王孫	處士(武帝)
68	霍光金日磾傳	霍　光	郎・諸曹・侍中・奉車都尉・光禄大夫・大司馬大將軍(武帝)・大司馬大將軍(昭帝)
69	趙充國辛慶忌傳	趙充國	騎士・羽林郎・假司馬・中郎・車騎將軍長史(武帝)・大將軍護軍都尉・中郎將・水衡都尉・後將軍(昭帝)・蒲類將軍・後將軍・少府・後將軍・衛尉(宣帝)
70	傅常鄭甘陳段傳	傅介子	駿馬監・中郎・平樂監(昭帝)
71	雋疏于薛平彭傳	雋不疑	郡文學・青州刺史(武帝)・京兆尹(昭帝)
72	王貢兩龔鮑傳	王　吉	郎・若盧右丞・雲陽令・昌邑中尉(昭帝)・益州刺史・博士・諫大夫(宣帝)
73	韋賢傳	韋　賢	博士・給事中・光禄大夫・詹事・大鴻臚(昭帝)・長信少府・丞相(宣帝)
74	魏相丙吉傳	魏　相	郡卒史・茂陵令・河南太守・茂陵令・揚州刺史・諫大夫・河南太守(昭帝)・大司農・御史大夫・給事中・丞相(宣帝)
75	眭兩夏侯京翼李傳	眭　弘	議郎・符節令(昭帝)
76	趙尹韓張兩王傳	趙廣漢	郡吏・州從事・平准令・陽翟令・京輔都尉・京兆尹(昭帝)・京兆尹(宣帝)

續　表

卷次	標　目	傳首人物	仕　進　履　歷
77	蓋諸葛劉鄭孫毋將何傳	蓋寬饒	郡文學・郎・諫大夫・行郎中户將事・衛司馬・太中大夫・司隸校尉(宣帝)
78	蕭望之傳	蕭望之	郎・署小苑東門候(昭帝)・郡吏・大行治禮丞・謁者・諫大夫・丞相司直・平原太守・守少府・左馮翊・大鴻臚・御史大夫・太子太傅・前將軍光禄勳(宣帝)・前將軍光禄勳・給事中(元帝)
79	馮奉世傳	馮奉世	郎(武帝)・武安長(昭帝)・軍司空令・郎・光禄大夫・水衡都尉(宣帝)・執金吾・右將軍典屬國・光禄勳・左將軍光禄勳(元帝)

表 9　《漢書》宣帝以降諸臣列傳傳首人物仕進履歷

卷次	標　目	傳首人物	仕　進　履　歷
81	匡張孔馬傳	匡　衡	太常掌故・平原文學(宣帝)・大司馬車騎將軍議曹史・郎中・博士給事中・光禄大夫・太子少傅・光禄勳・御史大夫・丞相(元帝)・丞相(成帝)
82	王商史丹傅喜傳	王　商	太子中庶子・諸曹・侍中・中郎將(宣帝)・右將軍・光禄大夫(元帝)・左將軍・丞相(成帝)
83	薛宣朱博傳	薛　宣	廷尉書佐・都船獄吏・大司農斗食屬・不其丞・樂浪都尉丞・宛句令・長安令(元帝)・御史中丞・臨淮太守・陳留太守・左馮翊・御史大夫・丞相・給事中(成帝)
84	翟方進傳	翟方進	郡小史・郎・議郎・博士・朔方刺史・丞相司直・京兆尹・御史大夫・執金吾・丞相(成帝)
85	谷永杜鄴傳	谷　永	長安小史・御史大夫掾屬・太常丞(元帝)・待詔公車・光禄大夫・安定太守・大將軍軍司馬・大將軍長史・護苑使者・涼州刺史・太中大夫・光禄大夫給事中・北地太守・大司農(成帝)
86	何武王嘉師丹傳	何　武	通達茂異士(宣帝)・郎・鄠令・郡吏・諫大夫・揚州刺史・丞相司直・清河太守・諫大夫・兗州刺史・司隸校尉・京兆尹・楚內史・沛郡太守・廷尉・御史大夫・大司空(成帝)・大司空・御史大夫・前將軍(哀帝)
87	揚雄傳	揚　雄	待詔(成帝)・大夫(哀帝)

綜上,《漢書》以傳首人物登用時代先後順序編次列傳。不僅如此,列傳內部人物亦按照時間先後順序排列。

三、官職與位次秩序:《漢書》對合傳秩序的調整

　　雖然學者稱讚班固適當地利用了合傳形式,收到了"行簡、知類的成功",[1]《漢書》畢竟在合傳的創作上較《史記》有著先天的不足。《史記》按人物行事合傳,同一傳中人物的時間跨度可以很長,讀者不以爲不當,比如《管晏列傳》、《白起王翦列傳》等。《漢書》在編次之初已經將列傳按時間劃分爲若干單元,如果人物時代在後而與先前時代的人物合傳,讀者便會感到費解。倘若如此,《漢書》必須提出足夠的理由。

　　由是,《史記》列傳範式中的"因事合傳"一項,被《漢書》調整爲"按官職位次合傳"。《漢書》稱馮奉世"居爪牙官前後十年,爲折衝宿將,功名次趙充國";又稱何武"多所舉奏,號爲煩碎,不稱賢公。功名略比薛宣,其材不及也,而經術正直過之"[2]。《漢書》衡量、對比、排列人物行事功名,以同一官職,同一位次爲前提,爲打破時代限制而合傳提供便利。

　　漢代官員按照秩級高低排列次序。官職、秩級、位次,是將人物合併書寫的天然標準。《漢書》按官職合傳一定程度上沿襲了《漢書·百官公卿表》的排列模式。可以將其概括爲"三公—列將軍—卿",從秩級上看屬於漢代詔書中經常出現的"三公、將軍、中二千石、二千石"這一範疇。同時《周禮》規定的,并爲漢朝接受的"王—公—卿—大夫—士"的位次秩序,可以補充二千石以下諸官員的位置,正與《百官公卿表》的模式相呼應。而且,班固在每一列傳單元均以"宗王傳"爲始的作法,應該是《周禮》規定的位次模式的直接體現。也就是説,《漢書》在諸臣合傳上,雜糅了官職秩級與位次兩種標準,可總結爲"官職位次秩序"。

　　官職位次秩序如此安排人物合傳:傳首人物在登用時代的最高官職,限定了本傳在此時代列傳編次的位置;無論傳中人物擔任過多少官職,諸人依據與傳首人物的終身最高官職相同或近似而合傳,不拘時代。

　　下文設計的表格中增加了兩欄,一欄"傳首人物登用時代最高官職",用以表示傳首人物在登用時代的最高官職,説明此傳在列傳編次中的位置;一欄"傳首人物終身最高官職位次",用以表示傳首人物終身的最高官職位次,説明合傳的原因。

　　下文所謂"某帝單元",即指某帝"宗王傳"以下諸列傳。

(一)"開國群雄傳"與高祖單元諸臣列傳

　　"開國群雄傳"部分,《漢書》將魏豹、田儋、韓王信合傳,取諸人爲戰國諸侯後裔爲

---

[1] 盧南喬:《從史學和史料來論述〈漢書〉編纂特點》,《山東大學學報》1961年第4期。王錦貴亦持此觀點。王錦貴:《漢書和後漢書》,人民出版社,1987年,頁52。
[2] 《漢書》卷七九《馮奉世傳》,頁3300,卷八六《何武王嘉師丹傳》,頁3486。

王;韓信、彭越、英布、盧綰、吳芮合傳,取諸人爲漢高祖封異姓諸侯王;荆、燕、吳、楚四家爲漢高祖封同姓諸侯王,前三家事蹟較少而合傳;季布、欒布、田叔爲楚漢相爭之際名臣合傳。諸傳之合併,依然體現出因事合傳的秩序,但是與《史記》似有不同之處。《史記》將魏豹和彭越合傳,取同傳人物功名連類,事蹟相同。而《漢書》將魏豹、田儋、韓王信合傳,將韓信、彭越、英布、盧綰、吳芮合傳,同傳諸人之間并無太多交集,更重以名位相同而合。

高祖單元諸臣列傳基本涵蓋了高祖時登用諸臣。值得注意的是《張周趙任申屠傳》,清晰地叙述了高祖至文帝時,擔任御史大夫一職諸人的事蹟,可以視作高祖至文帝時御史大夫傳。

以此爲突破,《蕭何曹參傳》、《張陳王周傳》、《樊酈滕灌傅靳周傳》可以視作高祖至文帝時丞相一職諸人的合傳。

《漢書》卷四三《酈陸朱劉叔孫傳》内容納諸人,憑藉口辯縱横,爲漢所用。酈食其、陸賈均作爲高祖使節出使四方,這一傳可以看做"大夫"合傳。與之類似的《蒯伍江息夫傳》,包含了伍被、江充、息夫躬等時序在後的人物。如果從官職位次的角度看,諸人以"士"而合。

比較難以排列的是卷四四《淮南衡山濟北王傳》和卷四六《萬石衛直周張傳》。前者并未入《高五王傳》,反而單獨立傳,實則一仍《史記》之舊。《萬石衛直周張傳》也是如此。就《史記》對諸人的記載,以"長者"爲其共稱。漢初黄老盛行,《史記》爲諸長者立傳,取其"教不肅而成,不嚴而治"。[1] 石奮僅爲高祖中涓,至文帝時方爲太中大夫,衛綰至文帝時爲中郎將,直不疑至文帝時爲太中大夫,周仁在文帝時爲太中大夫,張歐景帝時爲九卿,武帝時爲御史大夫。此傳若從時間秩序上看,僅因石奮爲高祖時登用,列于《高五王傳》後而已。其于高祖時期最高官職爲中涓,僅能列於"士"位,由此確定《萬石衛直周張傳》於列傳編次中的位置。石奮終至卿位,傳中諸人以此與之合傳。

表 10　《漢書》高祖單元諸臣仕進履歷

卷次	標目	列傳人物	仕 進 履 歷	傳首人物登用時代最高官職	傳首人物終身最高官職位次
39	蕭何曹參傳	蕭何	沛公丞 · 漢王丞相 · 漢相國(高祖)	高祖相國	公
		曹參	沛公中涓 · 漢王將軍 · 漢王中尉 · 漢王將軍 · 漢王中尉 · 漢王假左丞相 · 齊相國(高祖) · 齊丞相 · 漢相國(孝惠)		

[1]　《史記》卷一〇三《萬石張叔列傳》,頁 2205。

卷次	標目	列傳人物	仕　進　履　歷	傳首人物登用時代最高官職	傳首人物終身最高官職位次
40	張陳王周傳	張良	沛公廄將・韓司徒・行太子少傅事(高祖)	高祖太子少傅	卿
		陳平	漢王都尉・漢王護軍中尉・漢護軍中尉(高祖)・郎中令・左丞相(惠帝)右丞相(高后)・左丞相・丞相(文帝)		
		王陵	沛公客(高祖)・右丞相(惠帝)・帝太傅(高后)		
		周勃	沛公中涓・襄賁令・漢王將軍・漢將軍・漢相國(高祖)・太尉(惠帝、高后)・右丞相・丞相(文帝)		
41	樊酈滕灌傅靳周傳	樊噲	沛公舍人・漢王郎中・漢王郎中騎將・漢王將軍・漢左丞相・漢相國(高祖)	高祖相國	公
		酈商	沛公將軍・漢王隴西都尉・梁相國・漢右丞相・趙相國・漢將軍・漢右丞相(高祖、惠帝、高后)		
		夏侯嬰	沛公太僕・滕令・漢王太僕・漢太僕(高祖)・太僕(惠帝、高后、文帝)		
		灌嬰	沛公中涓・漢王郎中・漢王中謁者・漢王中大夫・漢王御史大夫・漢車騎將軍(高祖)・大將軍(高后)・太尉・丞相(文帝)		
		傅寬	沛公舍人・漢王右騎將・齊右丞相・齊相國・代相國(高祖)・代丞相(惠帝)		
		靳歙	沛公中涓・漢王騎都尉・漢騎都尉・車騎將軍(高祖、高后)		
		周緤	沛公舍人・漢王參乘・列侯(高祖、文帝)		
42	張周趙任申屠傳	張蒼	沛公客・漢王常山守・代相・趙相・代相・漢計相・淮南王相(高祖)・淮南王相・御史大夫(惠帝・高后)・御史大夫・丞相(文帝)	高祖計相	公
		周昌	沛公職志・漢王內史・漢王御史大夫・漢御史大夫・趙相(高祖)・趙相(惠帝)		
		趙堯	符璽御史・御史大夫(高祖、惠帝)		
		任敖	沛公御史・漢王上黨守(高祖)・御史大夫(高后)		
		申屠嘉	材官・隊率・都尉(高祖)・淮陽守(惠帝)・御史大夫・丞相(文帝)		

卷次	標目	列傳人物	仕　進　履　歷	傳首人物登用時代最高官職	傳首人物終身最高官職位次
43	酈陸朱劉叔孫傳	酈食其	沛公説客(高祖)	高祖大夫	大夫
		陸賈	客・太中大夫(高祖、惠帝、高后・文帝)		
		朱建	平原君(高祖、惠帝、高后・文帝)		
		婁敬	漢郎中(高祖)		
		叔孫通	漢王博士・漢太子太傅(高祖)・奉常(惠帝)		
44	淮南衡山濟北王傳	劉長	淮南王(高祖、惠帝、高后文帝)	高祖諸侯王	王
		劉賜	衡山王(文帝、景帝、武帝)		
		劉勃	濟北王(文帝、景帝)		
45	蒯伍江息夫傳	蒯通	辯士・齊相客(高祖)	高祖辯士	士
		伍被	淮南中郎(武帝)		
		江充	謁者・直指繡衣使者・水衡都尉・使者(武帝)		
		息夫躬	光禄大夫左曹給事中(哀帝)		
46	萬石衛直周張傳	石奮	漢王中涓(高祖)・太中大夫・太子太傅(文帝)・九卿・諸侯相(景帝)	高祖士	卿
		衛綰	郎・中郎將(文帝)・中郎將・河間王太傅・將軍・中尉・太子太傅・御史大夫・丞相(景帝、武帝)		
		直不疑	郎・中大夫(文帝)・二千石・御史大夫(景帝、武帝)		
		周仁	太子舍人・太中大夫(文帝)・郎中令(景帝、武帝)		
		張歐	太子侍從(文帝)・九卿(景帝)・御史大夫(武帝)		

　　《漢書》高祖單元諸臣列傳按照"公—大夫—士"的順序合傳。同一時代不同人物的列傳，先後順序亦按照官職、位次爲序。更精確地運用位次秩序排列列傳，是《漢書》對《史記》列傳編次秩序的創新。

(二) 文帝單元諸臣列傳

　　文帝朝丞相都由高祖功臣集團中人員出任。[1] 他們已經備載于高祖功臣諸傳

[1]　李開元：《漢帝國的建立與劉邦集團——軍功受益階層研究》，生活・讀書・新知三聯書店，2000 年，頁 203—209。

中,不會在文帝朝諸臣傳中出現,導致此單元"公"位空缺。賈誼、袁盎、張釋之諸人登用於文帝朝,亦於本朝位至二千石,可以目爲"卿",同傳諸人亦以此與之合傳。賈山、鄒陽、枚乘、路温舒以言諷諫,行同辯士,應歸入"士"。於是在文帝諸臣這個單元内,諸人位次爲"卿—士"。竇嬰以登用時間歸入文帝諸臣,登用時屬二千石,本應與袁盎等合傳;不過由於時間限制,列於最後。説明人物雖可按官職位次及登用先後排序,但登用在後,雖在登用時代最高官職很高,若相隔太遠,行事并無太大關聯,亦不必强與前代人物合傳。

表 11　《漢書》文帝單元諸臣仕進履歷

卷次	標目	列傳人物	仕　進　履　歷	傳首人物登用時代最高官職	傳首人物終身最高官職位次
48	賈誼傳	賈誼	郡吏・博士・太中大夫・長沙王太傅・梁王太傅(文帝)	文帝諸侯傅	卿
49	袁盎晁錯傳	袁盎	上將軍舍人(高后)・郎中・中郎將・隴西都尉・齊相・吳相(文帝)・奉常・楚相(景帝)	文帝諸侯相	卿
		晁錯	太常掌故・太子舍人・太子門大夫・博士・太子家令・中大夫(文帝)・内史・御史大夫(景帝)		
50	張馮汲鄭傳	張釋之	騎郎・謁者・謁者僕射・公車令・中大夫・中郎將・廷尉(文帝)・廷尉・淮南相(景帝)	文帝廷尉	卿
		馮唐	郎中署長・車騎都尉(文帝)・楚相(景帝、武帝)		
		汲黯	太子洗馬(景帝)・謁者・滎陽令・中大夫・東海太守・主爵都尉・右内史・淮陽太守(武帝)		
		鄭當時	太子舍人(景帝)・魯中尉・濟南太守・江都相・右内史・詹事・大司農・長史・汝南太守(武帝)		
51	賈鄒枚路傳	賈山	給事潁陰侯騎(文帝)	文帝諸侯騎	士
		鄒陽	吳王客(文帝)・梁王客(景帝)		
		枚乘	吳王郎中(文帝)・梁王客・弘農都尉・梁王客(景帝)		
		路温舒	獄史・郡決曹史・山邑丞・郡吏・廷尉史(昭帝)・廣陽私府長・右扶風丞・臨淮太守(宣帝)		
52	竇田灌韓傳	竇嬰	吳相(文帝)・詹事・大將軍・太子太傅・丞相(景帝)	文帝諸侯相	公
		田蚡	諸曹郎・中大夫(景帝)・太尉・丞相(武帝)		

卷次	標目	列傳人物	仕　進　履　歷	傳首人物登用時代最高官職	傳首人物終身最高官職位次
52	竇田灌韓傳	灌夫	郎中將・代相(景帝)・淮陽太守・太僕・燕相(武帝)	文帝諸侯相	公
		韓安國	梁王中大夫・梁内史(景帝)北地都尉・大司農・御史大夫・護軍將軍・中尉・衛尉・材官將軍(武帝)		

(三) 景帝單元諸臣列傳

《景十三王傳》後諸臣傳較上兩個單元更爲複雜,諸人登用及任官可能跨越多個時代。

景帝時,李廣最高官職爲郡守,秩二千石,董仲舒爲博士,司馬相如爲武騎常侍,三人亦以官職、秩級由高到低排列。而衛青、公孫弘、張湯、杜周諸人,景帝時身份卑微,或任職于侯家,或聞名於郡縣,是否有秩級尚不能確定。張騫和司馬遷二人并無在景帝時任職的記載,疑史文有缺。在這個單元内,諸傳主官職爲"郡守—博士—郎",位次爲"卿—士"。但是衛青、公孫弘、張湯、杜周、張騫、司馬遷等人,又構成武帝朝諸臣主軸,其擔任過的最高官職可表示爲"大將軍—丞相—御史大夫—九卿—太史令",位次爲"公—卿—大夫"。

表 12　《漢書》景帝單元諸臣仕進履歷

卷次	標目	列傳人物	仕　進　履　歷	傳首人物登用時代最高官職	傳首人物終身最高官職位次
54	李廣蘇建傳	李廣	郎(文帝)・騎郎將・驍騎都尉・上谷太守・上郡太守・隴西、北地、雁門、雲中太守(景帝)・未央衛尉・驍騎將軍・衛尉・右北平太守・郎中令・將軍・郎中令・前將軍(武帝)	文帝郎	公
		蘇建	校尉・將軍・衛尉・遊擊將軍・右將軍・代郡太守(武帝)		
55	衛青霍去病傳	衛青	平陽侯家騎(景帝)・給事建章・建章監・侍中・太中大夫・車騎將軍・大將軍・大司馬大將軍(武帝)	景帝諸侯騎	公
		霍去病	侍中・票姚校尉・票騎將軍・票騎將軍大司馬(武帝)		

續　表

卷次	標目	列傳人物	仕　進　履　歷	傳首人物登用時代最高官職	傳首人物終身最高官職位次
56	董仲舒傳	董仲舒	博士（景帝）·江都相·中大夫·膠西相（武帝）	景帝博士	卿
57	司馬相如傳	司馬相如	郎（景帝）·郎·孝文園令（武帝）	景帝郎	大夫
58	公孫弘卜式兒寬傳	公孫弘	博士·左內史·御史大夫·丞相（武帝）	武帝丞相	公
		卜式	中郎·緱氏令·成皋令·齊太傅·齊相·御史大夫·太子太傅（武帝）		
		兒寬	文學掌故·廷尉文學卒史·廷尉奏讞掾·御史大夫掾·侍御史·中大夫·左內史·御史大夫（武帝）		
59	張湯傳	張湯	長安吏（景帝）·給事內史·茂陵尉·丞相史·侍御史·太中大夫·廷尉·御史大夫（武帝）	景帝長安吏	公
60	杜周傳	杜周	廷尉史·廷尉（武帝）·執金吾·御史大夫（昭帝）	武帝廷尉	公
61	張騫李廣利傳	張騫	郎·太中大夫·校尉·衛尉·大行（武帝）	武帝衛尉	卿
		李廣利	貳師將軍（武帝）		
62	司馬遷傳	司馬遷	郎中·太史令·中書令（武帝）	武帝中書令	大夫

（四）武帝、昭帝單元諸臣列傳

　　《武五子傳》後諸臣傳中，登用於武帝朝大臣者有：嚴助、東方朔、楊王孫、霍光、趙充國、雋不疑。因登用時間不同而前後有序，從登用時代最高官職上看，屬於"侍中—郎—處士—光祿大夫—將軍長史—刺史"，從位次上看屬於"卿—士—大夫"。

　　卷六六《公孫劉田王楊蔡陳鄭傳》至卷七一諸傳的排列頗爲複雜，多有登用時間較早卻竄入晚期時代者。這是因爲昭帝朝太短，多沿用武帝朝大臣，而且諸臣又延續至宣帝朝。

　　以登用時代而論，自卷七二至七六以下可以視作比較連貫的昭帝以後諸大臣。登用時代最高位次基本均爲"卿"。卷七七傳首人物蓋寬饒的登用時代不詳，很有可能其任郡文學和郎吏是在昭帝時。如此則卷七七、七八位次可以視作昭帝以後"士"。

這一階段歷史本來複雜,列傳合併、編次亦不能完全完全體現編纂秩序。不過整體上,諸傳雖時序略有混亂,傳首人物登用時代最高官職位次由高到低的次序大體上可以保證。

表 13　《漢書》武帝、昭帝單元諸臣仕進履歷

卷次	標目	列傳人物	仕　進　履　歷	傳首人物登用時代最高官職	傳首人物終身最高官職位次
64	嚴朱吾丘主父徐嚴終王賈傳	嚴助	中大夫·會稽太守·侍中(武帝)	武帝侍中	卿
		朱買臣	上計吏卒·中大夫侍中·待詔·會稽太守·主爵都尉·丞相長史(武帝)		
		吾丘壽王	待詔·侍中中郎·郎·東郡都尉·光禄大夫侍中(武帝)		
		主父偃	郎中·謁者·中郎·中大夫·齊相(武帝)		
		徐樂	郎中(武帝)		
		嚴安	郎中·騎馬令(武帝)		
		終軍	謁者給事中·諫大夫(武帝)		
		王襃	待詔·諫大夫(宣帝)		
		賈捐之	待詔金馬門(元帝)		
65	東方朔傳	東方朔	待詔公車·待詔金馬門·郎·太中大夫給事中·待詔宦者署·中郎(武帝)	武帝中郎	大夫
66	公孫劉田王楊蔡陳鄭傳	公孫賀	騎士·太子舍人(景帝)·太僕·輕車將軍·車騎將軍·左將軍·浮沮將軍·丞相(武帝)	景帝太子舍人	公
		劉屈氂	涿郡太守·左丞相(武帝)		
		田千秋	高寢郎·大鴻臚·丞相(武帝)		
		王訢	郡縣吏·被陽令·右輔都尉·右扶風(武帝)·御史大夫·丞相(昭帝)		
		楊敞	大將軍軍司馬·大司農·御史大夫·丞相(昭帝、宣帝)		
		蔡義	給事大將軍幕府·覆盎城門候·待詔·光禄大夫給事中·少府·御史大夫·丞相(昭帝)		
		陳萬年	郡吏·縣令·廣陵太守·右扶風·太僕·御史大夫(宣帝)		
		鄭弘	南陽太守·淮陽相·右扶風·御史大夫(元帝)		

卷次	標目	列傳人物	仕　進　履　歷	傳首人物登用時代最高官職	傳首人物終身最高官職位次
67	楊胡朱梅雲傳	楊王孫	處士(武帝)	武帝處士	士
		胡建	軍正丞(武帝)・渭城令(昭帝)		
		朱雲	博士・杜陵令・槐里令(元帝)		
		梅福	郡文學・南昌尉(成帝)		
		雲敞	大司徒掾・車騎將軍掾・中郎諫大夫(平帝)・魯均大尹(新莽)・御史大夫(更始)		
68	霍光金日磾傳	霍光	郎・諸曹・侍中・奉車都尉・光禄大夫(武帝)・大司馬大將軍(昭帝)	武帝光禄大夫	公
		金日磾	馬監・侍中・駙馬都尉・光禄大夫・車騎將軍(武帝、昭帝)		
69	趙充國辛慶忌傳	趙充國	騎士・羽林郎・假司馬・中郎・車騎將軍長史(武帝)・大將軍護軍都尉・中郎將・水衡都尉・後將軍(昭帝)・蒲類將軍・後將軍・少府・後將軍・衛尉(宣帝)	武帝將軍長史	公
		辛慶忌	右校丞・侍郎・校尉・謁者(宣帝)金城長史・郎中・車騎將・校尉・張掖太守(元帝)・光禄大夫・左曹中郎將・執金吾・酒泉太守・光禄大夫・執金吾・雲中太守・光禄勳・右將軍諸吏散騎給事中・左將軍(成帝)		
70	傅常鄭甘陳段傳	傅介子	駿馬監・中郎・平樂監(昭帝)	昭帝平樂監	大夫
		常惠	光禄大夫(昭帝)・校尉・典屬國・右將軍典屬國(宣帝)・右將軍典屬國(元帝)		
		鄭吉	侍郎・衛司馬・都護西域騎都尉(宣帝)		
		甘延壽	羽林・郎・期門・遼東太守・郎中・諫大夫・西域都護騎都尉・長水校尉・城門校尉・護軍都尉(元帝)		
		陳湯	太官獻食丞・郎・西域副校尉・射聲校尉(元帝)・大將軍從事中郎(成帝)		
		段會宗	杜陵令・西域都護騎都尉・光禄大夫(元帝)・沛郡太守・雁門太守・西域都護・金城太守・左曹中郎將・光禄大夫(成帝)		

續　表

卷次	標目	列傳人物	仕　進　履　歷	傳首人物登用時代最高官職	傳首人物終身最高官職位次
71	雋疏于薛平彭傳	雋不疑	郡文學・青州刺史(武帝)・京兆尹(昭帝)	武帝刺史	卿
		疏廣	博士・太中大夫・太子少傅・太子太傅(宣帝)		
		于定國	獄史・郡決曹・廷尉史・侍御史・御史中丞(昭帝)・光禄大夫・水衡都尉・廷尉・御史大夫・丞相(宣帝、元帝)		
		薛廣德	御史大夫屬・博士・諫大夫・長信少府・御史大夫(元帝)		
		平當	大行治禮丞・大鴻臚文學・順陽長・栒邑令・博士給事中・丞相司直(元帝)・朔方刺史・太中大夫給事中・長信少府・大鴻臚・光禄勳・巨鹿太守・騎都尉(成帝)・光禄大夫・諸吏散騎・光禄勳・御史大夫・丞相(哀帝)		
		彭宣	博士・東平太傅・右扶風・廷尉・太原太守・大司農・光禄勳・右將軍(成帝)・左將軍・光禄大夫・御史大夫・大司空(哀帝)		
72	王貢兩龔鮑傳	王吉	郎・若盧右丞・雲陽令・昌邑中尉(昭帝)・益州刺史・博士・諫大夫(宣帝)	昭帝諸侯中尉	卿
		貢禹	博士・涼州刺史・河南令(宣帝)・諫大夫・光禄大夫・御史大夫(元帝)		
		龔勝	郡吏・尉・丞・重泉令・諫大夫・丞相司直・光禄大夫・右扶風・光禄大夫・諸吏給事中・渤海太守・光禄大夫(哀帝)		
		龔舍	楚王常侍・諫大夫・博士・太山太守・光禄大夫(哀帝)		
		鮑宣	縣鄉嗇夫・束州丞・都尉・太守功曹・郎・州從事・議郎(成帝)・大司空西曹掾・諫大夫・豫州牧・諫大夫・司隸(哀帝)		
73	韋賢傳	韋賢	博士・給事中・光禄大夫・詹事・大鴻臚(昭帝)・長信少府・丞相(宣帝)	昭帝大鴻臚	公
74	魏相丙吉傳	魏相	郡卒史・茂陵令・河南太守・茂陵令・揚州刺史・諫大夫・河南太守(昭帝)・大司農・御史大夫・給事中・丞相(宣帝)	昭帝郡守	公
		丙吉	魯獄史・廷尉右監・州從事(武帝)・車騎將軍軍市令・大將軍長史・光禄大夫給事中(昭帝)・太子太傅・御史大夫・丞相(宣帝)		

續　表

卷次	標目	列傳人物	仕進履歷	傳首人物登用時代最高官職	傳首人物終身最高官職位次
75	眭兩夏侯京翼李傳	眭弘	議郎・符節令(武帝、昭帝)	武帝、昭帝符節令	大夫
		夏侯始昌	昌邑王太傅(武帝)		
		夏侯勝	博士・光禄大夫(昭帝)・長信少府・諫大夫給事中・長信少府・太子太傅(宣帝)		
		京房	郎(元帝)・魏郡太守(元帝)		
		翼奉	待詔宦者署・中郎・博士・諫大夫(元帝)		
		李尋	丞相吏(成帝)・待詔黃門・黃門侍郎・騎都尉(哀帝)		
76	趙尹韓張兩王傳	趙廣漢	郡吏・州從事・平准令・陽翟令・京輔都尉・京兆尹(昭帝)・京兆尹(宣帝)	昭帝郡守	卿
		尹翁歸	獄小吏・市吏・郡卒史・督郵(昭帝)・緱氏尉・都内令・弘農都尉・東海太守・右扶風(宣帝)		
		韓延壽	郡文學・諫大夫(昭帝)・淮陽太守・潁川太守・東郡太守・左馮翊(宣帝)		
		張敞	鄉有秩・太守卒史・甘泉倉長・太僕丞(昭帝)・豫州刺史・太中大夫・函谷關都尉・山陽太守・膠東相・京兆尹・冀州刺史・太原太守(宣帝、元帝)		
		王尊	獄小吏・給事太守府・書佐・屬監獄・郡決曹史・幽州刺史從事・遼西鹽官長・虢令・槐里令・美陽令・安定太守・護羌將軍轉校尉・郿令・益州刺史・東平相(元帝)・軍中司馬・司隸校尉・高陵令・諫大夫・京輔都尉・光禄大夫・京兆尹・徐州刺史・東郡太守(成帝)		
		王章	諫大夫・左曹中郎將(元帝)・諫大夫・司隸校尉・京兆尹(成帝)		
77	蓋諸葛劉鄭孫毋將何傳	蓋寬饒	郡文學・郎・諫大夫・行郎中户將事・衛司馬・太中大夫・司隸校尉(宣帝)	宣帝司隸校尉	卿
		諸葛豐	郡文學・御史大夫屬・侍御史・司隸校尉・城門校尉(元帝)		
		劉輔	襄賁令・諫大夫(成帝)		
		鄭崇	郡文學史・丞相大車屬・尚書僕射(哀帝)		

續　表

卷次	標目	列傳人物	仕　進　履　歷	傳首人物登用時代最高官職	傳首人物終身最高官職位次
77	蓋諸葛劉鄭孫毋將何傳	孫寶	郡吏・御史大夫屬・御史大夫主簿・議郎・諫大夫・益州刺史・冀州刺史・丞相司直・廣漢太守・京兆尹(成帝)・諫大夫・司隸(哀帝)・光禄大夫・大司農(平帝)	宣帝司隸校尉	卿
		毋將隆	大司馬車騎將軍從事中郎・諫大夫・冀州牧・潁川太守(成帝)・京兆尹・執金吾・沛郡都尉・南郡太守(哀帝)		
		何并	郡吏・大司空掾・長陵令(成帝)・隴西太守・潁川太守(哀帝)		
78	蕭望之傳	蕭望之	郎・署小苑東門候(昭帝)・郡吏・大行治禮丞・謁者・諫大夫・丞相司直・平原太守・守少府・左馮翊・大鴻臚・御史大夫・太子太傅・前將軍光禄勳(宣帝)・前將軍光禄勳・給事中(元帝)	昭帝門候	公
79	馮奉世傳	馮奉世	郎(武帝)・武安長(昭帝)・軍司空令・郎・光禄大夫・水衡都尉(宣帝)・執金吾・右將軍典屬國・光禄勳・左將軍光禄勳(元帝)	武帝郎	公

(六) 宣帝、元帝以降單元諸臣列傳

這一單元列傳基本以"公"這一位次作爲合傳的理由。比如《匡張孔馬傳》、《薛宣朱博傳》、《何武王嘉師丹傳》都是如此。尤其是朱博、何武等人，正處於由成帝改丞相爲大司徒、改御史大夫爲大司空的歷史轉捩點上，改革後的御史大夫與丞相位次并列。史書不曾記載薛宣、翟方進、谷永登用時代，從列傳編次順序推測應係于宣帝時，故存疑不論。

表 14　《漢書》宣帝、元帝以降單元諸臣仕進履歷

卷次	標目	列傳人物	仕　進　履　歷	傳首人物登用時代最高官職	傳首人物終身最高官職位次
81	匡張孔馬傳	匡衡	太常掌故・平原文學(宣帝)・大司馬車騎將軍議曹史・郎中・博士給事中・光禄大夫・太子少傅・光禄勳・御史大夫・丞相(元帝)・丞相(成帝)	宣帝太常掌故	公

卷次	標目	列傳人物	仕　進　履　歷	傳首人物登用時代最高官職	傳首人物終身最高官職位次
81	匡張孔馬傳	張禹	郡文學・博士(宣帝)・光禄大夫・東平内史(元帝)・諸吏光禄大夫給事中・丞相・(位特進)(成帝、哀帝)	宣帝太常掌故	公
		孔光	議郎・諫大夫・虹長(元帝)・博士・尚書・尚書僕射・尚書令・諸吏光禄大夫給事中・光禄勳・御史大夫・廷尉・左將軍(成帝)・丞相・光禄大夫給事中・御史大夫・丞相・大司徒(哀帝)・帝太傅給事中・太師(平帝)		
		馬宮	郎・楚長史・丞相史・丞相司直・廷尉平・青州刺史・汝南、九江太守・詹事(成帝、哀帝)・光禄勳・右將軍・大司徒・太師兼司徒(哀帝、平帝)・太子師(新莽)		
82	王商史丹傅喜傳	王商	太子中庶子・諸曹・侍中・中郎將(宣帝)・右將軍・光禄大夫(元帝)・左將軍・丞相(成帝)	宣帝侍中	公
		史丹	太子中庶子(宣帝)駙馬都尉侍中(元帝)・長樂衛尉・右將軍給事中・左將軍光禄大夫(成帝)		
		傅喜	太子庶子(成帝)・衛尉・右將軍・大司馬(哀帝)・(位特進)(平帝)		
83	薛宣朱博傳	薛宣	廷尉書佐・都船獄吏・大司農鬥食屬・不其丞・長安令・御史中丞・臨淮太守・陳留太守・左馮翊・御史大夫・丞相・給事中(成帝)	成帝丞相	公
		朱博	亭長・縣功曹・安陵丞・京兆曹史・京兆督郵書掾・郡功曹(元帝)・大將軍幕府屬・櫟陽令・雲陽令・平陵令・長安令・冀州刺史・并州刺史・護漕都尉・琅邪太守・左馮翊・大司農・犍爲太守・山陽太守・光禄大夫・廷尉・後將軍(成帝)・光禄大夫・京兆尹・大司空・御史大夫・丞相(哀帝)		
84	翟方進傳	翟方進	郡小史・郎・議郎・博士・朔方刺史・丞相司直・京兆尹・御史大夫・執金吾・丞相(成帝)	成帝丞相	公
85	谷永杜鄴傳	谷永	長安小史・御史大夫掾屬・太常丞(元帝)・待詔公車・光禄大夫・安定太守・大將軍軍司馬・大將軍長史・護苑使者・涼州刺史・太中大夫・光禄大夫給事中・北地太守・大司農(成帝)	元帝太常丞	卿
		杜鄴	郎・大司馬衛將軍主簿・侍御史(成帝)・涼州刺史(哀帝)		

續　表

卷次	標目	列傳人物	仕　進　履　歷	傳首人物登用時代最高官職	傳首人物終身最高官職位次
86	何武王嘉師丹傳	何武	待詔(宣帝)・郎・鄂令・郡吏・諫大夫・揚州刺史・丞相司直・清河太守・諫大夫・兗州刺史・司隷校尉・京兆尹・楚內史・沛郡太守・廷尉・御史大夫・大司空(成帝)・大司空・御史大夫・前將軍(哀帝)	宣帝待詔	公
		王嘉	郎・光祿勳掾・南陵丞・長陵尉・太中大夫・九江、河南太守・大鴻臚・京兆尹・御史大夫・丞相(成帝、哀帝)		
		師丹	郎・博士(元帝)・博士・東平王太傅・光祿大夫・丞相司直・光祿大夫給事中・少府・光祿勳・侍中・太子太傅(成帝)・左將軍・大司馬・大司空(哀帝)		
87	揚雄傳	揚雄	待詔(成帝)・大夫(哀帝)	成帝待詔	大夫

四、結　論

以上梳理《漢書》中諸臣列傳的情況,可以發現有如下幾個特點:

1.《漢書》最重時間秩序,爲此可以忽略人物官職位次的高低,當然亦有例外,比如卷五八至卷六二。

2. 只有高祖、文帝時期列傳編次完全滿足官職位次由高到低排列。更多的時候,前一個時代單元最後幾個列傳人物的官職位次往往與後一個時代單元相連,幷且高於後一個時代單元最初幾個列傳人物的位次。

3. 丞相與御史大夫多合傳。如卷五八、六六,以及三公合傳的卷八六。

4.《百官公卿表》中諸卿列名非常複雜,《漢書》將其統一合幷,均目之以卿。

5.《漢書》幾乎沒有純粹以郡太守和縣令長合傳的傳記,僅有卷七六是任京兆尹諸人合傳,而西漢三輔長官秩級與諸卿等。

《漢書》傾向按照不同等第區分人物,合幷列傳。同一等第的人物爲同一傳。前文已經説到,《漢書》參考《百官表》和《周禮》的等地合幷人物,但是從《漢書》將三公混一,諸卿混一,幷將千石至六百石諸秩級的人物混一的作法看,《漢書》似更傾向使用位次作爲合傳的標準。

　　影響一個列傳編次位置的因素有兩個,一是傳首人物的登用時間,二是傳首人物在此時代的最高官職。登用時間用於確定列傳編次的先後,官職位次用於補充時間秩序。

　　如此排列列傳的優點是可以按照時間順序和官職高低一目瞭然地瞭解某朝官員的基本情況。但是其缺點是過於重視官員的官職位次,使得列傳與《百官表》互爲表裏,[1]列傳人物的特色隨之有所掩蓋與泯滅。另外,部分列傳并不能完全滿足此編次秩序,這是歷史複雜性本身所導致。

　　總結看來,時間秩序在列傳編次方面的限定有二:

　　第一,同一時代單元内的列傳,傳首人物基本登用於此時代;

　　第二,列傳編次以各傳傳首人物登用時間先後爲序。

　　官職與位次秩序在編次、合傳方面的限定:

　　第一,當先後幾個列傳傳首人物登用時間基本相同或接近時,列傳按照傳首人物登用時代的最高官職由高向低排列;

　　第二,以傳首人物的終身最高官職爲標準合傳,同一合傳中諸人基本處於“公—卿—大夫—士”之中同一官職或位次上。

The Study of *HanShu's* Biographies Compilation

Qu Bingrui

　　Abstract：BanGu wrote the *HanShu* based on confucianism and the political atmosphere at the early East Han dynasty. In *HanShu*, the people were still the main body of the biographies, and the biographies were also arranged in time order. But BanGu taking the official position and precedence instead of the same behaviors of people to merge biographies, which changed the paradigm of biographies compilation of *ShiJi*. The new paradigm of biographies compilation was succeeded by later annal-biography.

　　Keywords：BanGu, *HanShu*, Merge Biographies, Official Position and Precedence, Biographies Compilation

曲柄睿,北京師範大學歷史學院講師,qubingrui@126.com

---

[1] 黄怡君:《〈漢書·百官公卿表〉寫作模式探析》,漢唐歷史文獻與史學研究學術研討會,北京,2014 年 8 月 12 日。

正史與譜牒之間：論裴松之《三國志注》中的世系注 *

聶溦萌

【提　要】本文以裴注中關於家族世系的注文爲研究對象，分析這些注文的叙述結構，以及注釋者如何將其依據的原始材料加工爲自己的叙述。這些來自注釋者的加工工作常被忽視，是由於裴注自身十分鮮明的"某書曰"的表述，也是由於刻本時代以來對裴注每引一書即空一格的刊刻格式進一步強調了裴注所引之書而淡化了裴注。通過對多條世系注文的分析，本文重新挖掘了裴注世系注的叙述邏輯，指出其基本叙述結構應是在世系框架中填充具體内容。關於裴注的世系框架，還特別討論了其中表現的與一般正史中不同的對家族人物的排列順序，指出由這一特徵入手，或許可以追溯譜牒雜傳等與正史相互交錯的源流變遷。

【關鍵詞】裴松之《三國志注》　叙述結構　譜牒　雜史　正史

《三國志·魏書》中立有傳記的不少人物，其子孫在西晉乃至東晉南朝世代通顯。南朝劉宋時裴松之爲《三國志》作注，補充了很多傳主家族人物的資料，尤以《魏志》各傳爲多。本文將這類注文稱爲"世系注"。

本文將從叙述邏輯、文本結構、編纂過程等方面對世系注進行基礎性考察，并嘗試觀察世系注與譜牒、雜傳、正史列傳之間的關係。但作爲鋪墊，首先對裴注的一些基本情況略作論證。

一、裴注徵引的基本性質

裴松之《三國志注》由於其開創性的"史注"特質而成爲魏晉南北朝史學研究中倍

---

* 本文爲 2016 年度教育部人文社會科學重點研究基地重大項目北京大學中國古代史研究中心"中國中古史籍與史料的整理與研究"（項目編號 16JJD770004）的階段性研究成果。

受重視的作品。裴注注文大體可分爲兩類,第一類是引用他書,這樣的注文屬多數,此外冠有"臣松之案"與"臣松之以爲"的注文以及未列舉書名的注文被視爲裴氏的"自注"。後一種注文顯然是注釋者思想、方法、觀念的最直接體現,也受到探討裴注與裴松之的學者的重視;[1]而對於引用他書的注文,除了通過考察引用書目以見裴氏注史的特性以外,這些引文主要是作爲中古亡佚文獻殘留的吉光片羽而被加以利用。清代學者極重視裴注對輯佚工作的價值。而今天在歷史學論文中,儘管沒有明文規定,但引用裴注的普遍習慣是需指明裴注所引某書,甚至正文中徑稱某書而只出注説明是引自裴注。在一些情況下強調原書有其必要性,但如果將這種方式上升爲一種不需考慮具體情況的慣例,意義便不同了。不能否認,長期以來對這類裴注的理解確實存在偏向,即僅重視裴注保存他書史料的一面,甚至將這些佚文視同原書,而忽視了這些注文中存在的注釋者的主體性。

　　上述偏向至少可以追溯到宋代以來刻本《三國志》的版刻格式。目前所見最早的裴注實物是南宋初期的帶有裴注的《三國志》刻本。[2]該本中裴注的格式明顯具有保持北宋刻本舊貌之處,[3]但也已經在一條裴注内的"某書曰"、"某人曰"、"臣松之案"等語前空格。刻本中的空格具有怎樣的意義呢? 以目前讀者易於接觸的宋刻本爲例,《世説新語》與《兩漢書》注文引用的多種文獻之間不空格,[4]百衲本《史記》也僅在三家注之間以小圈分隔,[5]宋刊明州本及建州本《六臣注文選》在李善注與五臣注之間、[6]宋本《藝文類聚》在各條引用之間,皆留有空格。[7]《史記》的三家注原皆單行,《文選》也是先有五臣注本與李善注本,這些不同的注本被合併後在其間空格或加圈點以示分別;《藝文類聚》則是類書,其引文除了是以同類相次外,前後引文間沒有敘述上的關聯。由此可見,刻本中的空格是強調前後文字之間的獨立性,便於讀者摘取利用。裴注引文被空格分割,體現了整理與刊刻者忽略注文的整體性,僅重視引文作爲原書組成部分這一面的傾向。對裴注的這種刊刻格式爲其後歷代《三國志》刻本所沿用,直到中華書局的點校本,也基本是在這些位置上將注文另起一行,作爲

---

[1] 逯耀東《裴松之與〈三國志注〉》、《裴松之〈三國志注〉的自注》,皆收入《魏晉史學的思想與社會基礎》,中華書局,2006 年,頁 231—272。

[2] 即日本靜嘉堂藏南宋初刊《吳書》二十卷本,(東京)汲古書院,1988 年。此本過去被認爲是北宋咸平初次雕版印刷《三國志》的刻本,但尾崎康指出它應是南宋初期的覆刻。參見尾崎康《正史宋元板の研究》,(東京)汲古書院,1989 年,頁 314—322。

[3] 尾崎康指出,該本注文不像南宋以後刊本中通行的那樣以小字雙行插入正文,而是在正文後轉行大字低一格,保留了北宋刻本舊貌,參見尾崎康《正史宋元板の研究》,頁 318。又見《吳書》,據靜嘉堂文庫藏宋本影印。

[4] 《世説新語》,據金澤文庫藏宋本影印,中華書局,1999 年。《百衲本漢書》,國家圖書館出版社,2014 年。《百衲本後漢書》,國家圖書館出版社,2014 年。

[5] 《百衲本史記》,國家圖書館出版社,2014 年。

[6] 《日本足利學校藏宋刊明州本六臣注文選》,人民文學出版社,2008 年;《六臣注文選》,影印四部叢刊本(據涵芬樓所藏建州本影印),中華書局,1987 年。

[7] 《宋本藝文類聚》,據宋紹興刻本影印,上海古籍出版社,2013 年。

分段。

對比與裴注性質接近的《世說新語》劉注的刊刻格式，更能顯出對裴注這種由來已久的處理并非理所當然。但裴注中大量存在完全引錄他書、且引錄段落相當長的注文，確實是突出了出典文獻而使注釋者的主體性易被忽略。不過，理解這些引文的具體內容，可以發現引文之間保持著環環緊扣的邏輯，并與《三國志》正文呼應，也正由於此，當一條注文中出現來自多部書籍的引文時，其排列順序不取決於所出之書，而取決於被引用的內容。由此可以確認，這類裴注中蘊含著注釋者在敘述上的設計，只是在多數情況下，這些設計沒有被特別說明，而是直接蘊含在對引文的剪裁與排列中了。以下就《三國志》開篇數頁略舉兩例，說明裴注的這一特性。

卷一《武帝紀》："頃之，冀州刺史王芬、南陽許攸、沛國周旌等連結豪傑，謀廢靈帝，立合肥侯，以告太祖，太祖拒之。芬等遂敗。"其下注云：

> 司馬彪《九州春秋》曰：於是陳蕃子逸與術士平原襄楷會于芬坐，楷曰："天文不利宦者，黃門、常侍貴族滅矣。"逸喜。芬曰："若然者，芬願驅除。"於是與攸等結謀。靈帝欲北巡河間舊宅，芬等謀因此作難，上書言黑山賊攻劫郡縣，求得起兵。會北方有赤氣，東西竟天，太史上言"當有陰謀，不宜北行"，帝乃止。敕芬罷兵，俄而徵之。芬懼，自殺。

> 《魏書》載太祖拒芬辭曰："夫廢立之事，天下之至不祥也。古人有權成敗、計輕重而行之者，伊尹、霍光是也……"[1]

王沉《魏書》作爲曹魏的紀傳體官修史，又是陳壽《魏書》的主要來源，本應排在《九州春秋》之前。之所以反在其後，是由於《九州春秋》的一段引文補充了完整的事件，而《魏書》引文是在其基礎上進一步補充"太祖拒芬之辭"這一細節資料。

同卷稍前"(橋)玄謂太祖曰：'天下將亂，非命世之才不能濟也。能安之者，其在君乎！'"其下注云：

> 《魏書》曰：太尉橋玄，世名知人，覩太祖而異之，曰："吾見天下名士多矣，未有若君者也！君善自持。吾老矣！願以妻子爲託。"由是聲名益重。

> 《續漢書》曰：玄字公祖，嚴明有才略，長於人物。

> 張璠《漢紀》曰：玄歷位中外，以剛斷稱，謙儉下士，不以王爵私親。光和中爲太尉，以久病策罷，拜太中大夫，卒，家貧乏産業，柩無所殯。當世以此稱爲名臣。

> 《世語》曰：玄謂太祖曰："君未有名，可交許子將。"太祖乃造子將，子將納焉，由是知名。

---

[1] 《三國志》卷一《魏書·武帝紀》，中華書局，1971 年，頁 4。

　　孫盛《異同雜語》云：太祖嘗私入中常侍張讓室，讓覺之；乃舞手戟於庭，逾垣而出。才武絶人，莫之能害。博覽群書，特好兵法，抄集諸家兵法，名曰《接要》，又注《孫武》十三篇，皆傳於世。嘗問許子將："我何如人？"子將不答。固問之，子將曰："子治世之能臣，亂世之奸雄。"太祖大笑。[1]

此注引録了五種文獻。儘管王沉《魏書》、《續漢書》、張璠《漢紀》、《世語》、孫盛《異同雜語》這一引用順序也符合文獻類别及年代順序，但這毋寧説是巧合，分析這五段引用的内容，其中有明顯的叙述邏輯。最先引録的王沉《魏書》内容是正文記事的一事異辭，涉及人物、主要情節一致，只是喬玄具體的評價之語不同。繼之而來的《續漢書》和張璠《漢紀》，是對正文及王沉《魏書》所載故事中出現的喬玄這一人物進行注解。最後的《世語》和孫盛《異同雜語》的引文，是補充類似正文的故事：《世語》涉及曹操、喬玄、許子將三人，基本情節較正文及《魏書》的版本更複雜一環；《異同雜語》則僅有曹操、許子將兩人，與正文的故事版本差距最大。可以説，這則注文是圍繞正文記事，從不同角度、由近及遠地補充了相關記載。

　　以上兩例注文，雖然没有標明"臣松之案"、"臣松之以爲"，完全由徵引文獻組成，[2]但其排列組織不取決於原文獻的特性，而取決於注釋者的叙述邏輯。也就是説，裴注中的引文除了是原書文本的組成部分，首先還應是注文文本的組成部分，注釋者會根據自己的意圖處理、改編、拼合各書，形成自己的叙述。因此，有必要反思將裴注引文僅視爲原書佚文的理解和利用方式，在利用裴注探尋中古亡佚文獻世界時，必須將注釋者的主體性納入考慮。

二、"某書曰"下引用起訖的不確定

　　如上所説，歷來的裴注《三國志》刻本多以"某書曰"爲斷。這種分段的不合理處不僅在於裴注的引書不是像類書那樣依照原書性質排列，更在於其"某書曰"之下未必都是該書内容。梳理裴注的叙述邏輯與結構，應以這一認識爲基礎。本節將在世系注範圍内列舉幾例，説明注釋者的議論甚至一般陳述可能會悄然接續於"某書曰"的引文之下。

　　首先來看卷九《夏侯尚傳》，正文記李豐欲以夏侯玄輔政，謀泄被殺之事，句下有一條長注，其内容大致可作如下分層總結：先補充司馬師殺李豐的詳情；再補李豐小傳，叙述生平事蹟直至死後事；再引他書補充更多李豐被殺後之事，提及"遣使收翼"，

---

[1]　《三國志》卷一《魏書·武帝紀》，頁 2—3。

[2]　關於標有"臣松之案"、"臣松之以爲"的裴注，逯耀東有深入討論，參見《裴松之〈三國志注〉的自注》，《魏晉史學的思想與社會基礎》，頁 253—272。

翼即豐弟;遂再叙及李翼被殺詳情;再及李翼後人情況。此注由事及人,牽連補綴的層次十分清晰,注中引用多採用“某書曰”的形式,但最末關於李翼的一段却是這樣叙述的:

> 《世語》曰:翼後妻,散騎常侍荀廙姊,謂翼曰:“中書事發,可及書未至赴吳,何爲坐取死亡! 左右可共同赴水火者誰?”翼思未答,妻曰:“君在大州,不知可與同死生者,去亦不免。”翼曰:“二兒小,吾不去。今但從坐,身死,二兒必免。”果如翼言。翼子斌,楊駿外甥也。晉惠帝初,爲河南尹,與駿俱死,見《晉書》。[1]

這段注文涉及《世語》與《晉書》兩種文獻,“見《晉書》”一語,當指李斌與楊駿俱死之事。而《世語》一書往往叙述家系,也没有明確證據表明其叙事不及晉惠帝年間,因此處於曖昧位置的“翼子斌,楊駿外甥也”,究竟是承前出自《世説》,還是來自《晉書》,抑或是注者自語,難以確言。

與之類似的例子還有《張範傳》與《張既傳》注文。卷一一《張範傳》實合述張範及弟承兩人。傳末注補兩人後嗣云:

> 《魏書》曰:文帝即位,以範子參爲郎中。承孫邵,晉中護軍,與舅楊駿俱被誅。事見《晉書》。[2]

“文帝即位以範子參爲郎中”一句出自《魏書》,此下并未標識《魏書》内容的結束。但張邵事蹟已晚至西晉惠帝時期,不應出於《魏書》,關於“承孫邵”的記載都應該本於《晉書》,但不是原文。

卷一五《張既傳》正文以簡述張既嗣子緝結束,此下注引《魏略》補詳張緝生平,注末又云:

> 緝孫殷,晉永興中爲涼州刺史,見《晉書》。[3]

與上例同樣,《魏略》也不當叙及晉惠帝永興中事,關於“緝孫殷”的這句話應本于《晉書》。

上述三例中,“在某書”、“見某書”等後文的標識明白顯示出前面的“某書曰”以下不全是該書内容,而引用終止處未必有明確提示。與此相比,更加棘手的是“某書曰”下混有非該書内容,下文却連“在某書”一類的提示也没有。

卷二九《方技·管輅傳》正文記載管輅爲劉邠卜筮之事,注文先引《輅別傳》補充了發生在兩人之間的另一件事,又引《晉諸公贊》補充劉邠家系:

---

[1] 《三國志》卷九《魏書·夏侯尚傳》,頁302。
[2] 《三國志》卷一一《魏書·張範傳》,頁338。
[3] 《三國志》卷一五《魏書·張既傳》,頁478。

　　《晉諸公贊》曰：邠本名炎，犯晉太子諱，改爲邠。位至太子僕。子粹，字純

蝦，侍中。次宏，字終蝦，太常。次漢，字仲蝦，光禄大夫。漢清沖有貴識，名亞樂

廣。宏子咸，徐州刺史。次耽，晉陵内史。耽子惔（引案：原誤作"恢"），字真長，

尹丹楊，爲中興名士也。[1]

《晉諸公贊》的撰者傅暢卒於咸和五年，[2]即東晉成帝前期，這早於此注最末所及的
劉惔的活動時期，[3]對劉惔的叙述不可能來自《晉諸公贊》，那麼《晉諸公贊》的引用
範圍到哪裏爲止呢？從内容上，可以大致將這段注文分爲劉邠本人和劉邠子孫兩個
層次，但《世説新語·賞譽》第22條注引《晉諸公贊》有"粹，沛國人。歷侍中、南中郎
將。宏，歷秘書監、光禄大夫"。[4]説明《晉諸公贊》中也記載了劉邠諸子。那麼，裴
注對《晉諸公贊》的引用就跨越了注文内容的不同層次，又在其後補續了其他内容。
看來裴注不僅有著自己的叙述邏輯、層次，而且引用他書雖然標明出處，但也是根據
自己的叙述需要隨機應變，并不以保持原書段落的完整爲目的，不大從原書立場上考
慮它們在注釋中的存在方式。就這一段注文來説，哪些内容是本於《晉諸公贊》，哪些
是注釋者的補充，并不明確。

　　稍有相似的另一例，卷一八《吕虔傳》正文語及王祥，注先引孫盛《雜語》、王隱《晉
書》等述祥事蹟，又進而補充祥弟覽的資料：

　　祥弟覽，字玄通，光禄大夫。《晉諸公贊》稱覽率素有至行。覽子孫繁衍，頗

有賢才相係，奕世之盛，古今少比焉。[5]

在《晉諸公贊》作者傅暢生活的晉成帝以前，王覽子孫顯赫者主要是王導；此後到桓玄
掌權時期、晉宋交替之際，王氏後輩王彪之、王弘、王華等相繼登場，才比較符合"弈世
之盛，古今少比"的評價，也就是説。這一評價應是處於劉宋初年的注者做出的，這裏
援引《晉諸公贊》的内容恐怕只有"覽率素有至行"一句而已。

　　卷二二《盧毓傳》最末補注盧毓後世，涉及盧毓子欽、珽，孫輩浮、皓、志，曾孫諶，
諶曾孫循等數人，所涉文獻包括《世語》、虞預《晉書》、《晉諸公贊》、《盧諶別傳》等數種，
情況頗爲複雜，俟後詳論，這裏只看最後"《諶別傳》曰"以下的内容：

　　《諶別傳》曰：諶善著文章。洛陽傾覆，北投劉琨，琨以爲司空從事中郎。琨

敗，諶歸段末波。元帝之初，累召爲散騎中書侍郎，不得南赴。永和六年，卒於胡

[1]　《三國志》卷二九《魏書·方技·管輅傳》，頁824。
[2]　見《晉書》卷四七《傅玄傳》，中華書局，1974年，頁1333。
[3]　參見《晉書》卷七五《劉惔傳》，傳中較有標誌性的時點是簡文帝爲相及桓溫爲荆州。惔年三十六而亡，那麼他的
　　　活動時期即便較本傳所述向前擴展，擴展範圍也十分有限，難以前及成帝咸和間。
[4]　《世説新語·賞譽》，余嘉錫箋疏，中華書局，2007年，頁513。
[5]　《三國志》卷一八《魏書·吕虔傳》，頁541。

中,子孫過江。妖賊帥盧循,諶之曾孫。[1]

對於盧諶南渡的後人,僅叙述叛亂者盧循一人,而且直白地稱之爲"妖賊帥",這不是通常爲名士立别傳的做法。而且盧循的年代與盧諶已相距頗遠,因此注中雖然没有明確標識,但這最末的關於盧循的一句恐怕不是《諶别傳》的内容。

無獨有偶,同卷《陳群傳》最末補注陳群後嗣云:

> 案《陳氏譜》：群之後,名位遂微。諶孫佐,官至青州刺史。佐弟坦,廷尉。佐子準,太尉,封廣陵郡公。準弟戴、徵及從弟堪,并至大位。準孫逵,字林道,有譽江左,爲西中郎將,追贈衛將軍。[2]

家譜中大概不會有"群之後名位遂微"這樣綜述性的語言,[3]何況這還是消極色彩的綜述。這句話應是注者總結《陳氏譜》的記載所得。這又涉及另一點,即"某書曰"以後的内容不僅可能不都屬於引書範圍内,即便是引用該書的部分,也有可能經過注者的改寫加工,甚至添加了某些因素。

關於裴注引書對原文的改動,還可以看卷二八《鍾會傳》注:

> 《晉諸公贊》曰：胡烈兒名淵,字世元,遵之孫也……[4]

這裏想注意的是"胡烈兒名淵"這一特殊的表達方式,略去了原注此下叙述自遵至淵數代人事蹟的部分。一般書中附叙子孫,例稱爲"子某",而這裏之所以採取胡烈之兒名爲淵的形式,是在配合正文"烈軍兵與烈兒雷鼓出門"中的"烈兒"一語。裴注的首要考慮是配合陳壽正文形成對歷史事件、人物的記述和議論,原書字句亦不必嚴格遵從。

在裴注中,博采諸書只是注釋的手段而非目的,注釋者的引用與叙述常常難以分割,注文的邏輯層次不一定符合"某書曰"、"在某書"等的標示。就其中的世系注而言,基本的叙述結構應是在世系框架中填充具體内容,下節結合例證對此進行分析。

三、世系注的結構: 框架與内容

本文的"世系注"是指對《三國志》正文中出現的人物(無論是否爲傳主)的子孫後代情況進行補充的注文。在一些有"臣松之案"的明確提示的注文中,能明顯看出注

---

[1]《三國志》卷二二《魏書·盧毓傳》,頁653。
[2]《三國志》卷二二《魏書·陳群傳》,頁642。
[3] 關於中古譜牒的書寫形式與書寫義例,可參陳爽《出土墓誌所見中古譜牒研究》,學林出版社,2015年,頁102—114。
[4]《三國志》卷二八《魏書·鍾會傳》,頁793。

文不可簡單劃分爲幾段他書引文，而是以家族世系爲線索依次介紹人物，并在其中夾雜引自他書的内容。如卷二六《田豫傳》注楊暨及其後世：（以下根據本文理解劃分裴注段落，中華點校本的分段以"‖"符號在原段落尾處表示。）

> 臣松之案：暨字休先，滎陽人，事見《劉曄傳》。
>
> 暨子肇，晉荆州刺史。山濤《啟事》稱肇有才能。
>
> 肇子潭字道元，次歆字公嗣，潭子彧字長文，次經字仲武，皆見《潘岳集》。‖[1]

此注以"臣松之案"開始，涉及的文獻都不是以"某書曰"的直接引文格式出現，因此此注的叙述線索很明顯是出於注釋者安排。注釋者梳理了楊暨、暨子肇、肇子潭、歆、潭子彧、經的譜系，并説明在三種文獻中對所涉及的人物有更詳細記載。

又如卷一六《蘇則傳》注，是在注者所搭建的蘇愉、愉子紹、紹弟慎的世系框架上添加具體資料完成的：

> 愉字休豫，歷位太常光禄大夫，見《晉百官名》。山濤《啟事》稱愉忠篤有智意。‖
>
> 臣松之案，愉子紹，字世嗣，爲吳王師。石崇妻，紹之兄女也。紹有詩在《金谷集》。
>
> 紹弟慎，左衛將軍。‖[2]

此注没有出現"某書曰"，中間還稱"臣松之案"，都顯示此注是注釋者進行的叙述。關於蘇愉，注釋者添加了山濤《啟事》對他的總體評價；關於子紹，則添加了有詩在《金谷集》一事。需注意的是，在這句前還有"石崇妻，紹之兄女也"一句，雖然也涉及蘇氏家族的一位成員，但不是世系框架的一部分，因爲其位置不符合一般家族人物的排列次序。它與下句的"紹有詩在《金谷集》"直接相連，只是解釋蘇紹能預於石崇金谷之會的背景，也算是對蘇紹的記載的一部分。

卷二一《衛覬傳》中關於河南潘勗後世的注文涉及了多種文獻，但行文中以人物串聯他書引文的傾向十分明顯。對這段裴注，中華點校本也放棄了通常以文獻劃分裴注段落的方式，基本以人物劃分段落：

> 《文章志》曰：勗字元茂，初名芝，改名勗，後避諱。或曰勗獻帝時爲尚書郎，遷右丞。詔以勗前在二千石曹，才敏兼通，明習舊事，敕并領本職，數加特賜。二十年，遷東海相。未發，留拜尚書左丞。其年病卒，時年五十餘。魏公九錫策命，勗所作也。

---

[1]　《三國志》卷二六《魏書·田豫傳》，頁 728。
[2]　《三國志》卷一六《魏書·蘇則傳》，頁 493。

　　勗子滿，平原太守，亦以學行稱。‖

　　滿子尼，字正叔。《尼別傳》曰：尼少有清才，文辭温雅。初應州辟，後以父老歸供養。居家十餘年，父終，晚乃出仕。尼嘗贈陸機詩，機答之，其四句曰：“猗歟潘生，世篤其藻，仰儀前文，丕隆祖考。”位終太常。‖

　　尼從父岳，字安仁。《岳別傳》曰：岳美姿容，夙以才穎發名。其所著述，清綺絶倫。爲黃門侍郎，爲孫秀所殺。尼、岳文翰，并見重於世。‖

　　尼從子滔，字湯仲。《晉諸公贊》：滔以博學才量爲名。永嘉末，爲河南尹，遇害。‖[1]

　　“尼從子滔，字湯仲”顯然不宜視爲《潘岳別傳》的文字，“尼從父岳，字安仁”也不宜視爲《潘尼別傳》的文字，中華點校本除了未將關於潘滿的簡短一句另分一段外，對潘尼、潘岳、潘滔都採取一人爲一段的處理。此注分別用《潘尼別傳》、《潘岳別傳》及《晉諸公贊》補充對潘尼、岳、滔三人的記載，以此推測，關於勗子滿的記載雖然沒有明示，但也未必是見於注文之首的《文章志》的内容。

　　但是，也有不少世系注原本的邏輯不像上述關於潘氏的注文那樣明顯，容易掩蓋在每書及案語前空格（或分段）的格式之下。接下來著重辯證這樣的注文的叙述邏輯與結構。卷二二《盧毓傳》末云：“毓子欽、珽，咸熙中欽爲尚書，珽泰山太守。”其下注云：

　　《世語》曰：欽字子若，珽字子笏。

　　欽泰始中爲尚書僕射，領選，咸寧四年卒，追贈衛將軍，開府。‖虞預《晉書》曰：欽少居名位，不顧財利，清虚淡泊，動脩禮典。同郡張華，家單少孤，不爲鄉邑所知，惟欽貴異焉。

　　欽子浮，字子雲。‖《晉諸公贊》曰：張華博識多聞，無物不知。浮高朗經博，有美於華，起家太子舍人，病疽，截手，遂廢。朝廷器重之，就家以爲國子博士，遷祭酒。永平中爲秘書監。

　　珽及子皓，志并至尚書。

　　志子諶，字子諒。温嶠表稱諶清出有文思。‖《諶別傳》曰：諶善著文章。洛陽傾覆，北投劉琨，琨以爲司空從事中郎。琨敗，諶歸段末波。元帝之初，累召爲散騎中書侍郎，不得南赴。永和六年，卒于胡中。

　　子孫過江。妖賊帥盧循，諶之曾孫。‖[2]

　　這條注文乍看上去似是《世語》、虞預《晉書》、《晉諸公贊》、《諶別傳》四段引文的

[1]　《三國志》卷二一《魏書·衛覬傳》，頁613。
[2]　《三國志》卷二二《魏書·盧毓傳》，頁652—653。

集合，但上文已經談到位於《諶別傳》曰"後的末句"妖賊帥盧循，諶之曾孫"不應出自《諶別傳》。整體理解這條注文，應是以"《世語》曰：欽字子若，斑字子笏"一句爲總起，分別叙述了盧欽與盧斑兩支的情況。之所以有這樣的叙述結構，應是爲了與《盧毓傳》正文"毓子欽、斑"相對應。在盧欽一支方面，注文叙述了盧欽及其子浮兩人，并在叙述中分別援引了虞預《晉書》與《晉諸公贊》所載的具體事跡。在盧斑一支方面，先簡述盧斑及二子官位，然後較詳細地叙述了斑孫諶，并援引温嶠表奏與《諶別傳》，最後又簡述盧諶後人。

同卷《陳群傳》開始部分正文稱"祖父寔，父紀，叔父諶，皆有盛名"，下有一條長注：

> 寔字仲弓，紀字元方，諶字季方。《魏書》曰：寔德冠當時，紀、諶并名重於世。寔爲太丘長，遭黨錮，隱居荆山，遠近宗師之。靈帝崩，何進輔政，引用天下名士，徵寔，欲以爲參軍，以老病，遂不屈節。諶爲司空掾，早卒。紀歷位平原相、侍中、大鴻臚，著書數十篇，世謂之《陳子》。

> 寔之亡也，司空荀爽、太僕令韓融并制緦麻，執子孫禮。四方至者車數千乘，自太原郭泰等無不造門。‖《傅子》曰：寔亡，天下致弔，會其葬者三萬人，制縗麻者以百數。‖《先賢行狀》曰：大將軍何進遣屬弔祠，謚曰文範先生。

> 于時，寔、紀高名并著，而諶又配之，世號曰三君。每宰府辟命，率皆同時，羔鴈成群，丞掾交至。豫州百姓皆圖畫寔、紀、諶之形象。‖[1]

注文長篇徵引《魏書》、《傅子》和《先賢行狀》補充陳寔父子三人事跡，但如果用引書爲此注劃分段落，對其叙述邏輯就有很多難以理解之處：例如在開頭的"《魏書》曰"之下依次叙述了寔、諶、紀以後，又回過頭來講述與陳寔個人相關的事跡；又如在依次引《傅子》、《先賢行狀》叙述陳寔喪禮後，再合談其父子三人之高名；又如在起首不標明引用文獻而説明父子三人名字。注文將三人的名字冠於所有引用之前，是注者自述的口吻，因爲這條注文是綜合各書爲正文"祖父寔，父紀，叔父諶，皆有盛名"一句作注。注文具體的邏輯順序，是先叙三人簡歷，再詳寫陳寔喪禮一事以見其盛名，最後叙述表現三人作爲整體并著高名的"世號三君"、"辟命交至"、"百姓圖像"三事。

卷二四《韓暨傳》末補充韓暨子孫的資料：

> 《楚國先賢傳》曰：邦字長林。少有才學。晉武帝時爲野王令，有稱績。爲新城太守，坐舉野王故吏爲新城計吏，武帝大怒，遂殺邦。

> 暨次子繇，高陽太守。

> 繇子洪，侍御史。

---

[1]《三國志》卷二二《魏書·陳群傳》，頁 633—634。

　　洪子壽,字德真。‖《晉諸公贊》曰:自暨已下,世治素業,壽能敦尚家風,性尤忠厚。早歷清職,惠帝踐阼,爲散騎常侍,遷守河南尹。病卒,贈驃騎將軍。

　　壽妻賈充女。充無後,以壽子謐爲嗣,弱冠爲秘書監侍中,性驕佚而才出衆。少子蔚,亦有器望,并爲趙王倫所誅。韓氏遂滅。‖[1]

此注大體分爲兩部分,但并非以《楚國先賢傳》和《晉諸公贊》區分。第一部分承正文"子肇嗣,肇薨,子邦嗣"一句,引用了《楚國先賢傳》補充韓暨嗣孫韓邦的事蹟,至"遂殺邦"結束。但《楚國先賢傳》不大可能在記述韓邦後又記述其叔父"暨次子繇"及繇之子孫履歷,自此以下,就是此注第二部分,是在全傳最末補充韓暨除嫡子外的後世情況,而最主要目的是引出在西晉史上頗爲重要的韓壽父子。因此對繇、洪兩人,所述極簡,而洪子壽之下則引用了《晉諸公贊》的具體記載。注文第二部分起首的"暨次子繇"至"洪子壽字德真"未標明所據文獻,與上例中列舉陳寔父子之字而未説明所據何書的情況十分相似,都是注釋者配合自身需要,叙述了家族人物的基本情況。

　　又,卷二四《崔林傳》中語及王雄,注文補充王雄及其家世云:

　　案《王氏譜》:雄字元伯,太保祥之宗也。‖《魏名臣奏》載安定太守孟達薦雄曰:"……"詔曰:"……"雄後爲幽州刺史。

　　子渾,涼州刺史。次乂,平北將軍。

　　司徒安豐侯戎,渾之子。太尉武陵侯衍、荆州刺史澄,皆乂之子。‖[2]

雖然對《魏名臣奏》引文的終點没有明確説明,但奏議詔令集是自成一類的文獻,其內容應限於孟達薦表及詔書,不應包括對王雄子孫的記録,大概從"雄後爲幽州刺史"開始,皆非此書內容。對《魏名臣奏》所載表奏及詔書的引用,只是在補充關於王雄的資料,注文的基本結構則是對王氏一族王雄及其後人的依次叙述。

　　又,卷一〇《荀彧傳》末注補荀愷兄弟資料:

　　《荀氏家傳》曰:愷,晉武帝時爲侍中。‖干寶《晉紀》曰:武帝使侍中荀顗、和嶠俱至東宮,觀察太子。顗還稱太子德識進茂,而嶠云聖質如初。孫盛曰"遣荀勖",其餘語則同。‖臣松之案:和嶠爲侍中,荀顗亡没久矣。荀勖位亞台司,不與嶠同班,無緣方稱侍中。二書所云,皆爲非也。考其時位,愷寔當之。愷位至征西大將軍。

　　愷兄憺,少府。

　　弟悝,護軍將軍,追贈車騎大將軍。‖[3]

_____

[1]《三國志》卷二四《魏書・韓暨傳》,頁678。
[2]《三國志》卷二四《魏書・崔林傳》,頁679。
[3]《三國志》卷一〇《魏書・荀彧傳》,頁320—321。

《荀氏家傳》後,又有干寶《晉紀》、孫盛及"臣松之案"三處標識出處的文字。但所引干寶《晉紀》及孫盛都在敘述與此注完全無關的荀顗,必須與下文"臣松之案"合觀,才能理解這一部分都是爲最初由《荀氏家傳》引出的荀愷作注。從"干寶《晉紀》曰"到"愷寔當之",先轉述了干寶與孫盛對同一事件記載的差異之處,而後以"臣松之案"辨析認爲干寶、孫盛的記載皆不準確,那位荀姓侍中既不是干寶所説的荀顗,也不是孫盛所説的荀勖,而應是荀愷,回應了注文最初的"愷,晉武帝時爲侍中"一句。這段之後"愷位至征西大將軍"等内容,可能依然本於《荀氏家傳》。因爲荀氏是曹魏西晉極爲顯赫的大族,此卷以《荀氏家傳》補注荀氏家族成員的例子很多,"愷位至征西大將軍"以及對愷兄弟憺、悝的簡述,與他處注文中的《荀氏家傳》引文的體例、内容基本一致。也就是説,此注世系框架很可能由《荀氏家傳》凝練而成,其間又插入了由注釋者組織、敘述的關於荀愷個人的引述和辯證。

　　綜上所述,裴注世系注的結構可拆分爲世系框架與具體内容兩部分:世系框架由按照一定規則排列的人物基本信息組成,在建立框架的基礎上,可能添加更多關於各人物的具體内容。把不同人物的基本信息——一般包括人物的親屬關係、名、字、官爵,[1]或至少是其中幾項——按照一定次序排列,確立了世系注敘述的框架,換句話説,它們是裴注自身敘述邏輯的最基本支撐。也正由於此,注文常常不對世系框架的出處予以明示,尤其是在一條注文的世系框架是注釋者綜合考證所得的情況下;甚至一些注文中的家族極爲顯赫,他們的主要譜系已經成爲當時士人的常識,這種世系框架的建立更未必依託於特定文獻。在世系框架基礎上添加的具體内容,可能是人物的事跡、風評,也可能包括與其人其事有關的辯證議論等,没有一定之規。這些具體内容大多標有出處,但因注釋中通常只允許對各人物作簡短介紹,因此引文通常是對原文獻的高度概括,而且其中也可能夾雜注釋者自己的論述。

四、譜牒傳統與正史傳統的世系記載

　　與裴注世系注相關的這一時期史學史上的重要問題,是士族社會對史學的影響,主要體現在譜牒、雜傳的盛行、紀傳史列傳中出現的家族傳因素等方面。這幾方面的發展變化相互交織,因此探索譜牒、雜傳、正史列傳間錯綜複雜的聯繫,儘管十分困難,但對於理解士族社會影響下的史學發展過程卻很必要。[2]在認識了裴注世系注的特性、結構的基礎上,有可能立足於世系注去觀察這些文獻之間的關聯。以下以家

---

[1] 在人物基本信息中列出的官爵,不同於對人物履歷的敘述,應是簡短、并與該人物有較爲固定的特殊聯繫的。將官爵作爲某人的代稱,是當時的常見現象,雖然未必僅有一種稱呼方式,但也不會過多。
[2] 胡寶國對譜牒與雜傳的關係以及它們的發展進程有深入探討,見《雜傳與人物品評》,《漢唐間史學的發展》(修訂本),北京大學出版社,2014年,頁121—146。

族人物的排列順序爲入手點，嘗試對這一問題作初步討論。

正史列傳羅列家族人物，一般採用的順序是先縱後橫、先子孫後兄弟。這種傳統源自《史記》諸世家，世家所載主要是春秋戰國時期的諸侯國，但也包括漢初一些王侯，後來史書雖因世易時移而不再設置世家，但還常常在列傳中記載承嗣爵位者的情況。因此，列傳中的家族人物排列順序一般是以父子相繼的縱向排列爲優先的。至於譜牒，陳爽探討了中古譜牒的形式與體例，主要依據是中古墓誌和時代稍晚的《世說人名譜》，他已經談到譜牒中排列人物的順序是先橫後縱，[1]但對此沒有特別重視。對比前述正史的情況，譜牒的這一體例就很值得注意。總體而言，儘管也有混淆的情況存在，但基本可以將世系的排列方式區分爲譜牒傳統(即先橫後縱)與正史傳統(即先縱後橫)兩種。

那麼，裴注世系框架的排列順序是怎樣的呢？上文曾引用的卷二二《陳群傳》末對陳氏世系的補注，所列人物依次是："諶孫佐"、"佐弟坦"、"佐子準"、"準弟戴、徵及從弟堪"、"準孫逵"，是依橫向的輩分順序排列，陳佐之弟在其子之前，且陳佐諸子與從子相接。這種順序符合譜牒傳統，而這段注文又是以"案《陳氏譜》"起首。不過上文已經指出其後一句"群之後名位遂微"不是《陳氏譜》原文，只是注釋者對《陳氏譜》記載的概括，那麼此下對陳諶之後的記載是否出自《陳氏譜》？從前文對於世系注結構的分析來看，注釋者往往不說明世系框架的出處，因此無法確認對陳諶之後的記載是否直接引自《陳氏譜》。但可以確認的兩點是，身爲陳群叔父的陳諶的子孫在《陳氏譜》中應有記載，[2]注釋者也能夠見到《陳氏譜》一書，因此這條注文很可能與《陳氏譜》有密切聯繫。

再看一例卷一一《管寧傳》內對"太僕庾嶷"後人的補注：

案《庾氏譜》：嶷字劭然，潁川人。子龢字玄默，晉尚書、陽翟子。

嶷弟遁，字德先，太中大夫。遁胤嗣克昌，爲世盛門。侍中峻、河南尹純，皆遁之子，豫州牧長史敳(原誤作"顗")，遁之孫，太尉文康公亮、司空冰皆遁之曾孫，貴達至今。‖[3]

注文以"案《庾氏譜》"起首，依次記載庾氏人物：先是庾嶷及其子龢，然後回到庾嶷之弟遁，以及遁一支的後人，這之中明確顯示出子輩、孫輩、曾孫輩的輩分順序，符合譜牒傳統。不過與上一例一樣，這條注文具體文字與《庾氏譜》的關係也難以確認，尤其是對庾遁一支的敘述即便依據了家譜，也肯定經過改寫。

---

[1] 陳爽《出土墓誌所見中古譜牒研究》，頁102—103、124。
[2] 此傳正文開篇時已交代陳諶爲陳群叔父(《三國志》卷二二《魏書·陳群傳》，頁633)，因此裴注在敘述陳群後嗣以後，毫無銜接地直接敘述"諶孫佐"等人。
[3] 《三國志》卷一一《魏書·管寧傳》，頁363。

　　上文已引用過的卷二四《崔林傳》關於王雄及其家世的注文,也是以王雄二子渾、乂在先,渾、乂二人之子戎、衍、澄在後,與譜牒傳統相合。此注起首就引用了《王氏譜》,此後雖然還引用了《魏名臣奏》,但只是爲了補充關於王雄個人的記載,這條注文整體上對王氏世系與人物的叙述還是應與《王氏譜》有密切聯繫。

　　卷一三《華歆傳》末注補華歆後世云:

　　　　華嶠《譜叙》曰:歆有三子。表字偉容,年二十餘爲散騎侍郎。時同僚諸郎共平尚書事,年少,并兼厲鋒氣,要召名譽。尚書事至,或有不便,故遺漏不視,及傳書者去,即入深文論駮。惟表不然,事來有不便,輒與尚書共論盡其意,主者固執,不得已,然後共奏議。司空陳群等以此稱之。仕晉,歷太子少傅、太常。稱疾致仕,拜光禄大夫。性清淡,常慮天下退理。司徒李胤、司隸王弘等常稱曰:"若此人者,不可得而貴,不可得而親,不可得而疎。"中子博,歷三縣内史,治有名跡。少子周,黄門侍郎、常山太守,博學有文思。中年遇疾,終于家。

　　　　表有三子。長子廙,字長駿。‖《晉諸公贊》曰:廙有文翰,歷位尚書令、太子少傅,追贈光禄大夫開府。嶠字叔駿,有才學,撰《後漢書》,世稱爲良史。爲秘書監、尚書。澹字玄駿,最知名,爲河南尹。

　　　　廙三子。昆字敬倫,清粹有檢,爲尚書。薈字敬叔。《世語》稱薈貴正。恒字敬則,以通理稱。昆,尚書;薈,河南尹;恒,左光禄大夫開府。澹子軼,字彦夏。有當世才志,爲江州刺史。‖[1]

這段内容較以上兩例更豐富,可以把引用文獻與世系框架簡略總結如下,每輩人物列作一行:

　　　　("華嶠《譜叙》曰")"歆有三子":"表"、"中子博"、"少子周"。
　　　　"表有三子":"長子廙"("《晉諸公贊》曰")、"嶠"、"澹"。
　　　　"廙三子":"昆"、"薈"("《世語》稱")、"恒";"澹子軼"。

這一順序是嚴格按照輩分排列的,橫向的兄弟、堂兄弟相接,而縱向的父子被分隔。注文中標明了三種文獻:"華嶠《譜叙》曰"、"《晉諸公贊》曰"和"《世語》稱",但後兩種引用文獻標識的位置是不規則地插在世系框架中,證明世系框架不爲後兩種引用文獻左右。由於在開始部分所引的是華嶠《譜叙》,整個世系框架或許是根據《譜叙》建立的,亦即《晉諸公贊》和《世語》只是簡短的注中注,其後的部分依然出自《譜叙》。但是,因爲所述世系已包括華嶠子侄輩,所以也不得不懷疑有些信息可能是注者依據其他材料補充的。值得注意的是注文對華廙三子昆、薈、恒做出兩次叙述,在第一次中

[1]　《三國志》卷一三《魏書·華歆傳》,頁406。

僅長子昆提及官位，後兩人只有德行方面的評價，第二次則列舉三人官位，但對於華昆來說則是不必要的重複。這樣看起來條理有些混亂的叙述，是否正是拼接兩種文獻記載的痕跡呢？大膽猜測華嶠《譜叙》不及對諸位侄兒有全面記録，因此注者又根據其他文獻進行補充，但没有再標識文獻名，或許這個文獻正是爲裴注所廣泛利用、本注前面也已出現過的《晉諸公贊》或《世語》。

以上幾例世系注皆引用家譜，而其世系框架又都是依照先横後縱的次序排列人物，與譜牒傳統相符。而在大量的没有引用家譜的世系注中，人物排列順序基本也都是先横後縱，以下列舉數例。爲求簡明，僅依注文順序抄録人物與書名，以見各注的基本結構(世系框架以及在框架中插入的他書引文)，同時，人物依輩分分行。

卷九《夏侯尚傳》末及高陽許允，注補允子孫：

(“《世語》曰”)“允二子”：“奇”、“猛”(“傅暢《晉諸公贊》曰”)。

“奇子遐”，“猛子式”。[1]

卷一六《鄭渾傳》末注補鄭渾後世：

(“《晉陽秋》曰”)“泰子袤”。

“子默”(“《晉諸公贊》曰”)、“默弟質、舒、詡”。

“默子球”、“球弟豫”。[2]

卷一八《李通傳》末補注李通之子緒的後世：

(“王隱《晉書》曰”)“緒子秉”。

“秉子重”(“《晉諸公贊》曰”)，“重二弟”：“尚”、“矩”。

“重子式”。[3]

卷二三《裴潛傳》末記載裴潛嗣子秀“咸熙中爲尚書僕射”，其下注文先補充裴秀及其後世，又補充裴潛之弟裴徽一支：

“潛少弟徽”。

“徽長子黎”、“次康”、“次楷”、“次綽”。(“《晉諸公贊》曰”)(“謝鯤爲《樂廣傳》稱”)

“黎子苞”，“康子純”、“次盾”、“次郃”、“次廓”，“楷子瓚”、“次憲”，“綽子遐”。(“《晉諸公贊》稱”)[4]

[1]《三國志》卷九《魏書·夏侯尚傳》，頁304。
[2]《三國志》卷一六《魏書·鄭渾傳》，頁512。
[3]《三國志》卷一八《魏書·李通傳》，頁536。
[4]《三國志》卷二三《魏書·裴潛傳》，頁674。

卷二四《高柔傳》在開始部分叙述高柔先世：

> （"《陳留耆舊傳》曰"）"靖高祖父固"。
> "固子慎"。
> "子式"、"次子昌"、"昌弟賜"。
> "式子弘"。
> "弘生靖"。[1]

上文已引用分析過的卷二六《田豫傳》關於楊暨一族的世系注：

> （臣松之案）"暨"（"事見《劉曄傳》"）。
> "暨子肇"（"山濤《啟事》稱"）。
> "肇子潭"、"次歆"。
> "潭子彧"、"次經"。（"皆見《潘岳集》"）

卷二八《鄧艾傳》正文叙鄧艾請爰邵解夢之事，注補爰邵家系：[2]

> （荀綽《冀州記》曰"）"邵"。
> "長子輪"、"中子敞"、"少子倩"。
> "輪子俞"。

　　以上數例，在某人的子、弟都出現的情況下，都是先列弟、後列子。就裴注世系注全體而言，除了世系僅在橫或縱的一個方向上展開的注文以外，絕大部分注文中人物的排列順序是先橫後縱，與家譜傳統符合的。由於世系注是由注釋者搭建框架、插入材料而成，因此很難去查證各條具體注文的史源，但是，世系注的人物排列順序普遍符合譜牒傳統的先橫後縱，説明世系注的基本結構受到譜牒的深刻影響。

　　至此，本文從反思裴注的基本性質出發，挖掘注文的内在邏輯，揭示出世系注的基本結構是在世系框架之内填充資料。世系框架的來源未必在注中明示，總體來説是注釋者參考各種資料後重新叙述的，但它排列人物的方式與譜牒有深刻關聯。這些考察除了能夠進一步認識裴注世系注本身，還對探討中古時期譜牒、家傳、正史列傳之間的相互作用及這些文獻的發展演變有所啟發。

　　南北朝時期紀傳體史書在傳内附載親族、以家族爲單位編排列傳的做法盛行，爲《三國志》補注世系的裴注可以説是開此家族傳風氣的先河。一般史書撰成後，編纂者如何加工改編資料的痕跡會被掩蓋，而深具史學特性的裴注類似於史書編纂的中間環節，其中留有大量能指示編纂方式與過程的痕跡，因此裴注的世系注對於探究其

---

[1]　《三國志》卷二四《魏書·高柔傳》，頁 682—683。
[2]　《三國志》卷二八《魏書·鄧艾傳》，頁 781—782。

他紀傳史中家族傳的形成具有重要參考價值。另外，裴注世系框架的排列順序保留了譜牒傳統，但魏收《魏書》、唐修《晉書》等較晚的正史列傳基本不採用譜牒的順序結構，即便魏收還聲稱其書有保存譜牒資料的意圖。[1] 這暗示或許存在正史受譜牒衝擊、又逐漸將新因素納入自身規範的發展過程。這一課題值得今後繼續探究。

Pei Songzhi's Ancestry Annotations: Logic and Structure

Nie Weimeng

Abstract: The paper focuses on the ancestry part of Pei Songzhi's Annotations to *San Guo Zhi*. The ancestry part, and even all the annotations of Pei, is a narration rather than a collection of quotations. To expound this, the paper analyses the narrative logic and structure of these annotations and traces back how the annotator compiled original materials to form narrations of his own. The narrative sturcture of the annotations on ancestry is based on a template of basic information on certain family members filled with or without details. The paper also points out that the sequencing of the family members in Pei's ancestry annotations is different from the common sequencing in offical history. This may be a valuable feature to shet light on interactions among official histories, genealogies and other history writings in medieval times.

Keywords: Pei Songzhi's Annotations to *San Guo Zhi*, narrative sturcture, genealogies, official histories

聶澂萌，南京大學歷史學院，專職科研員，nieweimeng@163.com

---

[1] 《北史》卷五六《魏收傳》載魏收曰：“往因中原喪亂，人士譜牒遺逸略盡，是以具書其枝派。”（中華書局，1974 年，頁 2032。）

《三國志·趙雲傳》所見之
人物同傳的意義

柴　芃

【提　要】歷史上的趙雲與傳説中的形象頗有不同，是人所共知的事情。然而過去的研究往往不能將這兩者很好地區分開來。本文一方面分析了趙雲在蜀漢政權中的實際地位，并對其事跡作一辨析；另一方面著重討論趙雲形象演變的歷史根源，探尋紀傳體史書中的"同傳"現象對於人物形象的隱性影響。

【關鍵詞】趙雲　三國志　陳壽　列傳　人物形象

一、歷史上趙雲的地位

真正從事研究工作的學者，恐怕誰也不會把歷史上的趙雲，同長坂坡那個七進七出的英雄人物對應起來。然而，真正擺脱"流俗小説"帶給我們的影響，似乎也不是一件十分容易的事情。在討論這個問題之前，我們不妨先來看下徐庶的情況。《三國志》卷三五《諸葛亮傳》注引《魏略》：

> 庶先名福，本單家子。[1]

明代以後，絶大部分人在接觸這段史料前都是讀過《三國演義》的。在這一個背景下，把"單"理解爲姓氏成了很自然的一件事。然而錢大昕指出：

> 案《魏略》列傳以徐福、嚴幹、李義等十人共卷，幹、義皆馮翊東縣人，馮翊東縣舊無冠族，故二人並單家。又《魏略·儒宗傳》："薛夏，天水人也。天水舊有姜閻任趙四姓，常推于郡中，而夏爲單家。隗禧，京兆人也。世單家。"《魏略·吴質

---

[1]　《三國志·蜀書》卷五《諸葛亮傳》，中華書局，1982年，頁914。

傳》："始質爲單家，少游遨貴戚間。"《張既傳》："既世單家。"凡云單家者，猶言寒門，非郡之著姓耳。徐庶爲單家子，與此一例。流俗讀"單"爲"善"，疑其本姓單，後改爲徐，妄之甚矣。《後漢書·趙壹傳》："恩澤不逮於單門。"亦單家之意也。[1]

錢大昕的意見無疑是正確的，裴松之在注中説"《魏略》列傳以徐福……十人共卷"，又説"徐福事在《諸葛亮傳》"[2]，也足見《魏略》中記載此人的名字就是"徐福"。後世的小説家顯然誤解了那句話的意思。錢氏能發現裏面的問題，足見他讀書仔細，不過這也與他對小説的態度不無關係：

> 釋道猶勸人以善，小説專導人以惡。奸邪淫盜之事，儒釋道書所不忍斥言者，彼必盡相窮形，津津樂道，以殺人爲好漢，以漁色爲風流，喪心病狂，無所忌憚。……有覺世牖民之責者，亟宜焚而棄之，勿使流播。[3]

一般人没有他這樣的覺悟，恐怕也就不易發現問題。不過正史中的記載與通俗理解有所不同，在很多情況下還是可以感覺出來的。就如《三國志·蜀書》卷六，關羽、張飛、馬超、黄忠、趙雲五人同傳，而關、張、馬、黄四人在先主爲漢中王時(建安二十四年，219)即已分列前、右、左、後將軍。而趙雲此時仍爲一雜號翊軍將軍。張飛、馬超二人活到了劉備稱帝以後，所以在章武元年(221)分别被授予車騎、驃騎這樣的重號。趙雲却直到建興元年(223)先主殂後，方得以晉升爲中護軍、征南將軍。這裏面的差距顯然不小，正如一篇名爲《趙雲形象史研究》的論文所概括的那樣：

> (趙雲)作爲蜀漢戰將，其功業地位不及關羽、張飛、馬超、黄忠等人[4]。

文中分析道：

> 整部《三國志》，除本傳外，趙雲的名字僅出現在《蜀書》之《先主傳》、《後主傳》、《二主妃子傳》、《諸葛亮傳》和《鄧張宗楊傳》中，不見于《魏書》、《吳書》。而時人對蜀漢戰將的評價，也主要集中在關羽、張飛、馬超等人身上，而趙雲只有劉備那句"子龍一身都是膽也"和軍中所號的"虎威將軍"，未免相形見絀。[5]

這其實已經很能説明問題了，趙雲名字出現頻率之低，尤其是不見於《魏書》、《吳書》的情況，足證他在當時并非知名人物。

不過，上文仍然對歷史上的趙雲作了很高的評價：

> 綜上所述，歷史上的趙雲，作爲蜀漢兩朝元老，久隨先主劉備，兩救後主劉

[1] 錢大昕《諸史拾遺》卷一，上海古籍出版社 2004 年版《廿二史考異》附，頁 1483、1484。
[2] 《三國志·魏書》卷二三《裴潛傳》，頁 674。
[3] 錢大昕《潛研堂集》卷一七，上海古籍出版社，2009 年，頁 282。
[4] 王威《趙雲形象史研究》，浙江大學碩士學位論文，2011 年，頁 1。
[5] 王威《趙雲形象史研究》，浙江大學碩士學位論文，2011 年，頁 13。

禪,"智、信、仁、勇、嚴"皆備,攻堅戰、遭遇戰、撤退戰無一不精,是一名不可多得的將才。儘管由于戰功不著,遲遲未能拜將封侯,名聲無法響徹鄰國,和我們今天所熟知趙雲形象存在不小的差距。但其"五德兼備"的性格特點,却爲後來那個近乎完美的趙子龍形象塑造,埋下了生根發芽的種子。[1]

這樣的結論確實很有道理。但作者在論證中仍有兩個問題。第一,此處考證的是歷史上的趙雲,却還是未能將歷史與小説中的形象完全分割開來。比如文中論述趙雲之"勇",首舉長坂坡一事。作者分析説,"當陽長阪一馬平川","趙雲所面對的,却是曹操的精鋭'虎豹騎',而并無受傷記載"。"此時劉備的兩個女兒都已被曹操俘虜,救援之艱難可想而知"[2]。所謂"虎豹騎"、"獲其二女輜重"的記載見於《三國志》卷九《曹純傳》。然而這與趙雲救後主一事却不一定有必然聯繫。《趙雲傳》對此事的描寫只有一句:

> 先主爲曹公所追於當陽長阪,棄妻子南走,雲身抱弱子,即後主也,保護甘夫人,即後主母也,皆得免難。[3]

如果趙雲真是在作戰的同時,從千軍萬馬之中將婦孺二人救護出來,那麼他的武力在當時可謂無與倫比,恐怕關羽"策馬刺良於萬衆之中",張飛據水斷橋,"敵皆無敢近",也不能比這更高明,然而趙雲又何至於如此寂寂無名? 最合理的情況,就是當時後主母子雖與先主分散,却并未被曹軍發現。二人在一衆難民隊伍中,本也十分窘迫,幸賴趙雲一路保護扶持,方得以脱離困境。以此來説明趙雲有大功於後主,其誰曰不然;然而必以此論證趙雲之"勇",顯然還是受到了小説的影響。

第二,作者在論述趙雲的所謂"五德"之時,大量引用了裴注所引《趙雲別傳》中的材料,然而《趙雲別傳》是否完全屬實,在歷史上是有疑問的。何焯就認爲,《別傳》與本傳有違反處,"不可信者也","別傳大抵依仿諸葛子瑜書及孫權稱尊號、諸葛公不明絶其僭之義爲之","別傳類皆子孫溢美之言,故承祚不取"[4]。

據何焯的理解,《別傳》其實是家傳,傳中叙述趙雲勸諫先主伐吳的言論,也出於後人附會,"恐散號列將非所及也"。這一觀點無疑很有見地,我們順著這一思路走下去,就會發現所謂的"子龍一身都是膽也"和"虎威將軍"也都出自別傳,恐怕不免有溢美之處。不過,何氏的觀點也大多是推測,《趙雲別傳》僅見於裴注,雖然從内容形制上來看很像家傳,但也并不能確定。趙雲諫伐吳的言論當然不免有後人的潤色補充,但要説"散號列將"就一定慮不及此,却不免過於主觀。只能説,如果事實確如別傳所

---

[1]　王威《趙雲形象史研究》,浙江大學碩士學位論文,2011年,頁14。
[2]　王威《趙雲形象史研究》,浙江大學碩士學位論文,2011年,頁9、10。
[3]　《三國志·蜀書》卷六《趙雲傳》,頁948。
[4]　《義門讀書記》,中華書局,1987年,頁463、464。

云,趙雲有此見識而先主不用,無疑説明他地位不高,其觀點也得不到應有的重視。

事實上,過去的研究都祇指出了趙雲的地位不如"關張馬黄",而缺乏進一步的比較,更談不上具體説明趙雲在蜀漢究竟到了哪一級的位置。然而探討這一問題,無疑對於理解相關史料的背景有很大意義。這也是本文重點討論的對象。

首先,趙雲本傳中記載他的歷官,是牙門將軍、翊軍將軍、中護軍征南將軍、鎮東將軍、鎮軍將軍。牙門將軍不甚重要,可以不予討論。翊軍將軍在整部《三國志》中也僅有趙雲、霍弋二人曾任此職[1],也不便於比較。征南將軍、鎮東將軍、鎮軍將軍在魏晉以後都是重號將軍,但在蜀漢還并非如此。《宋書·百官志》引魚豢曰:"四征,魏武帝置,秩二千石。黄初中,位次三公。漢舊諸征與偏裨雜號同。"[2]我們看馬超在拜左將軍之前是平西將軍,黄忠在拜後將軍前是征西將軍,則這些"方面號"將軍此時雖然已經較爲重要,但在蜀漢卻仍處於前左右後這四個重號將軍之下,無疑還有些"與偏裨雜號同"的意思[3]。至於鎮軍將軍,從趙雲自鎮東貶號鎮軍的情況來看,其地位顯然更低一些。

還應該指出的一個現象,就是蜀漢的將軍號"名號化"的程度很高,很多文職人員都有軍號在身[4]。就以趙雲的"鎮軍將軍"爲例,陳祗作尚書令後,便也加有此號[5]。再如"雍容敦雅"、"未嘗有所統御"的糜竺,也"拜爲安漢將軍,班在軍師將軍之右"[6]。然而這個"安漢將軍"本身卻并不如何重要,後來的李恢、王平、張邵三人就都有此號。這些軍號更多用於對個人地位的衡量,在軍職高低上的意義上就不免減弱了。事實上在趙雲的履歷中真正可以起到參照作用的,就是上面提到的"中護軍"一職。

《蜀書》卷十《李嚴傳》中,裴松之注引了一份諸葛亮在廢李嚴時所上的公文,文中詳細列舉了對他此舉表示支持的官員名單:

　　行中軍師車騎將軍都鄉侯臣劉琰、使持節前軍師征西大將軍領涼州刺史南鄭侯臣魏延、前將軍都亭侯臣袁綝、左將軍領荊州刺史高陽鄉侯臣吳壹、督前部右將軍玄鄉侯臣高翔、督後部後將軍安樂亭侯臣吳班、領長史綏軍將軍臣楊儀、督左部行中監軍揚武將軍臣鄧芝、行前監軍征南將軍臣劉巴、行中護軍偏將軍臣費禕、行前護軍偏將軍漢成亭侯臣許允、行左護軍篤信中郎將臣丁咸、行右護軍

---

[1]　參洪飴孫《三國職官表》,《二十四史研究資料叢刊·後漢書三國志補表三十種》,劉祐仁點校,中華書局,1984年,頁1567。

[2]　《宋書》卷三九《百官志上》,頁1225。

[3]　但方面號加"大"卻是重號將軍,如魏延爲征西大將軍,姜維爲鎮西大將軍,張翼爲鎮南大將軍,宗預爲征西大將軍之類。

[4]　閻步克《品位與職位——秦漢魏晉南北朝官階制度研究》,中華書局,2009年,頁443、444。

[5]　《三國志·蜀書》卷九,頁987。

[6]　《三國志·蜀書》卷七《糜竺傳》,頁969。

偏將軍臣劉敏、行護軍征南將軍當陽亭侯臣姜維、行中典軍討虜將軍臣上官雝、行中參軍昭武中郎將臣胡濟、行參軍建義將軍臣閻晏、行參軍偏將軍臣爨習、行參軍裨將軍臣杜義、行參軍武略中郎將臣杜祺、行參軍綏戎都尉盛勃[1]

前左右後將軍及以上都是重號,這裏不作討論。楊儀是文官,他的"綏軍將軍"只是個加號,也可以不考慮。自此以下,所有人的官名都有個特點,就是在軍號前都有個"某軍"的結銜,而且此銜還呈現出"監軍、護軍、典軍、參軍"這樣一個由高到低的整齊排列。在軍號很大程度上已經名號化了的情況下,這一序列無疑反映了上述人物在軍中的地位。從個人的升遷情況中,我們也可以很清晰地看到這一點:

(霍弋)後爲參軍庲降屯副貳都督,又轉護軍,統事如前……遷監軍翊軍將軍[2]。

(胡濟)亮卒,爲中典軍……遷中監軍前將軍。[3]

(王平)加拜參軍……遷後典軍、安漢將軍……更爲前護軍……前監軍、鎮北大將軍,統漢中。[4]

這裏面王平的履歷最全最詳盡,參軍、典軍、護軍、監軍,一個都没落下。胡濟的材料只從中典軍開始,但從上引諸葛亮公文中的名單來看,他是做過"行中參軍昭武中郎將"的,獨缺"護軍"一個。霍弋則做過參軍、護軍、監軍,少了"典軍"這一環。這其中的原因,是他們其實做過了這一官職、史書闕載,還是有越級提拔的情況,就不太好説了。但不管怎樣,這一軍級序列是實際存在的,當無疑議。

有了上述認識基礎,再來看趙雲的情況。楊戲《季漢輔臣贊》中將趙雲、陳到二人并稱,陳壽注中説,陳到"建興初,官至永安都督、征西將軍"[5],而《李嚴傳》中又提到"留護軍陳到駐永安"[6],可見陳到的官職其實是護軍、征西將軍,這與趙雲的"中護軍征南將軍"顯然是同一級別,這裏的"護軍"就屬於上文所揭示的那一序列。

《趙雲傳》中提到,他在建興六年(228)箕谷之戰時是與鄧芝一起的。諸葛亮《與兄瑾書》中也將"趙子龍與鄧伯苗"[7]并稱,可見此時二人的級別應該相同或相近。諸葛亮廢李嚴是在建興九年(231),此時鄧芝已經做到了監軍,但排名仍在長史楊儀之下。直到建興十二年(234)諸葛亮卒后,鄧芝纔晉升爲"前軍師前將軍"[8],真正進

---

[1]　《三國志·蜀書》卷一〇《李嚴傳》,頁1000。

[2]　《三國志·蜀書》卷一一《霍弋傳》,頁1007、1008。

[3]　《三國志·蜀書》卷九《董和傳》裴注,頁980。

[4]　《三國志·蜀書》卷一三《王平傳》,頁1050。

[5]　《三國志·蜀書》卷一五《楊戲傳》,頁1084。

[6]　《三國志·蜀書》卷一〇《李嚴傳》,頁999。

[7]　《水經注》卷二七《沔水》,王先謙《合校水經注》本,中華書局,2009年,頁410。

[8]　《三國志·蜀書》卷一五《鄧芝傳》,頁1072。

入到了重號將軍的行列。而趙雲在建興七年(229)就已經去世了,在死前官位應當還是停留在護軍一級。如果他能夠多活幾年,或許也能到了鄧芝這樣的地位。然而這樣的假設顯然没有什麽意義,只能説,歷史上的趙雲,祇是蜀漢政權中的一名中高級別的將領,與陳到的地位相當,離關羽、張飛這樣名震敵國的大將,還有著相當程度的距離。

二、"老子與韓非同傳"——趙雲形象演變的根源

這樣斤斤計較於歷史人物的排名、官位,或許會給人以庸俗、勢利之感。然而,在現有材料不足的情況下,官位高低能在很大程度上反映出一員武將的實際影響,無疑是值得重視的一項指標。當然特殊情況是存在的,比如關羽的兒子關興,"弱冠爲侍中、中監軍"[1],一個毛頭小夥子的地位就比趙雲要高一級。但關興的情況恐怕還是憑藉父蔭,不能説他的實際作用比趙雲要大。或許有人要據此爲趙雲抱屈,覺得蜀漢對他的使用"未盡其能"[2]。不過本文前面也已經分析過了,之所以會有這樣的認識,還是因爲没能把歷史上的趙雲與傳説中的那個形象分開。就如長坂一事,僅憑《趙雲傳》的記載,其實完全不能得出"勇"的結論。如果趙雲真是在戰場上救出了幼主,即使劉備一方對他待遇不公、不加封賞,曹操的謀臣又何以全不提及他的名字,唯"稱羽、飛萬人之敵也"? 此不待辨而可知者。

從歷史上的趙雲演變到後來小説家書中的形象,無疑經歷了一個漫長的過程。值得思考的是,這一演變的根源何在?《趙雲傳》本文的記述其實相當抽象,後世的趙雲形象,無疑受到了裴注所引《別傳》的很大影響。但如果完全把問題歸結到《別傳》上,恐亦不然。且看《華陽國志》的這段記載:

> 建興元年夏五月,後主即位……封丞相亮武鄉侯。中護軍李嚴假節,加光禄勳,封都鄉侯,督永安事。中軍師衛尉魯國劉琰亦都鄉侯。中護軍趙雲(爲征南將軍,封永昌亭侯)江州都督費觀,屯騎校尉、丞相長史王連,中部督襄陽向寵,及魏延吴懿皆封都亭侯。楊洪王謀等關内侯。[3]

常璩把趙雲列在如此靠前的位置,想必是覺得他是一個重要人物。但他在這裏犯了個錯誤,李嚴的官職其實是"中都護",并非中護軍。都護在蜀漢是很重要的官職,在李嚴以外見於記載的只有蔣琬、諸葛瞻二人,若非統攝朝政,此職絶不輕授。而趙雲

---

[1] 《三國志·蜀書》卷六《關羽傳》,頁942。
[2] 方原《蜀漢政權用人政策的失誤》,《成都大學學報(社科版)》2006年第2期,頁53。
[3] 《華陽國志》卷七《劉後主志》,據任乃强《華陽國志校補圖注》,上海古籍出版社,1987年,頁387。括弧内文字系校注者所加。

所任的"中護軍"只是中高級武官，已如前所述。中護軍在魏晉系統中是重要的禁軍將領，與蜀漢的中護軍名同實異，常氏大概混淆了這兩者，因而復生訛誤。

《華陽國志》此事載於後主建興元年，再看先主時期的記錄：

> （建安二十四年）羣下上先主爲漢中王，大司馬。以許靖爲太傅，法正爲尚書令，零陵賴恭爲太常，南陽黃權爲光禄勳，王謀爲少府，武陵廖立爲侍中。關羽爲前將軍，張飛爲右將軍，馬超爲左將軍，皆假節鉞。又以黃忠爲後將軍，趙雲翊軍將軍。其餘各進官號。[1]

常璩對趙雲地位發生誤判的原因，從上述表述中已不難看出。關、張、馬三人都假節，明顯與黃、趙不同，所以常璩單獨表出。然而對黃、趙二人，他就不復甄別，并在後面添上一句"其餘各進官號"，與其他諸將無形中分出了高下。這裏先不論趙雲與黃忠的位號本有相當距離，實際上趙雲的翊軍將軍是"成都既定"後所加，與關張馬黃四人并不同時。常璩的這一記載，顯然是受到了五人同傳的影響。他雖然也感覺到了幾人位次本有高下，但顯然對於蜀漢官制并不了解，所以在實際表述上還是將五個人放在了同一等級上，却不知這樣違背了史實。

《華陽國志》一書對後世的影響其實有限，我們不能説所謂"五虎將"的概念就來源於常璩。但從此事可以看出，僅就《三國志》本身的記載，在未能詳細考察的情況下，是很容易因爲關、張、馬、黃、趙五人同傳這一現象，得到他們地位相同或相近的印象的。在裴松之爲趙雲添加了許多鮮活事跡以後，趙雲的形象進一步得到凸顯，甚至在後世超過了黃忠[2]，也就不足爲怪了。

對於同傳人物的性質認識不清而導致的問題，絶不止趙雲這一例。唐代劉知幾著《史通》一書，就特別批評了《史記》"老子與韓非并列"的問題，他還分析了司馬遷這樣分類的緣由，以爲"豈非韓、老俱稱述者，書有子名"[3]？這種見解在今天看來自然不值一駁，但對於這一問題認識不清的，并不祇有劉知幾一個，與他同時代的司馬貞也認爲：

> 伯陽清虛爲教，韓子峻刻制法。靜躁不同，德刑斯舛。今宜柱史共漆園同傳，公子與商君竝列。可不善歟？[4]

> 二人教迹全乖，不宜同傳。先賢已有成説，今則不可依循。宜令老子尹喜莊周同爲傳，其韓非可居商君傳末。[5]

---

[1]　《華陽國志校補圖注》卷六《劉先主志》，頁 372。
[2]　王威《趙雲形象史研究》，頁 5。
[3]　《史通通釋》卷七《品藻》，頁 172。
[4]　司馬貞《史記索隱》卷三〇，廣雅叢書本，頁 10b。
[5]　司馬貞《史記索隱》卷三〇，廣雅叢書本，頁 13a。

司馬貞特別提到"先賢已有成説",可見此事并非他和劉知幾二人的見解,很可能在當時已經形成了共識。再往上追溯,則在南北朝時期已有此説:

> (王敬則)後與王儉俱即本號開府儀同三司。時徐孝嗣於崇禮門候儉,因嘲之曰:"今日可謂連璧。"儉曰:"不意老子遂與韓非同傳。"[1]

二人同姓,又同日開府,徐孝嗣便以此嘲儉。然而王儉自矜門第,本不屑與王敬則這一"屠狗商販"輩爲伍,"老子遂與韓非同傳",實爲妙對。在今天看來,司馬遷將老子與韓非同傳,無疑反映了當時人對黃老刑名學説的認識。但六朝人對此已不能理解,甚至以爲口實。劉知幾"俱稱述者,書有子名"的錯誤理解,未必不淵源於此。

再回到趙雲一事上,若單以名位論,關羽生前已對黃忠拜後將軍一事大爲光火,聲稱"大丈夫終不與老兵同列!"陳壽又將趙雲同列卷中,則無疑更有"老子與韓非同傳"的味道。不過陳壽這樣做顯然有他的考慮,史載後主景耀"三年秋九月,追諡故將軍關羽、張飛、馬超、龐統、黃忠。四年春三月,追諡故將軍趙雲"[2]。而在趙雲傳末,陳壽也專門交代:

> 初,先主時,惟法正見諡;後主時,諸葛亮功德蓋世,蔣琬、費禕荷國之重,亦見諡;陳祗寵待,特加殊獎,夏侯霸遠來歸國,故復得諡;於是關羽、張飛、馬超、龐統、黃忠及雲乃追諡,時論以爲榮。[3]

則關、張、馬、黃、趙五人合傳的原因,很大程度上就是因爲都得到了追諡。跟關張馬黃同一批追諡的人原本是龐統。然而龐統本是謀臣,實在不便與四個武將同傳,關、張、馬三人事跡雖然較多,黃忠却祇有定軍山一事可述,所以再將趙雲拉入以充篇幅,也實在是很自然的事情。關羽、張飛、馬超、龐統、黃忠同時得諡,無疑反映了這五人的重要性。而趙雲的一生其實并無重大成就,其所以得諡,主要還是因爲他對後主有恩,這在《雲別傳》所引後主詔中説的很清楚:

> "雲昔從先帝,功積既著。朕以幼沖,涉塗艱難,賴恃忠順,濟於危險。夫諡所以叙元勳也,外議雲宜諡。"大將軍姜維等議,以爲雲昔從先帝,勞績既著,經營天下,遵奉法度,功效可書。當陽之役,義貫金石,忠以衛上,君念其賞,禮以厚下,臣忘其死。死者有知,足以不朽;生者感恩,足以殞身。謹按諡法,柔賢慈惠曰順,執事有班曰平,克定禍亂曰平,應諡雲曰順平侯。[4]

若從"忠以衛上,君念其賞,禮以厚下,臣忘其死"的角度講,趙雲的得諡、陳壽的編次

[1] 《南史》卷四五《王敬則傳》,頁1130。
[2] 《三國志·蜀書》卷三《後主傳》,頁899。
[3] 《三國志·蜀書》卷六《趙雲傳》,頁951。
[4] 《三國志·蜀書》卷六《趙雲傳》裴注引《雲別傳》,頁951。

都無可厚非。趙雲形象的塑造,至晚在景耀四年已經開始了,陳壽將五人合傳,正是沿襲了蜀漢末期的官方歷史敘述[1]。但趙雲本非重要人物,其得此殊榮稍晚於關羽等人,也是理所應當。後世學者爲趙雲抱屈,對他"遲之一年之後而補謚"[2]表示不滿,也是未能明白此中關鍵之故。

無論是"老子與韓非同傳",還是關張馬黄趙同傳,司馬遷和陳壽大概都沒有誤導後人的意思,祇是時代不同,漸生誤解罷了。然而後世的史家,却也存在有意識地利用這種"同傳效應"的情況。

《北史》卷一八《元順傳》中記載元順爲人正直,對於胡太后的幸臣鄭儼十分不滿,批評他説:

> 卿是高門子弟,而爲北宫幸臣,僕射李思沖尚與王洛誠同傳,以此度之,卿亦應繼其卷下。[3]

李思沖即李沖,爲孝文帝時期的名臣。但據元順所云,在北魏舊史中,李沖是與文明馮太后的寵臣王洛誠同傳的,這可能與李沖也得到了馮太后的寵幸有關。然而在我們今天看到的《魏書》中,王洛誠在《恩倖傳》的卷首,李沖却得以免此厄運,被提了出來與李孝伯合爲一傳。李孝伯的年代比李沖要早,《魏書》此傳描述太武帝對李孝伯"寵眷有亞於(崔)浩,亦以宰輔遇之",看上去是個十分重要的人物。那麼二人合傳,是地位接近的緣故嗎?細究下去,就會發現李孝伯此人其實沒有什麼作爲,其主要事跡竟然還是抄襲了《宋書・張暢傳》中相關記載[4]。傳中反復强調李孝伯"謀謨切秘,時人莫能知也"、"獻替補闕,其迹不見,時人莫得而知也","獻可替否,無際可尋"[5],以此來彌補漏洞。顯然,李孝伯是作者蓄意美化的對象。而我們再去查李孝伯的社會關係的話,就會發現他有一個女兒嫁給了鉅鹿魏悦,而這個魏悦,正是《魏書》作者魏收的祖父[6]。魏收將李孝伯與李沖同傳,無疑是想提高自己先人的地位。

讀者對於同傳的人物會産生地位接近的印象,趙雲的例子已經很好地反映出了這一情況。門閥時代的史家,也正是利用了這一點來達到自己的目的。這樣的事情并不止魏收一例,姚思廉在修撰《陳書》時,對自己的父親姚察大加褒美之詞,事見卷二七《姚察傳》。值得注意的是,姚思廉不僅進行了文字上的潤色,還特意將姚察與江總合傳。這樣做顯然經過了一定考慮:姚察本是文學之士,而江總則是當時的文壇領袖,二人合傳有利於提升對姚察的評價。另一方面,姚察的父親姚僧垣本是醫者出

---

[1]　這條提示來自匿名評審老師,在此謹表謝意。
[2]　康發祥《三國志補義》,《二十四史訂補》第5册,書目文獻出版社,1996年,頁754上欄。
[3]　《北史》卷一八《元順傳》,頁664。
[4]　《宋書》卷五九《張暢傳》,頁1599—1605。
[5]　《魏書》卷五三《李孝伯傳》,頁1168、1172、1189。
[6]　《北史》卷五六《魏收傳》,頁2023。

身,思廉甚諱此事,乃至於在察傳中一字不提[1]。姚氏祖先名位也不顯,江總却生在江左膏腴之家。姚思廉這樣的處理,對於改善其家族的形象自然也不無幫助。

一提到歷史敘述的問題,人們最容易關注到的就是文本層面。然而對於歷史人物的分析,僅僅關注到文字的表述顯然是不夠的。列傳編次這種看似無關緊要的部分,作爲史書的有機組成,融入了作者的意圖,也在很大程度上左右了讀者對人物形象的理解。歷史敘述中此類因素所造成的各種有意無意的干擾,需要在研究工作中予以高度重視。

The Importance of Biography Compilation: On Zhaoyunzhuan

Chai Peng

Abstract: It is well known that there are some differences of the figure between the history and stories. However, the former researches could not tell the distinction. This article analyzes the real status and the curriculum vitae of Zhao Yun in the Shuhan state. On the other hand, the transformation of this particular character would be discussed, in order to find the recessive influence of the "same biography" phenomena on the image of some characters.

Keywords: Zhao Yun, Sanguozhi, Chen Shou, biography, Figure

柴芃,北京大學歷史學系博士研究生,pengchai123@163.com

---

[1] 趙翼《廿二史札記》卷九,王樹民《校證》本,中華書局,1984 年,頁198。

再造禮樂：關於王肅形象的歷史書寫 *

沈　琛

【提　要】南北朝時期南北之間的流亡士族在雙方史家的筆下往往呈現出別樣的人生軌跡，自南齊流亡到北魏的王肅即是一個典型的例子。王肅在《魏書》中是一個志在復仇、馳騁疆場的武將，而在《南齊書》、《陳書》等南朝史書中則演變成“爲虜制官品百司”、“爲魏始制禮儀”一代名臣，南朝史書的這種認識爲後代所延續，《南史》、《北史》、《通典》、《資治通鑑》將王肅的地位不斷抬高，最終使王肅化身爲南朝制度北傳的關鍵人物。本文通過對王肅生平事蹟的梳理和對相關史料的史源辨析，還原王肅的歷史定位，探討王肅形象轉變的時代背景。

【關鍵詞】王肅　《魏書》　太和改制　南北朝　歷史書寫

王肅(464—501 年)是北魏時期從南朝流亡到北朝而受到重用的江左高門的代表，除《魏書》之外，自《南齊書》、《陳書》、《南北史》以後的史書都將王肅當作北魏太和改制的核心人物，將其當作南朝前期典制北傳的關鍵。如此，則不僅王肅成爲具有“文化神州係一身”色彩的南朝衣冠禮樂的轉輸者，也使北朝的漢化改革似乎變得淵源有自。《魏書》的記載却與上述形象有著明顯的差距，在《魏書》中，王肅是一個因父仇而入北、以邊功入宰輔的士人形象，而對於南朝史書津津樂道的制度貢獻却着墨甚少。唐以後的大多數史家都忽視了這種史料記載的衝突，毫無保留地採信南朝史料系統的記載，并將其作爲隋唐制度源流的重要側面。隨着學者們對於北朝制度建設研究的逐步深入，在制度和文化上重南輕北的誤區逐漸被打破，那種認爲北朝改制是單純的南朝制度的模仿抄襲的聲音也越來越少，但是對於王肅的生平事蹟及其在太和改制中的歷史作用仍然缺乏清晰的認識。本文即通過對王肅生平事蹟的考察，探究其在北魏所發揮的歷史作用，并試圖探析有關王肅形象的歷史書寫背後的深層背景。

---

* 本文寫作完成後，史睿先生和兩位匿名審稿人對本文提出了精審而具體的修改意見，特此致謝！

一、北朝史料中的疆場之臣

王肅出身于琅琊王氏，爲江左第一流高門。

> 王肅，字恭懿，琅邪臨沂人，司馬衍丞相導之後也。父奐，蕭賾尚書左僕射。
> 肅少而聰辯，涉獵經史，頗有大志。仕蕭賾，歷著作郎、太子舍人、司徒主簿、秘書
> 丞。肅自謂《禮》、《易》爲長，亦未能通其大義也。[1]

其父爲王奐(435—493 年)，《南齊書》卷四九有傳。王奐仕宋齊兩朝，"無學術，以
事幹見處"，因其門第之高，仕宋時即官至吏部尚書、丹陽尹，齊高帝篡宋，大力籠絡門
閥大族，"奐一歲三遷"，進號前將軍，齊武帝即位，征爲右僕射，歷任湘州刺史、江州刺
史兼本州中正，永明七年(489)，官至尚書左僕射，永明九年任使持節、鎮北將軍、雍州
刺史。因此，王肅在南齊起家即爲六品的著作郎，其後歷任清職，官至秘書丞。

永明十一年(493)，王奐因與甯蠻長史劉興祖不和，將其囚禁，齊武帝命令王奐將
之解送建業，王奐私自將其殺害，詐稱自殺，事發，齊武帝派軍收執王奐，王奐與其子
彪發兵距之，三月乙亥，"奐司馬黃瑤起、甯蠻長史裴叔業于城内起兵攻奐……軍人遂
斬之，年五十九。執彪及弟爽、弼、殷叡，皆伏誅"，"奐長子太子中庶子融，融弟司徒從
事中郎琛，於都棄市。餘孫皆原宥。"[2]關於王肅奔魏，《魏書·高祖紀》記載"父奐及
兄弟并爲蕭賾所殺，肅自建業來奔"，《通鑒》云"琛弟秘書丞王肅獨得脱，奔魏"[3]，似
乎是王奐諸子皆被誅殺，僅王肅僥倖逃至北魏。其實除王肅外，王肅之弟王秉也未見
誅戮，《魏書·王肅傳》載"肅弟秉，字文政。……世宗初，攜兄子誦、翊、衍等入國"。而
且王奐被誅在三月，而王肅至於北魏却在十月孝文帝幸鄴以後，自建業至於鄴不至於
行經七月。有可能是王肅與王秉則與諸孫同在原宥之列，因此王肅并未立刻動身前
往北魏，七月齊武帝去世，九月北魏定都洛陽，王肅在聽到這個消息後纔動身出逃，而
不是如胡三省所詫異的那樣"是年三月王肅奔魏，今(十月)方得見魏主"[4]。

王肅北奔并未攜帶家眷，其妻子并留在南，"紹，肅前妻謝生也。肅臨薨，謝始攜
二女及紹至壽春"[5]，王肅北奔曾路經懸瓠，"王肅之歸闕，路經懸瓠，羈旅窮悴，時人
莫識。模獨給所須，吊待以禮"[6]，其路線應該是經走水路經淮水入于汝水，經懸瓠

---

[1]《魏書》卷六三《王肅傳》，中華書局點校本，1974 年，頁 1407。
[2]《南齊書》卷四九《王奐傳》，中華書局點校本，1972 年，頁 850；《南史》卷二三《王奐傳》，中華書局點校本，
　　1975 年，頁 638—639。
[3]《資治通鑑》卷一三八，中華書局點校本，1956 年，頁 4338。
[4]《資治通鑑》胡三省注，卷一三八，頁 4342。
[5]《魏書》卷六三《王肅傳》，頁 1412。
[6]《魏書》卷四八《高允傳附劉模傳》，頁 1093。

至洛陽,而其時孝文帝已巡行鄴城,"(十月)癸卯(二十六),幸鄴城"[1],王肅又從洛陽赴鄴城,其年王肅三十歲。

> 高祖幸鄴,聞肅至,虛襟待之,引見問故。肅辭義敏切,辯而有禮,高祖甚哀惻之。遂語及爲國之道,肅陳説治亂,音韻雅暢,深會帝旨。高祖嗟納之,促席移景,不覺坐之疲淹也。因言蕭氏危滅之兆,可乘之機,勸高祖大舉。於是圖南之規轉鋭,器重禮遇日有加焉,親貴舊臣莫能間也。或屏左右相對談説,至夜分不罷。肅亦盡忠輸誠,無所隱避,自謂君臣之際猶玄德之遇孔明也。[2]

其時,孝文帝始遷都洛陽,以漢化改革與南伐蕭齊爲要務,以與南朝爭奪正統地位,江南第一等高門的王肅流亡北朝無疑深受文帝的歡迎。而且王肅"志等伍胥,自拔吳州,膚求魏縣,……誓雪怨恥","言蕭氏危滅之兆,可乘之機,勸高祖大舉"[3],這與孝文帝汲汲于南伐的心情若合符契。孝文帝以南伐作爲鞏固和擴大漢化成果、與南朝爭奪正統地位的基本手段,其勤政之後屢次下詔南伐,遷都洛陽之後,南伐的迫切性就更加凸顯出來[4]。但南伐實際上并未得到鮮卑和漢族上層的支持,太和十八年南伐之爭就是很明顯的例證,王肅在這一問題上則是孝文帝的堅定支持者。因此孝文帝"圖南之規轉鋭,器重禮遇日有加焉。"

但實際上,王肅一開始并未得到北魏君臣完全的信任,孝文帝在會見王肅之前就曾派人試探,在之後王肅扈從巡行的過程中也一直派人監視:

> 王肅歸國也,高祖以淹曾宦江表,詔觀是非。乃造肅與語,還奏言實,時議紛紜,猶謂未審。高祖曰:"明日引入,我與語,自當知之。"及鑾輿行幸,肅多扈從,敕淹將引,若有古跡,皆使知之。行到朝歌,肅問:"此是何城?"淹言:"紂都朝歌城。"肅言:"故應有殷之頑民也。"淹言:"昔武王滅紂,悉居河洛,中因劉石亂華,仍隨司馬東渡。"肅知淹寓於青州,乃笑而謂淹曰:"青州間何必無其餘種?"淹以肅本隸徐州,言:"青州本非其地,徐州間今日重來,非所知也。"肅遂伏馬上掩口而笑,顧謂侍御史張思甯曰:"向者聊因戲言,遂致辭溺。"思甯馳馬奏聞,高祖大悦,謂彭城王勰曰:"淹此段足爲制勝。"[5]

這段對話應是發生在太和十八年(494)正月孝文帝自鄴城返回洛陽的途中,"(正

---

[1]《魏書》卷七下《高祖紀》,頁173。
[2]《魏書》卷六三《王肅傳》,頁1407。
[3]《魏書》卷六三《王肅傳》,1408頁;《洛陽伽藍記》卷三城南延賢里下記載王肅事蹟也説"肅憶父非理受禍,常有子胥報楚之意,畢身素服,不聽樂",范祥雍:《洛陽伽藍記校注》卷三,上海古籍出版社,1978年,頁147。
[4] 陳正祥:《草原帝國——拓跋魏王朝之興衰》,香港中華書局,1991年,頁147—151。
[5]《魏書》卷七九《成淹傳》,頁1753。

月)癸亥,車駕南巡。戊辰,經殷比干之墓,祭以太牢。乙亥,幸洛陽西宮",[1]成淹以試探王肅才學,侍御史張思甯則應該是監視王肅之行動。直至太和十九年初王肅爲豫州刺史,仍未得到完全的信任。

> 王肅之爲豫州,以永爲建武將軍、平南長史。咸陽王禧慮肅難信,言于高祖。高祖曰:"已選傳脩期爲其長史,雖威儀不足,而文武有餘矣。"[2]

雖然起初不能得到完全的信任,但是王肅的聲望和地位是不可替代的,因此,孝文帝表面上對其極盡優寵,巡行、宴會多引之參與,"器重禮遇日有加焉,親貴舊臣莫能間也……君臣之際猶玄德之遇孔明也"。

王肅的到來及孝文帝的禮遇,給始遷都洛陽的北魏朝士帶來了不小的震動:

> 王肅之來奔也,高祖雅相器重,朝野屬目。[3]

> (王肅)贍學多通,才辭美茂,爲齊秘書丞。太和十八年,背逆歸順。時高祖新營洛邑,多所造製。肅博識舊事,大有裨益。……肅憶父非理受禍,常有子胥報楚之意,畢身素服,不聽樂,時人以此稱之。肅初入國,不食羊肉及酪漿等物,常飯鯽魚羹,渴飲茗汁。京師士子,道肅一飲一斗,號爲漏卮。[4]

王肅到北魏後,"畢身素服,不聽樂,時人以此稱之"[5]。孝文帝親政以後,大力推行國家祭典的改革[6],太和十四年文明太后死後,北魏君臣曾因孝文帝要求服喪三年展開一場"喪除之議",雖然孝文帝最終在"上古之禮"和"中代成式"折中取法[7],但是這場除喪之議却成爲文明太后死後孝文帝大力推行復古漢化改革的開端。不僅在北魏朝廷中影響甚大,因爲南朝"逾月即吉",甚至在南朝使節入北弔喪時造成了禮儀衝突事件[8]。此外,漢族士人也經常上疏呼籲三年之喪[9],但真正實行者渺渺,直至太和二十年纔正式下詔終三年之喪。因此,在這種文化背景下,王肅"畢身素服,不聽樂"的行爲迅速贏得了北方士人的好感。其二,王肅"贍學多通,才辭美茂",入北之後與北方名流多有論辯,雖然時常處於下風,[10]但實際上將南朝名士清談之風帶入了北朝,自然得到北朝士子的青睞,以至於其飲食習慣都能成爲一時風氣之所尚。其

---

[1]　《魏書》卷七下《高祖紀》,頁 174。
[2]　《魏書》卷七〇《傅永傳》,頁 1551。
[3]　《魏書》卷五五《劉芳傳》,頁 1220。
[4]　《洛陽伽藍記校注》卷三,頁 146—147。
[5]　這件事也可以從《魏書·王肅傳》所載的孝文帝要求王肅三年除喪的詔書中得到印證,其詔應是發於太和二十年三月以後,王肅服喪超過三年仍不除服,孝文帝纔下詔,催促其不要過禮,《魏書》卷六三《王肅傳》,頁 1408。
[6]　康樂:《從西郊到南郊——國家祭典與北魏政治》,稻和出版社,1995 年,頁 178—197。
[7]　《魏書》卷一八三《禮制三》,頁 2777—2788。
[8]　《魏書》卷七九《成淹傳》,頁 1751—1752;《魏書》卷六二《李彪傳》,頁 1389—1390。
[9]　《魏書》卷六二《李彪傳》,頁 1388—1389。
[10]　《魏書》卷五五《劉芳傳》,頁 1220;《魏書》卷七九《成淹傳》,頁 1753;《魏書》卷八二《祖瑩傳》,頁 1799。

三，王肅至北之時，“時高祖新營洛邑，多所造製，肅博識舊事，大有裨益”，雖然洛陽之營建由李沖主其事，總體規制與建康不同[1]，但是城内的宫室制度則與宫中朝儀的運作息息相關，因此，當出使南朝歸來的蔣少游借鑒建康宫殿制度修建宫室時[2]，王肅很可能給出了一些建設性的意見，也使他爲時人所稱道。

　　王肅在洛陽的時間并不長，太和十八年二月，孝文帝在洛陽停留了不到一月之後再次北巡，在三月返回平城，佈置遷都事宜，直至十月纔動身難返。王肅應該是隨行到了平城，七月乙亥，“除（劉昶）使持節、都督吴越楚彭城諸軍事、大將軍”[3]，同時以王肅爲“輔國將軍、大將軍長史，賜爵開陽伯；肅固辭伯爵，許之”[4]，與劉昶同鎮彭城，當孝文帝率百官親自爲劉昶餞行之時，也應該是包括王肅在内的。王肅入北原爲替父報仇，多次勸孝文帝南伐，孝文帝謂其“志等伍胥，自拔吴州，膺求魏縣”，因此派其出鎮彭城，爲稍後的南伐做準備。

　　南伐很快就到來了，十月，齊明帝蕭鸞廢殺海陵王蕭昭文而僭立，十一月，回到洛陽的北魏君臣接到了南齊雍州刺史曹虎詐降的表文，雖然明知是虛，孝文帝依舊不顧衆臣的反對[5]，打著“伐罪吊民，宣威布德”[6]的幌子，在條件不成熟的情況下，“十有二月辛丑朔，遣行征南將軍薛真度督四將出襄陽，大將軍劉昶出義陽，徐州刺史元衍出鐘離，平南將軍劉藻出南鄭”[7]，十天以後，親自南伐。而王肅則與“劉昶號二十萬衆圍義陽”[8]，在南伐中嶄露頭角：

> 詔肅討蕭鸞義陽，聽招募壯勇以爲爪牙，其募士有功，賞加常募一等；其從肅行者，六品已下聽先擬用，然後表聞；若投化之人，聽五品已下先即優授。於是假肅節，行平南將軍。肅至義陽，頻破賊軍，降者萬餘。高祖遣散騎侍郎勞之，以功進號平南將軍，賜駿馬一匹，除持節、都督豫東豫東郢三州諸軍事、本將軍、豫州刺史、揚州大中正。肅善於撫接，治有聲稱。[9]

孝文帝爲充分利用王肅的聲望，方便其招降納叛，在授其爲假節、行平南將軍的同時，賦予其募士的特權，因爲可以擬用六品以下從征者，王肅實際上擁有了開府般的權

---

[1]　《魏書》卷五三《李沖傳》，頁1187；陳寅恪：《隋唐制度淵源略論稿》，三聯書店，2001年，頁69—78。
[2]　《南齊書·魏虜傳》載“九年，遣使李道固、蔣少游報使。少游有機巧，密令觀京師宫殿楷式。……虜宫室制度，皆從其出”（《南齊書》卷五七《魏虜傳》，頁990），而《魏書·蔣少游傳》則云“及華林殿、沼修舊增新，改作金墉門樓，皆所措意，號爲妍美”（《魏書》卷九一《蔣少游傳》，頁1971）。應從後者，《南齊書》所謂皆從其出實際上是南朝史書描述北魏典制的慣用筆法。
[3]　《魏書》卷五九《劉昶傳》，頁1310。
[4]　《魏書》卷六三《王肅傳》，頁1410。
[5]　《魏書》卷一九中《任城王雲傳附子澄傳》，頁466—467；《魏書》卷五四《高閭傳》，頁1206—1208。
[6]　《魏書》卷五九《劉昶傳》，頁1310。
[7]　《魏書》卷七下《高祖紀》，頁175。
[8]　《南齊書》卷五七《魏虜傳》，頁994。
[9]　《魏書》卷六三《王肅傳》，頁1408。

力,而不再僅僅是大將軍的首席幕僚。而王肅在戰爭的初期也取得了一些勝利,太和十九年正月,頻破蕭鸞將,擒其寧州刺史董巒[1],此事可能就是《魏虜傳》中所説的下樑之役,"王廣之都督救援(義陽),虜遣三萬餘人逆攻太子右率蕭季敞于下樑,季敞戰不利"[2],率領這三萬人的可能就是王肅本人。在整個戰事并不順利的時候,王肅的這些戰績無疑顯得意義重大,因此纔會出現在《魏書·高祖本紀》中。孝文帝因此對其大加封賞,自行平南將軍進號平南將軍,并"除持節、都督豫東豫東郢三州諸軍事、本將軍、豫州刺史、揚州大中正",從第三品上的輔國將軍超階拔至第二品上且專制一方的都督三州諸軍事、豫州刺史。王肅被超階提升爲都督三州軍事、豫州刺史,引起了舊臣的疑慮,前引咸陽王禧與孝文帝的對話就是其表現,而孝文帝也以傅永爲平南長史以監視王肅。只是"肅以永宿士,禮之甚厚。永亦以肅爲高祖眷遇,盡心事之,情義至穆"[3],纔未對王肅造成掣肘。《南史》中還煞有介事的記載了王肅受到主將劉昶懷疑一事,則有可能是南朝史書爲了彰顯蕭衍功績的誇大之詞：

> 建武二年(495),魏將王肅、劉昶攻司州刺史蕭誕甚急,齊明遣左衛將軍王廣之赴救,(梁武)帝爲偏帥隸廣之……時王肅自攻城,一鼓而退,劉昶有疑心,帝因與書,間成其隙。一旦,有風從西北起,陣雲隨之來,當肅營,尋而風回雲轉,還向西北。帝曰："此所謂歸氣,魏師遁矣。"令軍中曰："望麾而進,聽鼓而動。"肅乃傾壁十萬,陣于水北,帝揚麾鼓噪,響振山谷,敢死之士,執短兵先登,長戟翼之。城中見援至,因出軍攻魏柵,魏軍表裏受敵,因大崩。肅、昶單騎走,斬獲千計,流血絳野。[4]

最終,隨著南朝援軍的到來,義陽之役以失敗而告終[5],其事應在二月壬戌下詔班師後不久[6]。但因爲其他三路也都無功而返,所以王肅并未受到處分,而是留在豫州刺史任上,在任"善於撫接,治有聲稱"。

孝文帝在五月回到洛陽,隨即開始進行大刀闊斧的深層次的制度改革,到八月金墉宮成,六宮百官盡遷於洛,北魏的政治中心完全轉移到洛陽,改革更加推進,一直到太和二十年年底,太子廢、穆泰反,大規模的制度改革纔漸漸停息,孝文帝又重新將注意力放在了巡幸和南伐上來,後世爲人所稱道的斷北語、定姓族、改籍貫、改姓氏等一

---

[1]《魏書》卷七下《高祖紀》,頁176。
[2]《南齊書》卷五七《魏虜傳》,頁994。
[3]《魏書》卷七〇《傅永傳》,頁1551。
[4]《南史》卷六《梁本紀》,頁169—170。
[5] 關於戰役的結果,顯然不像《南史·梁本紀》所説的"肅、昶單騎走,流血絳野"那樣誇張,《南齊書·魏虜傳》云"棄圍引退,追擊破之"(《南齊書》卷五七,頁994),《梁書·武帝本紀》云"棄重圍退走"(《梁書》卷一,頁2)。以十萬之衆,怎麼可能斬獲千計就單騎退走,《南史》記載過於誇大。
[6]《魏書·劉昶傳》記載當孝文帝四月行幸彭城時,劉昶已經回到彭城并向孝文帝請罪(《魏書》卷五九,頁1310),則其時王肅應在豫州,最早征入朝中也應該是在五月孝文帝回到洛陽以後。

系列舉措都是在這一年半的時間裏完成的[1]。因此,其事務之繁鉅是可想而知的,史言"是時高祖鋭意典禮,兼銓鏡九流,又遷都草創,征討不息,内外規略,號爲多事"[2],王肅應該就是在這一時期被征入洛陽參與朝政。孝文帝在征王肅入朝的詔書中説得很明白:

> 尋征肅入朝,高祖手詔曰:"不見君子,中心如醉;一日三歲,我勞如何? 飾館華林,拂席相待,卿欲以何日發汝墳也? 故複此敕。"[3]

因爲王肅江左高門的特殊身份,能夠在朝廷的制度建設中起到獨特的作用,所以孝文帝纔詔其入朝。

關於這個時期王肅的事蹟史書鮮有記載,唯一保存下來的是太和二十年七月王肅進諫孝文帝勿因乾旱而輟膳的事情,可見最遲至此時王肅仍在朝中。從之後的南伐時的情況來看,王肅應該是在京遥領豫州刺史。至遲到太和二十一年八月孝文帝再次南伐南陽雍州的時候,王肅已經受命回到豫州,部署東面豫州的防禦[4]:

> (王肅)以破蕭鸞將裴叔業功,進號鎮南將軍,加都督豫、南兗、東荆、東豫四州諸軍事,封汝陽縣開國子,食邑三百户,持節、中正、刺史如故。肅頻表固讓,不許,詔加鼓吹一部。[5]

> 蕭鸞遣將魯康祚、趙公政衆號一萬,侵豫州之太倉口。(王)肅令(傳)永勒甲士三千擊之……其夜,康祚、公政等果親率領,來斫永營。東西二伏夾擊之,康祚等奔趨淮水。火既競起,不能記其本濟,遂望永所置之火而爭渡焉。水深,溺死、斬首者數千級,生擒公政。康祚人馬墜淮,曉而獲其屍,斬首,并公政送京師……時裴叔業率王茂先、李定等來侵楚王戍。永適還州,肅複令大討之……。永上門樓,觀叔業南行五六里許,更開門奮擊,遂摧破之。叔業進退失圖,於是奔走……兩月之中,遂獻再捷,高祖嘉之,遣謁者就豫州策拜永安遠將軍、鎮南府長史、汝南太守、貝丘縣開國男,食邑二百户。[6]

《魏書·王肅傳》中所説的"破蕭鸞將裴叔業",指的應該就是《傳永傳》中所記載的這一次戰役,王肅與傳永因此同時受到封賞,故其封賞内容十分吻合。至於這一次戰役

---

[1]《魏書》卷七下《高祖紀》,頁 177—179;《從西郊到南郊——國家祭典與北魏政治》,頁 178—186。

[2]《魏書》卷六四《郭祚列傳》,頁 1422。

[3]《魏書》卷六三《王肅傳》,頁 1408。

[4]《南齊書·魏虜傳》云"(孝文帝)自率軍向雍州……宏時大舉南寇,僞咸陽王元憘、彭城王元勰、常侍王元嵩、寶掌王元麗、廣陵侯元燮、都督大將軍劉昶、王肅、楊大眼、奚康生、長孫稚等三十六軍,前後相繼,衆號百萬"(《南齊書》卷五七,頁 997)。劉昶在四月已卒,而王肅則未參加圍攻南陽之役,而是一直在東面作戰,《南齊書》此處所記并不可靠。

[5]《魏書》卷六三《王肅傳》,頁 1409。

[6]《魏書》卷七〇《傳永傳》,頁 1551。

的時間，雖然《魏書》失載，但是我們仍可以從南齊方面推知。據《南齊書·明帝紀》和《南齊書·裴叔業傳》，裴叔業十二月甲子由徐州刺史改爲豫州刺史[1]，北朝的豫州與南朝的豫州接境却不與其徐州接境，因此他入侵北朝的豫州轄境應該在任豫州之後。又《魏書·韓顯宗傳》載：

> 顯宗至新野，高祖詔曰："卿破賊斬帥，殊益軍勢。朕方攻堅城，何爲不作露布也？"顯宗曰："臣項聞鎮南將軍王肅獲賊二三，驢馬數匹，皆爲露布，臣在東觀，私每哂之。"[2]

新野平在二十二年正月丁亥，韓顯宗至新野時新野未平，而已稱王肅爲鎮南將軍，因此王肅破裴叔業受封鎮南將軍應在太和二十一年十二月十一日到次年一月五日之間。新野平後，南齊據守湖陽、赭陽、舞陰等城的將領紛紛棄城逃走，二月乙卯，北魏軍隊對宛城發起總攻，經十天的戰鬥，至二月甲子宛城太守房伯玉面縛出降[3]。此前，棄城而逃的舞陰戍主、曾在雍州起兵誅殺王奂的黃瑤起，被北魏軍隊俘獲，孝文帝專門下詔將黃瑤起交由王肅處置，以報其殺父之仇[4]，王肅"募人臠食其肉"[5]。在攻下南陽之後，孝文帝馬上部署東面豫州的王肅再次圍攻義陽，高聰、劉藻、成道益、任莫問等四將所率的東道魏軍也在這個時候受王肅節制會攻義陽[6]，南齊方面并未直接出兵救援司州，而是採用圍魏救趙的策略，三月庚寅，派豫州刺史裴叔業以五萬人圍攻南兗州治所渦陽。三月乙未，孝文帝詔將軍鄭思明、嚴虛敬、宇文福等三軍繼援，被裴叔業擊敗，在三月三十日，孝文帝親自趕往豫州治所懸瓠督戰。[7]隨後王肅遣傅永、高聰、劉藻、成道益、任莫問等五將援渦陽，一戰而敗[8]，王肅遂表解義陽之圍，引軍十餘萬救渦陽，裴叔業退師。義陽未得而損失數萬軍隊，王肅因此"被黜爲平南將軍，中正、刺史如故。"孝文帝在四月十九日再次"發州郡兵二十萬人，限八月中旬集懸瓠"，圖謀再圍義陽，但是"八月壬子，敕勒樹者相率反叛"，孝文帝不得不停下南方的戰事，以"蕭鸞死，禮不伐喪"爲由退兵北討敕勒。[9]

其後至二十三年四月孝文帝在南破陳顯達後崩于谷塘原，王肅一直在豫州刺史任上鎮於懸瓠，未能參與孝文帝的最後一次南征。但王肅并未因此而被孝文帝忽略，相反孝文帝在臨崩前遺命王肅爲尚書令，指定爲六輔之中的第二號人物，位居廣陽王

---

[1]《南齊書》卷六《明帝本紀》，中華書局，頁 90；《南齊書》卷五一《裴叔業傳》，頁 870。
[2]《魏書》卷六〇《韓麒麟列傳附子顯宗傳》，頁 1334。
[3]《魏書》卷七下《高祖紀》，頁 183。
[4]《魏書》卷六三《王肅傳》，頁 1409。
[5]《南齊書》卷五七《魏虜傳》，頁 998。
[6]《魏書》卷七〇《劉藻傳》，頁 1550；《魏書》卷六八《高聰列傳》，頁 1521。
[7]《魏書》卷七下《高祖紀》，頁 183。
[8]《魏書》卷七〇《傅永傳》，頁 1552；《魏書》卷七〇《劉藻傳》，頁 1550；《魏書》卷六八《高聰列傳》，頁 1521。
[9]《魏書》卷七下《高祖紀》，頁 184。

嘉、咸陽王禧、任城王澄之上：

> 詔以侍中、護軍將軍、北海王詳爲司空公，鎮南將軍王肅爲尚書令，鎮南大將軍、廣陽王嘉爲尚書左僕射，尚書宋弁爲吏部尚書[1]，與侍中、太尉公禧，尚書右僕射、任城王澄等六人輔政。[2]

孝文帝的這種安排看似出乎意料，實際上是孝文帝精心安排的結果。孝文帝原本最爲器重的漢族官僚尚書僕射李沖在去年去世，而都支尚書李彪也因與之前李沖的權爭而除名爲民，大將軍劉昶也在太和二十一年去世，北魏朝廷中鮮卑和漢族官員的權力格局因此發生了令人不安的變化：漢族官員的勢力變得越來越小了。爲了平衡朝中鮮卑族和漢族官員的權力格局，防止漢化改革的倒退，孝文帝必須選擇一位漢族官僚進入朝廷中樞決策層。因爲王肅不僅爲南朝入北的第一流高門，人門俱美，而且南伐頗有戰功，在邊任治有聲稱，也參加過太和十九年到太和二十年間的制度改革，因此王肅被孝文帝選中，作爲漢族官僚的新代表與吏部尚書宋弁一同出任輔政。然而，孝文帝沒有想到的是，六輔之一的宋弁恰好在這一段時間中去世，六輔變成五輔，漢族官僚的勢力再一次受到了打擊。

因爲時在征途，孝文帝死時秘不發喪，從宛城回到魯陽時纔詔太子會于魯陽，發喪行服，王肅也在此時會駕于魯陽，護送梓宮回京。作爲尚書令，回京途中的喪事是由王肅主持的，史載“自魯陽至於京洛，行途喪紀，委肅參量，憂勤經綜，有過舊戚”[3]。這也是見於史書的王肅唯一一次直接參與禮儀性事務的記載。

此時以四輔爲代表的鮮卑舊臣的勢力因爲宋弁的去世而達到了太和以來的頂峰，王肅勢力的崛起很自然地引起了鮮卑舊臣的不滿，尤其是屈居王肅之下的尚書右僕射、任城王澄。元澄是鮮卑貴族中的重臣元老，屢立功勳，是鮮卑貴族中比較有作爲的人，孝文帝征陳顯達，詔其隨駕，“如有非常，委任城大事”[4]。因此，王肅躍昇自己之上，元澄最爲不滿，太和二十三年五月，元澄藉故擅自禁止王肅：

> 唯任城王澄以其起自羈遠，一旦在己之上，以爲憾焉。每謂人曰：“朝廷以王肅加我上尚可。從叔廣陽，宗室尊宿，歷任內外，云何一朝令肅居其右也？”肅聞其言，恒降而避之。尋爲澄所奏劾，稱肅謀叛，言尋申釋。[5]

> 世宗初，有降人嚴叔懋告尚書令王肅遣孔思達潛通寶卷，圖爲叛逆，寶卷遣

---

[1]　另外一名輔政大臣吏部尚書宋弁“已先卒”，雖然又任命郭祚爲吏部尚書，但是無六輔之名，因此六輔實際上只有五輔。《魏書》卷六三《宋弁傳》，頁1416，《魏書》卷五二《郭祚傳》，頁1422。

[2]　《魏書》卷七下《高祖本紀》，頁185。

[3]　《魏書》卷六三《王肅傳》，頁1410。

[4]　《魏書》卷一九中《任城王雲傳附子澄傳》，頁470。

[5]　《魏書》卷六三《王肅傳》，頁1410。

俞公喜送敕於肅，公喜還南，肅與裴叔業馬爲信。澄信之，乃表肅將叛，輒下禁止。咸陽、北海二王奏澄擅禁宰輔，免官歸第。[1]

關於王肅被誣告謀叛一事，并非捕風捉影，同年八月曾有南朝降人沈陵叛歸南朝一事，即與王肅有關：

> （沈）文秀族子陵，字道通。太和十八年，高祖南伐，陵攜族孫智度歸降，引見於行宫。陵姿質妍偉，辭氣辯暢，高祖奇之，禮遇亞于王肅，授前軍將軍。後監南徐州諸軍事、中壘將軍、南徐州刺史，尋假節、龍驤將軍。二十二年秋，進持節、冠軍將軍。及高祖崩，陵陰有叛心，長史趙儼密言于朝廷，尚書令王肅深保明之，切責儼。既而果叛，殺數十人，驅掠城中男女百餘口，夜走南入。[2]

沈陵之叛本可以避免，王肅的包庇客觀上促成了這一事件的發生。大約因爲此事，纔有王肅被告潛通寶卷之事。元澄企圖在輿論對王肅不利的情況下除掉王肅，但遭到其他兩位輔政大臣的彈劾而失敗。實際上，王肅入北而受重用的事蹟早已爲南朝所知，加之王肅本人善於招誘南朝降將，因此，王肅在當時已經成爲北朝的一面旗幟[3]，孝文帝任其爲宰輔也就是爲了更好的打出這面旗幟。根據上述沈陵的例子，孝文帝之崩已經引起了南朝降人的騷動，假如王肅倒臺，則孝文帝的苦心經營就將付之東流[4]，因此北魏的鮮卑貴族集團選擇保全王肅。爲了籠絡王肅，朝廷將長公主嫁給王肅，與之聯姻，“詔肅尚陳留長公主，本劉昶子婦彭城公主也，賜錢二十萬、帛三千匹”。

王肅任尚書令爲時較短，沒有太多政績。太和二十三年六月，王肅曾上奏進行考課，“自百僚曠察，四稔於兹，請依舊式，考檢能否。”[5]朝廷聽從其建議，“分遣侍臣巡行郡國，問民疾苦，考察守令，黜陟幽明。”[6]

景明元年（500）正月，南齊豫州刺史裴叔業因齊主東昏侯數誅大臣，且爲朝廷所疑，奉表降魏，以壽春內附[7]，正月丁未，“拜肅使持節、都督江西諸軍事、車騎將軍，與驃騎大將軍、彭城王勰率步騎十萬以赴之。”[8]南齊在二月十六“以蕭懿爲豫州刺

---

［1］《魏書》卷一九《元澄傳》，頁470。
［2］《魏書》卷六一《沈文秀列傳附族子陵傳》，頁1368。
［3］《魏書》卷六八《高聰傳》，頁1521；《魏書》卷七〇《傅豎眼傳》，頁1557；《魏書》卷七一《裴叔業傳附孫譚傳》，頁1570；《魏書》卷七一《夏侯道遷傳》，頁1580；又王肅本傳載其弟王秉“世宗初，攜兄子誦、翊、衍等入國”，應該就是聽到了王肅任尚書令的消息纔入北的。
［4］王肅死後即有夏侯道遷南叛一事，“（夏侯道遷）單騎歸國。拜驍騎將軍，隨王肅至壽春，遺道遷守合肥。肅薨，道遷棄城南叛。”（《魏書》卷七一《夏侯道遷傳》，頁1580）即是最好的證據。
［5］《魏書》卷六三《王肅傳》，頁1410。
［6］《魏書》卷八《宣武帝紀》，頁191。
［7］《南齊書》卷五一《裴叔業傳》，頁871；《資治通鑑》卷一三四《齊紀九》，頁4458—4467。
［8］《魏書》卷六三《王肅傳》，頁1410。

史征壽春”，爲王肅和彭城王勰擊敗，三月初五“遣平西將軍崔慧景率衆軍伐壽春”[1]，但是崔慧景在兩天之後即在廣陵起義，回軍襲京，在前線作戰的蕭懿也因此從前線率軍勤王，壽春遂爲北魏所有[2]。景明元年五月，南齊誤聽荒人傳聞，以王肅有降齊之心，“少帝詔以肅爲使持節、侍中、都督豫徐司三州、右將軍、豫州刺史，西豐公，邑二千户。”[3]王肅受召返回洛陽[4]，由彭城王勰任揚州刺史。“六月，以肅淮南累捷，賞帛四千七百五十匹，進位開府儀同三司，封昌國縣開國侯，食邑八百户，餘如故”。八月乙酉，彭城王勰破陳伯之，壽春遂定，隨後彭城王召回京師。元英行揚州事，彭城王勰在回京後的十月丁亥，改授彭城王勰爲司徒、録尚書事[5]，王肅大約是在此時被任命爲散騎常侍、都督淮南諸軍事、揚州刺史、持節，餘官如故，再赴壽春。北魏統軍劉文遠謀殺王肅以壽春叛，事發伏法[6]。

景明元年十月至次年二月間，南齊何遠投降王肅，邀其共助蕭衍，王肅不從，遣兵護送其至蕭衍駐地襄陽[7]。景明二年七月壬戌，王肅病逝，年三十八。宣武帝爲舉哀，葬於覆舟山上杜預、李沖二墓之間。

王肅在北魏的八年(493—501)期間，其官職遷轉是非常清晰的：

輔國將軍、大將軍長史(494)→假節，行平南將軍(494)→平南將軍、持節、都督豫・東豫・東郢三州諸軍事、豫州刺史、揚州大中正(495)→鎮南將軍、都督豫・南兗・東荆・東豫四州諸軍事，持節、中正、刺史如故(497)→平南將軍，餘如故(498)→鎮南將軍，餘如故(498)→鎮南將軍、尚書令(499)→使持節、都督江西諸軍事、車騎將軍(500)→開府儀同三司，餘如故→散騎常侍、都督淮南諸軍事、揚州刺史、持節，餘官如故(501)。

王肅自太和十八年始任輔國將軍、大將軍長史至景明二年卒於車騎將軍、揚州刺史任上，他基本上都是以武將身份活躍于疆場，尤其是自495年至499年五年的時間里一直擔任豫州刺史一職。只是在孝文帝去世之時，方受遺詔轉任尚書令一職，在六輔之中僅次於太尉元禧、司空元詳，位在尚書左僕射元嘉、右僕射元澄、吏部尚書宋弁之上。孝文帝的這一政治安排顯然帶有維持鮮卑貴族與漢人官僚力量平衡的考慮。但是王肅的地位并不穩固，出身于羈旅降人的王肅一旦躋身于輔政大臣的圈子中，不免受到鮮卑貴族的抵制。而六輔之一的宋弁又在下詔不久去世，王肅勢單力薄，這從

［１］《南齊書》卷七《東昏侯本紀》，頁99。
［２］《南齊書》卷五一《崔慧景傳》，頁875—877。
［３］《南齊書》卷五七《魏虜傳》，頁999。
［４］《南齊書》卷五七，頁999。不知王肅回朝是否與此有關，另《南齊書》此處記載王肅當時官職爲征南將軍、豫州都督，誤。
［５］《魏書》卷八《世宗紀》，頁192；《魏書》卷一九下《南安王楨傳附子中山王英傳》，頁496。
［６］《魏書》卷五九《劉昶列傳附子輝傳》，頁1312。
［７］《梁書》卷五三《何遠傳》，頁777。

元澄禁止王肅的事跡中可見一斑。景明元年，王肅受命率軍至壽春接洽南齊降將裴叔業，其官職由尚書令改爲車騎將軍，實際上離開了朝廷中央的決策圈。次年去世於揚州刺史任上，追贈侍中、司空、昌國宣簡公。

《魏書·王肅傳》卷末云：

> 肅頻在邊，悉心撫接，遠近歸懷，附者若市，以誠綏納，咸得其心。清身好施，簡絕聲色，終始廉約，家無餘財。然性微輕佻，頗以功名自許，護疵稱伐，少所推下，高祖每以此爲言。

王肅以南朝一流士族而入北，以勸孝文帝圖南而爲孝文帝賞識，又以邊功而備位宰輔，最終又卒于邊任，這是以《魏書》爲中心的北朝史料中所記載的王肅的基本人生軌跡。

在傳世典籍之外，我們還在目前發現的石刻史料中找到了王肅子女的兩方墓誌——王肅之子王紹墓誌和王肅之女、宣武帝貴華夫人王普賢墓誌，其中的相關記載可以與《魏書》相佐證：

> （王紹）父肅，魏故侍中、司空、昌國宣簡公……考司空深侔伍氏之慨，必誓異天之節，乃鵠立象魏，誓雪冤恥。君年裁數歲，便慨違晨省，念闕溫清，提誠出嶮，用申滕慶。天道茫茫，俄鍾極罰，嬰號茹血，哀瘠過禮。[1]

> （王普賢）父肅，魏故侍中、司空、昌國宣簡公……魏故貴華夫人王普賢，徐州琅耶郡臨沂縣都鄉南仁里人也。氏胄之萌，厥源遠矣……考司空，以桀節峻概，延寵明朝……考昔鍾家恥，投誠象魏。夫人痛皋魚之晚悟，感樹靜之莫因，遂乘險就夷，庶恬方寸。惟道冥昧，仍羅極罰，茹茶泣血，哀深乎禮。服闋，迺降皇命，爰登紫掖。[2]

這兩篇墓誌中有關王肅叙述的重點均是王肅身負家恥、志在復仇，而無一言提及王肅制禮作樂的功績。固然，從墓誌的形成過程看，這類文字較多代表喪家的認識，不過考慮到王肅及其子女地位顯貴，毋寧認爲其中也有著朝廷的參與，這也意味著墓誌所呈現的王肅形象乃是代表了北魏朝廷對其的定位。而這個定位恰與《魏書》吻合，這就從一個側面佐證了《魏書》的歷史書寫并非孤例，而是反映了北朝社會的一般看法。

二、制禮名臣形象的形成

王肅在南朝和後世史書中被描繪成爲北朝制禮作樂的名臣形象，這種書寫手法

---

[1] 《魏故輔國將軍徐州刺史昌國縣開國侯王（紹）使君墓誌》，載趙超編：《漢魏南北朝墓誌彙編》，天津古籍出版社，1992年，頁82。

[2] 《魏故貴華恭夫人墓誌銘》，載趙超編：《漢魏南北朝墓誌彙編》，頁80。

最早見於《南齊書》[1]：

> 是年(太和二十三年)，王肅爲虜制官品百司，皆如中國。凡九品，品各有二。
> 肅初奔虜，自説其家被誅事狀，宏爲之垂涕。以第六妹僞彭城公主妻之。封肅平
> 原郡公。爲宅舍，以香塗壁，遂見信用。

太和二十三年孝文帝死後，北魏頒布《後職令》，由於正值王肅任尚書令，因此將其歸功於王肅。這種寫法爲《通鑑》所繼承，謂"王肅爲魏制官品百司，皆如江南之制。[2]"那麽，王肅有没有參加《後職令》的制定?《後職令》又有没有抄襲南朝的官制呢? 對於後一個問題，閻步克先生通過對南北官品的對比研究已經給出了否定的答案，《後職令》是太和十七年《職令》的發展，爲北朝所創造，直到梁武帝天監改制的時候纔有類似的内容，若閻氏所證不誤，則《後職令》的内容對於王肅來説屬於新知識，因此不可能是王肅從南朝傳入。可以佐證的一點是，從時間上來講，王肅也不太可能參與《後職令》的制定，《魏書·官氏志》記載了《後職令》的制定情況，"二十三年，高祖復次職令，及帝崩，宣武帝初班行之，以爲永制。"[3]很明顯，這個職令是孝文帝在世時制定的，在《前職令》的基礎上將太和十九年的《品令》融合其中，對官品再做析分，最後議定時間應是孝文帝尚在洛陽時的太和二十二年末二十三年初，但是從太和二十一年到太和二十三年四月王肅一直在豫州任上，似乎并未參加。

而且這條史料的其他部分也有許多不實之處，"(宏)以第六妹僞彭城公主妻之"，據《魏書》這是宣武帝即位後的事情，而非孝文帝時事。"封肅平原郡公"一事更是子虚烏有，太和十八年，孝文帝時曾"賜(王肅)爵開陽伯，肅固辭伯爵，許之"[4]，至太和二十一年"以破裴叔業功"，"封汝陽縣開國子"[5]，至宣武帝景明元年，以"淮南累捷"，封"昌國縣開國侯"[6]，未嘗封平原郡公。蓋南朝對北朝情況不甚瞭解，由於其固有的禮樂正統所在的文化優越感的影響，南朝人往往容易誇大王肅的作用，將北朝官品改革之功係在王肅身上，藉以否定北朝制度創新，而將其歸結于南朝制度的抄襲。另外，由於王肅久任邊事，撫接有方，因此那些經常在疆場心懷去就、受過王肅保明的"荒人"，如沈陵、何遠之徒，也會在南朝爲王肅吹噓，造成南朝對王肅的誤解。

蕭梁史家對王肅的重視在蕭子顯的筆下常常流露出來，除上文永元二年五月詐聽謠言封王肅爲豫州刺史之外，《南齊書·魏虜傳》的最後一條竟然是記載王肅去世：

[1]《南齊書》卷五七《魏虜傳》，頁998。
[2]《資治通鑑》卷一四二，頁4457。
[3]《魏書》卷一一三《官氏志》，頁2993。
[4]《魏書》卷六三《王肅傳》，頁1407。
[5]《魏書》卷六三《王肅傳》，頁1409。
[6]《魏書》卷六三《王肅傳》，頁1411。

"王肅以疾卒"[1]，這種春秋筆法充分體現了其對王肅的特殊情結。

《南齊書》中的這種觀念一直流傳下來，王肅的傳説成爲推動南朝士人不斷北奔的精神動力，也成爲南朝人標榜自身文化正統性的説辭。此外，在後世的筆下，王肅除了"爲虜制官品百司外"，還成爲北朝禮制的創作者。

《陳書》的一段出使報告體現了南朝士人的一般看法[2]：

> 太清二年(548)，(徐陵)兼通直散騎常侍，使魏，魏人授館宴賓。是日甚熱，其主客魏收嘲陵曰："今日之熱，當由徐常侍來。"陵即答曰："昔王肅至此，爲魏始制禮儀。今我來聘，使卿復知寒暑。"收大慚。

在徐陵口中，王肅成爲了"爲魏始制禮儀"的人物。根據《太平廣記》，這段文字最早出自于陽松玠的《談藪》[3]：

> (徐)摛子陵，通直散騎常侍，聘魏。魏主客魏收曰："今日之熱，當猶徐常侍來。"陵答曰："昔王肅至此，爲魏始制禮儀；今我來聘，使卿復知寒暑。"收不能對。
> (《談藪》)

該書記載最晚可至隋開皇年間，應是隋代成書，《陳書》的相關記載很有可能是本於此書。這一故事又被抄入《南史》和《建康實録》[4]，前者在《陳書》基礎上補充了一條史料："齊文襄爲相，以收失言，囚之累日。"[5]據此則此事似乎演變爲嚴重的外交事件。魏收確實在武定六年(548)"兼主客郎，接梁使謝珽、徐陵"[6]，因爲魏收是《魏書》的作者，加之有"穢史"之名，難免讓人産生聯想，是否因爲魏收此次接待徐陵受辱，因此故意删減了王肅參與太和改制的記載。然以常理度之，更有可能是"好取新奇語入史(趙翼語)"的李延壽取自野聞逸史[7]，補綴入卷，以佐成其説。由於并没有相關的《出使記》保存下來，而史源又是《談藪》一類的小説家言，所以我們很難確定該故事的真實性，只能借此窺見南朝士人的一般觀念[8]。

李延壽在《北史·王肅傳》中集中闡述了他對王肅的評價。在《魏書》中，因爲王肅與宋弁一同受命輔政，因此將王肅與宋弁合傳。而在《北史》中，李延壽將王肅從宋

[1] 《南齊書》卷五七《魏虜傳》，頁999。
[2] 《陳書》卷二六《徐陵傳》，中華書局點校本，1972年，頁326。
[3] (宋)劉昉等編：《太平廣記》卷二四六"詼諧"二，中華書局，1961年，頁1909。
[4] (唐)許嵩撰、張忱石點校：《建康實録》卷二十《徐陵傳》，中華書局，1986年，頁799。
[5] 《南史》卷六二《徐摛傳附子陵傳》，頁1523。
[6] 《魏書》卷一零四《自序》，頁2325。
[7] 關於李延壽好采"雜史"，請參見胡寶國：《讀〈南史〉〈宋書〉推論正史與雜史的關係》，氏著《漢唐間史學的發展》，北京大學出版社，2014年，頁200—216。
[8] 該故事的另一版本見於隋代侯白所撰的笑話集《啟顔録》，不過在本書中，徐陵出使的國家由東魏變爲隋，云謂徐陵時年七十五，顯誤。不過這也可以看出該故事在隋代流傳之廣，見曹林娣、李泉輯注：《啟顔録》，上海古籍出版社，1990年，頁9。

弁、郭祚、李彪之流中挑選出來,將其與宣武帝時期的制禮名臣劉芳、太武帝時的"儒林先生"常爽同傳,尤顯不倫不類。而在傳文中除照抄《魏書》原文外(略有删節),在傳末加上了李延壽的評語[1]:

> 自晉氏喪亂,禮樂崩亡,孝文雖厘革制度,變更風俗,其間樸略,未能淳也。蕭明練舊事,虛心受委,朝儀國典,咸自肅出。

李延壽在此處將王肅總結爲太和後期官制和禮制等新制度的創立者,李延壽的這一論斷反映了唐初士人的一般看法,并爲之後傳統史家所普遍接受。代表性的著作是《通典》和《資治通鑑》,先來看《通典》:

> 初,道武制官,皆擬遠古雲鳥之義。諸曹走使,謂之鳧鴨,取飛之迅疾也;以伺察者爲候官,謂之白鷺,取其延頸遠視,他皆類此。至孝文太和中,王肅來奔,爲制官品百司,位號皆准南朝。改次職令,以爲永制。凡守令以六年爲滿,後經六年乃叙。又作考格以之黜陟。[2]

> 按秦蕩滅遺文,自漢興以來,收而存之,朝有典制,可酌而求者……宋有徐羨之、傅亮、臧燾……後魏有高允、高閭、王肅,北齊有熊安生、陽休之、元循伯,後周有蘇綽、盧辯、宇文弼,隋有牛弘、辛彥之、許善心……或歷代傳習,或因時制作,粗舉其名氏,列於此注焉。[3]

《通典·職官典》之説,明顯承襲了《南齊書》的觀點,同時將其擴大化,根本無視孝文帝前期的官制改革,直接説王肅爲其制定官制,從官名到官品,皆准南朝,而非僅僅是官品。六年一叙的考課制度於太和十五年開始實行,其時王肅未入北,太和十八年改爲三年一叙[4],其時王肅在彭城任大將軍長史,也被移花接木在王肅身上。《景明考格》是景明二年正月考課後制定的[5],當時王肅已在揚州刺史任上,根本不能參加,實際主持者應該是上文所説的吏部尚書郭祚等人,却也成爲王肅的功勞。杜佑之説雖不值一辯,但我們能看出盛唐時期的士人對北朝制度和文化所抱有的固有偏見之深,令杜佑這樣的史家都犯這類低級的錯誤。《通典·禮志》第一章《沿革》的序言是杜佑關於歷代禮制發展的總體看法,以上第二段引文節取自杜佑在序言的最後所加的一段按語,在這段按語中,杜佑詳細列舉歷代制禮名臣。我們僅從南北朝人數的對比來看,南朝共列舉19人,北朝則僅僅9人,從此可以看見唐代對南朝學術之推崇與對北朝學術之陌生。僅就北魏而言,只舉出高允、高閭、王肅三人,將王肅與兩位太和碩

[1]《北史》卷四二《王肅傳》,中華書記點校本,1974年,頁1540。
[2]《通典》卷一九《職官》一,中華書局點校本,1988年,頁469—470。
[3]《通典》卷四一《禮》,頁1122—1123。
[4]《魏書》卷七下《高祖紀》,頁168;《魏書》卷二一上《廣陵王羽傳》,頁546。
[5]《魏書》卷八《宣武帝紀》,頁193;《魏書》卷六四《郭祚傳》,頁1422—1425;戴衛紅:《北魏考課制度述論》,頁14—15。

儒并列,可見王肅在唐人心目中的形象與《陳書》、《北史》不二。

司馬光的《資治通鑑》也在"王肅見魏主於鄴"條加進了相似的内容[1]：

> 王肅見魏主于鄴,陳伐齊之策,魏主與之言,不覺促席移晷。自是器遇日隆,親舊貴臣莫能間也。魏主或屏左右,與肅語,至夜分不罷,自謂君臣相得之晚。尋除輔國將軍、大將軍長史。時魏主方議興禮樂、變華風,凡威儀文物,多肅所定。

至此,王肅的形象完全固定下來,近代陳寅恪先生的名著《隋唐制度淵源略論稿》更是光大此説,"(王肅)將南朝前期發展之文物制度轉輸於北朝以開太和時代之新文化,爲後來隋唐制度不祧之遠祖。"[2]

三、王肅"制禮作樂説"辨析

可以肯定的是,關於王肅爲虜制官品百司的記載,現在已經證明是錯誤的,但是王肅是否參與了北朝的禮制建設? 到底起了多大的作用? 到底是《魏書》的作者魏收因爲王肅的問題受辱而故意隱瞞了王肅制禮作樂的事實,還是後人出於崇奉南朝學術和對北朝的偏見而一廂情願的將北朝制度改革的功勞强加到王肅頭上? 我們只能從北朝和王肅身上尋找答案。

我們將王肅在北魏期間北魏進行的制度改革逐一列出,根據王肅的活動進行排查,篩選出王肅可能參與的改革,對其制度源頭和制定者進行分析,或許這樣能夠得出比較中肯的結論。

從其太和十七年末入朝到太和十八年七月,王肅應該是跟隨孝文帝從鄴城到洛陽又到了平城,根據《洛陽珈藍記》的記載,此期間他對洛陽城的修建提出了建議,"肅博識舊事,大有裨益。"[3]王肅到了平城之後孝文帝曾經在"三月庚辰,罷西郊祭天","夏五月乙亥,詔罷五月五日、七月七日饗"[4],這些破除鮮卑族舊有祭典的措施明顯是孝文帝的個人決策,并非王肅這種新入朝的南人能夠置喙的。太和十八年七月,王肅隨劉昶至彭城,至十二月隨劉昶南征義陽,至少到太和十九年五月孝文帝回到洛陽,王肅都不在朝廷,因此太和十八年九月的考課制度改革、十二月革衣服之制、五等爵食邑之制等王肅皆未直接參與。[5] 因此這一階段王肅只是在洛陽城的規劃上有一定貢獻,但是不能將其與李沖、蔣少遊等人所起的主導作用混淆。

[1] 《資治通鑑》卷一三八,頁 4342。
[2] 陳寅恪:《隋唐制度淵源略論稿》,中華書局,1963 年,頁 13。
[3] 楊衒之撰,周祖謨校釋:《洛陽伽藍記校釋》,頁 108—109。
[4] 《魏書》卷七下《高祖紀》,頁 174。
[5] 《魏書》卷七下《高祖紀》,頁 177。

從太和十九年五月到太和二十一年八月，王肅應在洛陽。這一段時間，尤其是太和十九年下半年和太和二十年上半年，是孝文帝遷洛之後改革最爲密集的時期，力度也最大。其中一些改革措施完全是由孝文帝憑個人意志强力推行的，如斷胡語、改姓氏、改籍貫等措施，其他人是無法左右的。而其他的制度改革大多都能找到的其議定者和制度源頭，可以推定王肅是否可能參與，下面我們逐一進行辨析。

太和十九年六月，“詔改長尺大斗，依《周禮》制度”[1]，自是北魏推究古禮而創制，其實際制定者是高閭和孝文帝本人。[2]

“十有一月，行幸委粟山，議定圓丘”[3]，此事記載在《禮志》中，參與議定的人有“咸陽王禧，司空公穆亮，吏部尚書、任城王澄及議禮之官”，而“議禮之官”據記載有員外散騎常侍劉芳、秘書令李彪、員外郎崔逸等人[4]，王肅并未直接參與。

“十一月，詔三公衮冕八章，太常鷩冕六章，用以陪薦”[5]，據閻步克先生的研究，之前只能皇帝戴冕，至此群臣也可戴冕，而且是三公八章八旒、九卿六章六旒，而南齊永明六年（488）就開始命三公八旒、卿六旒，很可能是“王肅將數年前南齊冕制變動的消息帶到了北朝”，孝文帝因此採用，同時糅合《周禮》和《僞孔傳》創造出新的服章之制。[6]

“（十二月）甲子，引見群臣於光極堂，班賜冠服”[7]。冕制是十二月頒行的冠服之制的一部分，若王肅參加了冕制的制定，其他的冠服之制很可能也參與了，雖然冠服之制最早是“詔尚書李沖與馮誕、遊明根、高閭等議定衣冠於禁中，少遊巧思，令主其事，亦訪于劉昶，”但“二意相乖，時致靜競，積六載乃成，始班賜百官”[8]。較之於劉昶、蔣少游，王肅作爲南朝一等士族，而又“博識舊事”，熟悉南朝的新近的衣冠制度，因而參與衣冠制度的制定，是很有可能的。

“十有二月乙未朔，引見群臣於光極堂，宣示品令，爲大選之始”[9]。此次頒佈的《品令》，是在太和十七年《前職令》的基礎上，根據九品中正制將官品再次析分出流内九品和流外七品，南朝在十幾年後的天監七年（508）纔抄襲了這一制度，孝文帝自己“自夏及秋，親議條制”[10]，因此頗爲得意。或許王肅帶來了南朝官品的新知識，但是

[1]　《魏書》卷七下《高祖紀》，頁178。
[2]　《魏書》卷一九上《廣平王洛侯傳附嗣子濟南王匡傳》，頁453；《魏書》卷一〇七上《律曆志上》，頁2659。有關北魏前期採用《周禮》創制的政治取向，請參看樓勁：《〈周禮〉與北魏開國建制》，榮新江主編：《唐研究》第13卷，北京大學出版社，2007年，頁87—148。
[3]　《魏書》卷七下《高祖紀》，頁178。
[4]　《魏書》卷一〇八《禮志一》，頁2752—2753。
[5]　《魏書》卷一〇八《禮志一》，頁2753。
[6]　閻步克：《服周之冕——〈周禮〉六冕禮制的興衰變異》，中華書局，2009年，頁282—289。
[7]　《魏書》卷七下《高祖紀》，頁179。
[8]　《魏書》卷九一《蔣少遊傳》，頁1971。
[9]　《魏書》卷七下《高祖紀》，頁179。
[10]　《魏書》卷五七《劉昶傳》，頁1310—1311。

這一制度的主導者是孝文帝本人，"未必是王肅所教"[1]。

"（太和二十年二月）壬寅，詔自非金革，聽終三年喪"[2]，很可能是受了王肅的影響。北魏原先遵從漢魏故事，既葬公除，太和十四年文明太后崩，孝文帝"思遵遠古，終三年之禮"[3]，爲群臣所阻，折中爲期年。王肅入朝後畢身素服，爲時人所稱，孝文帝在其後還下詔讓其三年除服。王肅這一舉動堅定了孝文帝的決心，因此下詔聽終三年之喪，但這并不是南朝制度，而是遵循古禮。

"（二月）丙午，詔畿內七十以上暮春赴京師，將行養老之禮"[4]。養老之禮是孝文帝依照古禮要求制定的，在太和十五年八月已經議定，"帝親臨決"[5]，至此方見實施。南朝則從未實施，因此王肅不可能參與。

"（五月）丙戌，初營方澤于河陰"[6]。這與太和十八年二月帝"幸河陰，規建方澤之所"是相承的[7]。國家祭典是孝文帝苦心經營的中原禮制的核心，圜丘方澤之祭與南北郊之祭分開是北朝禮制的復古與創新特色的重要體現，南朝承晉代之制棄圜丘方澤而不用，與北朝明顯不同[8]，因此，王肅在這些問題上是無法參與的。

另外，這一時期還有所謂"朝儀"的制定，《北史》說"朝儀國典，咸自肅出"，情況是否如此呢？

太和十六年正月之前，劉昶出任儀曹尚書，與青州士族蔣少游改革朝儀："又加儀同三司，領儀曹尚書。於時改革朝儀，詔昶與蔣少游專主其事。昶條上舊事，略不遺忘。[9]"太和十六年正月劉昶改任中書監，太和十八年南伐，二十一年卒於大將軍任上。王肅在太和十七年十月始見魏文帝，并沒有參加前一階段的朝儀改革。

太和十七年以後，朝儀改革仍在進行：

> （崔逸）以經明行修，征拜中書博士。歷侍御史、主文中散。受敕接蕭賾使蕭琛、范雲（按：事在太和十六年十二月），高祖賜名爲逸。後爲員外散騎侍郎，與著作郎韓興（按：當爲"顯"）宗參定朝儀[10]。雅爲高祖所知重，遷國子博士，每有公事，逸常被詔獨進。博士特命，自逸始。[11]

[1]　閻步克：《品位與職位——秦漢魏晉南北朝官階制度研究》，頁409。
[2]　《魏書》卷七下《高祖紀》，頁179。
[3]　《魏書》卷一八三《禮志》，頁2777—2789。
[4]　《魏書》卷一八三《禮志》，頁179。
[5]　《魏書》卷一八三《禮志》，頁168。
[6]　《魏書》卷一八三《禮志》，頁179。
[7]　《魏書》卷一八三《禮志》，頁174。
[8]　《南齊書》卷九《禮志上》，頁140；康樂：《從西郊到南郊——國家祭典與北魏政治》，頁184—187；陳戍國：《中國禮制史——魏晉南北朝卷》，湖南教育出版社，1995年，頁408。
[9]　《魏書》卷五九《劉昶傳》，頁1309。
[10]　韓興宗爲韓顯宗之誤，韓興宗爲韓顯宗之兄，卒於太和十四年冬。
[11]　《魏書》卷五六《崔辯列傳附子逸傳》，頁1251。

太和初,(韓顯宗)舉秀才,對策甲科,除著作佐郎。車駕南討,兼中書侍郎……後乃啓乞宋王劉昶府諮議參軍事,欲立効南境,高祖不許……後與員外郎崔逸等參定朝儀。[1]

我們可以看到孝文帝南遷之後命中書侍郎韓顯宗和員外散騎侍郎崔逸參定朝儀,王肅未主其事。然而北魏的朝儀改革無法不借鑒南朝,之前"專主其事"的劉昶爲劉宋宗室,蔣少游爲平齊户[2],皆具南朝背景。韓顯宗曾求爲劉昶府咨議參軍,崔逸曾接待南使,皆與南朝士人有涉,在朝儀改革上咨詢王肅應該是梳理成章的事。但王肅或許參與了朝儀改革,但并非主導,所謂"朝儀國典,咸自肅出",明顯言過其實。北魏的朝儀改革在王肅死後也仍在持續,宣武帝時,亦曾委任劉芳、李韶"敕參定朝儀、律令"[3]。

而在孝文帝去世後王肅擔任尚書令的任期内,唯一可以稱得上制度創新的即是《後職令》的頒布,但是其制定時間是在王肅擔任尚書令之前,與王肅無涉,資不贅言。另外,太和二十三年六月,王肅上奏進行考課,但這次考課在制度上并無創新之處,仍是太和十八年以來考課制度的延續,[4]實際的主持者應該是吏部尚書郭祚[5]。

綜上所述,王肅在北朝的八年中,多數時候都是以邊將的身份出現的,除了孝文帝崩後擔任了半年多的尚書令外此外并未擔任過文職,也未曾留下任何著作。但他又確實在特定的時間中參與了北朝的制度建設。除了開始參與了洛陽城的規劃,王肅還應該是參與了孝文帝太和十九年到太和二十一年的禮制建設,其中王肅最有可能參與了朝儀、冕制、冠服制度的議定,在孝文帝制定《品令》的時候可能將南朝的九品中正制回饋到北朝作爲參考。必須指出的是,王肅只是作爲一個參與者的身份出現,而非是制度制定者或者主導者。除此之外的史料中所見的制度建設都是由孝文帝和北朝學者論定的,主要原因在於北朝禮學與南朝禮學存在較大差異,北朝的制度建設的宗旨在於恢復古禮中進行制度創新,確立北朝的文化正統地位,"令魏朝齊美于殷周",不"令漢晉獨擅於上代"[6]。所以當王肅即便作爲南朝制度的傳輸者出現時,他也只能作爲北朝的參考和備選資源之一,而不可能成爲北朝制度的主創者。

但是,在南北對立的情況下,以華夏禮樂正朔自居的南朝人并不願意正視北朝的文化特性,他們更傾向用華夷之辨的眼光來看待這一差異。對於北朝大規模進行的

[1]《魏書》卷六〇《韓麒麟列傳附子顯宗傳》,頁1343。
[2] 關於平齊户,在太和改制中的作用,請參唐長孺:《北魏的青齊士民》,作者著《魏晉南北朝史拾遺》,中華書局,2011年,頁93—114。
[3]《魏書》卷四三《劉芳傳》,頁1222;《魏書》卷三九《李韶傳》,頁887。
[4] 周一良:《魏晉南北朝史劄記》"《魏書》考績制度"條,中華書局,1985年,頁315。
[5]《魏書》卷六四《郭祚傳》,頁1422—1425。
[6]《魏書》卷二一上《咸陽王禧傳》,頁535。

具有主動性和創造性的制度改革,他們大多視而不見,甚至于將其一律視爲"慕華風"、"僭華典",在"華"專指南朝的語境下,北朝的改革就變成了南朝制度的抄襲和模仿。因此,在这种心态下主导的歷史書寫中,他们一定要找出或者創造出一位將南朝禮樂傳播到北朝的人物,這個人就是王肅。

結　　論

王肅作爲由南入北的江左高門,恰逢孝文帝太和改制之盛業,在太和十七年末至太和二十一年中一定程度上參與了北朝的朝儀、冠冕等制度的制定,將南朝最新的禮制乃至官品信息傳到了北朝。但是,王肅并未在禮制和官制的制定中起到主導作用,未曾專任禮官,亦未曾專主其事,至多是部分制度設計的咨詢對象。

究其原因,一方面是王肅本人志在復仇,頻在邊境,無法全面的參與制度建設。更深層次的原因在於北朝的漢化改革重在依據古禮進行制度建設,以確立對於南朝的文化優勢,而非亦步亦趨仿照南朝,因此北朝制度建設的主導者只能是孝文帝和承繼漢魏故事的中原士族。《南齊書》、《陳書》的作者在强烈的南朝正統意識支配下,一厢情願的將王肅打造成南朝制度的北輸者、北朝制度的再造者。這種觀點隨著南朝學術成爲統一的隋唐帝國的學術主流而被普遍接受,以李延壽、杜佑等人爲代表的唐朝史家出於對南朝學術的崇奉而漠視了北朝的制度活力,不加辨析的承襲了南朝史書的觀點,并將其加以擴大化而載入史書,後世史家出於一種"存亡國、繼絶世"的文化情結,對此不加懷疑,遂將王肅塑造成爲北朝制禮作樂的歷史功臣。

Rebuilding Civilization? Analysis on the historical images of Wang Su (464 – 501)

Shen Chen

Abstract: The emigre nobles during the Southern and Northern Dynasties often show different images in the descriptions of the southern and northern historians during that time, and Wang Su who fled to Northern Wei from Southern Qi is a typical example. In *History of the Wei Dynasty*, Wang Su was described as a general who dedicated his most time to revenge on the Southern Qi, but in *History of the Southern Qi Dynasty* and *History of the Chen Dynasty*, he became a famous official who contributed a lot to the political reform during Emperor Xiao Wen's reign. The latter figure was magnified to the keyman who transfered the civilization of the Southern Dynasties to Northern Dynasties in the later histories such as *History of the Southern Dynasties*, *History of the Northern Dyansties*, *Tong Dian* and *Zi Zhi Tong Jian*. By means of the research on the narratives of Wang Su in different histories, this paper aims to figure out the true image and status of Wang Su, furthermore, to find out the cultural backgroud of the historical writing.

Keywords: Wang Su, *Historiy of Northern Wei Dynasty*, Reform of Emperor Xiao Wen, Southern and Northern Dynasties, historical writing

沈琛,北京大學博士研究生,shenchen869179565@163.com

跋

黄振萍

　　現代中國史學主要受德國蘭克實證主義的影響,結合傳統乾嘉考據學派遺風,致力於歷史"真相"的挖掘與復原,這被認爲是史學的本來之義,無可辯駁。然而,當蘭克的作品更多地翻譯成中文,我們似乎看到了另外一個"蘭克",1873 年,蘭克給兒子奧托的信中説:"没人比我更清楚,歷史研究必須使用最嚴謹精確的研究方法:批判作僞的史著作家們,揭露所有漏洞百出的道聽途説,從而萃取純粹的事實。但我也明白,這事實蘊含著精神的内容……辛苦艱難的史料批判之後,就需要直覺了。"(蘭克著《世界歷史的秘密:關於歷史藝術與歷史科學的著作選》導言,復旦大學出版社,2012)這不是那個宣稱自己的寫作"只是想説明事情的本來面目而已"的蘭克,而是承認恢復歷史本體需要"辛苦艱難的史料批判"的蘭克,這意味著,蘭克也認爲,"歷史"是"人"寫的,他自己寫的也不例外。因此,當我們繼續高舉蘭克實證史學大旗的時候,是不是也應該考慮"書寫"呢? 進入二十世紀,兩次世界大戰等人間悲劇,使得人們反思理性與科學是否就意味著"進步"與"正確",奠基於此的近代史學飽受質疑。在福柯看來,書寫也是權力的表現形式,邁克爾·曼《社會權力的來源》則把包含在意識形態裏面的書寫劃歸爲基本權力之一,和政治、經濟、軍事權力一樣起作用。這就大大拓展了歷史研究的範圍,我們不只是如傳統實證史學那樣考慮故事在講些什麼,而是首先要考慮這個故事是如何被講述的,是誰在什麼時候、在什麼情境下講這個故事,這何嘗不是另外一種歷史"真相"的揭示呢? 這樣説來,歷史"書寫"的研究就很有必要了。因此,本輯收錄了四篇這個主題的文章:曲柄睿通過《漢書》列傳編纂的研究,認爲班固"貫徹東漢對圖讖的政治解釋,立足於自己的儒學主張,延續并完善《史記》的列傳範式";沈琛則揭示了王肅的歷史書寫背後,《南齊書》、《陳書》的作者"强烈的南朝正統意識";聶溦萌的研究則提示"或許可以追溯譜牒雜傳等與正史相互交錯的源流變遷";《〈三國志·趙雲傳〉所見之人物同傳的意義》則不僅恢復趙雲本來面目,也討論了趙雲形象演變的歷史根源,探尋紀傳體史書中的"同傳"現象對於人物形象的隱性影響。

四書學專題

專 欄 導 語

樊沁永

　　自南宋朱熹構建龐大的理學體系、遍注儒家典籍并細緻的安排教學進階次第之後,《四書》在接續儒家道統上便居于樞紐文本的位置。進而元代將朱熹注本的《四書章句集注》定爲科考標準,更加穩固了《四書》在儒家内聖外王道路上的經典地位。值此傳統文化復興之際,《四書》在民間讀經運動、儒家思想啓蒙方面的受重視程度印證了這一經典文本詮釋積澱的文化仍然有其當下活力。

　　近年來,海峽兩岸甚至分別設置了專門的研究和資料整理機構,儒學範圍内的專人、斷代的四書學研究著作也頻頻推出。四書學關注的視野涵括了日本、朝韓、越南等,内容上也涉及佛教、民間信仰、民間善化思想等等。從理論成果上來看,四書學與不同宗教信仰、跨文化比較以及儒家哲學理論上的深化方面都還相對薄弱。《學燈》四書學專題,旨在以《四書》爲文本中心,爲一個仍然具有活力的經典文本展開多維度的研究,豐富四書學的文化内涵。

　　本輯收入的鐘雲鶯教授《清末王覺一〈大學解〉之"學天"思維與人性論》一文主要通過《大學》文本思想建構民間宗教核心理論的一個典型案例。在教理上對《四書》文本創造性的解讀,很重要的一點是通過本體論的調整契入信仰系統的世界觀,在信仰層面提供不同的修證方法,這個部分必然與理學的修養工夫有所差別。鐘教授通過王氏學天思想介紹其教義上的人性論,從理論結構和精神氣質上看,是宋明理學天人合一思想宗教化的產物。同時,王覺一在宗教理論和實踐各有側重的取捨程朱陸王,也表明民間化、宗教化指向的儒學更大意願的理論訴求在于求聖賢之同以引導實踐。

　　在西方哲學的領域,身心二元論困境一直是一個核心哲學問題。李明書博士立足當下的現代立場,采用時代認同的身心定義進入《論語》文本,討論了當下比較熱點的身心問題。在中國哲學的領域,身心概念自宋明理學以降有充分的討論,其定義也隸屬于對人的定義,而人的定義又受到天人關係中嚴格的抽象限定,其現實意義是人的倫理政治生活必須符合自天而來的必然之理。相比較而言，對于身心的定義仍然涉及整個基礎的世界觀取捨的問題。李明書博士的《論語》研讀是以開放的視角汲取傳統資源的一種嘗試，也是反思傳統應對現時代意義的方式之一。

清末王覺一《大學解》之"學天"思維與人性論

鍾雲鶯

【提　要】本文乃探討清末"末後一著教"教主王覺一《大學解》的學天思維與人性論,《大學解》是典型以宗教修行觀點解釋《大學》的作品,王氏乃在主流儒學的影響中,轉化儒家思想,開創他的教義思想,呈現儒家經典被多元詮釋的面向。

王覺一以"學天"思想解釋"大學"一詞。他將天分成理、氣、象三界,理天是本體,宇宙萬物之本源,故而王氏一再強調,學者所要學的乃是"理天"之道,并在宇宙論的基礎上討論人性論,説明人之不善與惡的因由。

從王覺一對《大學》的解釋,可以發現,他對主流儒學的吸收是選擇性的,如同他的理氣思想雖恪守朱熹的説法,并將之宗教化,發展成理/氣/象三界的空間結構。但在人性論上,他則較接近朱學改革者羅欽順的道心是性是體,以及王陽明的心性合一的思想。因之,我們可以説,王覺一是典型的理學與心學交融的民間宗教家。

王覺一雖説在主流儒學的影響下註解《大學》,但他仍有其中心思想作爲其論述的主軸,絶不是只是一味地吸取主流儒學之説,他的核心思想即是"學天",故而從"大學"一詞之定義,"大人之學"的内容,人性善/不善/惡的問題,都在"學天"的思想中發展開來。

【關鍵詞】王覺一　大學解　學天　理天　人性論

一、前　言

當今學者對於《四書》的研究泰半以菁英學者之論述爲主,特別是主流儒學學者的著作,如鄭玄、程顥、程頤、朱熹、陸象山、王陽明、王夫之、戴震……等,以及主流學派之後學的著作。這些菁英儒學者的著作,開啟了儒家經典注疏傳統,也使儒家經典可以因應不同的時代而開創適合當代的解釋。

在經典注疏上,傳統學術界之知識分子與儒生式的民間宗教家必然也呈現極大的差異。杜維明教授曾說:"儒家,它在大傳統中,也就是知識菁英中的體現,和在一般民間社會的體現,兩者須加以分疏。"[1]不只是儒家,佛、道二教亦然,民間性的儒教信仰以及世俗化的佛、道二教,[2]與知識分子、教派道教或傳統佛教,呈現極大的差異性,而其差異性實值得我們關注。

就"述"的角度觀察,儒家經典都具備了"被詮釋性"的特質。[3] 再者,中國古代的經典詮釋所存在的吊詭性,一方面這些經典與現今讀者建立在一種不明白、甚至可說是疏離的關係上;但另一方,讀者却希望不斷克服這種疏離的境況,令自己能理解、明白以及欣賞這些對歷代讀者都富有啟發意義的古代經典。[4] 而因經典與讀者之間的疏離感,與讀者內心希望突破的自我期待,許多經典詮釋之作也一一產生。再加上儒家經典在民間社會的發展,已開創一條與大傳統不雜不離,却具有特色的宗教經典詮釋著作,這些民間社會的經典解釋之作,長期以來雖被學術界所忽略,却無法掩蓋他們亦是儒家經典詮釋之作的事實,甚至曾經影響了當代老百姓對儒學經典的認識與理解。

本文乃以清末"末後一著"教王覺一《大學解》爲研究對象,探討他對《大學》的解釋。

王覺一(1830？—1884？)又名希孟、養浩,原名學孟,覺一是道號,又號北海老人,是清同治、光緒年間"末後一著教"的創教者,也是當今一貫道道統中的第十五代祖師。[5] 王覺一所領導的"末後一著教",在當時傳遍中國河北、山西、河南、安徽、江西、湖北、四川等地,傳教區域甚廣。

有關王氏的傳教活動及其教案發生始末,臺灣莊吉發教授根據故宮的清廷檔案,考察各教派的發展而寫成的《真空家鄉——清代民間秘密宗教史研究》,[6]中國學者馬西沙、韓秉方依清廷檔案而寫成的《中國民間宗教史》,[7]韓志遠的[8]《王覺一與末後一著教新探》,以及拙撰《王覺一生平及其〈理數合解〉理天之研究》,都有詳細的

[1] 杜維明:《現代精神與儒家傳統》,臺灣聯經出版事業,2003年,頁44。
[2] 王爾敏:《明清時代庶民文化生活》,岳麓書社,2002年,頁8—20。
[3] 陳昭瑛教授從"作"的觀點界定六經,她認爲儒家所理解的"經典性"有三個特質:原創性、被詮釋性、教育性。參氏著:《儒家美學與經典詮釋》,臺灣大學出版中心,2005年,頁3。陳教授所言之"被詮釋性"應是所有經典都具有的特質,特別是哲學性與宗教性的經典。
[4] 黎志添:《宗教研究與詮釋學——宗教學建立的思考》,香港中文大學出版社,2003年,頁38。
[5] 有關王覺一的生平及其所領導"末後一著教"教案之始末,可參拙著:《王覺一生平及其〈理數合解〉理天之研究》,臺灣政治大學中國文學系碩士論文,1995年。
[6] 莊吉發,《真空家鄉——清代民間秘密宗教史研究》,臺灣文史哲,2002年,頁354—358。
[7] 馬西沙、韓秉方,《中國民間宗教史》,中國社會科學院出版社,1992年,頁1150—1167。
[8] 韓志遠《王覺一與末後一著教新探》,《近代史研究》2007年第4期。

描述。

王覺一的著作頗多,但在民間社會中最常見的是光緒廿一年,竹坡居士蒐集《大學解》、《中庸解》、《三易探原》、《一貫探原》、《理性釋疑》等書編輯而成的《理數合解》。筆者之前的論著曾探討王氏之《理數合解》中"理天"一詞所呈現的宇宙論與心性論。綜觀王覺一的著作,他的教義思想架構主要乃在《大學解》一書之中,[1]其他四書只是作爲補述而已。再者,前著主要乃爲一貫道之思想溯源而論證的,較著重於單一教派的教義論述。而本文乃爲呈現"主流儒學"在民間社會的影響,民間教派如何轉化儒學思想成爲宗教修煉之作,與從經典詮釋的角度看待民間教派的著作,故而與之前之作有極大的不同。

王覺一的著作對後來的民間教派有極大的影響,我們除了透過清代檔案的記錄可以了解之外,民初同善社領導人楊毅廷即以"一貫聖經"一詞稱呼王氏的著作,可見他對王覺一的敬佩,[2]藉此可知這本書在清末民初之時,流傳廣泛,可以猜測此書在民間教派中的影響力。

本文對《大學解》的研究,將探討王覺一詮釋《大學》的宗教觀點,并且透過解讀《大學》建構自己的信仰體系,使得《大學》成爲修行的"宗教經典"。晚清之時,程朱、陽明之學雖屢受批判,[3]但其影響力猶存,特別是程朱所建立的超越"理"的概念,爲民間宗教架構一個超越的、神聖的終極之境的理論依據,民間教派依此而將之宗教詮釋,建立其神聖的聖域;陽明之學則因其後學在民間的廣泛宣導所產生的影響,[4]以及其說在民間被世俗化與宗教化的現象,[5]故而庶民社會對陽明之學是較熟悉的,因之,在心性論與工夫上,我們時而可見陽明之學的影響,而王覺一正是吸收、轉化這兩股主流儒學的思想主張,建立屬於"末後一著"教的教義思想。

---

[1] 根據清廷的檔案,王覺一的《大學解》與《中庸解》經常被合稱爲《學庸解》或《學庸聖解》。筆者比較各種版本,并參考清.光緒九年～十二年的《月摺檔》的記錄加以分析,我們可以這樣説,自宋明以來,《大學》、《中庸》二書已成爲一個整體的概念,故王氏雖分開爲此二書作註,然卻以作〈學庸序〉説明了此二書應該同時閲讀的想法,我們藉此可以判斷,《大學解》與《中庸解》在當時是合刊的,故直以《學庸解》稱之;而稱之《學庸聖解》,則是信徒的對祖師之作的尊稱。本文因著重於王覺一對"學天"思維,故以《大學解》之內容爲主。

[2] 見楊毅廷,《三家合參──毅一子》,臺灣中國子學名著集成編印基金會,頁21。

[3] 如乾嘉學者對宋明儒的批判,即依據五經所架構之"經世致用"的意義世界,批判宋明儒所建構之"內聖之學"的意義世界,并以"異端"看待宋明儒者,以儒學"正統"自居。林啟屏,《"正統"與"異端"》,《乾嘉義理學中的"具體實踐"》,《儒家思想中的具體性思維》,臺灣學生,2004年。

[4] 陽明學説之所以流傳快速,除了講學活動的盛行,《傳習録》與古本《大學》的刊印流傳,也是王學在正德、嘉靖年間迅速流傳的重要助力,凸顯了在講學以外,書籍流傳對學説的傳播及其對時人的影響之大。張藝曦,《明中晚期古本〈大學〉與〈傳習録〉的流傳及影響》,《漢學研究》2006年第24卷第1期,頁235—268。

[5] 陽明弟子如王艮(1483—1541)、王畿(1498—1583)之講學對庶民社會所產生的影響,以及在中晚明陽明學的民間化與宗教化,都使得陽明學在民間社會廣泛地被接受,特別是透過講學之宣教活動,加速的儒學宗教化,與陽明學派關係甚密的三一教主林兆恩就是最典型的例子。彭國翔,《良知學的展開──王龍溪與中晚明學者的陽明學》,臺灣學生,2003年。

二、"大學——學天"的思維:"性即理"思想下的解釋

"大學"一詞的意義是什麼？在漢唐之前,彷彿不是個大問題。一般而言,從教育
制度上談,所指的是當時教育體制的最高學府"大學",以及學校中教學内容的層級之
分"大學"、"小學"。[1] 若從《大學》的内容談,鄭玄、孔穎達則説"以其記博學,可以爲
政也"[2] 不過,鄭、孔這樣的解釋在歷史上并没有受到重視,[3] 反而朱熹所説的"大
人之學"掌握了思想史上的解釋權,連反對朱熹學説的陽明,對於《大學》首章的解釋,
不免也陷入"大人之學"的思維中解釋"大學",[4] 使得"大學"二字被定義在"大人之
學"的範疇中,這種學問,已非見聞之知,而是德性之知:貫穿天道的超越性與道德的
實踐性。

落在宗教修行上,"貫穿天道的超越性與道德的實踐性"之學的對象與内容是什
麼？這樣的問題,王覺一詮釋《大學》首章時,開門見山解釋"大學之道"的意義,作爲
全書的開始:

> 大學者,學大也。何謂大？惟天爲大。天可學乎？曰,可。一畫開天,伏羲
> 之學天也。觀天之道,執天之行,黄帝之學天也。惟天爲大,惟堯則之,帝堯之
> 學天也。惟天之命,於穆不已,文王之德之純,文王之學天也。予欲無言,天何
> 言哉,四時行焉,百物生焉,孔子之學天也。上天之載,無聲無臭,子思之學天
> 也。盡其心者,知其性也,知其性,則知天矣;存其心,養其性,所以事天,此孟子
> 之學天也。天者,性之所自出。性者,人人所固有。性既爲人人所固有,則天即
> 爲人人所當學。[5]

這段文字我們可以很清楚的看到,王覺一認爲,"大學"的實質内容即是"學天",因此,
"天"是"大人之學"的對象。以"天"釋"大",這是王覺一的創見,而這樣的創見,乃賦予
"天"超越的形上義,以及主宰者的神格義,是宇宙的本體,是創造流行的存有,因爲,
在生民百姓的心中,"天"的神聖性與具有神格化的特性,是宇宙萬物的造物主,故而

---

[1] 朱熹在《大學章句序》描繪三代教育的教學内容即説:"人生八歲,則自王公以下,至於庶人之子弟,皆入小學,而
教之以灑掃應對之節,禮樂射御書數之文;及其十有五年,則自天子之元衆子,以至公、卿、大夫、元士之適
(嫡)子,與凡民之俊秀,皆入大學,而教之以窮理、正心、修己、治人之道。此又學校之教,大小之節所以分也。"
朱熹,《四書章句集註》,臺灣鵝湖,1984 年,頁 1。

[2] 《禮記》十三經注疏本,臺灣藝文印書館,頁 983。

[3] 劉又銘教授乃從《大學》的思想體系與思想性格論證《大學》乃屬於荀學系統,是"政治之書"而非朱熹所説的"性
命之書"。見氏著,《大學思想證釋》,臺灣政治大學中國文學研究所博士論文,1992 年。

[4] 劉又銘,《〈大學〉思想的歷史變遷》,黄俊傑編,《東亞儒者的四書詮釋》,臺灣大學,2005。

[5] 王覺一,《大學解》,《理數合解(上海崇華堂版)》,臺灣正一,不著年代,頁 1。底下引王氏之作,皆以此版爲主,不
再注明。

"天"爲"大"。他認爲先王聖人所共同學習的對象即是體證"天"的超越性,而先聖先賢之所以精神不朽,即在於他們對"天"的體悟歷程所留給後世的啟發,他們證道的歷程與所陳述的文字雖不同,但他們從"天"之超越存在內化爲自我的修持却是一致的。

王覺一認爲先聖先賢學"天"的方法,都是透過觀察天道的運行、造化萬物、周流運轉,以及與天之間無形的感應而來,進而效法天道,將天道精神下貫個人性命之修,再將之發揚於人世之社會制序。故而伏羲之學天,乃將天之無形之化轉爲有跡之學,開啟人類社會人文精神之始,此說來自《周易・繫辭》;黃帝之學天,則又在觀天道之運行外,將天道的精神,下貫人身修煉,并運用於人世之制度面,也就是改造自身并支配外物,正德、利用、厚生於民,此說來自道教經典《陰符經》;堯之學天,乃感於天之奧妙無爲,效法天之造化萬物精神,修德造福於民,此說來自《論語・泰伯》;文王之學天,則以自身之修德感應天道,此時已漸將有跡之學,收攝於個人性命修德所轉化成爲巨大的德感能量,呈顯人天之交通,乃藉由"修天之道",此時之學天,已將天道周流運轉之生機,內化成爲與本體不二的至誠生命形態,此說來自《詩經・周頌・維天之命》;孔子之學天,則有感於天造化萬物之德與神妙無方,故由無言感悟天之運行與生養萬物,亦即此時之學天,乃透過自我的生命體證,直接與天貫通,不須要再藉外物(語言文字)體證天之本體,此說乃源自《論語・陽貨》;子思之學天,則直接契入天之本體,從有跡入無爲,天道性命已貫通無礙,此說來自《中庸》;至於孟子,則將天道、性命、身體的修煉觀融通爲一,[1]使得"心—性—天"一體不二的感通,透過個人之生命光輝而展現。

王覺一描述聖賢學天之道的歷程,由無至有,由有歸無,亦即由本體到現象的觀察、效法,再由現象回歸超越的本體,這樣的個人修煉,以至對社會文化、制度的影響,終極地乃發揚"天"的寂然不動、感而遂通的本體精神,進而回歸本體的聖王"學天"之道,王覺一稱這樣的學道歷程爲"大學"。值得我們注意的,王氏論述聖王的"學天"歷程,乃透過經典應證其說,以經典所述强化己說,經典成爲爲他背書的證明,這樣的論述角度,使得經典逐漸離開原始意義與主流儒學傳統,經典文字成了宗教家證明自己所屬教派修煉法的證明,"以教解經"的經典詮釋,成爲民間教派經典詮釋的主要路線。

將"大學"的意義解讀爲"學天",這是王氏站在宗教修煉上的解讀,將"天"神聖化、主宰化,視之爲宇宙的本體,并且是"大人之學"的主要對象,而之所以如此詮釋,最主要的目的乃要說明"大人之學"的本質與內容,即是他所說的"天者,性之所自出;

---

[1] 楊儒賓教授認爲,孟子體證盡心、知性、知天的具體表現,乃透過其養氣、養心(志)的身體觀(踐形)而呈現。見氏著,《論孟子的踐形觀:以持志養氣爲中心展開的工夫論面相》,《儒家身體觀》,臺灣中研院中國文哲研究所籌備處,1996。

性者,人人所固有。性既爲人人所固有,則天即爲人人所當學",按他所説,《大學》成爲修道者的必讀書,因爲,這當中所説乃教導後人如何"學天",只要自覺"性之出於天者"都必須了解《大學》的主要内容是"學天",而學天之前,必須了解人之本性源自於天的客觀事實。

然王氏所要學的"天"絶不是一般人所見之蒼茫之天或一般百姓所信仰的輪迴之天。故而認識真正的本體"天",修煉本體之"天"之道,回歸"性"之本源,成了"學天"的主要内容:

> 天有理天、氣天、象天之分,故性有理性、氣性、質性之别,而心亦有道心、人心、血肉之心之不同,此愚人、賢人、聖人之學問、見地、造詣之所由分也。理天者,乃理性、道心之所自出。理者,無極之真也。未有天地,先有此理,天地窮盡,此理復生天地;未有此身,先有此性,此身既逝,而此性仍在。(頁1)

這樣的學"天"思維,以及理、氣、象三分的思想内容,讓我們不禁想起朱熹論理氣先後的一段話"未有天地之先,畢竟也只是理。有此理,便有此天地,若無此理,便亦無天地,無人無物,都無該載了。有理,便有氣流行,發育萬物"。[1]

"理"是超越的本體,是普遍性的,是萬物品彙的根柢。朱熹之"理"概念被王覺一所吸收,加入庶民百姓所景仰之"天"的神聖空間的觀念,使之成爲本體之天、終極之境,也就是王氏稱之爲"理天"。

王覺一之所以界定"理天"本體的意義與範疇,最主要在於説明"天"是多重的、不同層級的,若非修煉"理天"本體之道,將無法回返"性"之本源,徒勞無功,繼續沉淪於輪迴之道,這也是他所説"未有此身,先有此性,此身既逝,而此性仍在。"這樣的思想,實乃轉化朱熹之"未有此氣,已有此性;氣有不存,而性却常在。"[2]的思想,"性即理"觀念成爲宗教上的意義。"理"乃先於天地之超越、永恒的存在,是整體性的觀念;人之性源於本體之天,故"性"亦是永恒的存在,此則是個體性的觀念,會産生變化的乃至於腐朽的,是"身",也就是氣,絶非"性",這樣的説法,其實是將輪迴的觀念加入"性即理"的思想中。

王覺一在信仰體系上,將"性即理"思想宗教化,首先,朱熹之理、氣二分的思維被王覺一運用於宗教場域之神聖/世俗的差異,他將"天"分成理天/氣天/象天之天體論,主要乃要闡述他的人性論(詳見下節),特別是找出人之所以爲不善與惡的原因,并透過修煉回歸性善本源。

由於王覺一受到朱子理/氣、道/器、形上/形下,以及理生氣之説的影響,他描繪

---

[1]　〔宋〕黎靖德編,《朱子語類(第1册)》,臺灣華世,1987年,卷1,頁1。
[2]　《朱子語類(第1册)》,臺灣華世,1987年,卷4,頁67。

宇宙生成的先後與過程是“理至則生氣，氣行則生象，氣盛象成，流行運御。”(頁 30)因之，氣、象乃受命於理而生，象則因應氣之流行而生，即如他所説、“道之爲物不二，而生物不測也……天包地外，地處天中，至理不動，結而成地，大氣流行，積而成天，理載大氣，氣載大地，地載萬類。”(頁 26)此一由理→氣→象(天地萬類)的宇宙論圖像，基本上是程朱思想的遺響。

　　然“大學”爲什麼需要了解“天”之層級的不同呢？ 主要仍在於修道之目的乃爲了脱生死、斷絶輪迴，因之，必須選擇正確的修行方法與目標，若方法、目標錯誤，則將苦修無成，望洋興嘆！ 而因一般人皆以“天”爲大，因此易被非本體之天所迷惑，認逆旅爲故鄉，是以，他認爲“學天”之道首在認清所學之對象，方能修道有成，我們看看王覺一對理天、氣天、象天的形容：

> 天者何，理也，氣也。氣天，上運星斗，下貫大地，寒來暑往，運行不息。積厚有色，謂之碧落；未厚無形，謂之虛空。碧落、虛空，莫非天也，氣無不在，即天無不在也……十二萬九千六百年爲一終始，流行不息，變而有常之天也。理天則貫乎氣天之內……雖不離氣，而實不雜乎氣，超乎慾界、色界、無色界之外，則委氣獨立。而爲無極之界，此靜而不動，常而不變之天。流行不息，變而有常之天，無形有跡。常而不變之天，形跡胥泯。無形有跡者，因隙而入，行而後至。(《中庸解》，頁 33)

王覺一對象天的論述并不多，最主要在於象乃因氣而生，“象天”則是因氣的推移、運轉而產生之物質體的空間，因之，一切有形的存在都是象，而象的本質是氣，因此象是氣造化的結果，這樣的説法，即是北宋張載(1020—1077)在《正蒙·乾稱》所説：“凡可狀，皆有也；凡有，皆象也；凡象，皆氣也。”之思想的延伸。[1] 有形象者皆屬於象天，依他在《大學解》的描述，象天除了大地之外(也就是我輩與萬物所居處之地球)，另有八重天，即：月輪天、木星天、金星天、日輪天、火星天、水星天、土星天、恒星天等宇宙存在之星球界，因這些是有形象之星界，肉眼可觀察，一看就知道不是神聖的終極地，故而所談不多。

　　由他所説“天者何？ 理也，氣也。”可知，最容易讓人混淆的乃是理天與氣天，故而王氏對理天與氣天的論述也較多。就上述引文所言，理天、氣天有下列的差異：

　　(一) 理天是本體的存在，故不受時空所限。氣天雖是造化宇宙品類萬彙的動能，但其受載於理，無法永遠存在，其存在時間僅十二萬九千六百年，時間一到，隨之毀壞。

---

[1] 張載，《張載集》，臺灣漢京文化，1983 年，頁 63。

　　（二）理、氣不雜不離，[1]理雖靜而不動，形跡胥泯，却主宰氣的生滅；氣無形有跡，流行不息，理因氣而呈現，氣因理而具有生命力。是以大千世界乃因理氣相合而成。就此而論，理天是形上的道，氣天（象天）是形下的器，只是象天皆有形象可觀察，氣天包含象天，故而兼具無形與有形，但其非本體，故非修行人所要學習之"天"的目標對象。

　　（三）理天的常而不變，乃是純善的本然。氣天變而有常，故使宇宙循其"常"而有秩序性、規則性，但重點在於"無形有跡者，因隙而入，行而後至"，可知，氣天的天界中，有善有惡，并非純善，故而非修道人所追求的終極地。

　　（四）理天、氣天、象天只是修煉境界與層級的不同，絶非將天一分爲三，因爲理天本體永恒存在，理、氣、象宛如一個多層的同心圓，理天是軸心，氣天居中，象天是最外層，無論中、外層如何變化，軸心永遠不變。

王氏之所以一再比較理天、氣天之極大不同，在於氣天的流行運轉，以及氣生萬物之"動"能特性，惑人耳目，而氣又離不開陰、陽二氣的變化，因此駁雜不純，也變化出許多惑人耳目的修持法，讓人趨之若鶩，誤以爲氣天形下之術即是修道人之終極目標，他又説：

> 若不明乎理，囿於氣中，却慾調息，終身不怠，可成此天之果，縱能飛雲走霧，感而遂通……十二萬九千六百年，終歸窮盡。此天既盡，成此天之果者，能不隨之而盡乎？（《一貫探原》，頁83）

常/變、道/術、永恒/短暫、本體/現象，這是王覺一强調修理天之道與氣天之術最大的差異，我們可以這麼説，理天是神聖空間，氣天是宇宙空間，象天是現象空間，是神聖/世俗的差異，據此可知，"大學"之"學天"之道，主要在於修煉回歸本體之道，歸本溯源，了脱生死輪迴不已的循環，追求永恒的真實。

　　王覺一以"學天"重新詮釋"大學"一詞的意義，可説是在理學的影響中另有創新。"學天"一事并非創舉，觀古今儒者，莫不以學天爲要，修己成人，參贊化育，無非要達到"天人合一"之聖人之境。王氏在"性即理"的信念下，堅持"人"之本源與天同體同德，故而回歸本體，成爲每個人都必須努力之事，除非那個人不承認自己的本源。"性即理"結合輪迴觀念，使得原本理學中的哲學思維被宗教化了，故而必須强調修煉對象、目標不同，會造成不同的修道功果，因之，明白理天、氣天之差異，成爲"大學"的首要功課，而將"大學"詮釋成"學天"，可説是王覺一將"大學之道"之宗教詮釋後的新解。

---

[1]　理、氣不雜不離的思想，主要也是受到朱熹的影響，在《朱子語類》卷一《理氣》有這樣的説法："天下未有無理之氣，亦未有無氣之理"（頁2）、"或問：'必有是理，然後有是氣，如何？'曰'此本無先後之可言，然必欲推其所從來，則須説先有是理。然理又非别爲一物，及存乎是氣之中，無是氣，則是理亦無掛搭處。'"（頁3）。可參劉述先，《朱子哲學思想的發展與完成》，臺灣學生，1984年。

三、"大人之學"的内容

受到朱熹的影響,王覺一當然不會放棄朱子所説大學之道是"大人之學"的説法,只是其中的思想内容與朱熹不全然相同。王氏是民間儒教的修行人,因之,他不會只專注於"學天"一事,而是將其"學天"的體悟用之百姓群生,以濟度的宗教情懷普渡衆生,讓天下蒼生都能得到救贖。因此,他已特別注意如何將此一理念推之於社會國家。因之,一個"大人"首先必須了解世間事物形成的本末、終始、先後之序,他談論"大人之學"時説:

有天地,然後有萬物;有萬物,然後有萬事;有萬事,然後有本末、始終、

先後之序。大人之學,窮源竟委,原始要終,本末不紊,先後有序,方能代天理物,經營萬事。(頁10)

從這段話可以看出,王氏認爲"大人之學"首先必須了解天地、萬物、萬事之間的關係,也就是説,必須先認識存在於現象界的"物",才能真正利益群生,避免淪爲空談。他所認定的"物"乃天地萬事萬物,與朱子所説的"物"的範疇相差無多,但是他的重點在於萬事萬物的本末、終始、先後的順序,所以他認爲一位"大人"必須窮究這些天地萬物的終始本末順序,才能代天行道,經營天地間的萬事萬物。因此,"大人之學"的内容範疇就變得十分寬廣,[1]如同他對"物"的定義是從天地以迄萬事萬物之本末始終:

乾,陽物也;坤,陰物也。人爲萬物之靈,飛潛動植,莫非物也。天有四時八節,雨暘災祥,陰陽消息,莫非事也。人有三綱五常,服食起居,公私慶弔,莫非事也。天有天事,地有地事,人有人事。天地萬物,雖各有其事,合而言之,皆大人分内之事,當知當行之事也。

天開於子,地闢於丑,人生於寅,此天地人物總總之本始,最先之事也。元會運世之升降,年月日時之循環,雖大小不同、久暫各異,莫不各有本末、終始、先後之序。

大人之學,悉運會升降之由,因事之消長興衰,而行其經權常變之道,施其因革損益之法。可者因之,否者革之不及益之,太過損之。本則先之以原始,末則後之以要終。天地不足,大人補之;陰陽失和,大人調之。日月盈虧、寒暑代謝、治歷明時,使民不惑於稼穡之期。

---

[1] 王覺一對"大學"之宗教化的解釋,影響當今一貫道甚爲深遠。另可參鍾雲鶯,《試論臺灣一貫道對〈大學〉之詮釋》,《儒學與社會實踐:第三屆臺灣儒學研究國際學術研討會論文集》,臺灣成功大學中國文學系,2003年,頁525—529。

　　　　灑掃應對,此本始所先也,則立小學以教之。窮理盡性,從政服官,末終所後
也,則立大學以教之。

　　　　人之賢愚不等也,則立政以一之。寬則失之放也,則制禮以節之;嚴則失之
拘也,則作樂以和之。勳勞則賞以勸之,頑梗則罰以威之。

　　　　賢有大小也,則立君以主之。三公論道,六卿分職,百官從事,萬民役使以
等之。

　　　　恩有厚薄也,則立七廟、五望、三族、六親以殺之。故周禮大司徒,以鄉三物
教萬民。智仁聖義中和之六德,孝友姻睦任恤之六行,禮樂射御書數之六藝,此
雖曰三物,而實該萬事。德先、行中、藝後,此本末、始終、先後之序也。

　　　　再如水火木金土,貌言視聽思,宮商角徵羽,吉凶軍賓嘉,莫非事也,而物在
其中。有是物,則有是事,有是事,則有本末、終始、先後之序。大而天地之終始,
次而帝王之興廢、再次而身家之存亡,再次而一事之起落,暫而瞬息之間,微而動
靜之際。(頁11—12)

由於王覺一乃從"大人之學"的角度解釋"物",而對"物"的定義乃建立"事"的基礎
上,[1]因之從天地之生、滅,一直到人世間的居處時所接觸的人、事、物,也就是王氏
所說的"天有天事,地有地事,人有人事。"理論上,這三者雖區分為三,但實際上,三者
息息相關,缺一不可,以見"大人之學"的深度與廣度。一位"大人",必須了解天、地、
人之間的本末、先後、始終之序,方能正本溯源,依理治物,也就是他"學天"思想的延
伸,因為,唯有理解理、氣、象之先後、本末、生滅過程,才能正確掌握世間事物之本末、
終始之序。因此,天地之物始於陰、陽,陰陽之動而成就宇宙間所有之物。是以天之
物雖以生滅為要,而這生滅的過程中含元會年月之升降循環,星宿之運行。而天地之
循環運轉之變,影響人世間的政策的制訂與國家的興衰消長。因此,透過天地之物之
時序,治曆明時,教民農稼,不惑於農期,此乃人之事,而此一人事之本乃在天,政策之
制則是末。是以王氏特別強調事物之本末、始終、先後之序,并以此來詮釋天事、地
事、人事之間的關聯性與次序先後的重要性。因此在人事上,先以小學教以灑掃應對
之節,末以大學教以窮理盡性;而在化民成俗的政策實施,也是以思考事物所以發生
之本末、先後、始終的次序與原因為先,再制訂處理的方法,如此方可正本溯源,達到
治本立標的效果。天事、地事、人事所構成的整體,天地——人的宇宙秩序以至人類
社會的制度秩序與人倫道德。天事、地事、人事,三者雖可以部分觀察、看待,但實際

----

[1] 王覺一以"事"釋"物"又與王陽明所說不同,王陽明雖亦以"事"釋"物",但陽明所說之"事"乃建立在"心外無
理"、"心外無物"的人倫道德、社會秩序、法制的規範上,在《傳習錄》中的一段話即可明白,他說:"身之主宰便是
心,心之所發便是意;意之本體便是知,意之所在便是物。如意在於事親,即事親便是一物;意在於事君,即事君
便是一物;意在於仁民愛物,即仁民愛物便是一物;意在於視聽言動,即視聽言動便是一物。所以某說無心外之
理,無心外之物。"見《王陽明全集(上)》,上海古籍出版社,1992年,頁6。

上,三者是不可析分的整體,任何一個部分有缺陷,就會對整體産生威脅,因之,"大人之學"所呈現的是"部分不只是組成整體的一個小單位,而是整體的展現。部分與整體互相依賴,缺一不可。整體經由展現部分而存在,部分藉由體現整體而存在。"的觀點,[1]就此而論,王覺一的"大人之學"已具備了當今管理學所説"系統思考"(System Thinking)的模式了。[2]

王覺一界定"大人之學"的範疇,已包含天地、人世、萬物的種種一切,包含人世間的政策之行與細節,但只要掌握天事、地事、人事之本,及其所須應對、處理之序,一切事物皆是依"理"而行,不至於混淆不清。

由此可知,一位"大人"絶不是只專注於個人的修行,而是必須透過天地的生滅之道,管理、教化五濁之世。因此,"大人之學"已不只是知識之學或理學家所謂的成德之學,而是結合二者,建立良善的政治、教育、律法等制度,教化百姓,使之窮理盡性,此乃"學天"之"大人"當知當行之事。就此而論,王覺一可説是典型的儒者,只是他以宗教修行法力行實踐之,以人世間的入世修行,推動其宗教理念,如同林安梧教授所説的"不離生活世界的終極關懷"。[3]

王覺一受到朱子學派的影響,故而他論及"大人之學"當知當學之"物"的定義時,與朱熹之"物"的內容幾乎一致,因爲他們都認爲,只要掌握"理"的主體性,了解"理一分殊"的必然性,則"大人之學"的事物雖説龐雜,但却不難理解,[4]也就如王覺一所説:"大人之學,明顯洞微,彰往察來,萬理悉備,無應不當,不爲事先,不失機後,因時制宜,動靜輒隨,知至至之,知終終之,則違道不遠矣。"(頁12)再者,王覺一所強調事物之本末、先後、始終之序,與《大學》本文所説的先後、本末、厚薄的意義是一樣的,只是王覺一以宗教修行的方式,洞本溯源的理念來詮釋"大人之學"。

---

[1] 此乃 Paper M. Senge 之"不可分割的整體"討論"部分與整體"間之關係的説法。Paper M. Senge 著,汪芸譯,《修練的軌跡——引動潛能的 U 型理論》,臺灣天下遠見,2006 年,頁 24。

[2] "系統思考"(System Thinking)的思維,特別強調"部分"與"整體"不可分離的關係,太過專注於自我,對整體所産生的影響,已非個人能力所能處理,唯有以"整體"觀察"部分","部分"貫穿"整體",才能完善地處理所發生、面對的問題,大家較耳熟能詳的實例爲"蝴蝶效應"與"啤酒遊戲"。Peter M. Senge 乃將這些現象運用在"啤酒遊戲"的系統中,透過零售商、批發商、製造商等各自不同的角色,他們唯一的目標,總是盡量扮演好"自己"的角色,使利潤最大。遊戲結果,太重視自己的想法,以及將錯誤推之於外的思維模式,這些角色沒有一個得到利潤,且多屯積大量存貨,蒙受莫大的損失。Peter M. Sange 強調,在人類系統中,常隱藏著更有效的創意解,但是我們却不曾發覺,因爲只專注於自己的決定,而忽略了自己的決定對他人有怎樣的影響。在啤酒遊戲之中,三個角色在他們的範圍能力之內,都有消除大幅振盪的巧妙作法。但是他們無法做到,因爲他們根本不知道自己是如何開始製造出振盪的。Peter M. Senge 所要強調的是"結構影響行爲",通常,我們發生問題的時候,都會怪罪某些人或事,然而,我們的問題或危機,却常常是由我們所處系統中的結構造成,而不是由外部的力量或個人的錯誤。參 Peter M. Sange 著,郭進隆譯,《第五項修煉——學習型組織的藝術與實務》,臺灣天下文化,1994 年,頁 39—57。

[3] 林安梧,《論儒家的宗教精神及其成聖之道——不離於生活世界的終極關懷》,《中國宗教與意義治療》,臺灣明文,2001 年,頁 21—49。

[4] 這樣的説法,在《大學解》中的一段文字可見其詳,他説:"此理之所以無所不理,各得其理,其體至虛,故萬殊在於一本,其用至神,故一本能應萬殊。至虛則一無所有,而無所不有,至神則淡然無爲,而無所不爲",由此可見王覺一也是從"理一分殊"的角度詮釋"物"。

四、"學天"思維下的人性問題："理、氣、象" 三界結構的人性論

"學天"是王覺一解讀《大學》的主要用意，了解理、氣、象之本質上的差異，成爲他注解《大學》的思想核心。而因受朱子理/氣、天命之性/氣質之性、道心/人心之説的影響，王覺一亦在其所建構之理/氣/象之宇宙論中論述人性論。

一本宗教家的情懷，性善論是王覺一談論人性根源對人之本質的肯定。在朱熹的基礎中，他對明德的認知是"人之所得乎天，即天命之所謂性也。"、"德之體本明，惟其明也，故稱德"、"明德雖人人本有，然拘於氣稟，蔽於物慾，大都有而不知其有。"(頁3)這樣的解釋，幾乎是宋明理學家一致的説法，特別與朱熹之説如出一轍，[1]也就是他們都承認超越的理的本質是至善的，但落諸於個體的特殊性則不是純善，因之，在理論與理想中，"性即理"之性善論是普遍性的原則；但從現實人生觀察，人之爲惡，或者説人的表現不全然至善却是真實的現象。受到朱熹理氣二分的影響，王覺一則將人未生前之本然之性與出生後的氣稟之性，其間之差異，作一説明：

> 周子曰：無極之真，二五之精，妙合而凝，乾道成男，坤道成女。此性之所自來，人之所由生也，二五之精，生有形之身，無極之真，妙合其間，作無形之性……天理者，萬物統體之性；人物者，物物各具之天也。此性中寓於一身之中，謂之隱；超乎有形之外，謂之費……此大學之道，已得於未生之先矣！迨此身之既也，地一聲，太極之氣從而入之，氣顯理微，微不勝顯，則拘於氣稟。知識漸開，甘食悅色，交物而引，則蔽於物慾矣！理蔽於氣，氣蔽於物，物交於物；自理而氣，自氣而物。愚人只知有物，而不明乎氣；賢人明於氣，而不達於理，如不從事於學，則囿於小而昧其大矣！(頁2—3)

在理/氣/象的結構中，王氏將人悟"理"與否的品類分成聖人/賢人/愚人，也就是說，在他的認知中，未達悟"理"者，雖道德修養受人景仰，仍然只是"氣天中的賢人"，仍受氣天時空所限，因之有所謂的"聖域賢關"之不同。[2]

原周敦頤根據儒家經典《周易》與太極圖所建立的宇宙論，在此則被作爲人性本源之説。首先，王覺一認爲，"理天"是"無極"不是"太極"，"太極"已落入"氣"，這一點

---

[1] 朱熹在《大學章句》言"明德"："明德者，人之所得乎天，而虛靈不昧，以具衆理而應萬事者也。但爲氣稟所拘，人欲所蔽，則有時而昏，然本體之明，則未嘗息者，故學者當因其所發而遂明之，以復其初也。"朱熹，《四書章句集註》，臺灣鵝湖，1984年，頁3。

[2] 王覺一認爲只達"氣天"之境者稱爲"賢人"，賢人仍無法了脫生死輪迴之苦，這樣的説法，在今日之一貫道稱爲"氣天神明"，也就是民間信仰中的神明，他們受百姓供奉的時間是有限制性的，時限一到，仍會受到輪迴之限。參同註1。

與朱熹認爲太極是理大不相同。[1] 這樣的説法,當源自於道教的無極圖之説。道教的無極圖本一空圓,中間無物,而太極則以陰陽二氣爲圖狀,故王覺一認爲太極是氣,不是理,加以周敦頤説“陰陽一太極也,太極本無極也”,容易讓後人混淆,很清楚的,王氏乃採周子原始文字的説法。可知,他雖接受朱熹理氣的思想,却反對朱熹以太極言理的説法。

然將周子描繪宇宙生成人物之説來解人性之源,主要乃要説明:現象界之人,乃理、氣,也就是性、身之結合。無極之真代表性理,二五之精則是物質之身。“妙合而凝”點出神妙無方以成生命的自然性、必然性,也就是理、氣相合才能成就生命。而人源於無極之真,理應至善,這也就是他所説“此大學之道,已得於未生之先矣!”所以他將人之不善,歸諸人之“既生而後”所受到的影響與感染。

首先,我們可以問,既知理是純善至理,那麼只談論理天之修煉與性理之源,直接切入即可,爲何要論及非本體的氣、象?一方面此乃牽涉到知、行之間的問題(詳見下節),一方面也受到程朱所討論天地之性與氣質之性之間關聯性的影響,王覺一説:

> 理氣混淆,非善之至也……孟子曰:性無有不善。此論理,不論氣也;告子曰:有性善有性不善。此論氣不論理也;荀子曰:性惡。此理氣皆不論,而只論乎慾也。論慾者,則性有惡無善;論氣,則性有善有不善,而非至善;論理者,然後知性無有不善,而謂之至善也……知象者,離道太遠;知氣者,漸進於道;論理者,則至於道矣!(頁5—6)

之所有必須論述理、氣之間的差異,即在於氣有善有不善、漸進於道却非真道所造成的魚目混珠的現象,這種説法很像朱熹所説:“論性不論氣,不備;論氣不論性,不明。蓋本然之性,只是至善,然不以氣質而論之,則莫知其有昏明開塞、剛柔強弱,故有所不備。徒論氣質之性,而不自本原言之,則雖知有昏明開塞剛柔強弱之不同,而不知至善之源未嘗有異,故其論有所不明。須是合性與氣觀之,然後盡。蓋性即氣,氣即性也。若孟子專於性善,則有些是‘論性不論氣’;韓愈三品之説,則是‘論氣不論性’”[2]以及王陽明説的:“孟子性善是從本源上説,然性善之端須在氣上始見得,若無氣亦無可見矣。惻隱、羞惡、辭讓、是非即是氣。程子謂論性不論氣,不備,論氣不論性不明。”[3]當然,朱熹所説的重點在於“本然之性”、“天地之性”其實都是“性即理”之性,是一種兼具公共性格的存有理則,但人性的問題必須落在個體上討論,一旦

---

[1] 勞思光教授即認爲“無極”是“太極”之上的一個“體”,中國學者張立文也主張“自無極而太極”的説法。勞思光,《新編中國哲學史(三上)》,臺灣三民,2007年,頁140;張立文,《宋明理學研究》,中國人民大學,1985年,頁117—131。

[2] 《朱子語類(第4冊)》,卷59,頁1387—1388。

[3] 王陽明,《王陽明全集(上)》,上海古籍,1997年,卷2,《啟問道通書》,頁61。

論及個體，就必須性與氣合著講；王陽明所説乃爲他"性即是氣，氣即是性"立論，但陽明所説之氣與程朱有極大的差異，是一種貫穿形上形下之間的定義，没有朱熹所謂道、器之别的問題，[1]也就是楊儒賓教授所説的"心氣"，亦即是心即理即氣。[2] 特别是二人同時引用程頤所説的性、氣合論的觀點。

　　然而，王覺一的旨趣并不是在釐清朱、王的學理，而在於運用他們的談論"本原（源）"的思想。説明了，只要涉及人性論的問題，一定要談本原（源）、談超越、談真理，但也不可以跳過氣稟、特殊、現象所形成惡的問題。因此，他認爲，論及人性的問題時，必須了解人性善/不善/惡的因由，如是，才能更客觀面對人性的問題，也才能説服他人入教修行，而非只一味以宗教感性情感談人性善，若不面對不善/惡的問題，心性修養無法達到他所説的至善。這樣的思維與程朱論道心、人心之差異是一樣的。就道心而言，它是氣之靈、是理、是太極，但就現實而論，人心必然受限於人欲，蒙蔽天理，所以學者必須爲學，以即物窮理的方式，做自我認識、自我贖回的道德實踐，[3]藉以認清現實中人之不善與惡的原因，只是王覺一以宗教之論本源的方式談論。因之，唯有將性、氣合論，才能真正地通達本然之性，而不讓混淆理氣的氣天之性蒙蔽了理天本體之性。再者，唯有認清理、氣、象不同，才能真正洞本溯源，通達本體。但，問題是，我們如何了解人性中所表現的理、氣、象的質地，以及如何朝向"理"的目標？

　　王覺一面對這個問題時，他以分析理、氣、象在心、性、神上所呈現的本質，以解釋：

> 天有理天、氣天、象天之分；命、性有天賦之命、本然之性、氣數之命、氣質之性之别；心，有道心、人心血肉之心之異；神有元神、識神、魂魄之不同。質性、肉心、魂魄出於象；氣性、人心、識神、氣數之命出於氣；元神、天賦之命出於理。象則暗而不明，氣則有明有暗，理則本體常明。本體常明者，至善之地也，此地論象，則五行具備；論氣，則五氣朝元；論理，則五德兼該⋯⋯愚人執象，以五行之質爲道，此團砂爲飯，苦死無成之道也。賢者以五行之氣爲道，此仰箭射空，力盡終墮之道也。聖人以五常之理爲道，方可窮理、盡性，以至於命。五常之性，明德也、至善也。明明德者，止於至善也；止於至善者，明明德也。（頁6）

天賦之命/氣數之命、本然之性/氣質之性、理性/氣性/質性、道心/人心/血肉之心、元神/識神/渾魄，這種將心、性、神三分，與他將理、氣、象三分的思維是一致的。然而，這種對人性問題的説法，已摻雜了道教之説，稱道心爲理、爲本然之性，與朱熹的説法

---

[1]　楊儒賓，《氣質之性的問題》，《儒家身體觀》，頁353—374。

[2]　楊教授對"心氣"的解釋是：這是個體驗形上學的概念，它意指（一）世界終極的實體是氣，這種"氣"的意義其實等於《易經》所説的"神"，它意指超越本體之作用；（二）氣的全體意義惟有經過學者盡心體證後才能證成；（三）就學者體證後的氣之認知意義而言，它圓融地被視爲體與經驗之氣是同一種氣。同前註，408。

[3]　楊儒賓，《變化氣質、養氣與觀聖賢氣象》，《漢學研究》2001年第19卷第1期，頁125—126。

有極大的差異。

首先,性、命、心、神相通爲一,是王覺一論"人性"在理、氣、象三界所呈現的質地。這樣的説法,很像程頤所説:"孟子曰:'盡其心,知其性。'心即性也。在天爲命,在人爲性,論其所主爲心,其實只是一箇道。苟能通之以道,又豈有限量,天下更無性外之物。"、"在天爲命,在義爲理,在人爲性,主於身爲心。"[1]其意義在於將宇宙本體與道德本體的統一,將心、性、理統一,但又堅持形而上的普遍之心與形而下的個體經驗之心的區別;[2]也就是説,從通之以"道"的本體而言,命、理、性、心名異而實一,互相圓通、包攝,心即性即理即命。[3] 王陽明的心學(良知之學)對理、心、性異名同實的觀念更是大加發揮,他認爲良知本體是宇宙存在的本體,也是道德實踐的主體,它是徹上徹下,由道德實踐貫通宇宙本體。[4] 王覺一將這些觀念運用在對理、氣、象三界人性論中所展現不同的意義,在同一天界中,命、理、心、性,他們的意義是一樣的并没有分別。就此可知,王覺一雖固守朱熹"性即理"與理、氣二分的思想,但他對於朱熹强分命、心之別則又不以爲然。

王覺一有這樣的區分,最主要在於朱熹認爲"道心"是已發,不是性,這樣的説法并不爲王覺一所接受認同,他比較能接受羅欽順所説:"道心、性也;人心,情也。心一也,而兩言之者,動静之分,體用之別也。"、"道心,寂然不動者,至精之體,不可見,故微。人心,感而遂通,至變之用,不可測,故危。"的思想,[5]最主要在於他支持道心即性(理)是體,是至善的本體;人心是氣是用,有善有惡,而非至善,與他所説理天、氣天的區分有極大的關係。

至於"神"的説法,雖來自道教的名詞,但在民間教派中也有類似的説法,同治十一年(1872)先天道水精子所作《清靜經圖註》解釋元神與識神:

> 元神,無識無知,能主造化。識神,最顯最靈,能應變無停,此神是人之主人翁也。其神之原,出於無極……不生不滅,不增不減……夫元神,隨身之有無,從受胎以得其生。凝於無極之中央,主宰生身之造化,十月胎足……的一聲……而這識神,趁此吸氣,隨吸而進……從此以心爲主,而元神失位,識神當權。七情六欲,晝夜耗散,而元神耗散以盡……(人生)要把性命二字爲重,識神元神當分,真身假身當曉,人心道心當明,切不可以人心當道心,以識神當元神。[6]

《清靜經圖註》的成書年代與王覺一同時,所用的語言也相似,因此拿來作爲補充王覺

[1] 朱熹編,《河南程氏遺書(下册)》,臺灣商務,1988年,頁225。
[2] 蒙培元,《中國心性論》,臺灣學生,1990年,頁344。
[3] 張立文,《中國心性哲學及其演變》,《中國文化月刊》165期,頁33。
[4] 楊儒賓,《理學論辯中的"作用是性"説》,《儒家身體觀》,頁304～305。
[5] 黄宗羲,《明儒學案(下册)》,臺灣華世,1987年,卷47,頁1111。
[6] 水精子,《清靜經圖註》,臺灣大興圖書,無出版年,頁41—44。

一的元神、識神、魂魄之説是恰當的。我們若將上述引文對元神、識神的解説,可以清楚明白,元神即是人之性體,也就是理,故其能主造化;識神則是人心之作用,故是氣,因之應變無停。再加以以道心喻元神,以人心喻識神,與王覺一的説法如出一轍。

接下來我們必須處理的是氣數之命的問題,也就是"人生而後"所形成的人之智愚賢否、窮通壽夭不同之性格與命的差異。據王覺一所言"其人降生受命之時,正當某宿某度之氣,適值其會而入之,則人之性,各肖其宿之性。宿有吉凶,故人有善惡;其命則參之春秋寒暑,晦朔玄弦望,日時干支之生剋制化,而氣質之性,所以萬有不齊也,此降生而後得之氣夭也"(頁34),此即他所謂的氣數之命,因爲受氣天的主宰。這樣的説法,實與程朱所説無異,程頤以人之稟其氣之清濁而有善惡、聖愚之別,朱熹也認爲,人的性格差異,不僅與氣之清濁有當然的關係,更與四季節氣、天地運轉之正常與否有關。[1] 王氏則認爲之時人在降生之時,太極之氣從口而入,此時所吸入之"氣"與其後天性格、命運有必然性的關係,因此,他特別強調人降生之後的差異。也就是強調討論人性時必須論理、論氣、論象的必要性。當我們認清人之差異性之所形成原因後,就能比較心平氣和接受自己後天的性格與氣數之命。但王覺一絶不是要信徒當一位宿命者,反而要突破性格與氣數之命,認識氣、象之限,直接就本體而修煉,本體與工夫同時,以明明德、止於至善爲正鵠,不受現象界之聲色所迷,也不受氣天之神通法術所惑,一切以修煉無思無爲之本性爲要,以通達理天之道爲人生的第一目標。

從王覺一"學天"人性論思維中,我們可以發現,王覺一對於主流儒學的吸收并不是單一性的,而是以建立他所要建立的教義思想爲要,故有所捨取與批判,呈現百川匯流的多元思想面向。他雖是程朱"性即理"與理、氣二分的信仰者,并在此基礎下建構他的理、氣、象三界。然其建立在宇宙論上的人性論,則反駁朱熹的説法,認爲無極是理,太極是氣,將理、性、命、神,相通爲一、同質一貫,只是文字描述的差異,其所指皆同只一事,所不同的,乃在三界中所呈現之質地的不同,以及所描述名詞上的差異。在人性論述上,他較接近羅欽順"道心是性"與王陽明"心性同一"的思維,與朱熹之説相差甚遠。

五、結　論

王覺一《大學解》是典型以宗教修行觀點解釋《大學》的作品。從他的解釋中,我們可以發現,他受到主流儒學的影響,却又轉化主流儒學的思想,開創他的教義思想,

---

[1]　程頤:"氣清則才善,氣濁則才惡。稟得至清之氣生者爲聖人,稟得至濁之氣生者爲愚人。"(《河南程氏遺書》卷第二十二上,頁318);朱熹:"人之性皆善,然而有生下來善底,有生下來惡底,此是氣稟不同。且如天地之運,萬端而無窮,其可見者,日月清明氣候和正之時,人生而稟此氣,則爲清明渾厚之氣,須做箇好人;若是日月昏暗,寒暑反常,皆天地之戾氣,人若稟此氣,則爲不好底人。"(《朱子語類(第1冊)》,卷4,頁69)。

使得儒家思想的經典詮釋呈現多元的風貌。

從王覺一對《大學》的解釋,可以發現,他對主流儒學的吸收是選擇性的,如同他的理氣思想雖恪守朱熹的説法,并將之宗教化,發展成理/氣/象三界的空間結構。但在人性論上,他則較接近朱學改革者羅欽順的道心是性是體,以及王陽明的心性合一的思想。因之,我們可以説,王覺一是典型的理學與心學交融的民間宗教家。

我們可以問:爲什麼在宇宙論上,王覺一以朱熹的性即理與理氣二分思想爲主;而在人性論上卻是較接近於陽明學説。筆者想要提醒的,我們千萬不要忽略朱子學説因科考而在傳統士庶社會所產生的全面性影響。特別是程、朱所建構的理本論,已爲儒學建立一個超越的本體思維,此一超越的、絶對的真理,被運用在宗教的神聖之域的論述是再恰當不過了;加以理/氣二分的思維,正爲民間教派建立其神聖/世俗之區分最好的理論基礎,因之,我們時而所見民間教派在本體論與宇宙論上會吸收程朱理學之説,藉以建立其神聖之域,將理思想宗教化,轉化理氣的哲學思維成爲宗教語言。而在工夫論上,陽明思想因隨其後學在民間社會的影響與世俗化,一般老百姓的接受度極高。再者,陽明"心即理"、"致良知"、"知行合一"之説,對一般百姓而言較淺顯易懂,也較容易力行實踐,故而許多民間教派的領導者會以陽明之學教導信仰者,使之可以運用於日常生活之中。也就是説,就語言的難易度,以及將儒學世俗化的層面而言,陽明之學確實是較朱熹之學容易被庶民百姓所接觸與接受。也因此"心即理"、"致良知"、"知行合一"被廣泛運用於民間教派的修行論之中。我們由此可見大傳統與小傳統的互動交流。

王覺一雖説在主流儒學的影響下註解《大學》,但他仍有其中心思想作爲其論述的主軸,絶不是只是一味地吸取主流儒學之説,他的核心思想即是"學天",故而從"大學"一詞之定義,"大人之學"的内容,人性善/不善/惡的問題,都在"學天"的思想中發展開來。

The Thinking of Learning Heaven and The Theory of Human Nature in *The Interpretation of The Great Learning* by Wang Jueyi in Late Qing

Chung, Yun-Ying

Abstract: The study is based on *The Interpretation of The Great Learning* by Wang Jueyi who is the founder of "The Final Salvation" (末後一著教) and to explore the thinking of learning heaven and the theory of human nature in this book. *The*

Interpretation of The Great Learning is a typical commentary by religious view. Wang was influenced by the mainstream Confucianism still, but he translated Confucianism to create the doctrine in his religion. He pioneered the diverse views of Confucius interpretation.

Wang interpreted "Great Learning" as "Learning Heaven". He divided the heaven by three boundaries which are Principle Heaven, Qi Heaven and Phenomenon Heaven. The Principle Heaven is the ultimate realm where is the source of all things in the world. So, the believers need to learn the way for returning the ultimate of the world. Based on the cosmology, he researched the reasons of not good and evil by human.

Wang absorbed the theories of mainstream Confucianism after thinking, as he agreed the Principle and Qi philosophy of Zhu Xi's, and translated the philosophy into religious concepts, and developed the three boundaries of the Heaven. In the theory of human nature, his thinking is close to the philosophy of Luo Qinshun and Wang Yangming. We could say, Wang is a typical popular religious leader with the unity of the Zhu Xis' sect and the Wang Yangming's sect.

Learning Heaven is the main thinking in Wang Jueyi's work. Therefore, all themes are connected with this thinking. The definition of The Great Leaning, the context of Great Learning and the human nature's perfect/ not good/ evil are developed in the philosophy of Learning Heaven.

Keywords: Wang Jueyi, *The Interpretation of The Great Learning*, Learning Heaven, Principle Heaven, the theory of human nature

鍾雲鶯,元智大學中國語文學系教授,Yun-Ying@saturn.yzu.edu.tw

《論語》的身心觀探究 *

李明書

【提　要】有鑒於身心課題在當前學界、社會,以及生命世界與生活世界的諸多層面備受重視,本文即依據《論語》,探討在"心態"與"身體"這兩方面的修學,所採取的工夫、方法或措施。修學的主軸,以《論語》一貫的道德修養之道,在消極面上排除過失,并且在積極面上正向成聖的目標而行走。論述的脈絡,著重在《論語》文本的義理鋪陳,也就是藉由經典內在的理路,設定出課題、論題、架構,以及論理的程序。本文依如下六節進行:第一節,"緒論";第二節,"《論語》所關懷的世界";第三節,"《論語》以道德修養之道打通生命的出路";第四節,"以道德修養之道在心態方面的引導";第五節,"以道德修養之道在身體方面的引導";第六節,"結論與展望"。

【關鍵詞】《論語》　心態　身體　道德修養　儒家

一、緒　　論

現今身心觀的課題漸受重視,在生活與學術圈皆被廣泛討論。若以身體觀方面的研究,并且以中國經論爲依據的,主要就有楊儒賓所著的《儒家身體觀》與編著的《中國古代思想中的氣論及身體觀》,并引起相關的討論。[1] 然而,就《儒家身體

---

* 本文初稿,在 2011 年 10 月 15 日,以《儒家以道德修養引導心態與身體的運作:以〈論語〉的義理爲打通生命出路的線索》爲題,發表於中央大學哲學研究所、政治大學哲學系合辦的"校際研究生哲學論文發表會",經會議中討論後,修改而成現稿。筆者感謝研討會上熱烈的提問與建議,以及二位匿名審查人細心地審閱,對於本文的完成,助益良多。

[1] 鍾雲鶯的《身與體:〈易經〉儒家身體觀所呈現的兩個面向》一文亦對於楊儒賓在身體觀的研究成果頗爲強調,其言:"廿年前,楊儒賓(1956—　)教授開啓了儒家身體觀的研究,此後'身體觀'的研究蔚爲風尚,迄今仍爲學者所重視。"參閱:鍾雲鶯:《身與體:〈易經〉儒家身體觀所呈現的兩個面向》,《佛學與科學》2010 年(11:1),頁 21。
　　關於宋明思想家在身體觀方面的研究專書,尚可參閱:陳立勝:《王陽明"萬物一體"論——從"身-體"的立場看》,臺灣臺大出版中心,2005 年。

觀》[1]與《中國古代思想中的氣論及身體觀》[2]以及相關的研究成果觀之，依據的儒家文獻，大多是在《孟子》之後的文本；以《論語》爲依據，較爲全面地整理《論語》文本關於身心方面的討論，則較爲少見。

有鑒於儒家的身體觀以及佛學的心態與身體哲學的發展，在研讀經典的過程中，也思索著是否能就著儒家最重要的經典——《論語》[3]，回應當前哲學上的重大課題。整理《論語》的文本時，發覺其中不乏在心態與身體方面的論述，并且得以就著文本的脈落，梳理出一道又一道，關聯於心態與身體在實踐上的論理。

就此而論，本文以《論語》的道德修養之道爲論述的主軸，依據經典的文本，展開對於心態與身體課題的論述，看出《論語》就著心態與身體這兩方面的修學，如何藉由論理，作爲實踐過程的思索與引導，而提出具有相當品質的方法。

本文採取哲學的進路，藉由鋪陳經典的義理而提出課題，進而論理、反思與批判，展開一系列的論述程序。研究的方法，不拘泥於章節的次序，而特別注重義理的貫通與開展，呈現出《論語》論理的脈絡與豐富的意蘊。

論文的進行，由如下六節串聯而成：第一節，"緒論"，交代本文的背景、架構與輪廓。第二節，"《論語》所關懷的世界"，看出《論語》著眼於生命世界與生活世界，而提出立身處世的修學方法，并藉由修學主軸——道德修養之道的打造，使得這樣的道路能夠引導生命有方向、有目的地行走於世間。第三節，"《論語》以道德修養之道打通生命的出路"，以儒家的成聖之道，引領修學者在生命與生活中，不爲環境所侷限，而能走出一條極具品質的道路。第四節，"以道德修養之道在心態方面的引導"，思索《論語》如何看待心態在生命歷程所扮演的角色，而藉由消極面地排除過失，以及積極面地拓展道路入手，提出在道德修養上相應的工夫。第五節，"以道德修養之道在身體方面的引導"，論述《論語》如何以道德修養引導身體在諸如技能、體力等面向上的昇進，以及遇到身體衰老、病痛等負面情況時，該如何對治。第六節，"結論與展望"，收攝本文的要點，并思索值得持續發展的方向。

以如此的研究所要展現的成果，除了藉由《論語》回應當前學術與生活環圈相當重要的兩個課題之外，也看出儒家經典之所以經得起考驗的緣故，即在於可以爲有心從事修學者，提供一條在道理與身體力行上皆行得通的道路。

---

[１]　楊儒賓：《儒家身體觀》，臺灣中研院中國文哲研究所，2004 年。

[２]　楊儒賓主編：《中國古代思想中的氣論及身體觀》，臺灣巨流圖書公司，1993 年。

[３]　本文所徵引的《論語》版本，以〔清〕阮元校勘的《十三經注疏》，臺灣藝文印書館，1979 年，影印《重刊宋本論語注述附校勘記》爲依據，全套共八冊，《論語注疏》收錄於第 8 冊，以下引用資料，將僅註明章次、頁碼，不再特註版本。附帶一提，學者陳郁夫於國立故宮博物院網站架設"故宮【寒泉】古典文獻全文檢索資料庫"（網址：http：//libnt.npm.gov.tw/s25/index.htm），就是以藝文印書館刊行的《十三經注疏》爲底本，可於網站上以關鍵字檢索方式查詢資料，在檢索、運用上十分方便。

二、《論語》所關懷的世界

在進入《論語》就著心態與身體的修學所提出的方法之前，或許可以先交代《論語》所關懷的世界，看出《論語》從什麼面向切入觀察世界，進而就著這樣的視角，而對於處於當中的生命，提出可據以實行的修學方法。

根據《論語》的論述，可以相當明顯地看出是著眼於生命世界，而提供當中有心從事修學的生命，提升生命品質的各種方法。至於《論語》主要著眼的生命形態，可從如下兩則引文來看：

> 廄焚。子退朝，曰：“傷人乎？”不問馬。（《論語・鄉黨》）[1]

> 子貢欲去告朔之餼羊。子曰：“賜也，爾愛其羊，我愛其禮。”（《論語・八佾》）[2]

從以上兩則引文即可看到，孔子對於人與其他生命形態的關懷，在不得已而必須有所取捨的情況下，首要的關懷對象爲“人”。之所以如此的理由，是爲了更爲廣大而長遠的目的，也就是由“禮”的制度與內容所打造的世界。[3]

透過這樣的視角觀看世界，除了關懷的生命形態與試圖打造的世界，爲了更爲清楚地勾勒出其內容與範圍，依據引文整理出如下四個論點：

其一，綜觀《論語》全書，討論的焦點、示例，與實證修學成果的經驗，皆環繞在與“生命世界”或“生活世界”[4]而發言。《論語》之所以如此觀看世界，主要的依據，即在於就著生命世界與生活世界進行考察，進而提出對於修學者在這樣的世界當中，如何面對各種問題與困難的實踐工夫。

其二，人、馬、羊泛指不同的生命形態，“愛”則意指喜好或有意願。就引文而言，指的是以各種生命形態爲考察的對象（“人、馬、羊”），放在生命世界與生活世界進行考察，在面對各種問題與困難的過程，而提出以道德修養的道路，指引有意願或已經

---

[1] 《十三經注疏》第 8 册，頁 90 下。

[2] 《十三經注疏》第 8 册，頁 29 下。

[3] 特別強調儒家所關懷的生命形態，并非標舉著以人爲中心的旗幟，却忽略了其他的生命形態；而是區別於不同學說系統的關懷對象，像是道家觀照萬物，或是佛家的三界六道的世界觀，凸顯出其間的差異，并且呈現出儒家的特色。
另有以禮樂教化的世界視爲儒家之所以有別於其它學說的論點，如牟宗三在《中國哲學十九講》所云：“要使周文這套禮樂成爲有效的，首先就要使它生命化，這是儒家的態度。”引自牟宗三：《中國哲學十九講》，臺灣學生書局，1991 年，頁 61。

[4] 關於“生命世界”與“生活世界”的界說，可參閱：蔡耀明：《一法界的世界觀、住地考察、包容説：以〈不增不減經〉爲依據的共生同成理念》，《臺大佛學研究》2009 年 17 期，頁 7。其言：“世界如果特指衆生經營生存活動的環境，則可稱爲‘生活世界’；世界如果特指衆生表現生命歷程的環境，則可稱爲‘生命世界’。”

從事實踐的人("我愛其禮"),[1]提升生命品質與生命境界。

其三,在生命形態的抉擇上,不論是對於人或人之外的動物,所帶出的道路與導向的目標,皆超越形軀或外貌的限制,而是以長遠、廣大,能夠隨時代而調整的修學內容("禮"),作爲在世間實行的準則、依據,以及提升生命品質與生命境界的參考標準。

其四,這兩則引文,個別看來,可說是斟酌人、馬、羊、禮的價值,而抉擇所取向的對象。若以其層次或《論語》的內涵而言,可以很明確地看出,孔子之所以重視人的緣故,在於人對於禮而言,可能具備行使、發揮、開展的意義;而禮對於人來説,則呈現出較值得抉擇與更爲深刻的內容。

把握住如上的要點,大致可以看出《論語》就著生命世界與生活世界的觀察,以及其內容與運作的機制。以此爲背景,所帶出的修學道路,關聯於心態與身體方面的引導,才得以在論理與身體力行上施展開來。

三、《論語》以道德修養之道打通生命的出路

從《論語》對於生命形態的關懷,進一步要再探問的,是在這樣的觀照下,能否爲迷途的生命,或是想要在程度、格局、能力各方面能有所提升的修學者,提供一套操作的工夫,乃至於完整且通達的修學道路?

面對這樣的探問,《論語》的教學,不僅提出正確的觀念,并且正由於許多就著生命與生活情境的發言,使得這樣的觀念,得以在實作上施展開來。然而,若要稱之爲一套有系統的操作工夫,還得在更多方面更加講究。以下順著《論語》文本,勾勒出道德修養的層次、面向與導向,進而帶出後續所要探討的,在心態與身體方面的論述。

"道德"一詞,較爲基礎的語意,大致指的是對於生命的表現、行爲,或所做成、引起的事件,進行是非、善惡、應該不應該的論斷或判斷。"道德修養"則意指在生命歷程中,運用方法,提升或培養生命關於道德方面的能力、態度、行爲所進行的活動。[2]

首先,在層次上,若將道德修養視爲有心從事生命品質的鍛鍊或提升的路徑之一,則在這條道路的過程中,將可就著所辦到手的工夫、能力、技術,給予在身份上的一個暫時的名稱,諸如"士"、"君子",乃至於各方面發展完善的"聖人"。值得留意的,是并非表示著修學到哪一個階段,就只能停格在那一個階段,甚至表面看起來可能具

---

[1] 孔子既然在認定、取向上,將"禮"視爲區別於馬、羊等生命形態的選擇對象,意味著"禮"當是對於修學者,乃至於聖人,所要抉擇的對象,更進一步,可説"禮"有著更爲值得努力學習的價值。此處并非將"禮"當作《論語》的教學最重要的一個環節或最核心的概念,成爲與其他概念,像是"仁"、"勇"、"智"等的比較對象,而是就著《論語》的脈絡,將"禮"視爲修學的部分內容,以此對比於尚未從事修學活動者。

[2] 關於"道德修養"詳細的界説與釐清,可參閱:李明書:《從〈論語〉與〈雜阿含經〉看感官欲望》,翰蘆圖書,2017年,頁46—49。

備"士"、"君子"的樣貌,其内容却尚有不及。試看《論語》文本的論述:

(一) 子曰:"士志於道,而耻惡衣惡食者,未足與議也。"(《論語·里仁》)[1]

(二) 子曰:"士而懷居,不足以爲士矣。"(《論語·憲問》)[2]

第一則引文指出若"士"已將生命的重心立定在修學的道路上,却講究在衣物、飲食之類物質的要求,則在實際上是不足以與其談論修學的内容的。第二則引文則更强調出"士"若僅汲汲營營於住所的品質,就根本不能稱之爲"士"。就此而論,可以看出《論語》對於修學層次的區分,一方面,就著各個層次所應具備的能力、態度而給予一個名稱;另一方面,不斷地反思這樣的名稱,是否符合其意義與内容。

其次,在面向上,《論語》的論述可謂涉及相當廣泛,諸如心態面、身體面、觀念面、倫理面、文化面、宗教面,如何從各個面向切入,進而透過修學的方法,排除缺失,扭轉偏差的見解,導向正確的道路,皆值得逐一進行深度地探討。然而本文的研究,將聚焦在心態與身體這兩方面,至於其他面向,則有待後續撰文處理。

其三,在導向上,《論語》爲各個的層次或等級給予不同的稱謂,并且論述多個面向的意義,所要教導的,就是引領當前的修學者,以及後續的追隨者,以一條長遠、不間斷,有目標的道路。這樣的道路,若以目標作爲導向而給予一個名稱,或可稱爲"成聖之道";若著重在修學的工夫與内容,或可稱之爲"道德修養之道"。誠如《論語》之言:

(一) 子曰:"若聖與仁,則吾豈敢? 抑爲之不厭,誨人不倦,則可謂云爾已矣!"公西華曰:"正唯弟子不能學也!"(《論語·述而》)[3]

(二) 曾子曰:"士不可以不弘毅,任重而道遠。仁以爲己任,不亦重乎? 死而後已,不亦遠乎?"(《論語·泰伯》)[4]

第一段話爲孔子自謙不敢被稱爲聖人之詞,由此看出孔子是以不厭倦的態度實踐修學的内容,教導廣泛的大衆,朝向聖人的目標邁進。第二段話則是曾子指出修學者("士")的價值,以聖人的全幅内容("仁")與長遠的修學道路("道")自許,這樣的責任與歷程,不僅極爲重要,且意義深遠,若人人皆以此爲立身處世的道路,將得以永久地傳承下去。

從層次、面向與導向三個方面通達地看待儒家的道德修養之道,或許可以更清楚地顯示出《論語》文本中,多樣的操作工夫與對於各種情境的處理之完整性。一方面,

---

[1] 《十三經注疏》第 8 册,頁 37 上。
[2] 《十三經注疏》第 8 册,頁 123 上。
[3] 《十三經注疏》第 8 册,頁 65 上。
[4] 《十三經注疏》第 8 册,頁 71 下。

不論是就著什麼樣的情境而發言,皆得以從層次的進程、面向的把握與導向的目標,確立出實踐的主軸;另一方面,可以動態地運用各式各樣的工夫,不至於被特定的、歷史的事件所侷限。

四、以道德修養之道在心態方面的引導

如果理解《論語》所關懷的世界與修學道路的勾勒還說得過去,就繼續走到《論語》在心態與身體方面的理路,整理出《論語》在這兩方面的論理程序與脈絡。論述的過程,將逐步顯示出《論語》在這兩方面的重視。這一節將論陳道德修養之道在心態方面的引導。

心態區別於物質的集合,大略可以當作是知覺、認知、情意、態度等活動的總稱。從關懷生命世界,進一步到在生命世界所要來行走的道路,《論語》在這條道路上對於心態活動的引導,在於把握住道路的主軸,靈活地運用方法在各個面向、情境上。在消極面,排除所遭遇的缺失與問題;在積極面,不斷地導正,并做長遠且通達地開展。

既然要能夠把握住修學的道路,以作爲生命的主軸,則要促成心態切換的前提,就在於如何在茫茫的生活世界中,提起意願或情意在修學的道路上,以爲提升層次鋪路。且看《論語》所說:

> 子曰:"飽食終日,無所用心,難矣哉! 不有博弈者乎,爲之猶賢乎已。"(《論語·陽貨》)[1]

孔子加重語氣地宣說,若將生活的重心,擺放在維持飲食的生理需求的滿足,而不投注心態在更值得留意的對象上,那麼生命的品質與境界要有所提升,恐怕是相當困難的。

"無所用心"與"難"二語,皆未加上固定的或數量化的受詞,而說成是在什麼方面"無所用心",以及什麼方面"難",則意味著并不實指著只應在什麼方面用心,以及只是難在什麼方面;換言之,正由於不具有被限定的對象,而應該在各方面加以用心,否則將在各方面都難以提升。其中用心的主軸,莫過於《論語》所教導的成聖之道,也就是儒家所提供的,提升生命品質與境界的道路。

將心態引導向道德修養的道路,接著以一貫且持續的觀念,通達地使得心態的活動正向修學的目標。以下舉出一則孔子自述學思歷程的話語進行分析:

> 子曰:"吾十有五而志于學,三十而立,四十而不惑,五十而知天命,六十而耳

---

[1]　《十三經注疏》第 8 册,頁 158 下。

順,七十而從心所欲、不踰矩。"(《論語・爲政》)[1]

上引之文,是孔子自述其十五歲至七十歲各個階段的狀況。孔子從十五歲起將心態取向在修學的道路,清楚地認知到在道路的起跑線上,應堅定地學習向上提升的資糧;三十歲時將立身處世的各種能力——包括心態與身體方面辦到手;至四十歲不再困惑於一切道理,清晰透徹地了解自身的能力、志向;五十歲時認知像"天命"這樣更爲崇高的價值,使得生命活動的表現,充分展現出其意義與定位;六十歲時以耳朵這樣的感官配備爲接收資訊的管道,不論資訊如何多變、繁複、雜亂,皆不再影響正向目標的心態活動,甚至不再將任何一般認爲的負面訊息視爲是負面的,每一筆資訊皆是促進成長的條件;若以年齡做區分,在所謂的七十歲的高齡階段,累積了自十五歲以來的歷練,所提升到的境界,不僅正面地應對所接觸到的一切,甚至於已超越了提醒、學習、反省、砥礪的過程,心態的活動隨時皆是最適切的表現。[2] 若將孔子七十歲時的心態表現,視爲是相當接近聖人,或已經處於聖人的境界,則意味著這樣的境界,與尚未成爲聖人或距離聖人尚遠時的相當重要的區別,就在於還須要覺察到正在學習、用功。

孔子的心路歷程除了在程度上不斷地提升之外,也表示這樣的過程,有其一貫的主軸,才能通達地應對生命中的種種問題,并且隨時隨地做適當地調整。看出以道德修養的道路爲主軸,引導著生命歷程當中的心態活動,則在《論語》中豐富的語錄,皆可以作爲主軸的環節。以下引二則爲例:

（一）冉求曰:"非不説(悅)子之道,力不足也。"子曰:"力不足者,中道而廢。今女(汝)畫。"(《論語・雍也》)[3]

（二）子曰:"譬如爲山,未成一簣,止,吾止也! 譬如平地,雖覆一簣,進,吾往也!"(《論語・子罕》)[4]

第一則引文,當有人("冉求")以藉口搪塞,不願實行孔子所教導的道理時,孔子指出其癥結在於連何以沒有動力(泛稱心態與身體的力量)實行都還不了解,就停止學習、進步,也就是不去深入了解不願進步的理由,這樣在目標尚未到達即已停止學習,是畫地自限的行爲。一方面,可說是在指正或提醒後學者避免如此的情形;另一方面,則意味著應修正後,持續行走於成聖的道路。

---

[1] 《十三經注疏》第 8 册,頁 16 下。
[2] 這一則引文的相關注解,除《十三經注疏》,尚可參閱:宋・朱熹集註:《四書章句集註》,臺灣鵝湖出版社,1984 年,頁 54—55。學界的研究,可參閱:王邦雄、曾昭旭、楊祖漢:《論語義理疏解》,臺灣鵝湖出版社,2005 年,頁 79—87。
[3] 《十三經注疏》第 8 册,頁 53 上。
[4] 《十三經注疏》第 8 册,頁 80 上。

　　第二則引文,直接分做兩方面來論述,以堆土成山做譬喻,這樣的過程,相當於行走在修學的道路上,中途停止或不間斷地前進,關鍵就在於明朗的修學道路就在眼前時,應該以什麼樣的心態,或怎麼樣使得心態願意繼續投入修學。

　　從在生命與生活上的用心,隨著年齡的成長,搭配層次的提升,到以上兩則引文,整理出以道德修養之道引導心態活動的關鍵,就在於消極面,排除過失;積極面,正向目標前進。生命中所遭遇到的狀況,從這樣的脈絡中,尋找出應對的出路。[1]

五、以道德修養之道在身體方面的引導

　　身體,意指由物質的積聚,所構成的集合體。《論語》在身體方面的教學,採取與心態上相當一貫的措施,也是以道德修養之道的貫通,做爲生命在茫茫塵世之中的引導。以下先説明《論語》如何强調關於身體的體能與技巧上的鍛鍊,再逐步帶出藉由修學道路的引導,解開身體在生命中所可能引發的困惑。

　　《論語》對於身體方面的教學,有其一貫的理路,并且可説是循序漸進,又可針對每一段歷程中所產生的問題,提出處理的辦法。首先看到《論語》教導如何鍛鍊身體的能力與技巧:

> 　　太宰問於子貢曰:“夫子聖者與? 何其多能也?”子貢曰:“固天縱之將聖,又多能也。”子聞之,曰:“太宰知我乎! 吾少也賤,故多能鄙事。君子多乎哉? 不多也。”牢曰:“子云:‘吾不試,故藝。’”(《論語·子罕》)[2]

以上的對話,是孔子自述曾經廣泛地學習、鍛鍊的緣由;“賤”固然可指稱地位、官職,但由這個字所引申的卑下、微小的意義,可看出孔子這麼説的深意,在於告知提問者,當各方面能力不成熟,所學不夠多樣的時候,應該正視不足之處,不被任何條件所限制,進而就著身體所能鍛鍊出來的能力,做極致地開展。

　　“君子多乎哉? 不多也”的義理,朱熹的《四書章句集註》解釋爲孔子之所以廣泛地培養才藝、專長、能力,乃是由於年輕時地位卑下,不得已而如此。朱註曰:

---

[1]　在此舉出《論語》中數則記載孔子或其門人所遭遇的困境,以作爲對應於如何以道德修養之道引導心態之運作的參考。《論語》的例示:
　　　例一,子曰:“篤信好學,守死善道。危邦不入,亂邦不居。天下有道則見,無道則隱。邦有道,貧且賤焉,恥也;邦無道,富且貴焉,恥也。”(《十三經注疏》第8册,《論語·泰伯》,頁72上)
　　　例二,司馬牛憂曰:“人皆有兄弟,我獨亡!”子夏曰:“商聞之矣:死生有命,富貴在天。君子敬而無失,與人恭而有禮;四海之內,皆兄弟也。君子何患乎無兄弟也?”(《十三經注疏》第8册,《論語·顏淵》,頁106下)
　　　例三,子曰:“莫我知也夫!”子貢曰:“何爲其莫知子也?”子曰:“不怨天,不尤人;下學而上達。知我者其天乎!”(《十三經注疏》第8册,《論語·憲問》,頁129上一下)
　　　例四,明日遂行,在陳絕糧,從者病,莫能興。子路慍見曰:“君子亦有窮乎?”子曰:“君子固窮,小人窮斯濫矣。”(《十三經注疏》第8册,《論語·衛靈公》,頁137上)
[2]　《十三經注疏》第8册,頁78下。

言由少賤故多能,而所能者鄙事爾,非以聖而無不通也。且多能非所以率
人,故又言君子不必多能以曉之。[1]

朱熹此語即意指"無不通"與"多能"并非成聖或成君子的必要條件,并且所學若是"鄙
事",則更無助於成德之學的擴充。

然而,楊祖漢的《論語義理疏解》則立基於這一層解釋,翻轉爲不以所學爲多,方
能不斷精進,遍習一切才藝。其言如下:

孔子説,多才多藝算得甚麼呢? 我之所以多懂了幾項不足道的技能,只因爲
我少時貧窮,每樣事情都要自己親自去做。其實成德的君子是否必須懂這些技
能呢? 我想是不需要的。後兩句("君子多乎哉? 不多也。")亦可如此解:一個成
德的君子,是否會認爲多才多藝是值得稱道,值得引以爲榮的? 我想是不會的,
一個君子,是不會以此(才藝)爲多的。後一解意思較爲明顯。[2]

從這樣的解析來看,將一切的能力、技術、才華的培養,皆視爲身體鍛鍊的內容,即使是一
般人認爲的卑下的"鄙事",仍有助於生命品質與境界的提升,各方面的學習,可謂多多益
善。本文在此大致從《論語義理疏解》的解釋,而特別著重在身體能力的論述。

順著這樣的解釋而下,可知孔子在能力尚嫌不足時,不僅不排斥任何學習的可
能,并且極盡所能地精進、開展。然而,在身體上的鍛鍊,是否僅是割裂地看待生理或
物質所構成的身體,而不清楚這樣的鍛鍊其內涵究竟是怎麼一回事? 對於這樣的提
問,可以從《論語》中找出回應的線索。《論語》曰:

(一) 子游問孝。子曰:"今之孝者,是謂能養;至於犬馬,皆能有養。不敬,何
以別乎?"(《論語·爲政》)[3]

(二) 子曰:"志於道,據於德,依於仁,遊於藝。"(《論語·述而》)[4]

第一則對話是孔子回應子游對於孝道方面的提問,回應的內容,正顯示出一般人
對於物質身體的迷思,也就是若以孝順作爲道德修養的內容,則提供給奉養對象的,
不是只滿足對方在飲食、生理上的需求,而是要以恭敬的心態,引導孝道的展開,否則
將難以區別出有心奉養長上的特別之處。[5]

第二則引文,孔子將"道"、"德"、"仁"、"藝"并列,其中的"遊於藝",泛指關聯於身體

[1] 宋·朱熹集註:《四書章句集註》,頁110。
[2] 王邦雄、曾昭旭、楊祖漢:《論語義理疏解》,頁126。
[3] 《十三經注疏》第8册,頁17上。
[4] 《十三經注疏》第8册,頁60下。
[5] 此處并非刻意低看了人以外的生物,而是就著《論語》的脈絡,將"犬馬"解釋爲有別於已懂得提起道德修養或成
聖的念頭的生命,顯示出從事修學與否的差異。

的一切技藝、技巧。[1]《論語》既然將身體的能力("藝")與修學的道路("道")、品德("德")、價值("仁")與身體的能力并列,則意味著身體的鍛鍊,并不僅止於割裂地看待生理或物質一般的身體,而是將身體的鍛鍊,在道路、方向上,一貫且通達的關照。

反思身體的意義與價值,以道德修養的道路爲前導,將身體的功能極盡所能地發揮出來,不僅關聯於身體的能力得以充分運用在生命與生活之中,甚至達到超越身體所可能引發的限制之境界。誠如《論語》所説:

(一)子曰:"賢哉,回也! 一簞食,一瓢飲,在陋巷。人不堪其憂,回也不改其樂。賢哉,回也!"(《論語・雍也》)[2]

(二)子曰:"飯疏食飲水,曲肱而枕之,樂亦在其中矣。不義而富且貴,於我如浮雲。"(《論語・述而》)[3]

(三)葉公問孔子於子路,子路不對。子曰:"女奚不曰,其爲人也,發憤忘食,樂以忘憂,不知老之將至云爾。"(《論語・述而》)[4]

上述三則引文,第一則説的是生活環境極其簡陋的顏回,以一般人所難以承受的飲食條件,卻能持續居處在修學的道路而不受影響;第二、三則引文記載孔子已全然地超越身體在飲食("飯疏食飲水")、居處("曲肱而枕之")、歲月("不知老之將至")上所留下的刻痕,及其可能的限制,而以愉悦、舒適、正向、積極的態度,不斷地提升、超越。

若以當今的學術工作者爲例,讀書、研究到樂在其中,而忘記用餐、徹夜未眠的情況,實是人人皆曾有過的經歷;《論語》的記載,可謂相當貼近學者的實際生活,是對於道德修養的相關活動甚爲深刻的描述。以此作爲身體實踐的論理依據,可以當做是親身經歷而有的超越身體限制之感受,只要越有意願往道德修養之道的目標前進,身體的勞累、衰老對於心態的影響就越容易淡化。

就此而論,以道德修養之道引導身體方面的運作,一貫的道理,就在於確切地了解身體所具有的意義與價值,藉由身體的鍛鍊,在各項能力有所開展之後,覺察身體在生命中超越物質的層次,以擺脱衰老、疾病等難以避免的限制,而能夠在境界、程度上不斷地精進、提升。

六、結論與展望

本文以儒家經典的《論語》爲依據,看出儒家在生命世界所關照的面向,提出在以

---

[1] 關於《論語》中的"藝",可以挖掘出更深刻的解讀,以詩書禮樂的技藝,擴充成爲生命的藝術。這樣的説法,可參閲:王邦雄、曾昭旭、楊祖漢:《論語義理疏解》,頁4—6。

[2] 《十三經注疏》第8册,頁53上。

[3] 《十三經注疏》第8册,頁62上—下。

[4] 《十三經注疏》第8册,頁62下。

人爲主的關懷下,值得採取的道德修養或成就聖人的道路,以修學的道路引導心態與身體在各個面向的鍛鍊與開展。

將《論語》這樣語錄式的文本,就著論理的脈絡重新整理,鋪陳出一道又一道的論理程序,呈現出《論語》在心態與身體方面深刻的觀點,以及儒家哲學的特色。

順著本文的論述脈絡,整理出如下的五個要點:其一,就著《論語》的文本,看出儒家對於生命世界的關照,主要關懷的生命形態爲"人",而以此區別於道家與佛家的世界觀。其二,從儒家對於生命世界的關懷,展開一條在生命與生活中的道德修養或成聖的道路,引導廣大的生命在各方面有所成長。其三,儒家以道德修養之道在心態方面的引導,在消極面,排除由於惰性、藉口所造成的停滯;在積極面,正向聖人的目標邁進。其四,儒家以道德修養之道在身體方面的引導,不將身體視爲僅止於物質的形式或意義,而是將洞察身體所具備的價值與功能,藉由鍛鍊,超越身體的限制,更無阻礙地修學。其五,藉由打通修學道路,確立修學目標,有效地處理過程中的問題,爲生活在世界中,找尋一條在理論與實踐上皆能通達運作的出路。

若要以本文的成果,做延伸的思考,以待後續進行關聯的研究,或許可以從四個方向著手:其一,從儒家的道德修養或成聖之道,切入在倫理、文化、宗教等各方面的研究。其二,研讀儒家的各種經論,整理出在心態與身體方面相關的論述。[1] 其三,比較不同學門在心態與身體方面的觀點,激蕩出豐富的研究成果,爲生命找尋出不一樣的出路。其四,以儒家的心態與身體方面的研究成果,與心理學、生物學等相關學科對話,呈現出儒家在各種學科之中,獨樹一幟的特色。

Based On *Analects of Confucius* From the Perspective of Mind and Body

Ming-Shu, Lee

Abstract: Because the topic of mind-body is highly discussed in academic, society and life world, etc., this paper penetrate the same topic from the perspective of *Analects of Confucius*. In this paper, special focus has been given on learning the cultivation and method of mind and body. According to *Analects of Confucius*, the

---

[1] 蒙審查人建議,可就《論語》之"身心觀"到《孟子》之"心學"的思想史加強論述,筆者已撰著"The Teaching and Instruction of 'Sensual Desire' in the *Mencius*"一文,發表於"23rd Annual Graduate Student Conference on East Asia"(New York: Columbia University, 2014.2.14-15),未來將可持續發展後,將《論語》與《孟子》的身心觀關聯起來探究。

key of learning is consistent with the way of moral cultivation, which, negatively it eliminates mistakes and actively tends towards achievement of the stage of *sage*. The arguments are based on the ground of analects doctrines; this is to say that the topic, arguments, structures and reasoning are ordered according to original text. There are six divisions in this paper, they are as; first, introduction, second, the surrounding which analects concerns, third, to open the path of life through the way of moral cultivation, fourth, guideline on mindset through the way of moral cultivation, fifth, guideline on body through the way of moral cultivation and sixth, conclusions and prospect.

Keywords: *Analects of Confucius*, mind, body, moral cultivation, Confucianism

李明書，臺灣大學哲學系暨研究所博士後研究員、亞洲大學通識教育中心助理教授，k74132@gmail.com

海德格爾研究

專 欄 導 語

朱清華

　　胡塞爾曾經説，"現象學，就是海德格爾和我"。雖然後來海德格爾離開了胡塞爾所開闢的特別的現象學道路，但無論海德格爾的現象學與胡塞爾的現象學有多大的不同，海德格爾探索和返回"事情自身"的思考都使得他是一個真正的現象學家。自2014 年《黑皮本》出版以來，其中的反猶言論使得海德格爾被送上輿論的風頭浪尖。人們不禁對他的人品和道德情操提出了強烈的質疑，并連帶地對他的思想之偉大產生懷疑。但是，無論如何，把海德格爾思想的深刻内涵同他幼稚且危險的政治行爲分開評價會更恰當。事實上，他不但毫不掩飾地批評猶太主義，還將美國主義，蘇聯的布爾什維克主義都看作本質上的猶太主義一起批評，説它們都是那種計算的、敉平式的機巧思維。他不但同尼采一道斷言上帝的死亡，還認爲西方精神的"神殿"中的"神"（借用黑格爾的比喻）——形而上學已經走向了終結，這種終結同計算式思維的氾濫是息息相關的。除掉猶太主義，他的論述引起了人們的深思和共鳴。他的哲學思想直接和間接影響了一大批其後優秀的哲學家和其他領域的學者。海德格爾著作中有很多專門的術語，所以也有其獨特的晦澀，他甚至并不願意人們一覽無遺地理解了他。

　　海德格爾對尼采思想的解釋以及由此對現代西方的虛無主義本質的揭示極大影響了當代西方對虛無主義的思考。他的弟子們，諸如洛維特，約納斯，沃格林，阿倫特乃至施特勞斯都將虛無主義看作現代的致命特徵，而洛維特更追隨海德格爾，把尼采看作西方虛無主義歷史的決定性階段。梁寶珊博士的文章首先分析了尼采的超人哲學。認爲尼采放棄了理性作爲真理的標準，而用生命意志來確立真理，從而肯定生命的價值。生命意志是價值的來源，它爲原本虛無的生命賦予價值。而超人就是生命自由的實踐者和價值的創造者。他不斷地突破和超越自我，其道德價值也不斷地更新。海德格爾認爲，尼采固然打破了傳統的價值觀和真理觀，却并没有超越傳統的形而上學。他雖然對傳統形而上學進行了顛倒，却没有棄絶形而上學的基本思路，他放棄了理性,却代之以强力意志作爲主體的可能性條件,同時也是存在者的存在依據。超人也并非完全自由,他困于强力意志,受制于永恒輪回的法則,并且只有在和虛無并存、跟虛無鬥爭中才能迸發出存在價值和意義。

從海德格爾檢視尼采的"超人"之自由

梁寶珊

【提　要】超人在尼采哲學中是緊接著"上帝已死"而出現,尼采籍著這個譬喻來展示西方文化如何在絕對的虛無處境下仍能開啟人類可能發展的新方向。然而,在海德格爾看來,超人并不如尼采所期待的優秀,他既不能突破西方上千年的禁錮枷鎖,也無法爲人類真正找到理想的出路。本文主要分兩部分,首先闡述超人的自由中兩層含義,繼而嘗試從海氏的立場來檢視這種自由的限制與問題。

【關鍵詞】超人　自由　強力意志　存在

尼采的哲學帶來的震撼是有目共睹的,他那種瘋狂的叛逆顛覆了整個西方文化的傳統核心,尤其看他突破哲學理論系統的思想及表達方式,以象徵、隱喻、格言和悖論等語言風格來開展對自身文化傳統極其深邃而猛烈的揭示和批判。他的矛頭直指柏拉圖所建立的傳統形而上學,而且有力地動搖整個基督教世界。尼采不只力求終結西方這個文化傳統,企圖爲人類建構另類美好新世界,又籍著"超人"學說來闡述對可能世代的設想,當中可見尼采對真理、自然、意志、道德等關鍵的觀念都賦予新的內容及定位。

另外,我們也不應忽視海德格爾對尼采的分析和評價,他在肯定尼采具有創新性的同時,却指出其哲學精神事實上并沒有真正脫離西方傳統形而上學的根基,因而認爲其創新仍只局限於一種轉化意義下的傳統形而上學。到底他們兩人的立場和理據何在?本文嘗試首先分析尼采超人學說中的自由意義,繼而借用海德格爾的思想來探討尼采的"超人"到底有多麼自由? 又有多少限制? 從而對照出兩者不同的思想脈絡。

壹、尼采的超人哲學

當尼采在《查拉圖斯特拉如是說》中申述"上帝已死"的實況時,他也隨即宣佈:

"瞧! 我教你們超人!"[1]超人可被視爲尼采檢視西方的弊病——即由"上帝已死"的病症所揭示的虛無主義的真實處境——繼而開出的優秀良方。而在《瞧! 這個人》中,尼采又再次提出"超人"的概念説:"'超人'這個字是賦有很深刻的意義的,它是指某一類型的人,這種人的出現將是一件最大的幸事,這種人與'現代'人、'善良'人、'基督徒'和其它虛無主義者相反。這個字在查拉圖斯特拉口中,是指道德的破壞者。"[2]在此超人的意涵更爲清晰,尼采籍著"超人"的譬喻來展現一種人類可能發展的新方向。他相信人類只有依靠"超人"的創造精神,才能開啟出脫離傳統形而上學的全新出路,由此帶領人類走向從生命根本的真正活力所導引出的未來。

爲了回答尼采的"超人"到底有多麼自由,下文將會首先從尼采哲學出發,分析"超人"學説中的自由觀念。當中從兩個層面闡述自由,即解脱意義上的自由以及發展性質上的自由。前者是超人作爲更新的人類典範對應傳統而排解束縛後所換來的自由,後者則是對應主體性的自我發現,從自我改造後而開啟出來的嶄新自由領域。亦可簡言之,前者是消極的自由,後者則是積極的自由。

一、解脱的自由

(一) 超越傳統的形而上學

尼采把西方的形而上學追溯到柏拉圖的理念論,指出他確立了西方兩千多年來的真理觀,認爲真理是客觀自存而獨立不變的永恒性,并且相信人類依從理性的進路便可把握這種超越時空的形而上真理。自此這種形而上學的思維模式在西方根深蒂固地開展著,當中雖然經歷過中世紀的宗教洗禮,這種真理觀念却從來沒有被動搖過,其中上帝就是這種形而上真理的代表。直到現代經文藝復興,笛卡兒再把這種真理觀的理性基礎重新配合和適應當時普遍流行的懷疑主義,并利用人類特有的理性能力來確立主體性哲學,并借此再次證明上帝的存在。然而這種對理性的過分運用最後得到康德《純粹理性批判》的糾正。通過對先驗綜合判斷的分析,康德規限了理性的任意應用,并同時重新確立主體性的形而上學,由此理性才得以具有普遍有效的合法使用。

理性作爲形而上學的根基正是尼采大力批判的對象,他認爲即使康德可把理性受限於感性所提供的制約範圍内,也難以掩飾理性的虛僞。尼采勇敢地揭示形而上學的理性基礎其實并非自明的。正如康德在《純粹理性的批判》[3]中明言感性、知性,甚至理性的終究根源其實未可被徹底把握的。故此尼采認爲康德把整個形而上

---

[1] 尼采:《查拉圖斯特拉如是説》,文藝出版社,2000年,頁142。
[2] 尼采:《瞧! 這個人》,商務印書館,1991年,頁42。
[3] 康德在《純粹理性批判》中既未能充分解釋分析和綜合判斷在統覺中的辯證關係,又沒有澄清想像力的來源及其與理性的關係。

學作爲一切經驗的可能性條件,其實不是建基於可靠的基礎上。因爲康德最終也不能提供更爲自明的真理基礎,所謂理性基礎實際上只是主體自覺的一種漂浮的信念而已,理性的真理歸根究底只是主體自身提出的一種價值判斷而已,也就是尼采所說的"價值"。尼采在超越了柏拉圖、笛卡兒及康德的理性思維之後,總結出西方哲學一直以來其實都是内在虛無的,因爲其形而上學所賴以建立的理性始終是没有最後的穩固基石的,然而它却一直以來展示自己爲不可受質疑的,故此尼采認爲西方傳統以理性建立的真理含有高度的欺騙性。

尼采通過批判自柏拉圖以來的理性主義形而上學,展現了西方文化的假像,指出其虛無主義的本質。西方文化之所以虛無正是由於對理性的盲目信賴,還以爲理性的範疇可以揭示真實的世界,并因而毫無保留地接受理性所提供的一切目的以及實現這些目的的方法。但事實上,這個由理性主導并以理性評價一切的世界其實也只是一個純粹虛構的價值世界。由此可見,尼采對形而上學的批判,乃至對理性那無根且專制的揭示,帶來的其實是對傳統真理的解放。他以虛無主義代替了傳統形而上學的地位來展示世界更爲本源的虛無狀態,并通過抹殺理性的權威來重新高舉對所有價值的重估,因而一切建立於理性而由它們所代言的真理也一下子被破滅,甚至宗教原則上的所有價值現在都被解除了。

超人的出現便是建基於這種對傳統真理觀的超越,也就是建立在"上帝已死"的處境之上。超人不再受限於形而上學以及理性的權威指示,他面對的是眼前的虛無世界,也就是破除所有傳統約束而來的自由世界。"上帝死了意味著'一切皆虛無',而且也就是'一切皆可能'。"[1]由此可見形而上世界的消亡才造就超人的自由得以開展的領域:"我們新的'自由'——就像我們得到了解放的精神一樣,我們感到不再受'目的'體系的約束了,這是一種怎樣的自由之感啊!"[2]在傳統形而上學的消亡後,自由的場景得以通過尼采的超人清晰地展示出來。超人能夠自由地尋找他的生命意義,再不受任何理性權威的目的和方法所牽引和掣肘。

(二) 解脱歷史的枷鎖

既然理性不能真正成爲真理的基礎,整個形而上學也從此被摧毀了,而人類的歷史也再没有必須依從理性而來發展的必然軌跡。歷史因而不會再由一些形而上的實體觀念如基督教的上帝,又或者任何抽象的理性觀念如黑格爾或馬克思所高舉的歷史進程,來指向一種超出自我與現實世界而代表永恒真理的歷史目的。尼采并通過系譜學的研究[3]來展露過往歷史的非理性軌跡,從而揭示人類歷史其實只是各種價

[1] 尼采:《權力意志》,商務印書館,1993 年,頁 116。
[2] 尼采:《權力意志》,商務印書館,1993 年,頁 180。
[3] 參閱尼采著、陳芳鬱譯:《道德系譜學》,臺灣水牛出版社,1995 年。

值觀念在不同歷史時段的鬥爭過程,當中沒有必然的合理性,更遑論可見證理性的神聖或道德的秩序。

既然歷史不停地在變動,當中不包含具有意義的規則。那麼在歷史中產生出來的意義又有何根源呢? 尼采認爲歷史的意義并不超出歷史自身,它們不是由抽離於歷史以外的理性或形而上實體如上帝所主導和引發的,而是由人們自己在現實的歷史世界中所創造的,也就是由人們面對具體世界的當下意志所引發出來的。因此,尼采認爲比理性更深層地影響著人類和世界的發展其實是人類的現實生命,乃至推動現實生命的自由意志。這種意志不是抽象的實體,而是人們在具體的歷史時刻中所呈現於現實生命中的意志。

由此可見,尼采爲了開展和保證人類的自由發展,在打破由理性建立的真理觀之後,繼而衝擊傳統的歷史意識,企圖打破由理性主導的客觀歷史機制的幻象。人們不再需要追求某種歷史的目的,也無須確保某些意義的超越性和普遍性,因爲這些錯誤的歷史觀念都是植根於理性的誤用,背後隱藏著對一種抽象、客觀、永恒的真理的誤信,因而導致人類的具體歷史一直受制於由理性的理想所建立的抽象歷史觀念。

對於西方基督教的文化歷史,尼采尤其仔細分析了基督教的“上帝之死”,認爲理性權威的瓦解也導致上帝王國的没落。他指出基督教的上帝觀念其實是由人類按著理性的超越理想虛構出來的,所以上帝本來便是人類的作品。“我創造的這個上帝,如其他神們一樣,是人類的作品和人造的瘋狂。”[1]可惜人類對自己的無知,錯誤地顛倒了自己作爲創造者和上帝作爲作品的關係,反而把上帝視爲自己的創造者,并且甘願把人類的整體歷史奉獻於這種虛幻的構想當中。

故此,尼采對歷史意識的批判,其中一個重點便是針對基督教的宗教觀念而提出的。他認爲超人必須通過對抗這種宗教歷史觀的阻力而獲取自由,也就是不應再相信上帝創造世人,也不應再以追求天國永生的福樂作爲人生目的。尼采通過對抗基督教的歷史傳統更清晰地透露出超人的自由實際上包含著濃烈的鬥爭精神,擁有自由的超人被比喻爲戰士:“自由人是戰士。在個人抑或在民族,自由依據什麼來衡量呢? 依據必須克服的阻力,依據保持在上所付出的努力。”[2]所謂自由,不建立於目的的達至或目標的完成,而是在自由的實踐過程中,人們通過克服阻力所付出的便是他們在具體生命中自由地願意犧牲的價值。所以自由的價值不在於通過自由所獲取的成果,而是體現在實踐自由中所伴隨出現的新價值。“一件事物的價值有時候并不在於靠它所獲得的,而在於對它所付出的,它使我們所花費的。”[3]縱使最終沒有任

---

[1] 尼采:《查拉圖斯特拉如是說》,浙江:文藝出版社,2000年,頁142。
[2] 尼采:《偶像的黃昏》《尼采文集·查拉圖斯特拉卷》,人民出版社,1995年,頁150。
[3] 尼采:《偶像的黃昏》《尼采文集·查拉圖斯特拉卷》,人民出版社,1995年,頁374。

何成果,自由的實踐本身便有著自由的價值。這種自由不靠外力使然,自由始終是由人們自身行動背後的意志所推動的,克服的困難越大便越加反映出自由的高度價值,而這種意志的自由是以衝破歷史遺留下來束縛生命的障礙爲目的,因而超人必須跟自己的歷史開戰,也就是破除所有歷史的既定規範與價值,重新審定自身的目的和方嚮。

(三)脫離道德的制約

對於尼采,基督教的歷史觀念故然必須摒棄,而更重要、更深層的是破除整個基督教的價值體系,也就是它的真理基礎乃至在其上建立的道德價值。既然通過形而上學的考證,發現所有真理都不能建基於人類理性的基礎上,因而永恒的真理便隨之瓦解,剩下來的真理便只是由某一有限的向度而來,這正好體現了人的有限本性。然而尼采并不以此爲缺陷,相反認爲這樣才真正展示了人類生命原本存在的虛無特性。因此尼采的真理觀是脫離理性的偏見,超人再不需要追求一種固定不變的客觀真理,而真理也不再呈現爲客觀的、普遍的和超越時空的,反而可以是短暫的,但却是相對有效的、有影響力的。自從人類從蒙蔽的理性真理觀蘇醒以來,便不再需要造就永恒的真理來矇騙自己。因而尼采强調人類跟真理的關係應該顛倒過來,也就是世上本無真理,人類也無需建立任何永恒真理,只需按著不同的歷史條件訂立某些可暫時被認可的真理。而這些真理是否能實現及實現多長久,其實都不是關鍵的問題,重要的是通過訂立這些新的真理來開展人類的自由創造之價值,因而真理應該服務於人類生命的不斷開啟,而不是人類一直以來服務於真理的虛假發現。

在尼采看來,真理的重要貢獻在於讓人們可借助真理來建立一種對自己生命的感性關係,[1]而這種感性關係不會束縛生命自身,因爲此關係是短暫的、可變的和動態的,它不會被理性制約爲某些靜止狀態,否則便會危害生命力的成長。尼采認爲不論理性或感性都只是人類可發用的功能屬性,生命力便經由這些通道開啟出來,從而展現創造的價值。而真理的問題其實最終就是價值的問題,定立真理即是確立某一方面的價值,而更重要的不是作爲成果的價值,而是作爲實踐的價值,所以尼采認爲比理性更爲高階的真理標準是在美學和道德領域中所創造的現實價值。依據尼采這種更新的價值觀念,超人才會發動其具有無限創造特性的生命力,從而破除舊有指標而不斷建立新的真理標準。

尼采認爲沒有真理依據的基督教一直支配了歐洲社會的文明發展,它所創造并確立的是非善惡標準不僅沒有造福人類,相反對人類生命產生極大的損害。因爲在這種道德權威面前,世人只能如奴隸般順從上帝的意志和法規,并放棄自己寶貴而真

---

[1]　可參閱尼采在《悲劇的誕生》、《朝霞》及《查拉圖斯特拉如是説》中對人類感性世界的揭示,如對"感性"、"想像"和"身體理性"等觀念的論述。

實的生命意志和自由。所以超人最偉大的貢獻便是重拾價值創造者的角色，而在此過程中他首先必須破壞傳統的舊有價值。"生命的本質裏沒有了'賞'與'罰'這些概念的位置了！同樣，不盲目地稱謂善行和惡行了。"[1]尼采不只反對基督教教義，同時反對傳統的意志自由論，因爲當中認爲個體可自由地決定意願并支配自己的行爲，"意志的學説實質上是爲懲罰的目的……人被認爲是'自由'的，以便能夠加以判決和懲治。"[2]然而尼采指出人類由始至終都被約束在基督教早已訂立的價值體系內，并無真正的自由可言。所謂的意志自由論必須以基督教的價值觀爲前提，因此在尼采看來，這種意志自由論只是基督教確立自身權威的手段，以此誇大人類的道德責任，當人們選擇了違背基督教價值觀時便必然因此受到懲罰，也就是把違背基督真理的所有罪惡都歸於個體來獨自承擔，造成對人類的重大枷鎖。由此可見，基督教所認可的自由意志最後是建基於基督教的信仰乃至其道德價值之上，不能真正體現人類的自由。

尼采通過揭示基督教對自由意志的錯誤詮釋，重新定位人類的自由，認爲自由并非建立于道德基礎之上，而是在沒有本質的現實生命的創造之上。由於人類沒有任何超驗的本質，因而其自由就表現在憑藉個體意志可隨時創造自己的本質。尼采通過超人比喻了這種個體的創造意志。既然沒有先在的本質，超人便不甘於成就任何道德使命或終極目的，自由地開展就是實現更強大的意志力量，尼采認爲這才是人類的根本價值所在。因而促使這種生命力的開展便是善的，相反的便是惡。由此可見，超人所創立的新道德是發自內心、突破任何約束和掣肘的意志或本能，它們與傳統的自由意志論所提倡的理性和善惡都沒有必然關係。因此尼采的道德價值是可以不合理性的，甚至可以違反理性法則的，也就是超人的自由不只可包含理性與不理性的元素，甚至可容納傳統所認爲的非道德與不道德。

二、發展性的自由

在超人的自由當前是沒有任何價值的設定，也就是説超人懂得超越所有限制其自由的枷鎖；其次，超人也可以正面建立自由，即是在虛無的現實生命中，由其自由意志通過實踐來重新評價和建立一切創新的價值。

（一）重回現實的生命力

尼采對真理的重新定位，同時改動了對生命的理解。由於洞察到永恒真理的虛幻性，乃至認識到人類存在於終極的無基礎性和無意義性內，尼采放棄了真理的理性概念，即排除通過理性來建立真理的進路，而注意真理跟生命的具體關係。真理不再

---

[1]　尼采：《權力意志》，商務印書館，1993年，頁180。
[2]　周國平：《尼采》，香港中和出版有限公司，2014年，頁175。

是一種對象,既非概念也非原則,而是一種直接跟生命打交道的實踐性關係,也就是生命意志通過確立真理來肯定生命的本有價值。本來是一無所有、極其虛無的生命却能依賴超人的創造,啟動自由意志來成就對生命有價值的意義,所以尼采稱之爲一種積極的虛無主義,在其中生命的虛無正好創造了生命最本己的價值。

價值的來源不屬於生命以外的任何目的或原則,而只是單純地出自實踐生命力的意志。"真的,善與惡是人類自製的。真的,善惡不是取來的,也不是發現的,也不是如天上的聲音一樣降下來的。人類爲著自存,給萬物以價值。他們創造了萬物之意義,一個人類的意義。所以他們自稱爲'人',換言之,估價者。"[1]在尼采看來,世界上本來没有先在的是非對錯,一切的道德觀念和真理不過是人類以强大的生命力所創造而來的,所以對應萬有的虛無處境,人類生命本身足以自由地賦予所有的意義。人類作爲評價一切的基礎也就是創造者,人類不但可以創造生命自身,同時還可以創造世界整體,人類其實猶如上帝。故此,"上帝已死"後便是超人的出現,他可以取替上帝的創造能力,并足以給予生命和世界的一切價值,從而顯示著人類的自由狀態。

尼采認爲真正的人生便是要當上超人,只有超人才不是價值的奴隸,而是價值的創造者,也就是行使生命自由的實踐者。超人的自由是超越一切的,包括所有以往既定的目的、善惡標準和法則等等。超人必須從自我生命出發來自立目的、方向、價值、善惡和原則,所以超人就是一種對自我的肯定和超越。尼采描述這種自我的肯定爲人類的超越性從天上降回到人間的大地之上,也就是放棄理性的超越性,從而追求感性的超越。即不再創造脱離現實的理想天國,而是對應肉體的需要來創造可實現的價值。因此尼采説:"超人就是大地的意義。讓你們的意志説:超人必是大地之意義罷!"[2]所謂大地便是重回到人間的自然之上,而以人的現實生命内的感性活動爲基礎。

由於没有理性的普遍性要求,超人的價值創造便依據個體的感性能量而拼發,價值可以是多樣性且多變的。大地上的一切觀念都具有詮釋的可能性,所以超人面對的是虛無并且變幻萬千的世界,在這個大地上,運動才是真實,才是永恒。故此,尼采的超人是裏裏外外都流動著的,體現一種變幻莫測的生命和世界才是理想的自由王國。基於對這種既自由又流動的生命力的讚揚,尼采把真理和道德觀念重新定義爲有利於生命力發展的元素,而當中所運作的理性便是服從於以感性爲依歸的自由意志之下,在此新世界中理性的權威被弱化,喪失其規約性原則和立場,因爲在超人眼中自有另外的宇宙規律。

(二) 建立新的意志律則

新的宇宙規律是以超人的意志爲奠基的。超人不屑當理性的奴隸,他認爲所有

[1] 尼采:《查拉圖斯特拉如是説》,文藝出版社,2000年,頁67。
[2] 尼采:《查拉圖斯特拉如是説》,文藝出版社,2000年,頁7。

以理性爲基礎的人類文明其實都是在否定生命力的,因爲理性總是投射一種脱離具體生命的概念或理想,并以他們來壓制感性生命的要求,所以超人不會信服於由形而上學、宗教、歷史和科學給予的觀念和價值判准,也不願接受它們的指令。既然超人是一切價值的評估者,也就是所有道德的創立者。"什麽是自由? 就是一個人有自己承擔責任的意志。"[1]超人的責任在於通過其強力意志建立價值,而當中的道德標準對超人而言再不是善惡之判别,也不會是代表一種普遍的真理,而是反映是否有利於個體生命力的發展。尼采強調這種個體的自由意志可以聯通於世界意志而體現其不斷生成變化的本性,即是永遠指向没有終結的生成,所謂超人的自由創造就是實踐這種自我承擔的責任,并嚮往不斷生成的意願,融入世界的創造意志。[2] 換言之,通過超人的自由,生命得以聯繫於世界而開展著強力意志的活動性,使萬事萬物都在人類的不斷創造中運動著:"一切存在都是'生成'。"[3]

尼采眼中的道德,其實便是由超人對其當下處境的一種反應所標示,它不代表絶對的善惡,因爲在本來虚無的生命和世界中是没有最後的善惡標準的。以爲道德是一種客觀真理的存在其實是人類對理性的誤解,是一種自欺欺人的無知行爲。因此,對於超人而言,道德的價值不在於其内容是什麽,而在於人們可以行使其自由的價值判斷。超人通過道德的訂立,確認并實踐了某些人類的應有意義。至於所謂"應有"的標準爲何? 尼采則交由每一位具有訂立道德標準的強者自行以各自的生命爲依歸賦予一種應然的意義。這樣的超人必然是一位孤傲的"高貴的人",他不會崇拜任何偶像,相反他可以被人們敬拜,雖然超人對此其實并不會在乎,他的自由已遠高於世人給予的眼光和評價。

(三) 創立個體的人生境界

超人的道德價值是需要不停地實踐和更新的。尼采的超人不只作出自我提升,更加是不斷地突破自我。超人的自由擴張是不能暫停的,也是没有理由停頓下來的,否則生命便會萎縮。"自由:它是一個人所具有而又不具有的東西,一個人所想望的東西,一個人所贏得的東西……"[4]若要獲取自由,超人必須努力奮鬥,所以超人不停跟周邊所有既定價值抗爭,一直走向高峰,最終便是要求突破個體自身的存在。

"什麽是自由? ……就是一個人變得對艱難、勞苦、匱乏乃至對生命更加不在意。就是一個人準備著爲他的事業犧牲人們包括他自己。自由意味著男性本能、好戰喜勝本能支配其他本能,例如支配'幸福'本能。"[5]尼采的超人是一位純粹追求自由的

[1] 尼采:《偶像的黄昏》《尼采文集·查拉圖斯特拉卷》,人民出版社,1995 年,頁 375。
[2] 參閲周國平:《尼采》,香港中和出版有限公司,2014 年,頁 179。
[3] 海德格爾:《尼采》下卷,商務印書館,2010 年,頁 900。
[4] 尼采:《偶像的黄昏》《尼采文集·查拉圖斯特拉卷》,人民出版社,1995 年,頁 375。
[5] 尼采:《偶像的黄昏》《尼采文集·查拉圖斯特拉卷》,人民出版社,1995 年,頁 375。

人,爲了展現自由的生命力,超人不但可以超越自然的欲望和幸福,受盡磨難,甚至願意作出重大犧牲,包括犧牲生命本身,也就是超人的自由可以超越一切現實的厲害得失。尼采指出這代表著酒神的精神狀態:"正是在痛苦以及征服痛苦的戰鬥中,人最好限度地感受和享受了生命……面對痛苦、險境和未知事物,精神越加歡欣鼓舞,這樣一種精神就是酒神精神。"[1]酒神精神能展示非一般的價值判斷,超人在對抗阻礙自由的戰鬥中不會屈從於痛苦,因爲超人對自由的追求戰勝了一切的痛苦,甚至強力意志讓他在越大的痛苦中越能親身感受到強大的自由生命力,因此痛苦不成爲痛苦,反可通過痛苦而帶出對自由的享受。超人爲了戰勝生命的虛無,爲了證明生命力的強大和自由,以至實現其生命的意義,他願意犧牲一切,包括自己的生命。在尼采看來,生命的意義最後指向的不是現實生命,而是使得現實生命具有意義的生命力:"真正的強者不求自我保存,而求強力,爲強力而不惜將生命孤注一擲,恰恰體現了生命意義之所在。"[2]由此可見,自由的價值可以高於生命的價值,因爲超人願意爲了強力意志而犧牲生命,而不是爲了保存生命而犧牲強力意志,也就是超人通過自由的開展讓強力意志提升自己的生命價值。

這種要求對生命的超越很明顯意味著一種自我精神境界的提升,超人永遠不覺滿足,從而好讓自由意志不斷投向更高、更遠處。這才是尼采高舉人類自由本性的最高目的,也就是自由讓人性發揮最本己的生命力,不斷通過重估和破壞舊有價值來發動生命内在的動力及創造力,從而不停地提升自己存在的精神力量。如此看來,尼采所嚮往的自由是一種行動意義上的自由,不只是傳統的自由意志,而更要求有具體實踐意義的自由意志,所以尼采必須強調現實肉體的重要性,即通過與舊有價值的鬥爭,使自己不停地賦予并實踐生命的意義,從而使生命得以充實和提升。故此,超人的生命是"不能滿足於自身,而要不斷向上,從高於自身的東西哪裏去尋求自身的意義和目的。這就是擴展和享受自身所蘊含的力量,藉此它克服了自身的限制。"[3]所謂那"高於自身的東西"便是能賦予生命以意義的強力意志,它可以跟個人意志結合而提升生命的意義。

尼采描述自由的一個重要特徵爲"清醒"[4],也就是自覺地不受約束於任何價值意識,他認爲所有的外來價值都是傷害自己的,生命的意義只能夠靠自己的個體來給予。而且一切故定下來的價值都是有害的,不管來自他人還是自己,因爲它們會使人忘記自己應當發動當下的生命力。可是在現實世界中,最清醒的人總是最小數

[1] 周國平:《尼采》,香港中和出版有限公司,2014年,頁119。
[2] 周國平:《尼采》,香港中和出版有限公司,2014年,頁137。
[3] 周國平:《尼采》,香港中和出版有限公司,2014年,頁138。
[4] 尼采在《快樂的科學》中的名言:"人要麼永不做夢,要麼夢得有趣;人也必須學會清醒,要麼永不清醒,要麼清醒得有趣。"

的,所以超人的命運難逃孤單的處境。"在孤獨中,你在你的家中、你能自由説話,自由主張;這裏一切都開朗而光明、萬物都撫愛地與你交談。"[1]縱使超人由於罕有的清醒而難以跟身邊的平凡人交流,可是他的孤獨却能换來生命力的真實和自由,所以尼采認爲這是值得的。由此可見,超人并非真正的上帝,他也不是完美的人,超人確有自身的有限性,然而超人仍然可以充分地發揮人類應有的自由本性,并可成就比一切現實價值來得更高更遠的生命價值,因此在尼采眼中可以成爲新世代的人類典範。

貳、海德格爾對超人的自由所作的評價

衆所周知,海德格爾毫不否認尼采的獨創性,并大加讚賞尼采不但揭示很多傳統的思想盲點,并能打破許多傳統的枷鎖,如價值觀念、真理觀、道德標準、宗教權威、自然觀念等等,但是海氏對尼采也不乏深刻的批評。若果超人是尼采對"上帝已死"之後,面對生命和世界的絕對虛無而提出的解救方案的話,那麼很明顯,海德格爾自《存在與時間》的開始便已經放棄了尼采這個建議,并不無獨創地提出另一種可能的出路——此在(Dasein)。下文的用意不在於探究超人與此在之間的差別,而是主要集中探討在海氏眼中,爲何超人之路不可取? 超人到底有多麼自由? 又有多麼限制?

一、仍舊困於傳統的形而上學

尼采的超人哲學之重點在於超越了傳統形而上學,開出一個自由的新天地。然而,海氏并不認爲超人真的突破了傳統的形而上學,他指出超人學説只是一種形而上學的背反,正如尼采本人所言,他是對"柏拉圖主義的顛倒"(Umdrehung des Platonismus),然而却從根本上没有脱離傳統形而上學的思維模式,并非真正的另類思維。尼采之批判傳統形而上學在於自柏拉圖以來,把理性作爲衡量真理的標準,爲瞭解釋宇宙萬物的根源而提出不同的理據或原則。尼采自以爲已經突破於此,因爲他已不再信賴理性,甚至否定了永恒真理的構想,所以尼采所闡述的超人其實已超越了康德以理性作爲先驗主體性的限制。

然而在海氏看來,尼采没有完全棄絕形而上學的基本思路,就是他仍然看重存在者及存在者整體的統一性關係,這也表明尼采其實仍然承繼著康德的基本思路,以主體的"可能性條件"作爲萬物生成的最後根基。"作爲一切形而上學中具有統一作用的

---

[1]　尼采:《查拉圖斯特拉如是説》,文藝出版社,2000年,頁74。

一,存在就具有了'可能性條件'的特徵……尼采則是基於强力意志的主體性把這種可能性的條件把握爲'價值'。"[1]在海氏看來,超人的自由所提出對一切作價值重估,其實不外乎是在存在者整體的視域下把握每一個存在者的特性,甚至也同樣以一種超感性的方式來把握此特性,價值縱使有別於上帝,理性權威,道德法則,大衆的幸福等等,也同樣是基於一種理想而被衡量著,"價值"始終不是感性的現成物,而是一種理性的概念。

這種把存在者整體解釋爲價值的思路也可以一直回溯至古希臘的 *logos*(邏各斯)的形上學本源。"*Nihil est sine ratione*——没有什麼是無根據的。即便存在者整體也得有一個最後的、爲一切奠定基礎的根據。因此,對於統一性、根據和奠基等等的尋求傾向乃是邏格斯概念的一個結果。"[2]因此,在海氏看來不論是康德以主體的先驗認知結構還是尼采的超人以强力意志作爲一切存在者的最後根據,他們都是以存在者、存在者整體乃至背後那種以根據作爲因果條件的思維模式來解釋宇宙萬物的存在基礎。因此海氏認爲尼采的超人没有真正突破形而上學的思想模式,仍然承接著康德的形而上學傳統,只是改動了其内容,把先驗的理性轉至另一種同樣可以超出現實生命的來源——强力意志,并以此作爲世界生成變化的根基。

從海氏看來,雖然超人的强力意志本身可以没有理性基礎,可是它却仍然包含形而上的特性,因爲超人自身包含一種基本特性,就是永恒的輪回。尼采清楚表明超人必須經歷强力意志自身的永恒輪回:"每種痛苦,每種快樂,每種思想,每種歎息,你生活中一切極細小和極重大的事,都必定對你重現,而且一切都按著相同的排列和順序。"[3]由此可見超人縱使嚮往不停的變動,但是這種變動也隱含著不變性,也就是所有强力意志雖然不具有本質的確定性,可是它們又必須遵從永恒輪回的規律,這便是超人的變動哲學中的基石,也可算是一種形而上學的立場,它賦予創造性主體一種超越的存在形式。[4]

所以海德格爾將這種强力意志的存在形式描述爲存在者在整體上的一種"在場的方式"[5]他清楚表明超人的永恒輪回必須建立於一種對"存在者整體"的信仰之上才可能出現:"基本特徵——永恒輪回——必然要從世界整體中得出來,而這個世界整體從何得到規定? ……靠存在者整體并且出自存在者整體——諸如此類的東西究

---

[1] 參閱海德格爾:《尼采》下卷,商務印書館,2010 年,頁 905。

[2] 本·維德:《"上帝死了"——尼采與虛無主義事件》載於海德格爾年鑒,第二卷,《海德格爾與尼采》,外語版主編:登克爾,海因茨等,中文版主編:孫周興,北京:商務印書館,2015 年,第 202 頁。

[3] 周國平:《尼采》,香港中和出版有限公司,2014 年,頁 145。

[4] 參看海德格爾:《尼采》下卷,商務印書館,2010 年,頁 918。在此海德格爾把永恒輪回視爲尼采指向存在者整體的原則:"'强力意志'説的是：存在者之爲存在者是什麼,即存在者在其機制中是什麼(was)。'相同者的永恒輪回'説的是：具備此種機制的存在者整體上如何(wie)存在。"超人便是以這兩個層面的强力意志來積極肯定自己生命創造力的價值。

[5] 參看海德格爾:《尼采》下卷,商務印書館,2010 年,頁 914。

竟何以成爲可把握的!"[1]在此,海氏澄清了尼采對存在一般的理解基本上只是解釋爲一種對存在者的存在,而有別於海氏自身以存在於澄明中的隱顯關係來領悟存在:"相同者的永恒輪回乃是非持存之物(生成之物)本身的在場方式,但非存在之物却是在最高的持存化中(即在輪回中)在場的,帶有惟一的規定性,即確保強力運作的恒常可能性。"[2]如同傳統的形而上學,尼采也是通過存在者的意義來瞭解存在的,也就是一方面通過非持存的強力意志不斷創造價值,帶出生成的現象物,另一方面又通過持存化的永恒輪回來保證這種變動的意志創造力的永恒性,所以超人的自由其實仍然透顯出傳統形而上那種存在者狀態的、超驗的、固定不變的性質。

　　由於超人的強力意志就是評價萬物的唯一條件,海德格爾認爲尼采的價值重估其實只是一種更加堅固的形而上學。他指出尼采的價值是不可或缺一種量化的形式:"具有'數位'和'尺度'的形式"、"什麼是價值的客觀尺度呢?無非是提高了的和組織起來的強力的量"。[3]若没有量化價值是不可能被指望和估算的,因此價值必須化約爲力的衡量表示度。表面上看來,尼采把價值非本質化似乎是一種開放,然而海德格爾却認爲尼采的價值實際上隱藏著封閉特性,因爲所有的存在者最終不能再以外在客觀價值爲依據,價值本身没有自身的價值,它的價值只能來自其背後更没有商議餘地的強力意志,因爲價值的存在只是爲了展示強力意志的量度。海氏説:"'價值'具有'觀點'的特徵。價值并非'自在地'發揮效力,并非'自在地'存在,以便偶爾也成爲'各種觀點'。價值'本質上乃是觀點'。"[4]價值作爲虛有的、可變的觀點,才可輔助強力意志成爲自身"保存、提高的條件"[5],也就是説價值是強力意志所運用來展示自身的工具,藉此主體的自由意志不但可非本質地保存自身,即是不停改換價值,却又可永恒不變地提高自身以擴張生命力,因爲價值依據永恒輪回的原則可以永無休止地通過變換來展示和提升自由的生命力。在海氏看來,超人所追求的價值只能開展爲存在者的形態,縱然没有固定內容,也有其時空量化的性質,這表明超人的自由也不能超越這種價值量化的規限以外,甚至是被約束於其中。

　　此外,對價值和強力意志的保存和提高也是對於超人的存在而言是必須的。"意願擁有并且意願更多地擁有,直言之,意願增值——這就是生命本身"[6]尼采由此給予超人的自由動作一種絕對性,讓它決定萬物的生成變化。到底這種強力意志作爲動作自身又可否只是一種價值而已?尼采當然不能認同,他之所以批評形而上學和

---

[1]　海德格爾年鑒,第二卷,《海德格爾與尼采》,外語版主編:登克爾,海因茨等,中文版主編:孫周興,商務印書館,2015年,頁3。

[2]　海德格爾:《尼采》下卷,商務印書館,2010年,頁917。

[3]　海德格爾:《尼采》下卷,商務印書館,2010年,頁902。

[4]　海德格爾:《尼采》下卷,商務印書館,2010年,頁901。

[5]　海德格爾:《尼采》下卷,商務印書館,2010年,頁901。

[6]　海德格爾:《尼采》下卷,商務印書館,2010年,頁899。(《強力意志》,第125條)

神學是虛無主義的根源,是由於他們使自然和人類意志不能如其所如地作主動性的開展。尼采認爲所有的創造必須來自主體的内在性,也就是主體的強力意志,它必須是一切價值判斷的基礎和根源。故此在海氏看來,超人是必然受困於不同價值的生成範圍内,因爲超人必須通過價值的摧毀和建立來展示内在強力意志的生命力,所以尼采只是取消了一種外在力量的形而上學,却同時建立了一種内在力量的形而上學,海氏把它稱之爲"強力意志的無條件主體性的形而上學"[1]。有別於黑格爾,尼采筆下的超人意志没有以理性作爲本質,可是却以一種"本能和情緒的"不穩定條件作爲主體的内容。雖然人的本質没有定性,因爲可以按著各自的本能和性情有不同的作用,然而在此意義下,宇宙萬物的基礎不再依賴於理性法則,轉而依據於主體内在的意志條件却是必需和必然的,所以超人實際上隱含著形而上學,在自身上也同樣擁有最後堅實的根據地。由此看來,海德格爾認爲尼采没有脱離柏拉圖的形而上學傳統和笛卡兒的主體中心論,而海氏本人則嘗試通過存在論及詮釋學脱離此傳統。

二、困於二元對立的虛無主義

此外,海氏也批評尼采的超人繼續保留傳統的二元性思維方式,如主體與客體、有限與無限,乃至理性與感性的二元對立思路,因而海氏指出尼采只是一種反轉了的柏拉圖主義是不無原因的;即超人的思路是由客體走向主體性基礎,由無限走向有限,并且從理性轉向感性,而實際上没有突破西方形而上學的二元性格局,所以超人并没有真正脱離形而上學的根子,超人的自由只是在西方形而上學既有的思維模式下從一端走到另外一端而已,并没有真正突破二元對立的思想。

其實當尼采揭示了傳統真理觀的虛僞,理性的無能之後,眼前便只是一個徹底的虛無境況,世界變得毫無意義和缺乏根據,所以他同時展示真理的歷史性和有限性,并把客觀真理轉爲審美的真理價值,好讓人類留有一個具有意義,并可創造意義的世界。然而,海德格爾批評尼采這種美學世界也只是主體性的,也就是超人的審美價值最後也只建基於主體的角度性真理之上,并進而收歸於感性存在的領域之内,即把感性世界看待爲真理世界,每人只由自己的感性角度來瞭解和創造現象世界,即超人必然是個體性的,而超人之間爲了確保自身的絶對自由,彼此的價值系統必須獨立,也不能建立彼此的聯繫,所以作爲個體的超人是不能擁有一種整全的世界視域,他的世界必然是孤獨且片面的。言下之意,超人的自由只會是獨善其身,其生命也只能對自己而不能對其他人負責。

---

[1]　海德格爾:《尼采》下卷,商務印書館,2010 年,頁 831。

此外,即使只從超人的個體出發,超人的自由爲了展現强力意志開展生命的力度,一切真理和價值都必須被否定。"虛無主義意味著什麼?——最高價值的自行貶黜。"[1]超人的虛無主義仍然展現在審美價值中的無之特性,即表示價值最終是不存在的,它縱使被創造便馬上值得消失而讓位於後來者,所以實際上所有價值和意義均可被取消和遺忘的,生命面對的仍然是虛無一遍。在海德格爾看來,超人之所以不能夠擺脱虛無主義的纏繞,究其原因在於他没有深入瞭解"存在"的本性。當中又可分析爲兩層面的問題。

首先,超人只從感性的現實生命去瞭解存在:"强力意志就是生命的基本特徵。在尼采那裏,'生命'被用作表示存在的另一個詞語……除了'生命'以外,我們没有别的關於'存在'的觀念。"[2]生命的存在本來就是虛無,它必然是短暫而變幻的,所以如何轉化主體生命的内容還是無法消解生命存在本身的性相。其次,超人其實没有真正打算擺脱虛無主義,因爲他必須緊握存在的虛無狀態。"虛無主義……的真正本質在於一種解放(Befreiung)的肯定特性"[3]。爲了使一切價值得以重估,超人需要一個從歷史上的原始統一性,也就是虛無主義所表現的混沌狀態,在這種先行的總體性中,一切價值才可能被顛倒和破壞,新價值才可能取替舊價值,所以虛無主義是一切價值重估所必須默認的預設。由此而來才可明白爲何尼采稱讚積極的虛無主義爲"精神的至高權能的理想"[4]。

而海氏敏鋭地覺察出超人最核心的關注點:"既没有肯定現成之物也没有肯定某個理想,而倒是肯定'價值估價的原則',即:强力意志。"[5]一切的價值重估也只是針對存在者而發:"嚴格看來,重-估就是根據'價值'重-思存在著本身和存在者整體。"[6]在這種價值的重估中,海氏認爲尼采没有真正"把虛無與存在(被理解爲存在者之自身敞開的存在)聯繫在一起來經驗"[7],尼采的超人因而没有真正明白虛無和存在者的深層本質和關係,仍然承接并保存著彼此的對立關係以便在其上發動一種變革的可能性。所以縱使超人可在這種平臺上展示自由,可是其代價也是不菲的,超人既要放棄現存世界,也要放棄超感性的世界,而只能依賴於主體的感性能力來建設新的世界以對抗永恒的虛無處境。由此可見超人的自由是不可能脱離虛無主義的處境,因爲他需要後者作爲平臺才能開展其自由的特性。

---

[1]　海德格爾:《尼采》下卷,商務印書館,2010 年,頁 907。

[2]　海德格爾:《尼采》下卷,商務印書館,2010 年,頁 908。

[3]　海德格爾:《尼采》下卷,商務印書館,2010 年,頁 908。

[4]　海德格爾:《尼采》下卷,商務印書館,2010 年,頁 912。

[5]　海德格爾:《尼采》下卷,商務印書館,2010 年,頁 912。

[6]　海德格爾:《尼采》下卷,商務印書館,2010 年,頁 913。

[7]　海德格爾年鑒,第二卷,《海德格爾與尼采》,外語版主編:登克爾,海因茨等,中文版主編:孫周興,商務印書館,2015 年,頁 133。

三、困于超人的固定本質

面對虛無的世界,超人必須審議和確立價值,他必須行動,否則一切也没有意義,也就是説超人必須受其意志制約,不管是强大的還是弱小的,可以説尼采將超人的本質固定在强力意志之中。對於超人而言,自我的創造比真理更爲重要,也意味著超人自身的存在比真理更爲重要,即認爲存在先於本質。海氏認同這種存在主義的立場,然而,他與尼采對存在意義的理解并不同,超人的存在意義必須通過主體的生命行動力才會出現的,也就是存在意義是後起的,它是主體的產物,所以没有價值的重估和創造便没有超人的存在意義。海氏在此則明顯有别於尼采,他不從"生命"出發來看待人類的存在意義,而是關心人與存在之本源關係:"'存有'(Seyn)有没有從它的真理中本質現身,并從動物性中搶救出人類的本質,而這并不是要人類變得無害……而是爲了向人類指出他作爲此在的本質的完全不同的頂峰,正是作爲此在,人類被轉交給了那個最高的决-斷:成爲存有之真理的看守者身份的决斷。"[1]若果超人的自由和存在意義體現於對主體自由的實踐,也就是建立主體性的新價值;那麽,海氏的此在之自由和存在意義則展示爲脱離主體的視域而守護著先於主客對立的存在真理。海氏認爲只有重新揭示此在與存在的本源關係,才能終究讓人類的生命安頓於虛無的處境而得到更深層面的存在意義。

對於尼采,造就超人的存在是主體的强力意志,它可被視爲人的本質。在海氏看來,强力意志則正好封固人的本質:"自西方形而上學的開端以降,存在都是在在場之持存性意義上被理解的……存在依然歸屬於强力意志,後者必須根據某個持存之物來爲自己確保持存性,其唯一目的是爲了能夠超越自己,亦即能夠生成。"[2]在此超人之受强力意志的制約可被歸納爲兩點:首先,超人不可不接受强力意志,即他必須意欲這種意志。超人的自由度與其意志的力度是相互關聯的,兩者同時表現爲自我支配和自我責任,所以强力意志實際上是一種服從自己的表現。"在命令中,命令者服從這種支配,并且因此服從自己。"[3]超人作爲意欲的主體所創造的命令同時就是製造枷鎖支配自己。其次,超人的自由不只是理論上言,而且必須通過實踐來證明的,即超人必須在現實生活中加以行動創造價值。爲了作用的發揮,超人別無選擇,只可跟從此種現實行動的意志來進行自身在具體生命中的創造。

---

[1]　海德格爾年鑒,第二卷,《海德格爾與尼采》,外語版主編:登克爾,海因茨等,中文版主編:孫周興,商務印書館,2015 年,頁 136。
[2]　海德格爾:《尼采》下卷,商務印書館,2010 年,頁 918。
[3]　海德格爾:《尼采》下卷,商務印書館,2010 年,頁 897。

四、困於存在的緊張狀態

最後，尼采的超人難於擺脱永恒的緊張狀態。尼采説：“爲了抵制一種全面崩潰和不知將依于胡底的令人癱瘓的感覺，我提出了永恒輪回的思想。”[1]永恒輪回的法則就是對應虛無主義的逼迫而出現，爲了展現超人的生命力，超人必須勇敢面對眼前所存在的虛無處境，所以其存在本身永遠與虛無爲伴，却又永遠對立於虛無。超人爲了克服虛無，必須通過生成，也就是生命力的創造來平衡這種緊張的關係。海氏看到超人肩負這種强力意志的活動性是没有自由選擇的，超人之作爲超人必須擁有對强力的超越：“一切存在都是‘生成’”[2]。“生成并非意指那種不確定的流動……也不是指‘朝著某個目標的發展’。生成乃是對當下具體强力等級的强力超越。”[3]可是當每一次創造完畢以後，超人的存在及其生命力又再次與其生成割裂，回復一種面對虛無的緊張狀態，所以尼采只好依賴永恒輪回來平衡這種存在的緊張性。

因而尼采的超人最終是離不開價值的創造，“强力意志的自身意識（Selbst - Bewusstsein）就是於這種價值之思。在這裏，‘意識’這個名稱……指那種具有强力作用和賦權作用的對自身的估算。”所以當尼采説“自由人是戰士”的時候，我們可發問：超人可以不當戰士嗎？不可能。因爲只有鬥爭，超人才拼發出其存在的價值和意義，所以作爲超人本質的强力意志必須是一種鬥爭的意志。超人的鬥爭精神可被視爲在三個層面上發揮：首先是超人與虛無主義的鬥爭；其次是超人與外在一切價值的爭鬥，可展現爲對一切價值的重估和破壞；最後便是超人與自身內在的鬥爭，即克服和超越自身的價值觀念。海氏指出這種鬥爭源自人類的恐懼：“在意志的本質中起支配作用的，乃是一種對空虛的恐懼。”[4]如此看來，超人似乎丢進痛苦的深淵中，只有通過每刻戰勝虛無的恐懼才能享受短暫的自由價值。從海氏的角度觀之，這樣的自由狀態其實只是主體自製的假像，其關鍵的原因在於超人作爲主體，必然受制於其有限性而遮蔽著存在的本源狀態。爲了超越超人的鬥爭性主體，海氏轉而提倡通過一種跳躍性的思維進入存在的本源領域，領悟揭示性的真理，才能真正在虛無中覺醒，而不是以一種無休止的對立運動來克服人的虛無本性。

叁、總　結

由以上的分析可見，超人確實不容易當上，當上了也不見得就是完全的自由！總

---

[1]　周國平：《尼采》，香港中和出版有限公司，2014 年，頁 148。
[2]　海德格爾：《尼采》下卷，商務印書館，2010 年，頁 900。
[3]　海德格爾：《尼采》下卷，商務印書館，2010 年，頁 900。
[4]　海德格爾：《尼采》下卷，商務印書館，2010 年，頁 899。

括而言,尼采把超人視爲一種象徵,標誌著人類作爲有限生命的理想狀態。然而,超人在虛無的存在中所創造的所有價值始終只是曇花一現,沒有終極的意義,而由强力意志成就的創造性生命力也不見得有真正的解脱與自由,所以超人不但没法消解,反而更爲深化虛無主義的處境,不停糾纏於虛幻與無根的鬥爭中。縱使超人的生命可展示爲一種詩人般的夢幻美感,却仍然不離深刻的迷惘與困惑。故此在海德格爾眼中,尼采的超人雖有突破却始終承接著西方傳統對存在的遺忘,繼續呈現著人類對自身的無知與無奈!

In Heidegger's eyes: how free is Nietzsche's Superman?

Leung Po Shan

Abstract: Superman has immediately emerged after Nietzsche having mentioned the stunning claim of "God is dead" in his philosophy. This analogy has definitely revealed how Western culture is possible to open a new direction of human development even in the absolute Nothingness of the world. However, in Heidegger's view, Superman is not as good as Nietzsche expected. He can neither break through the two thousand years of Western historical bondage, nor be a groundbreaker for an ideal way for mankind. This article is divided into two parts. Firstly, to clarify the concept of Superman's freedom in two levels; and secondly, I would like to assess the possible restrictions and problems of this kind of freedom from the standpoint of Heidegger.

Keywords: Superman (*German*: *Übermensch*), freedom, Will to Power and Being.

梁寶珊,香港浸會大學講師,libbypo@hotmail.com

研究反思

中西哲學互動問題芻議

——論必須建立獨立自主的中國人文科學理論體系

李幼蒸

【提　要】新時期40年以來,無論國學的恢復還是西學的發展,其規模都是前所未有的,不過總結之後也發現,人文學界各個領域,特別是理論方面,呈現一些觀點混雜、認識模糊的特點,亟待反思與改進。本文強調最重要者爲:在實行"走向國際"的同時,應該增强建立獨立自主的"中國人文學區"意識,即不能在全球化時代盲目跟隨國際學術潮勢亦步亦趨,以至於從根本上淡化了中華文明固有的以學求真的士君子精神傳統。此一傳統不僅可有助於匡正學界"全盤西化"之偏,而且也可促進人文科學整體朝向科學理性化大方向的發展。本文的意圖之一爲對現行國際人文學術的制度與規範本身進行批評的檢討。

【關鍵詞】中西哲學　漢學與國學　學術職業化　人文科學革新　仁學人生觀

一、客觀歷史條件與主觀認知條件

爲了正確回顧現代中西哲學及理論互動關係史,我們首先應該根據當前客觀認知條件重新來爲"哲學身份"正名,而爲此又須先對參與"正名者"的主觀認知條件有所瞭解。大致而言,在對現代人文學術理論進行判定時,我們受到三類"先在的歷史前提條件"之限制,它們都直接間接影響著我們對今日國內外相關學術問題的反思與討論的結果。這三類影響中國人文學術的先在條件是:

A. 我們處在從幾千年中國傳統文明向現代世界文明轉換的百年過渡期,其中各階段的相關學術思想理論都帶有不同程度上的、在文明類型轉換過程中必然具有的"一般過渡期特點";

B. 我們晚近以來處在中國歷史新舊交替後的四十年過渡期,其中不同階段的相關認知條件各異，可謂具有著在現代知識論轉換過程中必然具有的"特定過渡期特點"；

　　C. 新時期走向國際以來，我們的人文學術處在以西方人文學術體制內標準作爲主要參照的環境內，具有著一種顯著的"留學文化特點"，西方人文學術現狀遂成爲影響中國人文學術理論認知方向與方式的主要根源。

　　以上影響著人文學術素質的三重相互疊加的歷史文化環境，是我們今日討論人文理論及哲學方向時必須加以認識的，其中又以"C"最具有直接影響力。自然，以上三重先在的影響著人文學術認知條件的事實都具有其歷史上的經驗偶然性。我們的相關認知和判斷如果在不同方面、不同程度上受到以上三種偶然歷史條件的影響或限制，其學術思想成果也就自然帶有時代的偶然性和經驗的片面性。如果我們不先認識自身受其影響的客觀認知條件并相應反思其學術結果，而理所當然地、簡單化地，以現行學界思維習慣進行人文學術理論的思考研究，就會意識不到我們的學術共識中含有的隱在的片面性及偏誤性。我們説三者之中以 C 具有的影響力最大，其所發揮的正面積極作用之外也同時帶來了一些消極負面的影響。我們如簡單化地附和著自然科學與社會科學的正常趨向，以爲今日人文科學發展問題也可以直接根據相關的"國際標準"（即西方標準）來決定其正誤是非，就會産生嚴重的誤會。如果當這個人文科學的"國際標準"所根據的當代西方人文科學理論本身也是充滿了問題和危機之時，我們却想當然地以其作爲中國人文科學的發展標準，并通過文教、科研、出版、評價、就業等一系列"配套規則"予以逐一貫徹，那麼學術思想上的"是非問題"也就必然具體化爲一種盲目"跟隨現成國際規範、規則的技術性問題"了。正由於前述 A、B 二者含具的現代化知識論的内在薄弱性，C 的影響力後果就會更加具有決定性。在今日全球化功利主義時代，此種中西人文學術間的因果"決定性關係"本身，還可因此加附上一種長期穩定性，以至於未來中國人文科學將沿其"走向國際"路線而越來越成爲人類文明世界中的、永遠居於二等地位的"被決定的模仿者"。造成此類隱憂的主要因素有二：一是在上述 AB 類背景下兩岸四地學界在 C 環境内的辨識力不足；以及，在全球商業化時代，人文學術全面職業化的發展導致人文學者普遍採取了一種職場功利主義人生觀。

　　在自然科學和社會科學領域内，此一"國際標準論"如果説行之有效的話，那麼對於人文科學而言，我們却首先需要，在以當前西方文教體制爲基礎的"國際標準"之外，去獨立客觀地對該標準本身進行核對、綜和、重估。因爲，幾十年來（在留學文化框架之外進行的）廣泛深入研究，已經使我們有條件足以發現，當前西方人文科學及其理論本身存在著的嚴重問題（所謂世界人文科學危機），此類問題又是結構性地牽連到全球商業化時代的唯物質主義文明大方向對於人文學術事業造成的衝擊效果。

在此情況下,如果我們只能(由於 A、B 歷史條件的限制)對其亦步亦趨跟隨,也就會結構性地限制了中國人文科學的發展事業。其中最關鍵的部分是人文科學的理論發展問題,而後者之中最重要的又是傳統西方哲學和現代人文理論之間錯綜複雜的分合關係問題。爲了獨立而深入地認識這些問題,我們必須首先不爲西方體制內的成規所拘限;爲此,我們反而要首先獨立地(而不是按照西學學術權威的觀點)强化我們的西學理論研究,以及(不是按照國際漢學觀點)提升國學現代化的獨立研究水準。正是爲了獲得這樣的獨立認知條件,我們反而先得按照中國傳統思想中所强調的自誠明態度,先瞭解一下自身當前的真實認知條件。這樣的歷史性自我認知與反思,會有助於我們在處理今日中西學術交流時知悉自身之强弱點所在,并相應地予以改進,以便能夠更獨立自主地(而不是對"國際標準"亦步亦趨地)把握到今日西學理論之是非正誤問題。換言之,對於以上問題,我們既不可能根據學術等級制度內的任職資歷也不可能從受教的國際學術權威那裏獲得問題之解答。所謂今日採行的中國傳統思想中的"自誠明"態度,即體現爲必須超越現行國際學界等級制度的藩籬來獨立地重建中國人文學術的新思維框架。

　　首先,我們建議採行一種"西學研究實踐的辯證法":一方面積極擴大與深化對西學理論的研究,另一方面同時積極認真發現其問題所在。結果,在今日實際上仍然是西學理論主導的世界人文學界,我們一方面必須對其重視和深入研究,另一方面也必須在西方文教體制外設計獨立的思考與研究框架。[1] 作爲不是西學體制內所"培訓"的獨立學人,作者本人的學術活動四十年來也一直是沿著此一路線加以組織的,特別是在哲學領域。一個重要的切入點是:在西方主流學術思想理論中注意發現其各種異同之論,在其彼此爭論中發現問題所在。作者早在 1982 年完成的《哲學主要趨向》(保羅・利科編寫)譯稿序言中指出:我們應該注意到當代西方哲學趨向中的多重理論方向辨析之必要性:在英美與歐陸間,在德國和法國間,在法國哲學本位與跨學科理論方向間;今日自然應該再加上在中國傳統思想與西方傳統思想間。[2] 這些不同的地域、學科、學派、學人之間的錯綜複雜的思想理論方面的差異性,不應成爲我們只能同樣隨意地加以跟蹤模仿的"權威哲學根據",而只應成爲我們對之進一步深入認知和判斷的物件。這類在西學理論和哲學間的異中求同、同中求異的辨析,是爲了提醒讀者不可囿於西方哲學文教體制內僵化固定的派系分割標準來組織自身的認知進程。作者在七十年代末、八十年代初引介歐陸方向的符號學和解釋學思潮,正是出於同一構想;而作者在現代西方哲學中特別突出胡塞爾現象學一事,則是企圖與西方

---

[1] 參見李幼蒸:《重新讀解人文理論經典:必要性及其仁學前提》,《西北師範大學學報》2014 年第 2 期,頁 7,文中的第 2 節"西學理論經典讀解的三階段論"。
[2] 參見保羅・利科主編,李幼蒸、徐奕春譯:《哲學主要趨向》,商務印書館,1988 年,"譯者前言"。

哲學家不同地凸顯現代西方哲學中的一種反西方傳統形上學和本體論的特殊哲學努力(西方專家們側重于發現胡塞爾學與西方哲學史路線的一致性,本人則特別關注二者之間的區別性)。可以説,本人四十年來致力於其中的"西方三學"(解釋學,符號學,現象學)研究,均可被視爲有助於對西方人文理論與哲學傳統進行批評性反思的認識論和方法論資源(此三種理論方向也恰是最有助於中西思想交流的工具)。顯而易見,今日我們在西方思想潮流影響下形成的關於西方人文理論的認知方式,都是以現代西方哲學爲基礎的,雖然人文理論的多元化趨向正在導致西方哲學學科本身成爲批評與檢討的物件。[1]

在百年來留學生文化影響下形成的中國人文理論界,由於普遍以西方體制内(特別是以美國人文體制内)流行的學術思想及規格作爲標準,學者的思想養成和論述方式大多以實質上"轉述"西方思想内容爲主,其正誤優劣亦主要依據各自近似於西方學術權威思想的程度爲判准,結果難免導致出現了"以譯代研"的"做哲學"的方式(包括學界跟隨西方慣習強調大量引證西方名家論點的所謂"合乎國際學術規範"的僵化規程,特別以臺灣學界爲甚)。這樣的人文理論方向自然傾向於對於西方學術理論亦步亦趨。即使是關於現代中國傳統學術的研究,其中不少也是在"准西學化"(即大漢學化)方向上展開的,但人們却忽略了一個顯而易見的事實:地理之"東西"與"學術之東西"不可混爲一談,如不應由於採取同一中學材料物件就將西方"漢學"視爲與中國國學爲同屬一個學術門類:實際上,"漢學"是"西學"而不是"國學"。如果我們不能區分"材料屬性"與"學術方式"之間的差別,也即不能理解:決定"學科"性質與功能的不是前者而是後者。臺灣中研院文科部分至今對此没有清晰認識,可見其人文科學認識論粗糙之實情,此正因爲他們都受限於其同一西方教育體制内之故(由於該機構主事者或多爲自然科學家或多爲較少涉及理論性研究的國際漢學家)。那些決定著此一學科混淆政策者中包括有著名自然科學家,遺憾,他們不能將自然科學研究中區分得一清二楚的"材料物件"與"方法功能"原則施之於人文科學,遂導致這樣的結果:由自然科學家領導決定著人文科學家治學方向。此一由"准西學"取代"國學"的現象之本質在於:一些自然科學家以其額外增附的社會性權勢(在西方學界這是不可能之事,而在崇洋媚外盛行的中國人地區此爲常態),企圖影響他們自己根本不懂的人文學術的發展方向問題。結果我們發現:往往會有一個領域的科學家會在另一個自己不熟悉的領域内進行不符科學性的思維和實踐!由自然科學家領導人文科學事業這樣的荒謬情事,竟可因科學家的西學背景和中土的社會地位而獲得支持。至於具有國際聲譽的漢學家,只因利用"材料同屬文科"這樣的模糊分類法,即可被認爲具有有

---

[1]　參見李幼蒸:"General Semiotics (GS) as the all-round inter disciplinary organizer: GS versus philosophical fundamentalism"(一般符號學作爲全面跨學科的組織者: GS對立於哲學基本主義),*Semiotica*, 2016, Issue 208。

資格引導一般中國文史哲理論的科學發展問題,其誤謬性也是緣於今日流行的同一以社會地位混淆於學術資格的學界偏見。

上述兩岸四地人文學界的普遍傾向,歸根結底,也是幾十年來隨著全球化而越來越強力發展的世界人文學術全面職業化演變的結果。學術職業化導致人文教育及學術的市場競爭化;人文學術的身份變爲"以學謀生"的市場化"行業",後者的"行規"遂成爲引導學術方向與方式的決定性力量。行規的運作基礎則是學術市場上"名家品牌"經營技術。人文學術的師生們爲了獲得職業成功,必然要根據"市場行情"來進行自身人文理論實踐的組織,其運作結果自然成爲,在方向上、程式上、形式上,跟隨"使用價值"較高的公認學術權威的思想內容前進。這樣的全球文教商業化發展的結果,於是導致在人文學界慢慢浮現了一種集體意識:傳統上的"思想求真理"意識,在操作上演變爲"職場求成功"意識。所謂"成功"即是在學界市場內按照學術權威集體認定的判准被加以承認的意思("權威認可"即相當於達至"與國際接軌"),於是如何使自身的學術工作按照現行市場化規則運作以獲得權威集體的認可,也就成爲了職場內追求成功的目標。這是人類文明史上一種劃時代的認識論、實踐論上的負向演變,結果:在人文學術領域內,(職業)"求成"取代(思想)"求真",遂成爲人文學術界的一種普遍治學觀,也就相應成爲阻礙中國人文科學健康發展的根本性原因之一。

二、特殊歷史條件導致"西學"與"國學"都有被"全盤西化"之虞

這樣一種根據"C"形成的當前中國人文學術理論現狀,自然也是相關於"B"與"A"這兩種相關歷史背景的。由於同一職業化-功利化原因,百年來中國學術思想史上的內容,今日主要也是根據其自然形成的或人爲製造的"歷史商標價值"在今日學界發揮作用的。人們不是按照有效科學標準來重新量定現代學術思想史上人物與作品的價值,而是傾向於根據其"思想史市場"上的使用價值高低來爲其估價與利用。此一當代人文學術功利主義生態之形成,也是內在地相關於"A"的背景的。在民國前後幾十年出現的各種現代化的文史哲思想創新成績,其實都是相對而言的。這些成果的本身價值(而非其使用價值)都須根據當時及今日的實際學術標準加以重新檢視。可是學術市場化的結果導致人們將其本身價值與使用價值加以分離,而純粹依據後者爲諸人物及其作品在"中國現代學術思想史"市場框架內規定其各自的"市場價值",使其成爲學界職場化操作的直接對象。而這個大體依據人物與作品的歷史上當初的"成績"(知名度)確定的使用價值,又是首先形成於"A"背景之內的。當時的學

界、學者、讀者都是剛剛進入現代化世界不久、對於新知新學新理都尚在其摸索階段的學人。[1] 這樣,不言而喻,就今日有關中國現代學術思想史研究的領域而言,形成於B時期的當前人文學術"生態"就同時也受到"A"與"C"兩套先在條件的影響。應該理解,在檢查今日人文學者自身的認知條件時,需要細緻辨析 A、B、C 三類"影響因素系列"的互動關係。如果 A 指涉由傳統到現代的過渡期,那麼 B 就指涉由"舊時期"到"新時期"的過渡期。"過渡期"者,表明其中的學人之相關學力受到新舊交替間的學術認知的結構性變動影響,其結果自然反映在對於西學理論認知的暫時性與初步性上。也不妨説,A 與 B 歷史條件的存在,也影響著 C 條件的作用效果;當前學界共同受到的 A 與 B 的理論知識的局限性,以及突然到來的大規模西方留學潮流,導致學人欠缺足夠的認知性準備以便能夠獨立而深入地把握當前中西人文學術理論互動關係的真實情況。我們前面提出 A、B、C 三種先在學術條件限制的歷史事實,也就直接影響到學人本身的人生觀與實踐觀的形成。結果,相當多學人的學科本位主義視界使其難以從多個學科及其多重理論交叉角度進行認識論和方法論的總體評估。

　　我們説過,當前兩岸四地人文學術理論及哲學的認知狀態,根本上是一個被動跟隨"國際潮流"的問題,以至於連"國學"亦不能免,因國學同樣受到"走向國際"潮流之強烈推動。那麼國學又如何走向國際(西方)呢? 結果,只能走向國際漢學,而國際漢學正是西學之一種,結果就連我們的國學成就之最終標準,亦須最終決定於西學體制。但是,在此人文學術"全盤西化"的潮流中,如果正是這個當前西方人文學術理論及其哲學本身出現了嚴重問題的話,我們對之亦步亦趨的中國人文科學現代化努力又該如何呢? 就此而言,西學理論主流問題較爲複雜,也不是本文分析的重點,本文較爲關注的是作爲"西學偏流"的漢學與中國人文學術,特別是與中國國學的關係問題。其實,不僅是國學,我們的人文科學及文藝活動等等都是直接間接受到國際大漢學的方向影響的。例如,中國的文藝作品要想"走向世界"也必須依仗各種廣義的西方漢學"仲介人"之協助,即需要首先經過他們的判斷力、鑒賞力的删選,才能進入西方文化主流。而這個西方漢學界在西方學界正是以其"中學語言能力限制"和其"西學理論知識局限"爲其雙特徵的。如果中國的文史哲藝作品需要由這樣的西方對口仲介者的"監察"和"判斷"來左右其治學與創作的大方向的話(這是"走向國際"的必經之途),中華文明不是顯而易見地在自我矮化其文化學術地位嗎? 應該指出,此一現象的關鍵問題并非在於依其職業化本性自然會四處追求影響力之擴大的西方漢學

---

[1] 參見郭湛波:《近五十年中國思想史》,上海古籍出版社,2005 年。這位三十年代的哲學青年于 1935 年出版的此一內容豐富的現代思想史概觀,足可反映當時中國知識分子對於人文理論的高度的與廣泛的興趣。但是從各派的主題選擇來看與當時佔據西方人文科學主導地位的歐陸學術的主題範圍相距甚遠。于此可以看出在此文明類型過渡期,中國人文學者的思想興趣顯然是相關於"中西思想關係"的,在此格局下,對於現當代西學理論的認知僅爲初步性的。不言而喻,如果沒有後來的戰亂,中國理論界必然會朝向深化西學理論本身的方向繼續展開。

本身的,反而是在於兩岸四地急於"走向世界"(走向"世界文化市場")的學者與文化人本身的。將國學與漢學混爲一談,以及以"走向世界"爲目標的兩岸四地的學界風氣,按照國際競爭邏輯,必然導致客觀上首先要高抬西方漢學的"國學成果",并將"國學桂冠"首先頒與洋人,以完成其學術文化之國際交易(先由華人國學家在中土爲洋人漢學家頒獎,以抬高其國際學術聲響,其後再由受到中方"賜勳"的國際漢學家在西域爲中方作品及人物頒獎,以增加後者的國際知名度。這樣的通過中西學術文化市場"交易手段"完成的中西"共存共榮"戰略成果還有意義嗎?)。同樣的,此類作爲其實無關于西方漢學及西方學術本身,正像世界上所有職場學人一樣,他們當然是想方設法擴大自身的影響力的。然而客觀上,這樣的中西學術交流方式却造成了一種荒謬的效果:由海外學術水準低的(在中文、中學文獻以及西方理論三方面)來間接"指導"中華文化復興事業的方向。如果這個"民族文化復興"概念實質上是指獲得"國際承認"(即如今日國産電影的"品質"的最終評價,須由是否獲得國際機構的獎項爲根據一樣),按照必行的操作程式,就相當於必須獲得國際漢學的認定。遺憾,至今爲止,即使在反省批評意識趨强的今日臺灣媒體界,未曾改變的社會共識仍然爲:一切遵照洋學歷及國際認定的等級地位判定言論觀點之"價值"。其所查驗者僅爲按此既定評價標準是否有弄虚作假情事而已。殊不知,兩岸四地人文學界應該檢討者,主要正是發生於合乎國際體制標準的學術實踐中的問題。

三、學術職業化功利主義與現代
西方哲學功能的蛻變

在西方近代文明傳統影響下形成的今日全球科技工商主導世界文明大方向的時代,在自然科學與社會科學成爲此大方向內之主要思想支配力的時代,我們反而需要特別關注西方人文科學及其面對的學術危機問題,這并非是爲西方計(西方人文學界職場制度趨於固化,學術批評意見甚多,但均難以觸動學界現狀。),而是首先爲中方計,是出於對中國現代化過程中的人文科學健康發展方向問題的考慮。今日以後現代派理論思潮與泛自然科學哲學思潮爲代表的西方人文科學認識論方向之偏失,其根本原因爲在全球文化學術商業化發展下,傳統人文學術理論的志趣受到了根本的阻遏和歪曲,從而全面演變成人文學術職業化之發展趨向。爲此,以學求真的傳統目標漸漸喪失。[1] 此種後冷戰以來愈趨明顯的世界文明發展以及人文科學相應的蛻

---

[１]　參見李幼蒸:"On the institutional aspect of institutionalized and institutionalizing semiotics"(論被制度化的與進行制度化的符號學之制度性方面),*Semiotica*, 2014, Volume 202;"Cross-plitical pan-commercialism in the postmodern age and proposed readjustment of semiotic practices"(後現代時期跨政治泛商業化主義與符號學實踐之再調整),*Semiotica*, 2016, Issue 213。

化,將成爲同樣嚴重影響中國人文學術科學化發展的因素。本來爲了克服此一人文學術科學化趨弱傾向而出現的國際符號學運動,在此全球統一人文教育商業化發展衝擊下,却爲我們提供了另一個明顯的負面例證:其本來應該採行的跨學科方向的理論革新追求,今已普遍蜕化爲借助於流行的哲學本位主義理論觀所形成的一種理論話語裝飾性偏好,結果雙倍地降低了今日西方符號學理論的價值。其中一者表現爲符號學在其哲學理論方面停留在模仿性水準上,另一者體現爲其放棄了作爲"符號學"本質的跨學科的理論探索方向。[1] 而二者皆因爲符號學運動幾十年的職業化發展導致學者的多學科理論修養的全面弱化。二戰以來最爲可觀的法國結構主義運動的創新努力自八十年代以來逐漸停滯後,其結果已然全面影響到國際符號學運動的學術理論創新之趨於停滯。可以説,今日全球符號學事業已然基本失去其思想理論創新勢頭,而蜕化爲媒體界與通俗文藝界的膚淺形式遊戲。[2] 此種由學無專攻的外語界主要參與的符號學活動,也自然成爲以其集體功利主義追求學界成功的一種"方便":因爲學術的通俗化有助於學術的市場化的獲利前景。四十年來本人親自體驗到了國際符號學是如何逐漸失去了其重要的理論創新能力的。不過,平心而論,此種令人遺憾的演變并非可以簡單化地歸諸學者個人的操守問題,而是應該主要歸諸人類文明整體發展的方向轉移以及隨之産生的人文科學形態在方向、結構與功能上的顯著演變。

　　我們在此同樣要指出,兩百年來,特別是一百年來,又特別是二戰後幾十年來,西方人文科學知識整體的進步,在西方自然科學和社會科學顯著發展的激發下,已經聚集了歷史上空前衆多并豐富的學術成果。即使我們特別加以批評的現代西方主流哲學思想,其本身含蘊的正反教益也是無比重要的。我們對之批評和憂慮的,主要是指最近幾十年來在西方迅速蜕化的理論思想勢頭,以及其逃避真理問題的普遍認識論方向。理論方向的變形和歪曲會導致其大量豐富的理論資源不能被正確地、科學化地綜合運用,以至於在自然科學和社會科學全面發展的時代不能同時看到人文科學正向發展的希望。此一批評性判斷主要是根據西方主流理論思想中的反真理的和庸俗化真理的趨勢推出的。而兩岸四地的人文理論家們,由於前述 ABC 的條件局限,仍然是緊密跟隨著西方理論主流的方向來設定著自身的研究思考方式的。我們提到

---

[1]　今日海内外以"符號學"自稱的學術派系不計其數,而凡違背跨學科理論探索方向的研究就根本不是真正的符號學研究。美國符號學界的構成最爲駁雜,其中的實用主義哲學派與自然科學派,由於根本與文史哲的理論性跨學科研究無關,可以説并不是什麽符號學活動,雖然大家都要搶用這個已被市場化了的"商標名稱"。自二十世紀九十年代以來中國符號學界在國際上率先提出的"跨文化符號學"觀念,應該是以充分跨學科實踐爲基礎的。由於後者的動力趨弱,我們幾十年來構想的"中國符號學"規劃亦暫時趨緩。此一構想是直接相關于中國人文學術的現代化革新的,故在此提及,以期引起關注。如果簡單化地把中國傳統思想形態稱作是"古典符號學",那是没有任何意義的。

[2]　李幼蒸:"General Semiotics (GS) as the all-round interdisciplinary organizer: GS versus philosophical fundamentalism"(一般符號學作爲全面跨學科的組織者: GS 對立於哲學基本主義)。

"現代西方人文理論"範疇時,不言而喻,其主體正是"現代西方哲學"。爲了深入正確把握現代西方理論的内涵和功能,我們必須首先把握西方哲學的内涵和功能。因爲二十世紀人類知識的發展已然提出了新的認識論研究方向,所以有必要對西方哲學的身份進行全新的評估。另一方面,對於兩岸四地中國的哲學界以及一般人文理論界,或者,對於反省 A 與 B 兩個先在認知環境的生態來説,西方哲學,特别是現代西方哲學,也是最重要的"思考參量"。因爲,百年來中國人文學界的理論現代化努力,一方面著重於西方哲學的研習,另一方面著重於中西哲學背景的思考。[1] 至於當前中國人文理論及中外哲學學界,更是直接和西方哲學發生著關係。簡言之,長久以來,今日尤甚,中國學界一直把"西方理論"主要就理解爲"西方哲學"。如果我們發現這個西方哲學和現代西方哲學本身"問題甚多",而我們的理論家們大多都以爲"掛靠"到某西方主流哲學以作爲自身理論根據即可。此種傾向和西方符號學界的理論家們的情况一樣,其本質實爲: 在當前學界職業化局勢下,以已經取得"市場品牌"的某著名哲學爲"依仗",乃是最省時省力而有效的"職場求成"之方式。[2]

　　本人在 2014 年索菲亞符號學大會上,對於當前西方符號學及哲學的認識論大方向問題提出了坦率的"批評",指出西方哲學的"身份"(identity)必須重估,因爲在今日人類全新知識局面下,關於什麽是"人文理論"必須按照跨學科、跨文化的全新戰略和框架進行重新分析和研究。爲此,我們確信,傳統的"哲學"身份已然失去了其歷史上幾千年享有的學理絶對權威性。[3] 我們絶對不應該隨便根據某種在哲學職場内一時"成名"的某哲學派别的理論作爲我們進行人文思維的"理論基礎"。一方面,如我經常指出的,歷史上以及現當代,相當多的西方哲學之事實性判斷和價值性判斷如此失誤,却僅因其一時獲得過歷史上的"知名度",就被視爲具有了永恒理論價值。[4] 另一方面,考慮到今日人類對於人文科學科學化-理論化革新發展的需求,學者們必須首先擺脱"哲學原教旨主義"的窠臼。自然,由於絶大多數當前西方人文理論家和哲學家們都是生存於職場學科分割框架内的,一方面他們很難跳出自己受到的職場學

---

[1]　參見賀麟早在 1930 年寫出的關於黑格爾和朱熹哲學的比較研究。賀麟:《黑格爾哲學講演集》,上海人民出版社,1986 年,頁 630。此類中西比較研究的方向與當時新儒家和新佛學的國學本位方向不同,但均代表著當時的哲學界的主要興趣所在。那時國内對於現代西方哲學的瞭解才剛剛開始,所以無論是留學派還是本土派,雖然其立學宗旨都是針對西方哲學引入中國學界做出的反應,但他們所把握的西方哲學和其他人文理論應該均屬嘗試性的結論。同樣參見熊十力:《十力語要初續》,香港東昇印務局,1949 年。這位純粹本土派的最具獨創力的哲學家,企圖以"近西哲學"抵禦"遠西哲學"的態度,其相關的中西認識論思維方式的特點,頗勘今日理論界玩味。

[2]　參見李幼蒸:"On the institutional aspect of institutionalized and institutionalizing semiotics"(論被制度化的與進行制度化的符號學之制度性方面);"General Semiotics (GS) as the all-round interdisciplinary organizer: GS versus philosophical fundamentalism"(一般符號學作爲全面跨學科的組織者: GS 對立於哲學基本主義)。

[3]　參見李幼蒸:"General Semiotics (GS) as the all-round interdisciplinary organizer: GS versus philosophical fundamentalism"(一般符號學作爲全面跨學科的組織者: GS 對立於哲學基本主義)。

[4]　好像:文章中加添了這些過往權威的人名、書名、引文就自然增附了文章的"學術價值"? 而在互聯網時代這是一種多麽容易"操作"的學生級伎倆!

科訓練規範、規則之拘限,另一方面他們出於職業功利主義考慮又必須堅持遵循既定職業規範規則,以期合乎市場規律地追求其職業成功。同樣的,由於生存於今日科技工商主導一切的全球學界職場化、制度化時代,人文學者及其理論家們的精神眼界及理論想像力,也都自然地自動限制於職場化框架之内。失去傳統上獨立思想家身份與地位的事實,使他們更加無從跳脱業界既定窠臼來進行自由的理論創新思考。[1]面向職業目標的文教職場的高制度化,早自博士階段開始,其培養程式即傾向于成爲青年學者們向學場權威立場靠攏的一種制度性安排。此外,在人文職場内,職業化、制度化的格局進一步導向學術及其理論的技術化發展方向!在價值觀與認識論錯綜紛亂的現時代,正是學術話語及理論的“技術化”可安然成爲學術水準的“客觀化標準”。而此學術話語的技術化提升必然與學術權威等級制度相結合,以共同形成穩定的學術市場上具有使用價值的“學術商品品牌”。也正是偏向於技術性的内容可有效增加“商品”的廣告性附加價值。這就是學界研究學術權威作品可以沿其技術化方向展開的理由之一,結果專深學者可因而成爲“職業化專家”。於是我們看到,當前西方學者討論文史哲問題的論述中充滿了自古至今“名人”的引文,好像今日的“思想生態”只能産生于、根基于歷史上諸“大師”的話語遺存之中似的。在這類機械化地“照章疊架”引文話語以製成標準論述系統的治學方式中(美其名爲“合乎規範”),真是大量充斥著無的放矢的空論或“理論烏托邦”。因爲理論家們不再是將各種“現實”作爲思考對象,而是將歷史名人的古舊話語遺存不僅作爲其理論根據,而且乾脆就是其唯一“工作物件”:所謂理論研究就成了“對歷史學術話語”的再論述。[2]於是,當代西方哲學家和理論家們,儘管在知識技術上集體地超出了古代思想家們甚多,但普遍弱化或失去了在職場制度化控制之外進行獨立的、針對各類現實的理論思維的興趣和能力。現代學者的教育背景和職業規劃在在都離不開制度化規定,而其“成就”的檢驗最終又須發生於制度化職場之内,結果思想的發生、進程、驗定都展開於人爲規定的、制度化了的職場程式内。著名的傳統思想家、理論家們都是今人對其進行“技術化研究”的物件,但今人却反而完全拋棄了傳統思想家們具有的那種自由獨立精神意志,儘管後者當時掌握的知識條件遠遠不如今日。結果,當代人文學理論家們思維弱化的表現,以及欠缺面對制度化約制的態度,還不是源於上述認識論上的失誤,而是源于後現代主義時期人文學者治學觀遭受到的“商業化異化”之效果。

　　所謂西方哲學問題,首先即指其核心部分——形上學和本體論問題(二十年代時所謂“玄學”問題)。這個延續了兩千多年的西方邏輯學本位方向的思維是否還能夠

---

[1] 其所謂“自由思想”的想像力幅度,也只能設置於學界市場内,也即成爲一種在棋盤規則系統内實現的運作自由,以便因其順從著集體認可的規律與規矩,而可使自身理論創新取得其可靠的“使用價值”。
[2] 思想家的最終“對象”不是各種社會文化學術“現實”,而是各種歷史“話語本身”;今日不少西方後現代理論家們正是公然提倡用“text”取代“reality”作爲思考和研究之“object”。

作爲人文科學理論的基礎,以及哲學能否再作爲一門獨立的理論學科呢? 爲此我們
應該首先對"學科"這個詞的意思加以辨析;我們是用其指任何職業性分類還是用其
指"思想理論運作場域或管道"呢? 這是兩件不同的事。符號學理論研究應該包括一
門"哲學學科結構演變之分析"課題。新世紀今日,我們能不能繼續被動地沿著兩千
多年前的基本理論思路來規範我們的人文學術之理論事業呢? 本文作者甚至於指
出,幾百年來數學和自然科學由於逐漸將傳統哲學的因素徹底地排除於其科學體系,
才取得了如此巨大的進步。偏實證的社會科學的科學化發展也正呈現出同樣的傾
向。而二十世紀後半葉人文科學的形成,正是由於各學科紛紛開啟了自身獨立的理
論發展,擺脫了哲學形上學和本體論的教條主義的束縛,才出現了人文科學的科學現
代化革新的前景。哲學與各人文學科理論的分離性發展,也反過來進一步提出了哲
學與其他人文科學理論的互動關係的問題,以及當前"哲學學科"的合理範圍和任務
方向的問題。[1]

　　當我們對哲學專業學者提出這類問題時,他們往往對"設問本身"意義何在尚不
明瞭,因爲他們的哲學概念就是他們目前在專業職場內所從事的法定內容及制度化
程式內所形成者,這個職業化的治學資源包含著古今中外一切著名的哲學名著,以及
共同的課題系列和權威集體規定的評判標準等等。哲學學科內的生態在各種行之有
效的大小哲學聚會中形成了穩固的學科共識和運作章法,其中似乎根本沒有什麼學
科本身的危機問題。自然,生存於哲學學科內的職業家們也不關注其他人文科學理
論的情況,學科本位主義導致各學科間的互動甚少,再由於職場競爭的邏輯,學科本
位的維持和封閉反而更有利於人文學術的市場化運作。同理,如果我們僅從學術職
場角度思考現代中外哲學史問題,就會忽略百年來中西哲學互動的實情以及今日哲
學學科內的中西哲學互動現實中隱含的問題,本文所提的哲學與理論的"危機"和"革
新"的提問等,都會被視爲無的放矢。於是,只有當我們跳出學科本位框架而根據今
日主要來自當代西方跨學科的前沿理論研究成果來觀察和思考今日實際的"哲學生
態"時,才會對其今日的學術地位、作用、與其他學科的關係、以及與人類文明的價值
學方向的關係等等問題發生合理的質疑,也才會注意到哲學專業在身份、性質與功用
上,古今之間已然存在著巨大的差異性。[2]

　　毋庸諱言,哲學在當前社會、文化、文教與學界的地位可謂每況愈下。世界各國
文教事業中哲學是其規模消減最快速、且其就業機會最稀少的學科之一。固然,一方
面這是因爲全球文化商業化發展導致人文科學整體萎縮和地位下降之故,而另一方

[1]　參見李幼蒸:《結構與意義》(增訂版),中國人民大學出版社,2015 年。特別是"導論"與"後記"。
[2]　參見李幼蒸:"General Semiotics (GS) as the all-round interdisciplinary organizer: GS versus philosophical
　　　fundamentalism"(一般符號學作爲全面跨學科的組織者: GS 對立於哲學基本主義)。

面也是因爲哲學學科内容本身抱殘守缺(將哲學史作爲"萬年青知識系統"加以代代相傳并固化於學術職場制度之内)和全面朝向技術化方向發展,不再能夠成爲社會文化思想的指導力。這種情況自後冷戰時期以來愈趨明顯。而幾十年前當西方哲學還能夠對社會文化産生較大影響力的時代(如戰後頭三十年内),此種影響力又是負面遠遠大於正面。[1] 即使延伸至以往百年來看,西方哲學對於西方以及對於東方的影響,特別是那些偏重社會文化現象的哲學影響,也是負面大於正面的。其根本原因正在於其本身的知識内容是朝向于背離現實、實證、倫理、理性等原則加以展開的,以至於失去了"科學性的判斷力和影響力"。在此問題上,我們應該注意到一種歷史性的"認識論複雜性":當百多年前中國傳統學術思想初步接觸西方哲學時,對方的理性與科學性特徵當然對於當時中國的理論思維起到了積極的啟發作用,并有力地促進了中國的現代哲學思維事業的發展,且使得中西哲學互動至今仍然成爲中國哲學學術的主要内容。但是這類積極的作用和影響,如前所述,也是在現代中國人文學界的整體知識結構遠遠落後於西方學界的情況下發生的,加以科技工商漸漸發展成爲中華新文明的主要社會大方向而使得人文學術的進展遭受到了系統的忽略。因此,西方哲學百年前及幾十年前對於中國學術影響的實情,與其後的實情,并非可以等量齊觀。也就是説,現代史上曾經産生過一定影響力的西方哲學,其"重要性"概念是含混的:一方面它指涉當時的"影響效果",另一方面它指涉自身的"真實價值",後者的判定則須隨著其後哲學與人文社會科學的繼續發展而不斷加以重新評估,怎麼可能予以"一錘定音"呢?[2] 因此那些在新時期急於經驗主義地回顧現代中國哲學史、思想史、文學史、史學史等等的學術成果時,如果不和人文科學今日的發展現狀聯繫起來,就會流於經驗主義的表面化思考,結果不過成爲一種純然職業化程式運作而已。換言之,今日面對兩岸四地的人文科學理論現代化發展任務而言,那類經驗主義的現代思想史回溯式的研究之價值與意義,都已大大降低了學術重要性與思想啟示性。凡是從職場學科本位主義出發爲本學科、學派、學人"樹碑立傳"或"排比等級名次"的思想史工作,都可能因爲研究者本身對於現代相關人文科學知識的欠缺而降低了或失去了其真正學術性價值。自然,如依靠學科本位主義的保護,這類經驗主義的現代思想史工作當然可以維持其在社會文化界的影響力。但必須提醒青年學者的是:新時期的"中國現代思想史回顧"的工作,是在研究者長期脱離該時期資訊後乍然"驚豔"中的經驗主義式的"今昔比較"之結果。其重心往往偏於非純粹科學性的"言外之意",也就是把"現代思想史"當成了"曲線表達對今日現實之觀察及評論"的間接工

---

[1] 以左派薩特與右派海德格爾現象最爲突出。此二人幾十年來影響兩岸四地人文學術思想理論甚巨;我們甚至於可以設立這樣的重要議題:"左派與右派存在主義在華人學界流行的背景分析"。
[2] "一錘定音"的學界事實正是出於特定功利主義目的的人爲操作結果:我們需要固定學術名人的"市場價值",用以增加自身學術産品的價值性,故學人習于"依古自重",因學術市場有如文物市場,"越古越有價值"。

具。這固然也是一種功用,但甚少相關于對於中國現代思想史的、符合當代人文理論要求的科學認知。因爲研究者欠缺的還有一個對於當代人文社會科學成果的消化問題。[1] 例如,學界是否具有區分以下三事之意識:梁啟超思想的當時意義,今人以其現有水準回顧梁啟超思想的意義,以及在當代人文社會科學理論條件下對梁啟超思想進行重新評估的意義。也就是説,人文學界的有關人文科學理論現代化革新的思考,比其現代史上的經驗主義方式的分科回顧記録工作要遠遠更爲重要。就中國現代史而言,處於 AB 兩個過渡期中的學術生態,更加導致此一結論的適當性。畢竟我們只有百年來的現代史,即使這百年中也遭遇到長期學術知識的耽誤,我們也完全不需要僅只根據以往幾十年的學術經驗積累,即急於爲中國人文學術前途問題規定綱目,而是需要有全面重新做起的決心。一方面我們應該補充百年來現代化發展中知識不足的部分,另一方面要積極掌握世界學界的新知新學新理。民國前後幾十年出現的人文理論上的優秀思想成果,也必須根據人類最新知識進展加以重估,以使其更恰當地爲未來中華精神文明及人文學術的發展服務。如果將"民國大師"們施與固定的"含金量估值",以期方便於各種功利主義的利用,其後果就不是在促進而是在阻礙中華精神文化的發展了。而對於掌握新知新學新理來説,我們也需要跳脱當前西方學界職場體制內的窠臼,獨立觀察和思考現當代西方人文科學理論及哲學世界的"有生力量",而非盲目重複歷代"學術權威"所代表的學界權威話語。[2]

　　將西方哲學作爲現成的人文學術之"一般理論基礎"的資格,可以説今已根本不再具有其合理性,然而其作爲人文科學理論資源的價值仍然佔據著人文科學大家庭內首屈一指的地位。哲學作爲"教條主義"和作爲"理論資源"爲兩類完全不同的概念,而當前西方職業哲學家們對此往往分辨不清。即使他們勤奮工作如故,却主要生存於"技術性層面"上,而忽略其"思想性層面",因爲後者必須跨出哲學學科而進入其他人文科學學科理論界內,從理論跨學科視角進行全方位的理論觀察與反思,并回訴諸對有關現實的真正認知,才能夠有條件進行有意義的學理問題再思考。所以我們常常可發現一些重要的西方"哲學家"或"哲學史家",他們對於專業知識頗可達到如數家珍地步,但其人并不因此就一定善於在學識上舉一反三,就一定會在思想上善於溝通古今,更不一定會"理論聯繫實際",就當前學理和社會文化進行批評性思考。例如,一方面我們如此關注胡塞爾學專家的工作的積極進展,另一方面又發現他們大多數人如何陷入了類似於一種"新經院主義的"邏輯技術性研究(其學術思維性格頗類似於中世紀後期經院哲學家們的邏輯思維方式)。他們的學術嚴肅性與符號學家們的學術欠嚴肅性

---

[1] 時當學界幫派林立時代,任何學術思想集體都可通過多媒體管道致力於本派成就之"宣傳技術",遂以獲得"點擊率"或"知名度"爲其最終學術實踐目標。
[2] 參見李幼蒸:《重新讀解人文理論經典:必要性及其仁學前提》。

也許形成了對比,但其"文本研究嚴肅性"是以削弱或失去了"思想對於現實與學術全域進行解釋性闡釋工作"爲代價的,而其學科職場制度性的保護主義所導致的、對於集體掌握的"文本深奧學理"的技術性自滿意識,又妨礙著他們客觀地認識到自身的"適切理論性思維力之片面性":他們誤以爲自己掌握的相關技術性細節就代表著最重要的"哲學性成就",而後者正是基於在已經制度化了的"哲學職場"内形成的一種實用主義共識。[1] 當代的哲學專業人士越來越像另類技術人員,而越來越不像古代作爲自由思想家的"智者"。當然,另一方面,今日西方專業哲學家們,也只能成爲"哲學文本分析家",他們甚至於不曾意識到"哲學"的身份與地位已經古今大異其趣了。[2]

四、學術求真與學術求利

在前述三重 ABC 先在學術史背景下形成的今日兩岸四地人文科學及哲學的生態,不僅顯示出其僵固的職業化、技術化傾向,而且一直以來受制於有關學術與現實之間的複雜互動關係。在此,我們應該從認識論上首先區分學術與現實之間的兩種不同類型的"相關性":學術在認識論上的"對準性"和"實用性"是兩種不同的"學術-現實關係形態"。一方面我們指出,當代哲學和人文學術理論越來越傾向于"脱離現實",這正是其削弱現實主義"科學性"的重要表徵之一,隨之産生的效果就是學術理論失去了其"現實説明力"。可是另一方面我們也發現,人文學術又始終被當成了"影響現實"的工具。"説明現實"與"影響現實"是兩種完全不同的思維性質與功用,前者爲人文科學應有的科學性功能,否則不成其爲"科學";而後者却在混亂著或瓦解著學術的科學本質,特別當此種"學術影響力"是基本上以現實之功利主義需要本身來加

---

[1] 此種學界職場幫派功利主義意識會導致一種對於"學科名稱使用權"的"市場競爭",如美國分析哲學可以説自己的學術範圍就是"真正哲學"的範圍,媒體符號學派就會通過其人多勢衆背景以宣傳其"正統符號學"資格,如此等等,此類傾向可謂遍及人文科學領域,此種學派競爭意識遂成爲造成人文教育事業認知混亂的直接原因。

[2] 參見 *XXIII World Congress of Philosophy: Abstracts*(第二十三界世界哲學大會文摘),雅典大學,2013 年。2013 年希臘的第二十三屆世界哲學大會就像是一個"商品交易會或職業招標會"(類似於"廣交會"?),一切都圍繞著職場生態需要組織,哪裏還會有任何實質上的哲學思想交流的功能? 雖然哲學界按照習慣在示人以其仍保持有其傳統的學術尊貴性。其實頗像是一名現代没落貴族! 這不是在揶揄職業哲學家,而是要促動他們進行深入的自我反思。1980 年代,已故王浩先生和已故理查·羅蒂先生曾經多次與我談及對於當前西方主流哲學的"技術化方向"之不滿。不過由於兩人都是美國分析哲學教育背景,儘管對於此一現象的指陳正確,但也受到美國哲學教育系統的局限。1982 年作者在哥倫比亞大學哲學系訪學期間,曾經應約專門到王先生任職的洛克菲勒大學與其討論前述保羅·利科編寫的《哲學主要趨向》一書,這是美國哲學界未加重視的、由聯合國教科文組織的一份"世界哲學報告"。而作者在向兩岸學界引介理查·羅蒂《哲學與自然之鏡》以來,關於何謂"哲學"與何謂"理論"的問題,彼此討論甚多,包括 1983 年邀我參加了由其設定的以"哲學終結"爲主題的美西哲學大會。此後我們却是各自以不同方式思考"何謂哲學"的問題。2012 年在南京國際符號學大會和 2014 年在索菲亞符號學大會上,本人作爲研究西方理論的非西方人的大會發言主題,可以説都在表達對於當前西方哲學的身份與職能的(遠較西方哲學批評家爲徹底的)批評觀點。參見李幼蒸:"General Semiotics (GS) as the all-round interdisciplinary organizer: GS versus philosophical fundamentalism"(一般符號學作爲全面跨學科的組織者:GS 對立於哲學基本主義)。

以隨意組織之時,也就是說,當此種針對現實的"學術影響力"是出於現實的功利主義需要本身而來任意規定、設計和實施之時。這樣的學術理論與社會現實間過於緊密而非屬學術性的互動關係,却可能直接損害了雙方。因爲,由於此種治學觀上的"實用主義隨意性",學術作爲工具可能被任意設計以使其直接"服務于"現實的非科學性需要,却并非是在以學術本身的"科學性"或"合理現實針對性"來貢獻于現實。換言之,現實未曾獲得人文科學的科學性正確認知的益處,即人文科學沒有爲現實提供正確的知識參照工具。而從學術一方來看,這種互動關係的實用主義導致對學術構成與功能的非科學性干擾,使其學術科學性提升難以完成。此一情況對於哲學來說更是如此。如果我們回顧百年來現代西方哲學思潮中最有社會文化(現實)影響力的現象學來看,哲學可以說根本不曾爲各種現實提供任何有意義的認知貢獻,而自從後冷戰時代以來,即當後現代主義非理性思潮氾濫以來,西方哲學對各種複雜現實的認知、批評和建議,可以說充滿了幼稚、無知、傲慢和偏見,却因其校園職業保護主義賦予其的言論自由而不致受到反嚮批評。一方面,此種現象對於現實的影響爲一事[1],但其進一步暴露的自身學理缺欠,也表明其自身的發展及對於其他人文科學理論可能的"作用",會是相當具有負面性的。另一方面,准科學式的、邏輯學本位主義的嚴肅哲學家們,并不瞭解其自身擅長的哲學技術性部分與複雜現實的對應關係究竟應具有何種形態,而是簡單化地將其"專業理論"與其本人自然具有的日常經驗加以隨意混合,并以之作爲其試圖"影響現實"的方法。此類 irrelevant 影響或者無效于其影響現實的目的,或者恰因其本人的"哲學家大名"而反而有可能誤導著現實。例如,正是其自我窄化其學科課題範圍與目標的分析哲學與科學哲學(以及今日由其衍生的所謂"認知科學")的各種"現實"說明力的薄弱性,導致了西方人文學界對其的批評以及其社會文化影響力的缺失。[2] 順便指出,今日在駁雜不堪的所謂"認知科學"名下的、幾乎無所不及的另類北美理論界的時髦,實可作爲"理論與現實"遭遇實用主義式混亂思維干擾的另一例證。[3] 而這些應當加以質疑的各種不同類型的西方主流理論思潮,都反映著今日之"哲學、理論、現實"三者之間的科學化關係不清不楚的實況。而人類於新世紀的當務之急正在於提升人文科學的特殊科學性。當前哲

---

[1] 幸虧今日哲學已經難以産生任何對現實的影響力了;哲學家的"現實判斷能力"的銳降,已成爲今日人類精神文明現狀的特徵之一。

[2] 當胡塞爾偶爾企圖以其理論對"現實"發生影響時,如應邀爲二十年代日本《新生》雜誌撰寫文化倫理學及人生觀一類文字時,即可感覺到其"理論"對"現實"的針對性之欠缺。同樣的理由可以解釋這位偉大哲學家于一次大戰時表現的"愛國主義"情懷(一種現實針對性表現)之天真性,以及解釋其大戰末尾時期宣講費希特英雄主義精神時的"不合時宜"性。胡塞爾的心理邏輯分析的無與倫比的精細性與其對於社會現實道德問題觀察的天真性形成了值得學界深思的反差性。

[3] 此類理論思維混雜現象甚至於深入到美國電影理論界,以至於我們可以判斷:今日西方的電影理論已經失去了其六七十年代的理論重要性。自然此一趨向絕不影響其職場内的功利主義重要性。因爲這些新電影理論已經成爲學位修成的必需教材而成爲"學界認可的學術成果"。

學主流因爲其身份和功能的混亂,可以説,正在對此一重大學理功能反省任務進行著某種認識論的干擾。所以我們一方面要繼續重視西方哲學作爲人文科學大家庭平等一員擁有的知識論資源,促其繼續參與人文科學理論革新的集體理論性探索,另一方面要首先"降低"其在西方學術史上享有的非學術性的傳統"尊貴地位",以免其以傳統上具有的"學科意識形態勢力"來對學術世界的多元化民主實踐進行誤導。[1] "哲學"這一學科的社會性地位的降低,不僅不是意味著哲學家們的作用的降低,反而是意味著他們的新形態的學理再思考使命的開始: 以其擅長的哲學知識參與促動人文科學大家庭在理論上的跨學科方向上的集體積極創新事業。[2]

學術與現實之間的實用主義互動關係的歷史傾向,也導致當前學界對於我們所説的人文科學危機問題表現"無感"。今日人文學術理論也表現出另外一種貌似相關于現實的傾向。當學者對於學術的認知主要來自有關學術與其本身"直接現實"(職場利害關係)的關聯緊密性之大小時,學者對於學術問題的觀察與評斷都是看其對於自身的職場利益發展是否有助益而定的。這樣一種治學心態,可以説不同程度上已經遍佈於全球人文學界。而此一治學心態與思考方式又是深嵌於全球商業化社會格局與職場徹底功利主義制度內的。這樣的人文學界之"務實"治學觀,并非自今日始,而是可溯源于上世紀初的國學哲學界。正當民國初廣大人文學者紛紛投入新知新學新理研究之時,恰是我們的國學哲學界(含新儒家,新佛學哲學家)出於與西方哲學爭強鬥勝動機,不是急於提升自身一知半解的西學理論知識,而是急於找到某種中國"特有的"民族理論形態,用以"對抗"西學。其本質完全類似於清末"中學爲體西學爲用"立場,意圖通過民族主義的學理方向設計來"解決"民族學術自尊心方面的"心理現實"問題。用民族主義哲學來解決民族精神現實問題,同樣也是一種企圖以學術來"解決"現實需要的現象。當世紀中葉中國政治現實發生巨變後,海外的新儒家派別反因此變化後的社會新現實的需要,而更爲明顯地成爲"解決現實精神需要"的實用主義新工具。[3] 此一發展同樣源于兩種根源: 學者對於自身新知新學新理的乏知欠

[1] 可以説,對於今日跨學科、跨文化的人文科學理論方向的最大學術性阻力就是來自"哲學界"的,因爲他們堅持認爲只有屬於"哲學界"的理論思維模式才是最具有價值的。
[2] 本此目的,我們在象徵著國際符號學跨文化(其核心爲中西思想傳統在理論層面上的匯通,而非限於在資料文獻層面上的混合)時代到來的南京第12屆國際符號學大會上,邀請了若干西方現象學家和哲學家們的參與,以促動西方哲學家和符號學理論家之間的相互激發與相互合作的意識。而在西方職場內二者恰恰是不相爲謀的。自然我們也在以象徵的姿態促使西方理論家們注意到東方文明蘊含著的另類思想理論資源的普適重要性。參見李幼蒸:《仁學人本主義倫理學與人文科學的符號學方嚮——論南京"世界符號學大會的意義"》,《江海學刊》2013年第1期。
[3] 其中華文化復興運動完全是民衆精神教育一類的實用性宣傳,而完全無關於時代人文科學理論前沿。一方面不能區分"理論話語的社會實用主義功用"與理論之真正的學術研究之間的區別,另一方面也從來不重視在世界人文理論知識基礎上促進人文理論思想研究。這樣的輕率態度,却被另一種輕率的自滿態度所掩蓋:以爲任何人文科學"洋博士頭銜"就代表著"最高級"的理論水準,却視而不見如下事實,即"博士"只是"七八層學術等級制度中的初始級"而已。

缺自知之明,以及歷史上"理論"與"現實"的關係一向過於直接。海外新儒家們明確地企圖堅持一種對於現實要"有益處的"理論思想方式。其結果同樣產生雙重的副作用:一方面無助于其現實的改進,另一方面無助於其理論的提升,即此種觀點的相互作用會影響到兩側的正向發展。

自海外華裔學界中廣義新儒家思潮佔據上風以來,由於同一社會文教實用主義的影響,在另一種歷史誤會的環境中,任教歐美的新儒家們(含哲學與史學兩派)將其移民留學就業的個人歷史選擇,"功利主義地"解釋爲新儒家思想向西方的"傳播"("吾道西矣!"),結果促進了海外大漢學系統的完成。[1] 國際新儒家的另一利用含混思想進行宣傳的方式是:把作爲西方少數族裔教養學科的漢學中使用的"中學材料"的存在,視爲儒家學術對西方學界的思想擴散,并進而以此特殊學界形象經過"出口轉內銷"方式影響著海內外"高級儒學"(即"國際儒學")方向的形成,以便從理論層面上一舉將"中國學術"規劃納入"國際漢學"運作圈內。其中的另一含混術則是將漢學所在的西方的科技工商水準的"高",作爲漢學比華裔學界內國學或儒學爲"高"的"偽證明"。此一國際儒學-漢學多重含混術遂提供了學術與現實間負面互動關係的另一個例子:把其中國學水準明明爲低的漢學説成是高於華裔學界的國學或儒學。結果也是一樣,一方面國際漢學根本無助於兩岸四地的理論面的現實提升,另一方面以其在港臺獲得的"以西方漢學支配中華國學"的地位對於中華學界的人文科學的現代化發展造成了多方面的阻礙作用,既影響了中華文明的西學理論研究水準的提高,又影響了中華文明的國學現代化的發展。

冷戰以來大漢學系統發展的另一種表現是,不少具有哲學和理論興趣的西方裔漢學家或中西比較哲學家的人數漸增。早期西方漢學的文獻學-語言學方向今已朝向理論化方向轉移,特別是二三十年來中西比較哲學界與中西漢學哲學界的合流,似乎已然形成了新一代的、朝向於理論化發展的新漢學界。但是出於人文學界職業化分科框架的限制,此一學術集體仍須寄居於西方哲學職場或西方漢學職場內。我們一方面對於西方漢學界或大漢學系統以及中西比較學術界朝向理論興趣發展甚感欣慰,但同時馬上發現,出於相同的職業化、制度化學術生態演變的原因,其綜合性結果也是兼具正反面的。正面不談,其反面當然是就其通過上述兩大國際領域(漢學理論

---

[1] 1983 年底作者去波士頓途徑耶魯時,在我其前寄余英時一篇關於法國年鑒派述評文及《結構主義》譯本之後,曾與余君晤談,余氏并回贈兩册史學論著。期間談及不久前在波士頓世界哲學大會上新儒家諸人以及兩岸哲學家們在泰米尼茨卡主持的分組會上的表現,包括新儒家宣揚的"中國儒家哲學將在世界舞臺上發揮重要作用"的言談。余君當即對於杜君等所言不以爲然地説"我知道就沒有那回事!"(意指新儒家哲學的世界影響力。已故劉述先君在我於 1986 年訪臺期間與其會晤時同樣告知中研院選舉大會上有人對於"新儒家"在美如何如何的誇誇其談甚至於加以指責,認爲言過其實。)然而作爲史學派廣義新儒家的余氏竟然在報刊上提出"天地君親師"的封建主義綱領來,世人同樣不解其來自錢穆的史學新儒家之思想力究竟何在? 而新時期以來大陸國學界頗多人士視獲得過所謂"文科諾貝爾獎"的余氏之學,即爲學兼中西之典範。其中含有的認識論誤解是多層次的,基本上源於現代學界對於"國學、漢學、中國人文科學"三者之間的學科學關係的認知相當含混。

界與比較哲學界)對於兩岸人文學理論界產生的影響。它們將同時以其理論潛力(相比於西方理論主流)和其文獻學潛力(相比于兩岸國學)雙方面的較弱地位,却借助於其來自"西方學界"的名號,更直接方便地影響著兩岸四地人文理論界。大家共同具有的"教授頭銜"(此頭銜可將彼此的實質學術水準差異虛假地加以抹平)以及"西方來源"高於"中方來源"的國内外"官僚主義之共識"(因人們誤以爲任何來自西方學界的都是較高的,包括其非西方學研究),使二者更方便于影響中方人文科學跨學科、跨文化新學術方向的發展。此種影響的方便性也就掩蓋了各種"中西比較理論"(文史哲宗藝諸領域内)本身的水準其實均低於西學理論主流和中國國學主流的"雙事實"(此種學科理論素質的"雙料弱化性",却被誤導性的"學科頭銜平等説"加以掩蓋住)。而其比較性、理論性的表面形象,複使其進而與我們提倡的符號學-解釋學的跨文化人文科學革新方向相混淆。而"中西比較研究"却以其制度上的掛靠西方體制内因此具有了深廣化其西方學界背景的條件,而在"社會實踐的意識形態運作層面"上產生了歪曲乃至壓制那些企圖擺脱國際思想干擾而建立在中國學術地域内的、獨立的"中國符號學事業"的運作條件。這正是當代中國符號學跨學科理論運動中遭遇到的一種戲劇性經歷,應可引起研究當代中國學術思想史者的關注。

我們還要注意一種漢學-國學交流中產生的以偽亂真傾向。一些西方漢學家表面上對中國西學者説:"你們有自己偉大文明傳統,爲什麼要特別看重西方思想呢?你們應該關注中國自身的學術研究"。言下之意在鼓勵中國學者減少對西方理論的研究,而促其改爲向自以爲是在研究同一類中國學問的漢學家靠攏。此種言論一方面混淆了漢學的"淺中學"現實與中國學界的"深中學"需要之間的區別,另一方面意圖減緩中國學者研究西學理論的勢頭,以方便於(通過其在西方掌握的、被中方認爲是屬於"西方主流"的帶有國際編號的漢學刊物或中西比較刊物)維持其在中學或比較哲學領域内的"兼長中西"的權威性學術地位。結果,他們就可以也以其漢學的"淺西學"來對峙於中國人文科學的"深西學"在中國人文學界中應該起到的作用。同時,在向中國學界傳播自身學術的西方理論家們,可能與西方漢學家們在此持有相同的立場:贊成那種鼓勵中國學者多按照漢學方式研究中國學問[1],而對於中方研究西學理論的程度提升根本并不關心,更對中方學者批評西學理論的能力最不"感冒"。二者共同的目的是:一方面將中國國學歸入西方漢學制度系統,另一方面,通過與留學生弟子的人際紐帶,導致中國的西學者的學術方向自然凝聚爲宣揚其西方導師的學術權威性共識上來。今日中西人文學術理論交流的"生態問題",已經不是學術高

---

[1] 自認爲比國學更具有科學性;更可笑的是,由於兩岸的崇洋媚外環境,英語熟練本身就已經成了學理高低的標誌! 以至於多年來人們會以爲在西方漢學界受到的"國學教育"要高於在中國人地區界受到的"國學教育"。以至於如此多的中國學生要到西方大學漢學界來受其"更爲正規的國學訓練"! 不知道這是什麼樣的天方夜譚,却可以長期行之不衰?

低深淺的問題,而是在學術運作上被導入西方學術體制内的制度性轉化的問題。這個相關于(僅作爲其邊緣性關注任務的)中國學術的西方體制化現象,當然不同於西方主流學術的體制化現象。後者一切自然如常,而前者作用於中土中西學兩側的"制度性西化",將在長期限制著中國人文科學發展的方向與方式,使其在結構上永遠處於低於西方人文學術主流和國際漢學的地位。

有趣的是,華裔漢學在西方漢學界仍然遵行著其特有的學術-現實互動論方面的實用主義治學觀。海外新儒家的史學派會因爲只有華裔學者在語言上有能力參與"乾嘉考據學"研究,而曾經主張華裔學者在西方漢學界應以此中國學特有的"語言優勢"在西方漢學界領域專攻此學,以進行與西方漢學家的學術競爭。[1] 即在他們看來,中西學者的"競爭關係現實"決定著華裔學者的學術選擇,却既不考慮這樣的民族主義學術選擇及其對國内學界認識論窄化的負面影響,也不考慮這樣的文獻學方向的選擇將使得漢學界的中國學者的地位永遠處於低於西方漢學理論家。[2] 還不要説,這樣的學術方向的宣導完全是針對西方同行現狀的膚淺功利主義的考慮,其提倡者本身,因受教學成於西方學界,本來既不具備五四時代學人那種來自家學淵源的國學知識條件,也不具備與現代考古學、文獻學、文本學、語言學等等相關的當代西方新知新學新理。同樣的,這樣的粗淺的、且難以真實貫徹的所謂海外中學考據學方向,不僅一方面干擾著海外中西歷史理論匯通的科研方向努力,另一方面也以其"西學的漢學背景",在觀念上誤導著國内中國史學研究方向,爲後者的理論現代化提升造成了認知性阻礙。而這一切負面因素均可以國内外學界之"任何西學均高於中學"的偏見而被遮掩住。

五、"現實"作爲"科研對象"與作爲"施爲對象"

簡言之,對全面深入理解當前兩岸四地華裔人文學界對於自身理論與哲學發展

---

[1] 完全出於在西學職場求"成"的目的考慮其治學方向,却將其"轉輸"進兩岸僞稱其爲世界最先進的國學方向。

[2] 百年來,我們一直把獲得西方文教機構的聘任或獲得西方機構獎項,作爲學者文人高出一等的光榮標誌,而并不考慮所教所講内容爲何。此種民族性認知豈非正好是民族性自我矮化慣習之標誌? 此即: 因西方高於中方,所以中方學者以受聘於西方爲榮(反之則不然,哪裏有西方人把在中國任教者看作高人一等之證明的?)。這樣的洋高中低意識導致人們不關心"實質問題": 所學所言爲何? 結果,正是因爲那些在本國具有文獻學-語言學專長者以及那些可以含有民族特有"異國情調"的文藝作品最受西人歡迎;自然因爲這是他們掌握不了的,故爲其所需。但是,如果我們以爲這就是"走向國際"和符合"國際標準",從而將學術文化的方向沿此路徑發展,以期不斷在西方受聘和獲獎,這代表著什麽樣的民族心態呢? 此一集體心態中所欠缺的正是有關中國人文科學與精神文化應該具有的高端理論性、思想性的意識。中華文明的文化學術就可能因此而以其作爲國際市場上的"中國傳統民族性文化商品"的供給者而存在於世界。這豈不是正好符合由今日全球化運動試圖將中華文明學術思想加以商品化改造的泛商業化目標嗎? 當然,導致這一傾向的也同樣是源於學界尚未清晰區分"文學"與"科學"、"歷史"與"理論"在認識論上的區別,以至於學界權威們始終意識不到不是我們的"博聞强記"不足,而是我們的"理論性"與"科學性"不足,而只有後二者才是現代化知識、智慧與力量的源泉。

方向的認知來説,把握當前世界前沿人文理論問題的重要性,遠遠大於對現代中國學術思想史過程進行回顧的重要性。因爲,在過去百年來對學術、思想、現實產生過實際影響的作品與人物,其歷史影響力及其完成的相關學理,與今日具有的實際學術性價值關係已然甚小,甚至於僅只具有極其偶然的、主要來自學理問題之外的學術關聯性。例如,今日回顧二十年代的所謂科學和玄學的論爭,其當時及今日的學理價值,均遠低於其當時具有的社會歷史性價值,因爲當時論辯雙方的西學認知均處於初步水準[1],不足以充分討論相關學理問題。再如,百年來曾經一時產生過學術思想影響力的人物,正因爲該人物的學術思想水準正好與讀者大衆的相關知識水準相應,所以才會"產生影響"。這類情況再次説明學術理論自身的學術性價值與其對各種"現實"(而非對學理本身)的"社會歷史性"互動關係,完全無關于其本身學理的科學性高低正誤問題。因此,當前的各種思想史、學術史、文學史、哲學史等等的經驗性的歷史回顧,都僅能提供有待進一步研究分析的資訊材料,却不能將幾十年前、百十年前的知名論述就看作是今日仍然有效的學理認知。這類國内幾十年來興起的經驗主義的現代史回顧,其起因固然相關於前述 A 背景,而且其爲學的根本目的則是(與媒體業界一樣),朝向於(按照當前實用性需要地)"介入現實"或"施爲現實"的,而非純粹(以學術科研爲目的地)"研究現實"的。況且,此類造成其學術思考方向的"現實關切"還受到廣義國際漢學潮流的影響,如前所述,後者特別希望中方"partners"爲其提供他們自身因中文水準的限制所不足以充分掌握的現實資訊及歷史材料。[2]

　　我們因此需要進一步認識學術與現實之間的互動關係問題,并參考自然科學的

---

[1]　平均來説即不過基於十年左右的研習結果;其辯論雙方的熱情頗相似於 1980 年代大陸"啟蒙時代"青年學子間的學術思想爭論熱情。而兩次爭論過程却都產生了"社會知名度效應"。以至於長期以來通過媒體傳播途徑塑造出了不少"以論代學"的兩栖學人。

[2]　如哥大狄百瑞就曾邀請早先有過留學經歷的某位中國歷史學教授到哥倫比亞東亞系爲其進行資料學翻譯。本人時在哥大哲學系訪問,故知此事并有機會直接觀察漢學家們的"真實水準";而長期爲其擔任中國古典哲學翻譯的陳榮捷教授的"搭配性"工作更是人所共知。中研院由工商大亨伊尹檥捐款創立的"唐獎",不久前頒發的第二次受獎者即爲漢學家狄柏瑞。這個號稱要以其獎額數目高於諾貝爾獎以巨集揚中國文化的臺灣中研院文科大獎,前後兩次都獎給了美國漢學家。請注意這幾件事情上的關聯性:早先由粗通西學理論的傅斯年、胡適等創辦的中研院將文理科納入同一個研究機構(以爲自然科學與人文科學同屬"科學");胡適以後中研院連續由自然科學家、特別是由具有國際頭銜的自然科學家領導的中研院,通過聘任美國華裔漢學西學兩栖學人擔任副院長,遂將多年來港臺與中研院原先標榜的弘揚中華傳統學術之目標,具體化爲由西方漢學來領導的中國人文科學事業;在臺灣將中國國學納入西方漢學系統後,本著同一國際趨炎附勢風氣,工商大亨看准商機,并以爲所謂諾貝爾獎的文科部分之崇高性,與其自然科學、醫學生化部分不同,是根基于其高額獎金的,於是決定設置更高的獎額以便用金錢來與西方獎項爭高低;此一舉措之涵義遠遠大於其於國際學場上爭強鬥勝的目標,而是企圖根本扭轉"國學的科學現代化"的大方向,即將中國國學的發展從制度上納入西方漢學系統;其更深廣的象徵性意義是:今後人文學術方向方式將逐步完全被科技工商大亨們的資金加以控制? 參見傅斯年:《史學方法導論》,中國人民大學出版社,2004 年;以及各種相關報導。總而言之,將中國人文科學加以"西方漢學化",就相當於導致中國人文科學之"制度性異化"。對此一傾向,本人未看到臺灣學界出現過任何出於學理思考的關注意識。臺灣學界對於當代西方人文理論前沿的認知不足現象,是與其中研院文科部分的構成特點一致的,其社會共識爲:只有在西方漢學界獲得頭銜與教職的中國學人,才可證明其"國學"達到了"國際水準"!

成功發展歷史,以深入體驗學術(科學)與現實之間必須加以區分的道理所在。也就是進一步理解前面提出的在"針對現實"與"施爲現實"之間進行科學功能性區分的道理所在。因爲我們所説的"現實",大多指歷史、社會、政治、文化等領域的社會性現象,這些現象并不成爲自然科學的研究物件,所以自然科學的學理與社會性現象的分離性一目瞭然。可是它們恰是人文科學的"研究物件",因此就立即出現一個"研究物件"與"作用物件"之間的範疇區分的必要性問題。"物件"是同一個,但學術運作的"功能性"不同:一者應是"科學研究",另一者應是"意見影響"。在科學研究領域,其運作方式的科學正當性與其可能産生的各種學術以外的"作用"與"目的"是兩件事。而長期以來,甚至於幾千年以來,人們往往將二者混爲一談,或者,直到現代時期也仍然是彼此的作用方面含混不清。[1] 即使在人文學術現代化程度較高的西方也仍然如此。比如,無論是薩特還是海德格爾,其學術思想的"功能"都是二者兼而有之的。[2] 反之,分析哲學對此問題的區別性認知就較清晰,其中的邏輯學部分尤其容易將其與社會性現實相區分。但是分析哲學和科學哲學的科學性身份較爲純潔的優點,却與其論域的顯著收縮相關,即其"研究物件"範圍也隨之大爲窄化了。今日當我們要把一切社會性、人文性、歷史性現象都列入"現代人文科學"領域時,仍然需要首先將其科學性身份、功能與目標釐清,特別是與"社會性現實及其活動"加以認識論上的必要區隔。這樣一個簡單道理,人們往往因不同理由而對之産生誤解,對此我們只須先提出一種解釋:如果不區分"研究"與"影響"(至少把二者分爲兩個知性範疇或實踐階段),那麼人類的實用主義傾向就會自然而然地對此一社會領域内的互動關係事實,加以"功利主義的逆推":即主要思考"何種方式或手段可以最有效地對現實産生人們主觀上期待的那種影響力",因此就會按照這樣的目的來設定其學術研究計劃。[3] 其結果必然傾向於將"學術研究"僅作爲隨意操作的工具或材料,以期將之"有效地"施作于現實,以期達到施作者主觀所願望的、與學術本身的科學性要求無關的那種社會性效果! 此種社會與學界現象自然是雙側性的,"現實側實踐者"爲一方,"學界實踐者"爲另一方。對前者固然如此,對於後者亦然:以自身的學術是否有利於、有助於"影響現實"作爲其學術方向、方式選擇的根據,并以此來規定學術課題的"學術價值"。即後者不是以學術本身的標準和需要作爲自身學術價值判定的根據,而是以其是否(按照特定集團或個人的利益需要而判定的)"對現實有用",來作爲評定"學術價值"的依

---

[1] 此類現象的本質可喻示如下:人們未能區别,兩類學術思想實踐在學術功能上的"區别必要性"與二者在社會場域發生"互動性影響",此爲兩個過程,不是一個過程。前者必應分離,後者不免混淆。

[2] 一方面研究人類存在及歷史的客觀學理,另一方面側重於通過前者來影響現實,於是把"學術理論"與"社會實踐"混爲一談,結果導致"兩敗俱傷"。

[3] "學術研究"當然可用于"影響現實",但這仍然是兩個過程,各有不同的運作目標與方法上的需要;至於"影響現實",當然也可區分在不同動機與目的下的不同"影響方式"。

據。人文學術生態也就自然成爲了供"現實使用的工具",而此"工具性使用"又是完全基於使用者的功利主義需要而隨意選定的,從而導致人文學術不可能成爲一種真正的科學,即此一"現實關切"使其難以朝向科學的方向發展。其結果則是:"人文科學"難以或不能提供人類以正確的(可證、可測、可行的)知識系統;所提供者不過是一堆知識類話語材料而已。實際上,就如科學技術一樣,各門各類"學科"都應該有其自身的適當學理,如此才會首先在各個門類內部形成有效的知識系統,之後才談得到不同門類知識的"合作"與"有效互動"問題。

六、職場運作的外制度化與主體價值觀的內制度化

當然,人文學術存在於文教界和學術界,既存在於特殊的職場制度內,其中自然存在有本身在文教系統內形成的規範、規則和程式,它們相對于社會文化現實當然保持著自身相對的獨立性。當現當代人文學術朝向科學化的努力前進後,此文教學術界的"嚴格化"程度也在漸增中。可是這種文教職場的制度化獨立性并未使其朝向純粹科學研究的方向發展,因爲其價值學和方法論判准雖然是間接地、却是明確地相通于社會現實的需要。首先,職業化制度使其程式必須直接相通於"具體社會現實"——如就業機構及其經費財務基礎等等;因此其文教學術內容必然要以此就業現實爲目的。正是歷史上空前徹底全面的職場制度化,已經決定性地促使人文學術成爲"朝向社會現實"的、實用主義的學術文教事業。今日西方所説的人文科學危機首先即應指此而言。但是,導致人文科學不成其爲"真科學"的更爲根本性的原因尚不在其"外",而是在其"內"。由於上述"研究物件"與"社會現實"的相互疊合的特點,學者本人除了前一就業目的導致的"向現實靠攏"機制外,還有一本人歷史上形成的、根本就是以自身研究"是否有用於現實"作爲自己學術價值衡量標準的根據。此種認識論的實用主義,看似有理,實際上反映著今日人文科學危機的一種內在根源,即學者主體不能區分兩種"需要與有用"概念:"按照現實側的現狀提出的現實需要所決定的學術有用觀"和"按照學術的科學性本身需要所提出的學術有用觀"。換言之,大家沒有意識到存在著一個人文科學本身的獨立學術需要和用處的問題,結果總是把現實的需要和學術的需要混爲一談,結果可能導致"互損效果"。

此種學者主體的觀點偏差當然也相關于文明大方向及其導致的流行人生觀形態——求名利權的個人功利主義。此種功利主義傾向,使得學者的自我科學性求真欲望大幅降低,并導致其"以學求利"傾向強烈地主導著學術實踐方向與方法,從而使

其進一步朝向於"對社會現實的關切與向現實主流價值觀的靠攏",來組織自身的學術實踐。因爲,求名利權的動機與目的,就必須使自身學術按照現實主流價值觀來規定其可有用於、有影響于現實,即可使其滿足于現實側的任何需要。此種學者主觀側的"現實傾向"遂與現實客觀側的"利用學術以符合現實需要"的傾向,主客兩側合流。其結果,不言而喻,成爲人文科學難以科學化的根本性的"社會學式的障礙"。此種主客觀合流的生態并已内嵌於文教學術制度之内,成爲衡量學術價值高低的標準;自當代泛媒體事業全面波及人類文化領域以來,媒體世界甚至於成爲此種主客觀合流機制内的"互動平臺"。文化界的媒體網路("現實"影響力評比場——報刊網路)與商業界的學術市場(學品使用價值形成場——即學術作品之"銷售"),共同導致學術與現實的"相互使用關係"空前地緊密化。結果,一方面我們看到戰後幾十年來人文科學的科學化發展軌跡,而另一方面,同一時期我們也看到人文科學受到社會現實勢力(學術的商業化"異化"效果之一)左右的程度,趨向於結構性的擴大和强化。

還不要忘記,我們所説的"現實"也包括"學術現實"、"文化現實"、"媒體現實"。這些"行業"都具有雙重身份: 相當於"球員兼裁判"——它們既是擁有勢力的制度性"現實",也是"現實的研究者和批評者"。在此我們又涉及另一個此處無法展開的課題: 研究現實與批評現實的關係問題爲何?"科學研究"使我們需要與現實保持距離,現實僅只是研究的"分析物件",而"批評"使我們貼近現實,現實同時成爲我們的"經驗分析"與"施爲物件"。結果,人文學者爲了實現自身的名利權目的,傾向於通過參與"批評"使自身更加"有用於(有作爲于)現實",從而自身既可成爲影響"科學研究"的積極因素,又可成爲溝通研究與施爲的消極因素。表面上,這類"以時論代其科研"的行爲是在增加著學術的重要性(實爲受到的社會重視性),并僞證著學術"價值性"的提升,實際上在此又是混淆著兩種"價值觀": 科學真理價值與"現實功利價值",後者不過是相當於"學術言論較比合于現實側的實用主義需要"而已。此外,學術相關的"現實"當然也包括廣大直接讀者群和間接影響群,二者相加幾乎即構成了全體民衆的絶大多數,但他們都是一直與人文學術極少瞭解、甚至於毫無接觸者,但都成爲學術産品市場價格的直接間接決定者之一(關係到社會文化知名度之形成;相當於今日的市場"書本銷售量"和網路點擊率,二者都是在全民範圍内加以定位的)。學者如果主要在意自身的"使用價值"的增加就不得不關注廣大民衆的趣味并相對地向其靠攏;爲此,必須加强學術作品的通俗化程度以期相對擴大影響力,此種擴大影響力現象在媒體上的反映(人名,書名,派别名)可以通過泛媒體文化無遠弗届的傳播特點,而傳達至廣大(毫無現代人文理論認知的)讀者群,從而實際上增加了學術實體的社會知名度。結果,人文學術的通俗化就相當於人文學術科學化的降低。試想,自然科學什麽時候會有這樣的迎合廣大觀衆興趣的想法呢？因爲民衆興趣的需要與科學宗旨的需要是完全不同的需要，因此自然科學才成爲可以提供可靠知識的科學，相比之下人文科學則否。人文科學職場與從事科技工商職業的實質技術化和准技術化的廣大民衆的隱在互動關係，正是通過媒體世界仲介所形成的。於是，真實的"人文學術市場"是由商業化、媒體化權力網來決定的，這個"學術市場"，由於其越來越商業化的結果，對其決定性的力量不再是完全來自學界本身，而是來自對學術活動的商業化、媒體化運作環境。這是一種今日影響著人文科學科學化發展的、來自文化市場化内部的認知方向與方法阻力。

七、中國人文學者應有復興"以學求真" 中華精神傳統的覺醒

以上批評的種種現象之產生，其直接原因自然關聯於學界的僵化運作程序與等級制度化的評判方式本身，人文學術職業中的内容、方向、方式、人事、就業、地位等等均依之而定。正是此一基本情事才導致商業化媒體界對人文學術方向的影響力日益強化。人文科學世界的性質與功能也就成爲高度受制於（有用於）其與現實關係的一個行業領域。絕大多數人文理論學者均已習慣於全球化時代的職業化生存方式，大家已將依照職業規範規則生存視爲"自然"，也就是將職業化框架下的學術内容和其運作方式看作是"人文科學"當然的形態，以至於意識不到也不關心什麼是學術方式、方向上的"應該與否"的問題。此種徹底實用主義-功利主義的人文學術觀念，在西方已然"紮根"三四十年，很難期待其變化。"以學謀生"治學觀的意識和共識，已成爲人文科學革新發展的最具關鍵性的内在阻力。而這個人文科學"生存"的物質性基礎和可能方式問題，正是由那些與人文科學無關的科技工商勢力在決定著的，後者作爲"社會現實勢力"也并不關心（受其所養的）人文科學是否科學化、理性化的問題。所以由科技工商勢力設立的人文學術獎項，其評價標準反而是完全依靠其是否對（由其決定著方向的）社會現實"有用"來加以規定的。

最後我們還是要考慮這樣一個問題：面對今日國内外人文科學面臨的科學化革新的任務，是否存在有相應的有效方法呢？我們知道，理解一個道理與遵循一個道理是兩件事。本文作者根據自身幾十年來的中外學界交往經驗確信，即使西方學人"理解"或"承認"了本文所提出來的對於人文學術及西學理論的批評，他們也未必或根本不可能進行相應的變革。因爲他們只能按照體制内的標準和慣習來思考和生存，此一態勢也是由人類文明現階段的科技工商主導的總方向和總機制加以限定的。從認識論上說，他們也就難以認識到人文科學兩百年來的專深方向的發展正在要求人類

進行全面橫向的溝通(制度性的限制妨礙著他們從科學要求本身來思考問題),而從人生觀來說他們放棄了傳統思想家的獨立思考意志。在此情況下,爲什麼有理由期待處於 ABC 三類先在歷史性條件限制下的部分中國人文學者們,反而會産生參與人文科學科學化革新事業的覺識與決心呢? 這是因爲中華精神文明的傳統精神也許對於中國讀書人的"民族精神基因"具有一種潛伏的刺激力吧! 如果這樣,人們必須首先將現代知識系統與先秦時代自由獨立的思想意志(士精神)結合起來,爲此需要進行一種辯證的"實踐論結合": 其一方爲實踐論上的傳統求真意志,其另一方爲認識論-方法論上的現代求真方向與方法。這樣兩個"理論求真"的要求,傳統上都是首先與哲學息息相關的,就學者人生觀來說,這就是與主體倫理實踐學相關的;就人文科學的理論發展來說,這就是重新認識哲學理論與其他學科理論之間的關係問題。同理,我們當前對哲學與理論的重新認識,也相關於我們對百年來、幾十年來(以中西哲學互動爲主要形態的)中國哲學以及人文理論現代化發展進行反思的問題。百年前西方的哲學生態以及現代化早期中國哲學界對其初步的接觸,與今日西方哲學面臨著在人文科學理論危機時代朝向跨學科理論改造的任務,促使我們必須超越西方哲學體制內的格局來對其進行更爲深入的重新反省。什麼叫人文學術的"全盤西化"? 本文所用的這個詞"全盤西化"與胡適當初的用法完全不同;本文不關注社會歷史問題,而僅關注人文科學的發展問題。本文所批評的"全盤西化"現象不再是指"研究與吸收西學內容"方面,而是特別指企圖將中國西學的研究方向、方式、內容、目的等盲目地納入"西方學術體制模式"內的立場;尤其是指企圖將中國國學的"研究方式"納入西方漢學運作軌道的構想。這也就是前面提到的一種學術認識論與實踐論上的"危險": 此即指中國的中西學學術都可能在方向與方法上不知不覺地均陷入了西方體制模式之內;而今日人類人文科學危機中的最大問題正是要首先對西方人人文科學體制的制度化現實本身進行反思和批評。中國前往西方的文科留學生似乎也已達到空前的規模,其後果不正是如此嗎? 如果我們一方面正在認真地、批評性地研究西方人文學術主流危機的問題,而在其指導下的留學生們卻正待將來依據被我們批評的西方學者的權威性以作爲自身回國後的業務提升資格之憑證,這豈非就是在製造一個"中國人與中國人的對峙力學場"嗎? 外語系和留學生要靠著"西學高於中學"的社會共識在中國學界開疆辟土,我們却要對其學術特權之根據進行系統的批評,這不是立即形成了相互紛爭的局面了嗎? 爲了克服這種可能的衝突關係(在西學中心主義者和批評西學中心主義者之間),我們大家還是都應考慮皈依於學術求真治學觀,而非遵循學術求成治學觀。

　　只有那些能夠超出國際學界此類多重學術偏見的學者,才能夠從人類全體文明與歷史發展角度來進行全面與深入的相關思考。應該回顧: 正是我們的古代"讀書人"曾經有過這樣强烈的"爲之生爲之死"的心懷天下之精神抱負,儘管他們没有相應的知識條件與社會條件來有效地實行該抱負,但學人具有求真抱負的心態本身是存在著的,而今天學人的問題恰在於他們系統地(制度化地)失去了此主觀上的雄心壯志,成爲了没有獨立心胸與偉大抱負而唯知到職場謀利的准技術化學術人員。西方人文學界是一個連續幾百年協調發展的、今已根深蒂固地被職業制度化了的職場生存領域,其學術方向與方式受到各種嚴格制度化規範的約制,極難期待其有根本性的變動。反之,"中國哲學精神"(主要指其倫理思想部分)傳統上含有學者獨立自主實踐的主張,以及其來自仁學人生觀的"世界關懷"(即"心懷天下")。此種個人本位的(而非集體制度化限定的)精神傳統(仁學之"學爲己"觀),如果適當地與現代人類的知識論加以結合(所謂適當的"結合",即不是將"世界關懷"和"學術事業"簡單化地,幼稚化地,予以"短路式的"聯結,而是理性地把握二者之間可能的"曲線溝通的"複雜關係[1]),就有可能率先悟解和採納人文學界跨學科、跨文化的世紀新思維方向。其根本性理由即在於認識到一個顯而易見的自明之理:自然科學的全面成功有兩大主因:一是在其幾百年來的近現代發展方向上完成了與形上學-本體論這類傳統哲學思想的徹底分離;二是完成了"科學需要"與"現實關懷"間的認識論-實踐論上的徹底分離,即存在著一種獨立的自然科學運作的需要,此需要不受社會現實的干擾(至於自然科學可有用於社會現實的問題,屬於"另一學科實踐領域")。學科分割的合理性是其科學性程度的標誌,此標誌同樣可形容學者本身的思維傾向:試問哪個科學家不意識到自身課題與周邊社會問題之間的分離必要性呢?我們人文科學學者們爲什麼老是將二者混爲一談呢?如前所述,一者因爲客觀側的學術思想史的現狀如此,另一者因爲學者本人企圖"依附現實"以方便於"借學謀生"目標的達成。如今二者均已從主觀客觀兩側被全面制度化了(包括心理意識的主觀上的制度化),這才是今日人文科學發展的結構性危機之本質,其結果之一就表現在現代西方哲學主流界(兼含理性派和非理性派)流行著一種"共識":消除主體倫理學。然而,也正是在以西方人文學界率先趨向的此一全球化職業制度化的僵化發展局面下,歷史上也是空前地出現了一個中華文明"古爲今用"的歷史機遇:中華的仁學精神傳統有可能在此人文事業全球化僵局中扮演一種極其適當的實踐論啟迪的角色,此即在職業制度化格局外創造性地恢復傳統讀書人具有的那種獨立、理性、自由的治學意識(不是指古人之"客觀知識",而是指古人之"主觀意志")。其意義并非在於爲了和各國在文化學術上爭强鬥

---

[1]　本人多年來對於海外新儒家的批評主要出於這樣的思考:他們在現代認識論與實踐論上落在了時代後面,而百年來的國民黨文化與國際漢學學術共同尊奉的實用主義慣勢,妨礙著他們在認識論和實踐論上的切實提升。導致他們長期陷入此一誤區而至今不能自拔的根本原因,即爲其輕率信從的等級資歷觀。本人不久前曾經發文,意在與劉述先先生就此問題直接討論,可惜這位畢生真誠致力於國内外新儒家事業的哲學家就這樣匆匆離世而去。參見李幼蒸:《現代儒學研究隨想——和劉述先先生商榷》,《國際儒學論叢》2016年第1期。

勝,而是爲了在人類精神文明大方向上恢復其(與西人不同的)"當仁不讓"之中華士精神傳統。而此一與時更新、與時俱進的新仁學傳統,一定得是在認知準備上包含著世界一切優良知識成果在内的。據此觀點,今日人文科學現代化革新自然成爲現代新仁學的具體實踐目標之一,并體現於首先克服上述兩大全球職業制度化障礙的努力上,此即:在認識論上理解"研究現實"與"施作現實"的功能性差別,致力於宣導真正科學性的人文科學體系之建設;在學人[1]的人生觀上扭轉其"以學謀生"方向,轉而恢復其"以學求真"方向;也就是將今日世界上盛行的職場追求"名利權"的傾向,轉化爲朝向"真善美"的傳統價值觀的認同與追求。後一人生價值觀的轉變與前一學術認識論的更新之"異質性"結合,或可形成一種在世界人文科學界内獨立於西方學界的、促進人類人文科研思維革新的新勢頭。

　　爲了促成此類人文科學界新實踐、新思維的形成,回顧百年來中國人文學術發展史,我們有必要從根本上調整中國人文科學現代化中的策略觀,其中最主要者爲:從長遠發展來看,未來應該將其現代化發展的"基礎"和"方向"充分根植於"中國本土"(不一定是在地理的意義上,而應是在文化的意義上),其具體内容首先即將中國學界學人(至少指其中少數有志于人文理論革新者)"西方學識積累"之主場地,逐漸轉移至本土來;也就是在此領域,未來可大幅度地改變實行了百餘年的留學文化傳統中形成的"全盤西化"方向。此一建言的主要理由包括:人文科學與自然科學、社會科學不同,其研習西方人文理論的條件百年來已經發生了根本性變化,全球化導致今日學術資訊的流通幾乎超越了國界,而人文學科及其理論的研習方式主要依靠學人自身進行的大量而細密的"獨立讀書實踐"。人文學者的培養方式不能像科技工商等技術性學科那樣須按照客觀有效的既定規則與程式進行,以至於必須在導師的指導下逐步成長。而對於文科學生所需要的那些"後高中時代的"文科基本功來說,根本不存在什麼中外專家間在其指導的能力上的區別問題。如此建言的實際理由正是爲了避免捲入今日人文學術世界的職業制度化窠臼。至於高深的西方理論原典的研讀,更是需要學者們自行借助於今日到處可以獲得的原文書刊進行,而不可能是必須依靠今日西方老師們的直接授課和在西方校園實行的"論文指導"方式進行。[2] 本人相信,等到中國本科生都具備了幾十年前許多重點大學都具備的外語閱讀能力後,此種建言的合理性就會更趨明顯。中國學者必須具有這種獨立治學的自信心。試看,爲什

---

[1] 即指那樣一些學人:在人文職場内的十分之一有此"當仁不讓"志向的志願者們;此種志願者的第一標誌就是具有意志力足以抵制"國際接軌"誘惑,而能夠致力於中華精神文明基礎重建者。

[2] 當我聯想到,幾十年來我在西方遇到的那麼多平庸的人文科學教授們,如果以爲在他們的指導下就可以有效提高留學生素質,簡直就是天方夜譚一般。同理,在這類平庸"西方正教授"指導下完成了博士學業者,怎麼就因爲返歸故土後即可自動成爲高人一等的精英了呢?中國學界不排除崇洋媚外積習,是不可能真正前進的。(一位導師的知識與思想主要反映在其作品中,而非掛一漏萬地表現於其課堂講授中,對這些作品的研讀才是對其全面深入理解的可靠途徑。)

麼在西方僅只是在其研究生階段獲得了某基本學科内的資歷憑證後,即在其修博階段只經歷過極其初步的"專業訓練"後,西方教授們其後就可以隨意擴大研究興趣,其擴大論説的方式豈非也只不過是"通過自學"而已?[1] 毫無疑問,"認真自學"才是"真才實學"之不二法門,所謂一科之專門訓練,是遠遠不夠的。按此邏輯,我們中國學者不是同樣可以這樣獨立經營自身任何學術思想的發展事業嗎? 因此我們必須破除那種以爲中國人的西學理論研究必須在西方專家指導下才能完成的社會偏見? 試問,黑格爾撰寫"歷史哲學"時相關的非西學部分,如此單薄,是否他也需要受過外國專家教導,其論才能更具學理價值呢? 如果他不需要,怎麼中國學人就非得需要呢? 我們怎麼就這麼妄自菲薄呢? 我們需要的其實只是"自强不息"精神,有此,不出國也是一樣可達高深知識;無此,就是有了西方學位也不過是僅具備初等學術資格而已。此意早在 1990 年代我就在臺灣《中央日報中山論壇》和臺灣《中國論壇》上表達過,但并非爲了和港臺學人"爭强鬥勝",而是爲了剖析學界由於崇洋媚外而彌漫著的錯誤治學觀。此一建言的目的,絶對不是出於任何民族主義的情緒用事,而是認爲對於那些中國學界有志于畢生投入人文理論創新的學子而言,最要緊的是: 一方面,樹立以學求真的志向;另一方面,客觀認識今日國内外人文科學局勢的真相,并相應地朝向正確方向持之以恒地爲所當爲,即便僅只是達至古人所説的"求仁得仁"亦可。這樣的仁學"學爲己"人生觀,是今日西方學人(包括漢學家)難以理解、欣賞和接受的,却可能是潛存于中華讀書人的心靈深處的。這就是中國學者在今日國際人文學界應樹立當仁不讓心志的一種歷史鼓舞性根源。

　　本文不同於常規論文規格,因包含著多條主題線索和多元化功用,并爲了節約篇幅不得不消減他人的引文;又因爲本人以符號學-解釋學作爲兼治中西學的獨特方法論,故主要提供了確與本文主題和目的直接相關的本人著作作爲主要參考資料,以期集中闡明本人對於西學理論和漢學方向的學術批評性意見。最後,時當國内學界正在宣導中國傳統文化學術復興運動之際,其中自然以傳統優良治學精神的復興爲其骨幹。有鑑於此,本文據"非知之難而爲行之難"之義,特以一本人參與的一次同仁論壇系列之資訊來結束本文。2014 年夏組織的該次論壇系列,旨在討論如何有效促進人文學者求真實踐治學觀之樹立。名爲"2014 新仁學及符號學系列研討會"的中心思想,即爲如何在浙東史學-哲學基礎上組織一次跨學科、跨文化的多學科意見交流,以

---

[1] 許多西方名家的"無所不論"自信,都僅只建基於其博士生階段的"一科之長"上,此一"單科專長"何以就能夠成爲其廣泛"越界議論"之基礎呢? 一些西方哲學大家們的言談"大而無當"豈非正是緣於此一"不合理的資格認定法"嗎;只要在一科内有成,并因此獲得了學界或社會之"地位",然後此"地位"(等級資格)就可以當然地"生產出"衆多佳言名論的"衍生商品"。此一科學社會學現象的部分原因,正在於哲學學科幾千年來擁有的"萬學之冠"名號。這就是爲什麼今日人文科學發展方向中一定要用"跨學科理論家"身份,取代傳統的"哲學家"身份的認識論-實踐論理由之所在。

推動中華人文學術的倫理實踐學建設。參加該系列討論會的組織者及學者,分別來自:寧波大學歷史系,浙江大學歷史系,北京"學燈"編輯部,南京師範大學外語學院,貴州大學哲學系,貴陽豫章書院,蘭州大學人文學院,新符號學論壇等。該次系列討論分別在寧波天一閣、白雲莊、貴陽豫章書院、蘭州大學人文學院等址逐次舉行,涉及的主題包括:宗義學,陽明學,胡塞爾學,符號學,新仁學等。與會同仁均認識到,陽明學–宗義學所提倡的中華傳統良知學,或有助於促進當前人文學者以學求真治學觀的形成。僅供參考。(參見相關網文報導)

A discussion about the theoretical interaction between Chinese and Western philosophies — On a necessity for establishing an independent framework for the theoretical research of Chinese human sciences

Li Youzheng

Abstract: This paper stresses that in the globalization era we have to keep a strategic balance between deepening the research of modern western humanities and establishing the independent Chinese academic framework inspired by the traditional Chinese ethical spirit. Accordingly the modernization of Chinese humanities shouldn't passively follow up the existing post-modern trends of current western humanities that have undergone a serious epistemological and professional crisis by themselves. The Sinology as a branch of the western academia has basically different backgrounds and tasks, which shouldn't be confused with either "the Chinese State Learning" or "the Chinese humanities". The new Chinese humanities should be built on the update theoretical level of the entire human knowledge.

Keywords: Comparative philosophy, Sinology and the state-learning, academic professionalization, renovation of the humanities, the *ren*-ethics

李幼蒸,北美獨立哲學學者(1997—　),中國社科院世界文明中心特邀研究員(2000—　),蘭州西北師範大學哲學系客座教授(2013—　);國際符號學學會前副會長(2004—2014);美國普林斯頓大學與哥倫比亞大學哲學系訪問學者(1982—1984),

德國波鴻大學哲學所客座研究員(1989—1997),法國高等社科院短期訪問教授(1991 年 1 月份),1983 年中國社科院首屆參加蒙特利爾"第 11 届世界哲學大會"代表團成員,liyouzheng@gmail.com

有關"楚簡"的幾點思考 *

陳　偉

【提　要】目前對於楚簡的定義,尚無一致的見解。我們曾經嘗試把"楚簡"表述爲"戰國時期楚控制地區出土的竹簡"。這個定義雖然不一定精確,但却能比較好地概括楚地出土戰國簡册的實際狀况,符合學術界的表述習慣,避免一些不必要的糾結。聯繫先秦、秦漢文獻的記載,楚簡書籍的來源似可分成三類:其一,可與傳世文獻對應而這些文獻在早期史籍中記録爲楚人撰述,或者帶有楚人撰述的特徵,可歸爲楚人作品。其二,可與傳世文獻對應而這些文獻在早期史籍中記録爲別國人撰述,或者竹書帶有別國人撰述的特徵,可歸爲從別國傳入的作品。不便歸入第一、第二類的,姑且都算作第三類。其中可能有楚人作品,也可能有傳入楚地不久的別國人作品,還可能有較早時傳入楚國的文獻。清華竹書本《金縢》可能是楚地流傳的早期版本,是未經孔子整理之前的面貌。如果夏家台楚簡《尚書・吕刑》屬於孔子整理本,則在戰國楚地,至少流傳《尚書》類文獻的兩種版本。

【關鍵詞】楚簡　尚書　孔子

現代科學意義上中國古代簡牘的發現,開始於上世紀初葉。不過在很長時間内,人們看到的只是時代比較晚的部分,即漢晉時期的簡牘。1925 年,王國維先生在清華大學所作的著名演講中,列舉劃時代的五大發現,其中第二項"敦煌塞上及西域各地之簡牘"所述,即皆是漢晉遺物。[1] 1951 年,中國科學院考古研究所在湖南省長沙市東郊五里牌 406 號戰國墓葬中,發掘出 30 多枚竹簡殘片,今人才第一次目睹楚簡的真容。在這之後,湖南、湖北、河南這三個相鄰省份,亦即戰國時楚國的故地,楚簡的發現越來越多。1987 和 1993 年,包山楚簡、郭店楚簡在湖北省荆門市相繼出土;上海博物館所購楚簡、清華大學獲贈楚簡於 1994、2008 年先後入藏,都是震驚世界的消息。

---

　* 本文寫作得到國家社科基金重大項目"湖北出土未刊佈楚簡(五種)集成研究"(項目批准號 10&ZD089)資助。
[1]《最近二三十年中中國新發見之學問》,《王國維文集》第四卷,中國文史出版社,1997 年。

由於數量宏富、内容珍貴,楚簡的整理與研究,已經足以與秦簡牘、漢簡牘、吴晉簡牘相比擬,成爲中國古典學問中一個具有國際影響的領域。最近幾年,楚簡新材料的發現和刊佈絡繹不絶。《上海博物館藏戰國楚竹書》出版了一至九册(上海古籍出版社2001—2012年),《清華大學藏戰國竹簡》出版了第一至六册(中西書局2011—2016年)。2013年,湖南省益陽市兔子山遺址,在11座古井中,清理出13000多枚簡牘。其中4號井和9號井,均出有楚文書簡。[1] 2014年,湖南省湘鄉市三眼橋1號井,出土楚國縣衙文書簡册700多枚。[2] 2015年,湖北省荆州郢城遺址之南的夏家台106號墓,出土楚簡400餘枚,其中有《詩經·邶風》和《尚書·吕刑》,《詩·邶風·柏舟》"我心匪鑒,不可以茹。亦有兄弟,不可以據"等文句清晰可辨。[3] 2015年,安徽大學購藏一千多枚楚簡,内容有《詩經》和楚史書籍。[4] 傅斯年先生曾指出:"凡一種學問能擴張他所研究的材料便進步,不能的便退步。"[5] 沿用這一説法,楚簡這門學問正處在材料持續擴張、認知不斷推進的階段。

對於楚簡的定義,其實目前并没有一致的見解。邢文教授認爲:楚簡是指"戰國時代用楚國文字書寫的竹木簡牘"。[6] 馮勝君教授反對把楚地出土的戰國簡(不包括秦簡)或者楚人所抄寫的竹簡一概稱爲"楚簡",主張把楚人抄寫的竹書區分爲"楚文字抄本"與"具有某系文字特點的抄本"。[7] 清華大學藏竹簡通常認爲出於楚墓。[8] 然而,整理者在正式場合,却稱作"清華大學藏戰國竹簡"(刊佈這批簡册的書名即如此)或者"清華簡",避免使用"楚簡"字樣。我們曾經嘗試把"楚簡"表述爲"戰國時期楚控制地區出土的竹簡",大致包含三個層次,即:第一,楚人寫作的文獻;第二,楚盟國(如曾國)人們寫作的文獻;第三,楚人傳抄的來自别國的文獻。[9] 現在看來,這個定義雖然不一定十分精確,但却能比較好地概括楚地出土戰國簡册的實際狀

［1］石月:《楚國檔案屬全國首次發現》,《長沙晚報》2013年11月24日第1版;張興國、周創華、鄧建强、張春龍:《湖南益陽兔子山遺址2013年發掘收穫》,《2013中國重要考古發現》,文物出版社,2014年。
［2］李丹、明星:《湖南考古發掘700多枚簡牘記録楚國衙署公文》,新華網2015年1月23日。
［3］海冰、王夢親:《荆州戰國楚墓出土竹簡〈詩經〉》,《湖北日報》2016年1月28日第15版。
［4］李陳續、蔡麗麗:《"安大簡":先秦文獻又一重大發現》,《光明日報》2016年5月16日。
［5］《歷史語言研究所工作之旨趣》,《中研院歷史語言研究所集刊》第1本第1分,1928年10月。
［6］邢文:《楚簡書法探論》,中西書局,2015年,頁4。
［7］馮勝君:《郭店簡與上博簡對比研究》,綫裝書局2007年,頁250—255。
［8］清華大學藏竹簡鑒定專家的鑒定意見指出:"從竹簡形制和文字看,鑒定組認爲這批竹簡應是楚地出土的戰國時代簡册。"見劉國忠:《走近清華簡》,高等教育出版社,2011年,頁2。李學勤先生也認爲:"迄今爲止,以書籍爲主要内容的隨葬竹簡,已經發現了好幾批,最早的如信陽長台關簡,後來的慈利石板村簡、荆門郭店簡、上海博物館簡,加上這裏討論的清華簡,内涵之豐富,已經遠遠超過我們過去所能想像的。這些簡都出於戰國楚墓,當然是由於當地埋葬制度和地下條件特殊的原因,然而也充分説明了楚國的學術文化所達到的高度。"見氏撰《清華簡對學術史研究的貢獻》,《初識清華史》,中西書局,2013年,頁147。
［9］陳偉:《楚簡册概論》,湖北教育出版社,2013年,頁2。

況,符合學術界的表述習慣,[1]也可避免一些不必要的糾結。

在先秦楚地典籍流傳方面,有兩條資料值得注意。《國語·楚語上》記楚莊王(公元前 613—591 年在位)使士亹傅太子葴(即後來的楚恭王),申叔時建議説:“教之《春秋》,而爲之聳善而抑惡焉,以戒勸其心;教之《世》,而爲之昭明德而廢幽昏焉,以休懼其動;教之《詩》,而爲之導廣顯德,以耀明其志;教之禮,使知上下之則;教之樂,以疏其穢而鎮其浮;教之《令》,使訪物官;教之《語》,使明其德,而知先王之務用明德於民也;教之《故志》,使知廢興者而戒懼焉;教之《訓典》,使知族類,行比義焉。”《左傳》昭公二十六年(公元前 516 年)記王子朝失勢後,與“召氏之族、毛氏得、尹氏固、南宫嚚奉周之典籍以奔楚”。這顯示,春秋中晚期,傳統官學典籍在楚國的收藏、傳習,大概不輸於華夏諸國。由於王子朝的投奔,甚至有可能更佔優勢。

楚人私家著述也屢見史乘。《漢書·藝文志》即載有鐸椒《鐸氏微》、題名鬻熊的《鬻子》、蜎淵《蜎子》以及《長盧子》、《老萊子》、《鶡冠子》、屈原賦、唐勒賦、宋玉賦等。

楚人與各國學者交往活躍,學術聯繫密切。《史記·仲尼弟子列傳》記“孔子之所嚴事”説:“於楚,老萊子”;記易學傳承説:“孔子傳《易》於瞿,瞿傳楚人馯臂子弘,弘傳江東人矯子庸疵”;記孔子弟子公孫龍、任不齊、秦商,集解引鄭玄曰皆以爲“楚人”。《漢書·藝文志》“《蜎子十三篇》”班固自注:“名淵,楚人,老子弟子。”《〈春秋經傳集解〉序》孔疏引劉向《别錄》叙《左傳》傳受説:“左丘明授曾申,申授吳起,起授其子期,期授楚人鐸椒,鐸椒作‘抄撮’八卷,授虞卿,虞卿作‘抄撮’九卷,授荀卿。”《史記·孟子荀卿列傳》記:“齊人或讒荀卿,荀卿乃適楚,而春申君以爲蘭陵令。春申君死而荀卿廢,因家蘭陵。李斯嘗爲弟子,已而相秦。荀卿嫉濁世之政,亡國亂君相屬,不遂大道而營於巫祝,信機祥,鄙儒小拘,如莊周等又猾稽亂俗,於是推儒、墨、道德之行事興壞,序列著數萬言而卒。因葬蘭陵。”《孟子·滕文公上》記云:“有爲神農之言者許行,自楚之滕,踵門而告文公曰:‘遠方之人,聞君行仁政,願受一廛而爲氓。’文公與之處。其徒數十人,皆衣褐,捆屨、織席以爲食。陳良之徒陳相與其弟辛,負耒耜而自宋之滕,曰:‘聞君行聖人之政,是亦聖人也,願爲聖人氓。’陳相見許行而大悦,盡棄其學而學焉。”孟子批評陳良時説:“陳良,楚産也。悦周公、仲尼之道,北學於中國。北方之學者,未能或之先也。彼所謂豪傑之士也。”可見陳相先後師事的陳良、許行均是楚人而遊學在外。

出土楚典籍簡册的由來,如果放在這樣一個大的歷史背景下考察,就會呈現更加豐富多彩的可能性。粗略地説,楚簡書籍的來源似可分成三類:其一,可與傳世文獻

---

[1]　清華簡整理者之一李守奎教授在他主編的“清華簡《繫年》與古史新探研究叢書”前言中開頭便説:“2008 年 7 月,清華大學入藏一批楚簡。”見李守奎、肖攀:《清華簡〈繫年〉文字考釋與構形研究》,中西書局,2015 年,“叢書前言”頁 1。

對應而這些文獻在早期史籍中記録爲楚人撰述，或者帶有楚人撰述的特徵，可歸爲楚人作品。上博簡中記叙楚君臣故事的篇章，清華簡中的《楚居》、《繫年》，大致屬於後一種情形。[1] 前一種情形尚無確認者。[2] 其二，可與傳世文獻對應而這些文獻在早期史籍中記録爲别國人撰述，或者竹書帶有别國人撰述的特徵，可歸爲從别國傳入的作品。如郭店簡《老子》，與傳世本和漢代簡帛本略同，應即《史記·老子韓非列傳》等書所記的老子著作；[3] 新近出土夏家台楚簡《詩經》、《尚書》的篇章，與傳世本略同，應即《史記·孔子世家》等書所記經過孔子整理的版本；郭店簡、上博簡同見的《緇衣》，蓋如《隋書·音樂志》所記沈約説是子思子著作。不便歸入第一、第二類的，姑且都算作第三類。其中可能有楚人作品，也可能有傳入楚地不久的别國人作品，還可能有較早時傳入楚國的文獻。

　　對於清華簡《尚書》類文獻，李學勤先生作有很好的分析。他指出："按照後世的分類，一種是真正的《尚書》，見於在今天傳世的《尚書》，或者由其標題或内容可以推定是《尚書》的；第二種是不在《尚書》，可是見於傳世的《逸周書》的；還有一些，是我們從來不知道的，可是從其體裁來看是和《尚書》、《逸周書》是一類的。這三部分總共有20 多篇，是清華簡的主要内容。""清華簡裏面真正能和伏生所傳今文《尚書》直接聯繫的，最主要的就是《金縢》。"[4] 與傳世者相比，清華竹書本《金縢》其實頗有不同。其篇題書於最後一簡背面，作"周武王有疾周公所自以代王之志"而不是傳世本《書序》所説的"金縢"。記載周武王"既克殷三年"生病，而今本作"二年"。周公居東三年，而今本作"二年"。今本有關占卜的文句，亦見於《史記·魯世家》，而竹書未見。這讓我們想到另外一種可能。即清華竹書本《金縢》可能是楚地流傳的早期版本，是未經孔子整理之前的面貌。如果我們對夏家台楚簡《尚書·吕刑》爲孔子整理本的推定不誤，則在戰國楚地，至少流傳着《尚書》類文獻的兩種版本。一種是孔子整理本，傳入時間自當在孔子之後。一種可能在早期傳入，比如由王子朝帶來，在孔子整理本傳入後，仍然在楚地傳播。從這一思路出發，對於《尚書》、《逸周書》的發展脈絡，對於清華簡在文獻譜系中的定位，就應該再作評估。

　　前面説"竹書帶有别國人撰述的特徵"，是想指文本内容方面的情況。上海博物館藏楚竹書《鮑叔牙與隰朋之諫》逕稱齊桓公爲"公"，《姑成家父》逕稱晉厲公爲"厲公"，均採取親近的立場，因而可能分别是齊人和晉人所撰。[5] 至於學者討論比較多

［1］　參看陳偉：《清華大學藏竹書〈繫年〉的文獻學考察》，《史林》2013 年第 1 期。

［2］　小文《清華大學藏竹書〈繫年〉的文獻學考察》推測《繫年》或與《鐸氏微》有關。如然，這篇竹書可以説是見於傳世文獻記述的楚人著作。

［3］　先秦典籍的作者、形成年代，後世多有異説。這裏不一一説明和辨析。

［4］　李學勤：《清華簡與〈尚書〉〈逸周書〉的研究》，《初識清華史》，中西書局，2013 年，頁 99—100。

［5］　關於這個問題，請參看小書《新出楚簡研讀》，武漢大學出版社，2010 年，頁 204—210。

的字跡問題,能否成爲判定作者國別的强證,恐怕不大好説。一方面,學者分析的晉人風格或者齊人風格的字跡,是不是完全没有楚人書寫的可能,目前還没有斷定的根據。另一方面,如上所述,戰國時各國人員流動頻繁,別國人來到楚地抄録的可能性也不應排除。

Some thoughts regarding "Chu Manuscripts"

Chen Wei

Abstract: Currently there is no consistent view on how to define Chu manuscripts. Previously, I have tried to define "Chu manuscripts", as "Bamboo manuscripts excavated from the region controlled by Warring States Chu". While this definition may not be precise, it more aptly sums up the actual state of Warring States bamboo strip manuscripts excavated from the Chu region, and agrees with academic conventions of definition, while avoiding unnecessary confusion. Bringing together accounts from the pre-Qin, Qin, and Han periods, we can divide the origins of Chu manuscript books into three categories: 1) Those texts that can be matched with works from the received textual record that are described as being written by people from Chu in early historical writings, or those texts that exhibit characteristics of Chu writers, can be grouped together as Chu works. 2) Those texts that can be matched with works from the received textual record that are described as being written by people from other states in early historical writings, or those bamboo manuscripts that exhibit characteristics of other states, can be grouped together as works transmitted from other states. Those works not easily fitted in categories 1 and 2 are for the moment grouped in category 3. In this category, there might be works by Chu writers, but it might also include works from other states that have only recently been transmitted to Chu, in addition to works that were transmitted to Chu at a relatively early stage. For example, the Qinghua Manuscript version of the "Jinteng" is possibly an early version of the text circulating in the Chu area, presenting a state of the text before it was collated by Confucius. If the "Lü Xing" excavated from Xiajiatai belongs to the *Shangshu* version collated by Confucius, it would mean that in Warring States Chu there were at least two versions of *Shangshu* type *materials in circulation*.

Keywords：Chu Manuscripts，*Shangshu*，Confucius

陳偉，武漢大學歷史學院、簡帛研究中心教授，
兼任中心主任，00001557@whu.edu.cn。

佚　文　叢　殘

尚書戈舂

金景芳 著

緒 言

近治《尚書》，迭有所獲，不忍輒棄，萃爲一帙，命曰《尚書戈舂》。取《荀子·勸學》"以戈舂黍"之義，謂舂不能盡，且亦未必中食也。然下筆殊不敢苟，大抵取其堅節而攻之，兼采諸家，不苟同亦不苟異，私冀無負先聖，而一逢理亂絲、解連環之快。舊說已是者，不更發論，其未是而無大關系者，亦略之。如《君奭》"嗚呼！君，已曰時我"。"我"當作"哉"。蓋"天降喪於殷，殷既墜厥命，我有周既受，我不敢知曰：厥基永孚於休，若天棐忱。我亦不敢知曰：其終出於不祥。"爲周公復述召公語。檢《召誥》"我不可不監於有夏"一節，可知作"我"無義，此形近而訛。《洛誥》"公無困哉"，[1]《漢書·元后傳》、《杜欽傳》、《後漢書·祭祀志》劉昭注引《東觀書》皆引作"公無困我"，是其證。又經多用"迪"字，舊率釋爲"道"，爲"蹈"，實則猷、尤、繇、由、迪古音義皆同，可通用。丕、不、否亦然。[2] 我、予、朕、卬一篇互見，[3]古人不以爲嫌也。凡屬此等，僅涉文字，故訓非大義所在，悉不録。詞取其達，不貴繁復。徵引足資證佐而已，不求其備。茲編也但供覆瓿，隨塵煙以滅則已。若猶有省覽之人，則於古經雖未盡廓清之功，或不至更增障翳也。來學書院一年矣，叢愆積戾，無足齒數。然幸蒙師友之益，處心實不敢不端。日對簡編，未嘗掉以輕心。間有論議，必衷於正。邪詖固所甚惡，奢淫亦所不喜。理果是也，雖輿臺皂隸，亦有取焉。如其非是，雖王公大人，亦不憚加以辯正。誠直簡淡是尚，以攘善爲恥，穿鑿爲病。文欲澄潔如水，此心亦欲如水也。然語好盡而別黑白甚嚴，則其所短。茲以書院改變規制，不久便當離去，未知異日能有學益以否？用存此編，并前草《春秋釋要》爲一集。暇日覽之，倘亦雪中爪痕與？辛巳長

---

[1] 據孫星衍《尚書今古文注疏》。
[2] 見《無逸》。
[3] 見《大誥》。

夏,金景芳自序於嘉州復性書院學舍。

六藝之於教一也。皆所以盡性而成德也。《詩》、《書》、《禮》、《樂》爲教已久,《易》及《春秋》則昉自仲尼,今之所傳,又皆孔氏之書,不與在昔同也。《王制》"樂正崇四術,立四教,順先王,《詩》、《書》、《禮》、《樂》以造士,春秋教以《禮》、《樂》,冬夏教以《詩》、《書》。"《左傳》趙衰稱郤縠"説《禮》、《樂》而敦《詩》、《書》"。[1] 而《易》之見於《左》、《國》者,第用之卜筮。《春秋》則羊舌肸、申叔時數人外絶少習之,不似賦《詩》據《書》之數數覯也。《論語》"子所雅言,《詩》、《書》,執禮。"[2]《易》與《春秋》非所恒道,於可概見。孔子删《詩》、《書》,定《禮》、《樂》,贊《周易》,作《春秋》,手定《六藝》,垂教萬世。後有作者,蔑以復加。竊謂《六藝》一揆可分三等。"《禮》、《樂》不可斯須去身。"[3]"樂以修内,《禮》以修外。"[4]"《樂》統同,《禮》辨異。"[5]是爲一等。"《詩》以道志,《書》以道事。"[6]是爲一等。"《春秋》推見至隱,《易》本隱以之顯。"[7]是爲一等。《禮》、《樂》互備,《易》與《春秋》相表裏,其意甚顯,不煩解説。《詩》、《書》一等,兹申論之。《文中子》曰:"聖人述《書》,帝王之制備……述《詩》,興衰之由顯。"蓋《書》以道事,帝王之大訓存焉。《詩》以道志,世風之升降系焉。無《書》,則粲然之治具不傳,無《詩》則明畏之天心不見。故《書》之事多采録高明,《詩》之志特著重鰥寡,事存得失,感也。志有美怨,應也。感在朝寧而應及四竟。感裁一時,而應延數世。故《書》以著其源,《詩》以沿其流。《書》詳一人之本,《詩》録四方之風。《書》之作者即篇可知,《詩》之作者率難確指。何則?《書》之旨在憲其事,《詩》之旨在知其世。事唯局於一人,世則通於有衆。故三百篇其皆爲誰氏所作,固多無考。即偶存一二,亦第以覘其一代風俗而已。初不過視其人之賢否也。蓋風之形成乃積於多人之行,累代之習薰漸成俗,靡然一世。故《詩》之所示,實乃流動中整體之饗嘗。説《詩》而泥於一人一時者,惑矣。嘗謂《詩》有作詩、采詩、歌詩、賦詩、删詩之異。今所傳者,乃聖人删定之《詩》也。學者不務究其義,顧作詩之人是求,抑獨何歟?《風》首二南,周、召時詩也,乃多詠文王之事。《邶》、《鄘》、《衛》,衛詩也,離爲三焉。《檜》、《鄭》,鄭詩也,而二之。《魏》、《唐》,晉詩也,而没晉號,且析之爲二。經生不得其故,曲説滋漫,悍者且欲并《鄭》、《衛》而删之,抑知《詩》以道志,而志乃發於真情,非同矯偽。故勞人思婦之歌吟,恒爲興衰所繫。撫其跡,固雷同四竟,尋其本,實植根數代。執一人一時而説之,夫豈有合? 故述《詩》之旨不與《書》同,而其用乃互足者也,蓋《禮》、《樂》者,行也;《詩》、《書》者,故也。《易》、《春秋》者,理也。

---

[1] 僖公二十七年。
[2] 《述而》。
[3] 《樂記》、《祭義》。
[4] 《文王世子》。
[5] 《樂記》。
[6] 《莊子·天下》。
[7] 《史記·司馬相如傳》。

極深研幾,精義入神,《易》、《春秋》近之。多識前言往行,以畜其德,《詩》、《書》近之,皆爲《禮》、《樂》之資。孔子曰:"君子博學於文,約之以禮。"又曰:"興於《詩》,立於《禮》,成於《樂》。""君子曰:《禮》、《樂》不可斯須去身。""《樂》者,天地之和也;《禮》者,天地之序也。大人舉禮則天地將爲昭焉,天地訢合,陰陽相得,煦嫗覆育萬物,然後草木茂,區萌達,羽翼奮,角觡生。蟄蟲昭蘇,羽者嫗伏,毛者孕鬻,胎生者不殰,而卵生者不殈。"嗚呼! 至矣,學於《六藝》而不能反之一身,著之行事,合於《禮》、《樂》,以施及生民,是仲尼之罪人也。曷若巫醫藥師百工之人,執一技以自效之爲得哉! 兹因説《書》,故并論《六藝》如此。

論　删　述

孔子删書之事,首見述於《史記·孔子世家》。其言曰:

孔子之時,周室微而《禮》、《樂》廢,《詩》、《書》缺。追跡三代之禮,序《書傳》,上紀唐虞之際,下至秦穆,編次其事。曰:"夏禮吾能言之,杞不足徵也;殷禮吾能言之,宋不足徵也。足則吾能徵之矣。"觀殷夏所損益,曰:"後雖百世,可知也,以一文一質。周監二代,郁郁乎文哉! 吾從周。"故《書傳》、《禮記》自孔氏。

又《儒林傳》曰:"孔子閔王路廢而邪道興,於是倫次《詩》、《書》,修起《禮》、《樂》。"而鄭君書論以爲孔子求得黄帝玄孫帝魁之書,迄於秦穆公,凡三千二百四十篇,斷遠取近,定可以爲世法者百二十篇。以百二篇爲《尚書》,十八篇爲《中候》,是則過信緯書之陋説。然其書贊稱"三科"之條,"五家"之教,謂虞夏爲一科,則非誣妄。蓋孔子之述《詩》、《書》也,當概甄采舊文,非必如《春秋》有筆削之事。其寄意處端在"編次"、"論次"而已。故研誦《詩》、《書》而昧於編次,則大本不立,於義自多扞格,安能得聖人之用心? 嘗試考之《春秋》,有"據魯親周故殷"之義。[1]　案之《詩》,則《魯頌》《商頌》次《周頌》,驗之《書》,則得虞夏、商、周"三科"。顔淵問爲邦,子曰:"行夏之時,乘殷之輅,服周之冕。樂則《韶舞》。"太史公記孔子定禮,亦三代并言。《樂記》述樂,止言《大章》、《咸池》、《韶》夏、殷、周之樂,而不及《雲門》。《雲門》見於《周禮》,《周禮》乃戰國之書,非特周公所作,并非孔子所傳,其稱《雲門》當亦《立基》、《下謀》之比,不可爲典要也。荀子曰:"王者之制,道不過三代,法不貳後王。"[2]又曰:"欲觀聖王之跡,則於其粲然者矣,後王是也。"[3]又曰:"五帝之外無傳人,非無賢人也,久故也。五帝之中無

---

[1]　説詳拙著《春秋釋要》。
[2]　《王制》。
[3]　《非相》。

傳政，非無善政也，久故也。禹湯有傳政而不若周之察也。非無善政者也，久故也。傳者久則論略，近則論詳。略則舉大，詳則舉小。"[1]末荀子法後王，人多議其非，而不知其深有契於聖人也。《春秋》之義，詳近而略遠，故三世異辭。《尚書》百篇，周得四十。[2]　今所傳伏生之書二十九篇中，自《牧誓》下二十篇悉周書。虞夏、商書裁九篇耳。《詩》三百五篇中，只錄《商頌》五篇，《邶》、《鄘》略見遺俗。至虞夏之詩并闕焉不載。禮則《儀禮》所書，二戴所記，大都周制。是知聖人之意。信乎！荀子得之矣。劉逢禄曰：

> 《春秋》董仲舒説：……聖王生則稱天子，崩遷則存爲三王，紬滅則爲五帝，下至附庸，紬爲九皇下極，其爲民雖絶也，廟號祝牲猶列於郊號，宗于岱宗。此六經之通義也。[3]　然則由王而帝、而皇、而民，親疏之稱，遠近之辭，尊卑之號也，此百王之所同也。有功德者，三代以來則有禘、郊、祖、宗之禮，子孫雖至紬絶，猶列於郊號，宗於岱宗，此伏羲、神農、黃帝、堯、舜、禹、湯、文、武所以百世祀也。董生書又云：王者之法必正號，紬王謂之帝，封其後以小國，使奉祀之。下存二王之後以大國，使服其服，行其禮樂，稱客而朝。同時稱帝者五，稱王者三，所以昭五端、通三統也。三代之制以是推之。太史公聞《春秋》於董生，故夏殷紀、表皆稱帝，而周稱王。褚少孫等不得其説，遂於《殷本紀》羼入周後世貶帝號號爲王以爲之解，由不明《春秋》之義也。《春秋》傳云："《周禮》未改，今之王，古之帝也。"《尚書大傳》云："惟十有三祀，帝乃稱王而入。"唐注云："帝謂舜也。是在當時亦稱王也。"《易》曰："古者庖犧氏之王天下"，是皇亦稱王也。從後錄之，或謂之帝，或謂之皇，非當時記事者所稱名號然也。孔子序《書》據周太史所錄，唐虞稱帝，夏商周稱王，其帝典及《大禹謨》、《皋陶謨》、《益稷》上紀唐虞之際，首以"曰若稽古"者，所以別之於三代也。故皆謂之《夏書》。

又曰：

> 帝王之號，古今之稱，無優劣之別也。[4]

案：劉氏説帝王諸號之義甚諦，孔子序《書》唯有三科，亦親疏遠近之義應爾。《荀子》所謂"傳者久則論略，近則論詳，略則舉大，詳則舉小"也。而上取二帝紀，唐虞之際以爲五家者，則以禹之大功在抑鴻水，而抑鴻水乃在舜居攝時。又"若天"、"敷土"爲開闢以來之盛治，置之可惜，故因夏及之。然所志己略矣。《費誓》鄭依賈奏，《別錄》在《呂刑》前，而僞孔則退之，次於《文侯之命》、《秦誓》二篇之間，蓋以《冏命》、《呂刑》皆

---

[1]　《非相》。
[2]　據鄭君《書序》。
[3]　原注：鄭衆《周禮解詁》云："四類、三王、五帝、九皇、六十四民咸祀之。"
[4]　《書序述聞》。

周穆書也，殊不知孔子序《書》以《費誓》、《吕刑》、《文侯之命》、《秦誓》四篇相次殿於末，亦猶《國風》以《齊》、《魏》、《唐》、《秦》相次之意。蓋録《費誓》由魯，録《吕刑》由齊。[1]《文侯之命》與《魏風》、《唐風》同爲晉故。魯爲周公後，孔子之宗國也，故先之。《齊》、《晉》、《秦》則王室既卑，諸夏代興之霸也。子産曰：“今周室少卑，晉實繼之。”[2]《春秋》其事則齊桓、晉文，理亦如是，蓋編次之微旨也。《書》之名篇與《三百篇》取義亦頗類。《詩》孔疏所謂“名篇之例義無定準，多不過五，[3]少才取一。[4] 或偏舉兩字，或全取一句。偏舉則或上或下，全取則或盡或余。亦有舍其篇首，撮章中之一言。或復都遺見文，假外理以定稱。”案：仲達此語移以論《書》，極允，推之諸子之書，亦率如是。蓋古人命篇之達例也。昧者不察，執太史公書《本紀》、《世家》之次第、比例求之，以爲《堯典》定述堯事，因析出《堯典》言舜之部另標《舜典》之名，何其陋也！

申 若 天

　　自黄帝迎日推策，[5]帝嚳序三辰，[6]歷日月而迎送之，[7]至堯而命官，欽若昊天，歷象日月星辰，益精置閏正時，其法大備。舉凡庶政皆則以行。《論語》：子曰“大哉！堯之爲君也。巍巍乎唯天爲大，唯堯則之。”[8] 蓋嘆其實，非虚譽也。《堯典》曰：“乃命羲和，欽若昊天，歷象日月星辰，敬授人時。分命羲仲，宅嵎夷，曰暘谷。寅賓出日，平秩東作。日中星鳥，以殷仲春。厥民析，鳥獸孳尾。申命羲叔，宅南交。平秩南譌，敬致，日永星火，以正仲夏。厥民因，鳥獸希革。分命和仲，宅西曰昧谷。寅餞納日，平秩西成。宵中星虚，以殷仲秋。厥民夷，鳥獸毛毨。申命和叔，宅朔方，曰幽都。平在朔易；日短星昴，以正仲冬。厥民隩，鳥獸氄毛。帝曰：‘咨！汝羲暨和：朞三百有六旬有六日，以閏月定四時成歲。允釐百工，庶績咸熙。’”又曰：“在璇璣玉衡，以齊七政。歲二月，東巡守。肆覲東后。協時月，正日，同律度量衡。修五禮、五玉、三帛、二生、一死贄。如五器。南巡守，至於南岳，如岱禮。八月，西巡守，如初。十有一月，朔巡守，如西禮。”《皋陶謨》曰：“撫於五辰，庶績其凝。”又曰：“無曠庶官，天工人其代之。天叙有典，勑我五典五惇哉！天秩有禮，自我五禮有庸哉！天命有德，五服五章哉！天討有罪，五刑五用哉。”禹曰：“安汝止，惟幾惟康。其弼直，惟動丕應。徯志以昭受

---

[1] 采劉逢禄説。
[2]《晉語》韋注謂“爲盟主統諸侯也”。
[3]《書》則多不過四。
[4]《書》率兩字名篇，無取一者。
[5]《史記·五帝本紀》。
[6]《魯語》。
[7]《史記·五帝本紀》。
[8]《泰伯》。

上帝,天其申命用休!"《甘誓》曰:"予誓告汝:有扈氏威侮五行,怠棄三正。天用剿絶其命。今予惟恭行天之罰。"《湯誓》:"有夏多罪,天命殛之。夏氏有罪,予畏上帝,不敢不正。爾尚輔予一人,致天之罰。"《盤庚》曰:"先王有服,恪謹天命;今不承於古,罔知天之斷命。天其永我命於兹新邑。"《高宗肜日》:"嗚呼!王司敬民;罔非天胤。"《西伯戡黎》:"祖伊恐,奔告於王,曰:'天子!天既訖我殷命。'王曰:'嗚呼!我生不有命在天?'祖伊反,曰:'嗚呼!乃罪多參在上,乃能責命於天?'"《微子》:"父師若曰:'王子!天毒降災荒殷邦。'"《牧誓》:"今予發,惟恭行天之罰。"其在《周書》,稱天尤多,不煩備舉。夫一則曰"敬授人時",再則曰"以齊七政",巡守也,首重協時月、正日,矢謨也,亦言"撫於五辰",而況曰"天工人代","天叙五典"。禮曰"天秩",德曰"天命",罪曰"天討"。夏啟、商湯、周武之誓師,無不以"恭行天罰"爲辭,而桀之僩然嘆,啞然笑,亦曰"日有亡哉?日亡吾乃亡"矣。[1] 紂亦曰"我生不有命在天",則堯之流風所被遠矣!蓋自剖判以來,唯堯爲能則天,而治臻至極。孔子嘆其"巍巍",特冠書首,自"曰若稽古"至"庶績咸熙",爲堯正傳。寥落二百余言,正《荀子》所謂"傳者久則論略,略則舉大也。"所記與《論語》宛然相應,則堯之大孰過於此乎?《論語·堯曰》"'咨爾舜!天之歷數在爾躬。允執其中,四海困窮,天禄永終。'舜亦以命禹。"此之歷數即《洪範》"五紀"之歷數。説者惑於圖讖,訓同運數,謬矣!竊謂歷者,時歷也。"數"之義與《左昭三年》傳張趯曰:"善哉!吾得聞此數也",《荀子·勸學》"其數則始乎誦經,終乎讀禮,其意則始乎爲士,終乎爲聖人",《周禮·天官·小宰》"四曰旅,掌官常以治數"諸文略同,非謂推步計數也。《洪範》五紀,歲、月、日、星、辰,皆可假以紀事。若乃廁入推步之法,則於類不倫,尚安得謂之紀?是知舊解"歷數"義同"歷象",亦不可從也。歷數之制,猶今行政歷,古則謂之朔政。《月令》其遺象也。《周禮》太史"正歲年以序事,頒之官府及都鄙,頒告朔於邦國。"[2]《公羊》文六年注:《禮》:諸侯受十二月朔政於天子。藏於太祖廟。每月朔朝廟,使大夫南面奉天子命,君北面而受之。其儀詳《禮·玉藻》。《周語》:"古者先王既有天下,又崇立上帝明神而敬事之,於是乎有朝日夕月,以教民事君。"《穀梁》莊十八年傳:"故雖爲天子,必有尊也。貴爲諸侯,必有長也。"故天子朝日,受政於天也。諸侯朝朔,受政於王也。蓋自堯以來如是矣。《洪範》曰:"王省惟歲,卿士惟月,師尹惟日,庶民惟星。一歲之政,王所主省。故有朝日頒朔之事。一月之政,侯所主省。"[3]故有朝朔受政之典。師尹主省一日之政。《左》桓十七年傳曰:"日禦不失日,以授百官於朝"是也。若夫庶民則不識不知,順帝之則,朔政所不及。農功土功是所勤也,厥省惟星。《周語》虢文公曰:"農祥晨正,日月底於天廟,土乃脈

[1] 《尚書大傳》。
[2] 《春官·宗伯》。
[3] 畿内卿士同,外諸侯異者,一掌官府、都鄙,一掌邦國。《左傳》鄭武公、莊公爲平王卿士。

發。"又單襄公曰：

> 夫辰角見而雨畢，天根見而水涸。本見而草木節解，駟見而隕霜，火見而清風戒寒。故先王之教曰："雨畢而除道，水涸而成梁，草木節解而備藏，隕霜而冬裘具，清風戒寒而修城郭宮室。"故《夏令》曰："九月除道，十月成梁。"其時儆曰："收而場功，偫而畚梮，營室之中，土功其始。火之初見，期於司里。"

《左》莊二十九年傳："凡土功，龍見而畢，務戒事也；火見而致用，水昏正而栽，日至而畢。"《尚書大傳》曰："張昏中可以種稷，火昏中可以種黍，虛昏中可以種麥，昴昏中可以收斂。"此其可考者也。星有好風，星有好雨，日月之行，則有冬有夏，月之從星，則以風雨，良以寒暑風雨，歲功所重，而冬夏則由於日月之運行，風雨則視月離之宿可知。蓋此與雨畢水涸之文不異，皆謂辨星定時，而識風季雨季之去來。第彼以中星爲定，而此以月離爲準。由古昔朔政不及庶民。庶民家無歷書，故賴考星以知時也。夫曰好風好雨，亦謂其時宜恒有風，恒有雨耳。陋者不會此意，又見《詩》有"月離於畢，俾滂沱矣"與此相應，而妄撰孔子出使，子路賫雨具之文。且以離陰，故雨，離陽，故不雨說之，一若月離畢，陰天定雨者。善夫！盛百二之言曰：

> 月離之宿，每月必經，普天共見，使風雨之應，略無參差同異，是人人可以預知，而九州之水旱一體矣。[1]

足以破惑，然猶滯於干支生尅，及占雲氣之見，則仍未的。夫占雲氣豈不可以知風雨？然經文固無此旨也。天子法天而正歷數，故曰"天之歷數"。歷數自天子出，爲一切政教根本，"天之歷數在爾躬"，猶曰爾踐阼假行其事，以明有其位也。《大戴記·虞戴德》孔子曰："天子告朔於諸侯，率天道而敬行之，以示威於天下也。"又《用兵》孔子曰："夏桀、商紂羸暴於天下，暴極不辜，殺戮無罪，不祥於天，粒食之民，布散厥親，疏遠國老，幼色是與，而暴慢是親，讒貸處谷，法言法行處辟。矢替天道，逆亂四時，禮樂不行，而幼風是御。歷失制，攝提失方，鄒大無紀。不告朔於諸侯。"是知告朔者法天之實。帝堯創制，後王踵武，不告朔即威侮五行，怠棄三正矣。[2] 魯文四不視朔，《春秋》譏之，子貢欲去告朔之餼羊，孔子曰："爾愛其羊，我愛其禮。"載籍昭昭，皆足徵也。慨自晚周壞法，秦政燔書，學者掇拾燼餘，未遑深考而術數乘隙。苟以五行生尅之說亂之，於是昔之歷數大典，一變而爲宜會親友，或諸事不宜之宜忌小道，薦紳先生難言之。抑知沿波討源，固是放勛之遺歟？蓋自唐堯以來，天子法天，尊天爲上帝，而尤致禮於日。《中庸》孔子曰：

---

[1]　《尚書釋天》。
[2]　三正即天地人之政。所謂司馬主天，司徒主人，司空主土，解爲子丑寅三統者，非是。

郊社之禮，所以事上帝也。宗廟之禮，所以祀乎其先也。明乎郊社之禮，禘嘗之義，治國其如示諸掌乎！

《穀梁》莊二十五年傳：

天子救日，置五麾，陳五兵、五鼓，諸侯置三麾、陳三鼓、三兵。大夫擊門，士擊柝。

《禮記·曾子問》：

如諸侯皆在而日食，則從天子救日，各以其方色與其兵。

夫所謂鼓兵救日，豈可以明徵其效？亦所以教事君之意。漢儒不察，以爲災異。宰相翟方進至以日食賜死。則治經顧可不慎歟？至若因經有上帝，而臆撰"靈威仰"、"赤熛怒"、"含樞紐"、"白招拒"、"汁光紀"五帝之名。則緯書亂經，爲害尤大，不可以不辨也。

若天經文表解：

案：經文簡古，精奧信出鴻筆之手。盛氏百二《尚書釋天》備矣，兹復釐爲簡表，便覽觀焉。

經旨分兩層：一、若天之事；二、若天之功。若天之事又分兩層：一、總述，二、分疏。羲和即"汝羲暨和"，亦即仲叔四子，謂爲"二伯"者非也。前凡後目，爲此經措語通例。

要目 / 略事 / 注項 / 別官			分命羲仲	申命羲叔	分命和仲	申命和叔	羲暨和
歷象日月星辰	分道測候[1]	測候處所	宅嵎夷曰暘谷	宅南交	宅西曰昧谷	宅朔方曰幽都	以閏月定四時成歲
		測候方法	寅賓出日	敬致	寅餞納日		
	考晝夜及中星以正四時		日中星鳥	日永星火	宵中星虛	日短星昴	
			以殷仲春	以正仲夏	以殷仲秋	以正仲冬	
	驗之民		厥民析	厥民因	厥民夷	厥民隩	
	驗之鳥獸		鳥獸孳尾	鳥獸希革	鳥獸毛毨	鳥獸氄毛	
敬授人時	歷數之事		平秩東作	平秩南譌	平秩西成	平在朔易	允釐百工，庶績咸熙

---

[1] 爲後世測東西里差及南北里差之祖。

"平秩東作"諸文,經與考星正時次比,蓋省文以見意,表不同者,以欲與前後之文相顧也。

辨　璣　衡

《堯典》紀舜居攝,曰:"在璇璣玉衡,以齊七政。"舊解紛互,莫衷一是。兹約舉左方,隨加辨正,斷以己意,識者察焉。

《尚書大傳》云:

齊,中也。七政,謂春、秋、冬、夏、天文、地理、人道,所以爲政也。旋機者何也? 傳曰:旋者,還也。機者,幾也,微也。其變幾微,而所動者大,謂之旋機,是故旋機謂之北極。

《史記・天官書》云:"北斗七星,所謂旋璣玉衡,以齊七政。"

《漢書・律歷志》云:"衡,平也。其在天也,佐助旋機,斟酌建指,以齊七政。"

馬融云:

璇,美玉也。璣,渾天儀,可轉旋,故曰璣。衡,其中横筩,所以視星宿也。七政者,北斗七星各有所主,第一曰主日,法天。第二曰主月,法地。第三曰命火,謂熒惑也。第四曰伐水,謂星辰也。第五曰煞土,謂填星也。第六曰危木,謂歲星也。第七曰罰金,謂太白也。日月五星各異,故名七政也。日月星皆以璇璣玉衡度知其盈縮進退。失政所在,聖人謙讓猶不自安,視璇璣玉衡以驗齊。日月五星行度,知其政是與否,審重己之事也。

鄭玄云:

璇璣玉衡,渾天儀也。七政,日月五星也。動運爲機,持正爲衡,皆以玉爲之,視其行度,觀受禪是非也。

僞《孔安國傳》云:

璇,美玉。璣衡,王者正天文之器,可運轉者。七政,日月五星各異政,舜察天文、齊七政,以審己當天心與否。

右六家,馬、鄭、僞孔大同,第馬説七政較惝怳耳。綜校諸家之釋璣衡者,可分二宗;一以爲星,伏生、司馬遷、班固是也。一以爲儀,馬融、鄭玄、僞孔安國是也。解七政者亦復二宗: 伏生以爲人之政,馬、鄭孔以爲星之政。遷、固之意未詳,而以璣衡爲星者又有斗、極之别。以七政爲星之政者,又有北斗七星所主與日月五星之殊。兹表系於下：

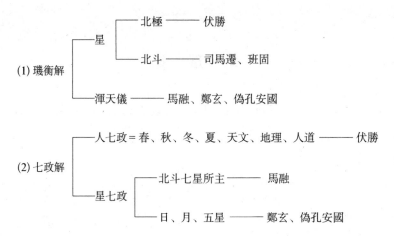

以璣衡爲渾天儀，七政爲日月五星説本書緯，今孤行，尠有議者。然其説實誤。茲辨明如次：

古之歷象，首在正時，故甚重視經星，[1]而鮮言五緯。[2]言五緯者，大抵不知掩犯之理，以爲災變，因而書之，與歷無關。歷家之測五緯，只就掩、食以推算諸星距地遠近。所謂圜有九重[3]是也。非以正歷，孔穎達曰：五星所行，下民不以爲候。如謂七政，爲日月五星，則是取五緯而遺經星，無勤民之意，不可從者，此其一。五緯與歷無關，馬、鄭等知其説之不可通，於敬授人時也，乃解爲觀受禪，是非審己當天心與否，顯是圖讖陋見。夫已受終於文祖，則受禪既定，何待觀審？又日月五星遲疾盈縮，留伏掩食，歷家持籌可以坐計，千載不與政事相干，則雖唐虞盛世，何以決其必無？將謂堯舜之聖，亦制日食賜死之法歟？不可從者，此其二。“在璇璣玉衡，以齊七政”，與“歷象日月星辰，敬授人時”，“撫於五辰，庶績其凝”文正一例。若解爲日月五星行度之政，反覺牽强。不可從者，此其三。有此三不可從，故知馬、鄭、偽孔之説誤也。

七政既非日月五星，則解璣衡爲渾天儀，於文不順。渾天儀古説無述，畢竟有無其物，以及體制如何，皆不可知。今所傳者自漢始。揚雄《法言》所謂“落下閎營之，鮮於妄人度之，耿中丞象之，幾幾乎莫之能違也”是已。然則以璣衡爲渾儀，亦意必之辭，曷得執爲定解？

馬、鄭、偽孔之説不可用，則伏生近是矣。《國語·楚語》曰：“天地民及四時之務爲七事，正是七政確解，與伏生之説合。”蓋四時之務，即“平秩東作”、“平秩南譌”、“平秩西成”、“平在朔易”之等。天地民所謂司馬主天，司徒主人，司空主土[4]是也。或曰：

---

[1]　角亢等二十八宿。
[2]　辰星、太白、熒惑、填星、歲星。
[3]　《楚辭·天問》。
[4]　《漢書·百官公卿表》或説。

司馬、司徒、司空，官也，作謂成易，事也。非不相通，并稱七政，得無不可？曰：《左》文七年傳郤缺引《夏書》釋之曰："六府、三事謂之九功，水、火、金、木、土、穀，謂之六府。正德、利用、厚生，謂之三事。夫正德、利用、厚生可與水、火、金、木、土、穀并稱九功，則司馬、司徒、司空與作謂成易自亦可并稱七政，蓋古恒言如是矣。

璇璣之義，《大傳》曰："旋者，還也。機者，幾也，微也。"其詁甚諦。惟謂"其變幾微，而所動者大，謂之旋機，是故旋機謂之北極"則誤。夫北辰居其所而衆星拱之，人視衆星每日左旋，其變移由微而著。則旋機斥衆星也決矣。北極之動，人所不見。縱可推知，亦無所用，舜而察此何爲乎？今謂璇璣爲周天之經星，玉衡宜從遷、固定爲斗杓。[1] 在璇璣玉衡，即察斗杓建指經星，以正歲時，此與"歷象日月星辰"同，爲制歷、正歷之用。齊七政亦與授人時一例。是知舊説紛紜，仍以伏生爲正。後世渾天儀實象天體爲之，謂爲璇璣固無不可。第解經則宜説爲天體，不可即謂渾天儀也。古珠玉可以互稱。玉衡蓋象北斗魁杓星形而爲名，不憭者誤解爲玉製之。橫者適見渾儀有橫筒，有旋璣，因定其説。實則即璇璣二字，當亦後人據玉衡而改爲玉旁。仍從《大傳》讀爲長也。

釋　敷　土

治至唐虞之際極矣！孔子曰："大哉！堯之爲君也。巍巍乎，唯天爲大，唯堯則之。蕩蕩乎，民無能名焉。巍巍乎其有成功也，煥乎其有文章。"又曰："巍巍乎！舜禹之有天下也，而不與焉。"吾讀《書》，申覆涵泳，而觀其都、俞、揖、讓，直是何等氣象！夫曰恭己正南面，蓋亦"天何言哉！四時行焉，百物生焉"之意。不然，何以其有文章，其有成功？吾又嘗考其所謂有文章、有成功之事矣。曰：美矣，備矣，難具言矣！然其大端則有二：曰若天，曰敷土。《夏書》所謂"地平天成"，豈謂是歟！"若天"前己申述，"敷土"於茲詳之：

"湯湯洪水方割，蕩蕩懷山襄陵，浩浩滔天。"人皆以爲堯時適然。吾觀《呂覽》所記，"昔上古龍門未開，呂梁未發，河出孟門，大溢逆流。無有丘陵沃衍，平原高阜，盡皆滅之；名曰鴻水。"[2] 而太史公亦言："河災衍溢，害中國尤甚……禹以爲河所從來者高，水湍悍，難以行平地。數爲敗，乃厮二渠以引其河。北載之高地。"又曰："余南登廬山，觀禹疏九江。"[3] 則前是禹未疏鑿，江河逆流，爲害久矣。書缺有間，上世難稽。然《周語》載太子晉曰："昔共工欲壅防百川，墮高堙庳，以害天下。崇伯鯀稱遂共

---

[1] 舉全以言即北斗七星。
[2] 《愛類》篇。亦見《尸子》、《淮南子》。呂案：金老原注爲"《審爲》篇"，係筆誤，經核對原文，整理者改爲《愛類》篇。
[3] 《史記·河渠書》。

工之過，伯禹念前之非度，厘改制量，象物天地，比類百則，儀之於民，而度之於群生，共之從孫四岳佐之，高高下下，疏川導滯。"又《魯語》展禽曰："共工之伯九有也，其子曰后土，能平九土。故祀以爲社。"蓋洪水懷襄，不自堯始矣。禹之俾乂，功同再造天地。史氏追記其初，故曰"浩浩湯湯"云爾。《禹貢》："禹敷土，隨山刊木，奠高山大川。"《呂刑》曰："禹平水土，主名山川。"《爾雅》云："從《釋地》已下至九河，皆禹所名也。"《莊子》云："昔者禹之湮洪水、決江河而通四夷九州也，名山三百，支川三千，小者無數。"[1]蓋古之時，平陸多被水患，僅高山大川可識，餘則儵互滅没，不可分別。至禹治之，而九山刊旅，九川滌源，九澤既陂，斯得各施名目。然則懷襄之患，益信不自堯始也。禹之敷土，功分三節，一、乘四載，隨山刊木。二、決九川，距四海，濬畎澮，距川。三、弼成五服，至於五千，州十有二師，外薄四海，咸建五長，兹依次釋之。

一、乘四載，隨山刊木

乘四載，所以利行。《史記・夏本紀》曰："陸行乘車，水行乘船，泥行乘橇，山行乘橇。"橇之制，張守節曰："如船而短小，兩頭微起，人曲一脚泥上摘進。"橇，《漢書・溝洫志》作梮。韋昭曰："如今輿床。人舉以行也。"[2]有此四載而行不困矣。此亦治水要務，故書傳群籍，咸特載之。

隨山刊木，先奠定高山大川。本幹既立，然後相度形勢，隨設方略區處，自乃無礙。蓋禹之目已營八極，禹之胸已括四海，故能指麾若定，人樂赴功，異乎共工、伯鯀之爲矣。共工、伯鯀，以鄰國爲壑之計也，神禹則以天下爲一家之心也。懷抱既異，成就自別。刊，《説文》作栞，曰：槎識也。段注：槎識者，衺所以爲表志也。如孫臏斫大樹，白而書之曰"龐涓死此樹下"，是其意。《禹貢》道山即隨山刊木之事，此爲治水第一步。

二、決九川，距四海，濬畎澮，距川

禹之施工，首其大者、急者，故決九川先於濬畎澮。《禹貢》九州山川之志，以先後爲次，而緩急亦寓焉。至於三江、九江之辨，大別、陪尾之異，岐山、梁山之疑，黑水、三危之處，先儒聚訟，是正爲難。若夫溝洫之制，水地之記，前人論之已詳，兹亦不復贅舉。

三、弼成五服，至於五千，州十有二師，外薄四海，咸建五長

此爲俾乂之極功，敷土之盛事。《詩・長發》云："洪水芒芒，禹敷下土方，外大國是

---

[1]　《天下》篇。
[2]　陳第辨四載甚晰，見《尚書古文疏證》九十三。

疆,幅隕既長。"《左傳》襄四年,魏絳述虞人之箴云:"芒芒禹跡,畫爲九州,經啟九道,民有寢廟,獸有茂草,各有攸處,德用不擾。"又昭元年:"天王使劉定公勞趙孟於潁,館於洛汭,劉子曰:'美哉禹功! 明德遠矣。微禹,吾其魚乎? 吾與子弁冕端委以治民,臨諸侯,禹之力也。'"《莊子・天下》云:"禹親自操橐耜而九雜天下之川,腓無胈,脛無毛,沐甚雨,櫛疾風,置萬國。"《書序》云:"帝釐下土方,設居方,別生分類。作《汩作》、《九共》九篇,《稾飫》。"《堯典》云:"肇十有二州,封十有二山,浚川。"《禹貢》云:

中邦[1]錫土姓,祇台德先,不距朕行。五百里甸服:百里賦納總,二百里納銍,三百里納秸服,四百里粟,五百里米。五百里侯服:百里采,二百里男邦,三百里諸侯。五百里綏服:三百里揆文教,二百里奮武衛。五百里要服:三百里夷,二百里蔡。五百里荒服:三百里蠻,二百里流。東漸於海,西被於流沙。朔南暨聲教,訖於四海。

案:此段經文諸家説亦紛錯,總由强以《周禮》比傅,而不知《周禮》爲戰國之書。[2]雖頗蒐采舊聞,大體出自私制,非先王之典。而《職方》九服,尤不可信。兹參稽群書,覃精研覈,定其説如下。其舊説之失,亦間加辨正焉。

洪水既治,幅隕拓展,旌德策勛,別生分類。而賜土姓、弼五服之事興焉。弼者,輔也;服者,事也。五服:甸、侯、綏、要、荒,是謂九州。其外則爲四海。甸服爲天子服治田;侯服,服斥候。斥候者,屏衛也。綏服:服懷遠。要服差簡,聽約束而已。荒服益簡,荒,忽;若無事然。《周語》:祭公謀父曰:"先王之制,邦內甸服,邦外侯服,侯衛賓服,蠻夷要服,戎翟荒服。"無異此經注脚。賓服即綏服也。史遷謂甸服爲天子之國以外五百里,其説不合。韋昭、鄭玄等以《職方》亂之,尤誤疑經文。舊作五百里甸服,五百里侯服,五百里綏服,五百里要服,五百里荒服。下即緊接"東漸於海"。其百里賦納總,二百里納銍,三百里納秸。服四百里,粟五百里,米百里,采二百里。男邦三百里,諸侯三百里。揆文教:二百里奮武衛,三百里夷,二百里蔡,三百里蠻,二百里流,當是經師注語,後人羼入正文。何以知之? 以"百里賦納總"至"五百里米",即釋甸服賦法。其百、二百、三百、四百、五百爲序數。綏服之三百里:揆文教二百里,奮武衛。要服之三百里夷,二百里蔡,荒服之三百里蠻,二百里流,其三百、二百皆爲實數。而侯服百里,采二百里,男邦三百里,諸侯則又百里。二百里爲序數,三百里爲實數。一人執筆,文例不應如此錯雜也。五服之甸、侯、綏三服爲中國,亦曰華夏。要、荒二服

[1] 孫星衍云:史遷"邦"作"國"者,非避諱字。後人遇國字率改爲邦,誤矣。案:孫説是。

[2] 呂案:這是先生早年的看法。關於《周禮》一書的成書年代,先生晚年有新的觀點,可參看先生在二十世紀八十年代寫的《周禮》,原載中華書局 1984 年出版的《經書淺談》,此文後來編入《金景芳全集》,上海古籍出版社,2015 年,第 7 册頁 3442—3449。

爲四夷，亦曰四裔。中國四夷同處九州，其外爲四海。海，晦也。[1] 夷，易也。[2] 裔，邊也。華夏可以互稱。《公羊》成十五年傳：“《春秋》内其國而外諸夏，内諸夏而外夷狄。”《晉語》魏絳曰：“勞師於戎而失諸華，雖有功，猶得獸而失人也。”華夏之意，謂禮義、文章、光華也。[3] 故夏、夷、海三名，第以文野、遠近爲差。四夷之外皆爲四海，不定指海水。求海水於西、北兩方，固須曲説。即今之南海，禹跡亦未嘗至也。兹圖示如下：

中國之外爲四夷，四夷之外爲四海，中國、四夷同處九州，區分爲五服。神禹創制，殷周因之未嘗改也。撰《職方》者蓋見《康誥》有侯、甸、男、邦、采、衛，《酒誥》有“越在外服，侯、甸、男、衛、邦伯”之文，緣飾以爲侯、甸、男、采、衛、蠻、夷、鎮、藩九服。實則《康誥》“侯、甸、男、邦、采、衛”即《禹貢》之侯、甸、男、采，衛猶邦也。《酒誥》之侯、甸、男、衛、邦伯，即斥侯、甸、男諸分土之君，“越在外服”，與下“越在内服”相對爲文，止謂非在官府服事臣工而已，非謂并在畿甸以外也。《周語》祭公謀父諫穆王，即舉本朝典禮，非越稱虞夏之制，其言先王之制與先王，非務武之先王一例，皆斥周之先王，後世所謂祖宗法度是也。曷有九服之事？況篇末明言“自是荒服不至”，而不言蠻、夷、鎮、藩不至。則九服無稽，斷可知矣。且《職方》所言九服，若并王畿計之，則是十服，亦非九服。徵諸經籍，既無合案之名，實亦乖牾，其爲妄作無疑。鄭氏本此以説五服，謂弼爲輔廣，大誤。史公謂甸服天子之國以外，則與五千之數相戾。涉“越在外服”而失之。兹繪圖於後以明其略：

甸服面五百里，兩面合計則千里。《詩・玄鳥》所謂“邦畿千里，維民所止。”《周語》所謂“規方千里，以爲甸服”是也。弼成五服，謂輔佐天子制定五服。至於五千，則五服四面共方五千里，幅隕之廣，前古所無。故《詩》曰“外大國是疆，幅隕既長”也。錫土錫姓，止限於中國，四夷不以錫。故曰：“中國錫土姓”，州十有二師，即肇十有二州。肇，《大傳》作“兆”，鄭注：域也。域者，疆理之謂。鄭説爲祭十二州分星，非是。先儒

[1]　《釋名》。
[2]　馬融説。
[3]　約《堯典》孔疏意。

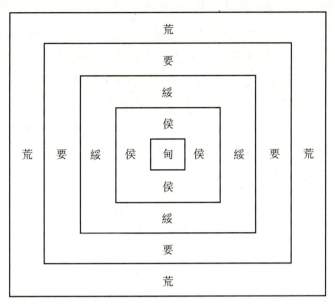

五服方五千里，分十有二州，外薄四海，咸建五長。

釋九州、十二州亦復不一。有謂堯時九州、舜分十二州，禹平水土，還爲九州者，陳祥道《禮書》是也。有謂堯時天下分絕爲十二州，禹平水土，更制九州者，班固《地理志》是也。有謂禹平水土置九州，舜分爲十二州者，《僞孔傳》、《晉書·地理志》是也。諸説雜然，其實悉非通論。閻若璩曰：“禹以山川定九州之域，隨其勢以四方之土畫帝畿，惟其形各有取爾也。”[1]此言得之。以今説明之，則一爲自然區劃，一爲政治區劃。自然區劃非陵谷變遷，終古不易。政治區劃則分合增損，代有不同。一爲治水之用，一以弼成五服。同由禹定，不相妨也。不然，堯都平陽，舜都蒲阪，邦畿千里，豈局促河東一隅哉？即“弼成五服”，亦言其辜較，非謂可如幅裂紙畫，取其一切也。里建五長，謂於十二州中，皆設置公、侯、伯、子、男五等之國，其十二州牧蓋象十二月，四岳蓋象四時，此雖敷土，又通於則天之事矣。[2]

述　九　德

法天之教，發於黃帝，[3]而大成於堯。敷土之業，興於共工，而厎績於禹。皆奇功也。然皋陶矢謨，獨詳人事。采采九德，亦詣其極。雖未足比肩前二，亦允堪垂憲後昆。兹述其略焉。

---

[1]《尚書古文疏證》九十五。

[2]《周語》：胙四嶽國，命爲侯伯，賜姓曰姜，氏曰有呂。謂其能爲禹股肱心膂，以善物豐民人也。此應是禹敷土、錫土姓之四嶽。

[3]《吕氏春秋·序意》曰：“嘗得學黃帝之所以誨顓頊矣：爰有大圜在上，大矩在下。汝能法之，爲民父母。”

　　皋謨九德之前,有命夔之四德。其後有《洪範》之三德。命夔示其端,《洪範》綜其要。其詳則《皋謨》爲備。《立政》曰:"古之人迪惟有夏,乃有室大競,籲俊尊上帝,迪知忧恂於九德之行。"此周公述皋謨之九德也。《吕刑》曰:"惟敬五刑,以成三德",此穆王述《洪範》之三德也。命夔四德主育才。《皋謨》九德主選賢。《洪範》三德則兼攝人己,通於政教。其實德則一揆,止所用之異耳。選賢以觀行爲要,故曰"亦行有九德"。亦言其人有德,乃言曰"載采采"。"載采采"者,跡其所行某事。某事有可徵驗,非憑虚譽、任私意也。《易·乾文言》曰"君子以成德爲行,日可見之行也",意亦同此。德目有九,綜歸三條,皆相反以合於中,其分則十有八。三條以《洪範》爲準,曰正直,曰剛克,曰柔克。兹表列於左,其次則依鄭氏移"擾而毅"於前,系之"柔克"焉。至"亂而敬","直而溫",亦前後易置者。以如此則與《洪範》吻合,秩然有序。非敢竄亂經文,亦非謂原文定如是也。

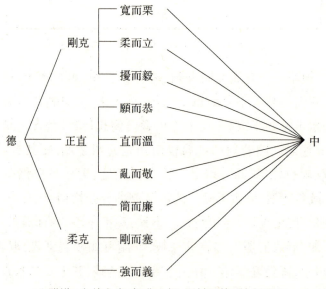

△附説：九德之中,初非一概,因材而篤,所成不同。

　　正直三德,直最近中。愿則向柔,亂則向剛。柔克、剛克,亦復以漸爲次。强爲剛之極,寬爲柔之極。相反而相成,亦所謂文也。寬者寬綽其長,在大度闊節,其失在闒緩疏略。能密栗則德成矣。柔者柔順,其長在易從。有親其失,在和同而流,能樹立則德成矣。擾者馴擾,其長在巽説以習,其失在狎昵召侮。能嚴毅則德成矣。愿者,愿愨,其長在木訥近仁,其失在徑情直行。能容恭則德成矣。直者正直,其長在守正不阿,其失在與物多忤。能温藉則德成矣。亂者,治也。其長在理煩治劇,其失在一往察察。能敬慎則德成矣。簡者,狂簡。其長在抗志高尚,其失在玩世不恭。能廉隅則德成矣。剛者,剛決,其長在果決明斷,其失在色厲内荏。能塞實則德成矣。强者,堅强。其長在堪任艱鉅,其失在務求一切。能率義則德成矣。德成則合於中。然九德之中，初非一概，因材而篤，所成不同。《易》曰：“君子以同而異。”《論語》曰：“君子和而不同。”《鄭語》史伯曰：“夫和實生物，同則不繼。以他平他謂之和，故能豐長而物歸之；若以同裨同，盡乃棄矣。故先王以土與金、木、水、火雜，以成百物。是以和五味以調口，剛四支以衛體，和六律以聰耳，正七體以役心，平八索以成人，建九紀以立純德，合十數以訓百體。出千品，具萬方，計億事，材兆物，收經入，行姟極。故王者居九畡之田，收經入以食兆民，周訓而能用之，和樂如一。夫如是，和之至也。於是乎先王聘後於異姓，求財於有方，擇臣取諫工，而講以多物，務和同也。聲一無聽，物一無文，味一無果，物一不講。”《左》昭二十年傳齊景公曰：

> “唯據與我和夫！”晏子對曰：“據亦同也，焉得爲和？”公曰：“和與同異乎？”對曰：“異。和如羹焉，水、火、醯、醢、鹽、梅，以烹魚肉，燀之以薪，宰夫和之，齊之以味，濟其不及，以泄其過。君子食之，以平其心。君臣亦然。君所謂可，而有否焉，臣獻其否，以成其可。君所謂否，而有可焉，臣獻其可，以去其否。是以政平而不干，民無爭心。故《詩》曰：‘亦有和羹，既戒既平。鬷嘏無言，時靡有爭。’先王之濟五味、和五聲也，以平其心，成其政也。聲亦如味。一氣，二體，三類，四物，五聲，六律，七音，八風，九歌，以相成也。清濁，小大，短長，疾徐，哀樂，剛柔，遲速，高下，出入，周疏，以相濟也。君子聽之，以平其心。心平德和。故《詩》曰：‘德音不瑕。’今據不然。君所謂可，據亦曰可。君所謂否，據亦曰否。若以水濟水，誰能食之？若琴瑟之專壹，誰能聽之？”

案：史伯、晏子之論，尤暢。故經復曰：“日宣三德，夙夜浚明有家。日嚴祗敬六德，亮采有邦。翕受敷施，九德咸事；俊乂在官，百僚師師。百工惟時，撫於五辰，庶績其凝。”是正以兼容爲盛，不貴盡同也。三德六德，鄭謂皆亂而敬以下之文，其說膠固且以理言之，覆餗者恒患力薄。割雞者不須牛刀。位大者以健爲貴。職細者以順爲正。故浚明有家，柔德已足。而庶績其凝，必備剛德。鄭氏之説，偏其反矣。

詮　象　刑

皋陶刑官，乃深明九德，懍於天命、天討，可覘見古明王用刑本旨。司馬溫公詩曰：“由來法官少和泰，皋陶之面如削瓜。”蓋一時謔語。詩人興象，不可便據以爲經訓也。《康誥》曰：“惟乃丕顯考文王，克明德慎罰。”又曰：“嗚呼！敬明乃罰。”又曰：“非汝封刑人殺人，無或刑人、殺人。非汝封劓刵人，無或劓刵人。”[1]又曰：“要囚，服念五六日，至於旬時，丕蔽要囚。”《立政》一篇“庶獄庶慎”，凡四見。末復正告：“太史、司寇

---

[1]　從劉逢祿《今古文尚書集解》校。

蘇公,式敬爾由獄,以長我王國。茲式有慎,以列用中罰。"丁寧付囑,無非恤刑。而
《吕刑》亦曰:"爾尚敬逆天命,以奉我一人。雖畏勿畏,雖休勿休。惟敬五刑,以成三
德。"夫耄荒修刑而稱逆天命、成三德,猶去古意不遠。此千載用刑之楷式也。惟象刑
義訓,舊説多歧;茲詳覈經文,詮釋如下:

　　案:《虞夏書》凡三言刑:一、"象以典刑,流宥五刑,鞭作官刑,撲作教刑,金作贖
刑,眚災肆赦,怙終賊刑。欽哉! 欽哉! 惟刑之恤哉!流共工於幽州,放驩兜於崇山,
竄三苗於三危,殛鯀於羽山。四罪而天下咸服。"二、帝曰:"皋陶!蠻夷猾夏,寇賊奸
宄。女作士,五刑有服,五服三就,五流有宅,五宅三居,惟明克允。"三、"皋陶方祇厥
叙,方施象刑,惟明。"前一似出史氏之筆,後二則爲帝舜口敕。象刑即象以典刑之簡
語。流宥五刑,其目也。象猶《齊語》"設象以爲民紀"之象。略當今之刑律。《左》昭六
年傳叔向詒子産書曰:"昔先王議事以制,不爲刑辟。"蓋古時無成文法,有罪時議之,
輕重出入難免失平。至是而假想罪犯,豫制科條,依之審處,昭示大公,前後如一,彼
此無别,不因時而殊,不因人而異。是所謂典刑。典者,常也。以制此典刑之時,非實
有此等罪人,乃假設其象而擬議之,故曰象以典刑。《大傳》承諸子之誤,釋爲畫象,固
非。馬融謂無犯之者,但有其象,無其人也。蔡沈謂象如天之垂象以示人,亦未得經
旨。"流宥五刑",目上"象以典刑",流四罪是也。宥即"眚災肆赦",流宥不在五刑之中。
故既曰"五刑有服",又曰"五流有宅",宥不加刑也。馬融解"典刑"爲五常之刑,非是。
五刑之目:"鞭作官刑,撲作教刑,金作贖刑,怙終賊刑"是也。其詳則魯人臧文仲有述
焉。《魯語》紀文仲之言曰:"刑五而已,無有隱者。隱乃諱也,大刑用甲兵,其次用斧
鉞,中刑用刀鋸,其次用鑽笮,薄刑用鞭撲,以威民也。故大者陳之原野,小者致之市
朝。五刑三次,是無隱也。"文仲之説,正本此經。"五刑三次",即"五服三就"之義。"三
次"爲原野、市、朝。"五刑"分大、中、薄三等。亦猶"列爵惟五,分土惟三"之意。文仲博
於雅,故其稱五刑之目,定别有據。稽諸經文,則鞭撲,薄刑也,賊刑,大刑也。金其刀
鋸鑽笮之中刑歟? 蔡九峰嘗疑贖刑,《書集傳》曰:"當刑而贖,則失之輕。疑赦而贖,
則失之重。且使富者幸免,貧者受刑,又非所以爲平也。"其言甚正。《吕刑》爲衰世之
作。《序言》訓夏贖刑,夏乃夷夏之夏,詁爲國號失之。金作贖刑之金,當即刀鋸鑽笮之
類。猶《中庸》"衽金革",非謂黄金。贖刑之"贖"字疑有誤。何則? 納金贖罪,以金爲
貨幣也。而夏之幣不以金。《鹽鐵論》曰:夏後以玄貝,周人以紫石,後世或金錢刀布,
蓋古貨貝寶龜。《禹貢》荆、揚貢金三品,梁貢璆、鐵、銀、鏤,職貢土物,爲鑄兵、鑄器之
用,非以鑄幣。金非人家恒有,無爲用此爲贖也。管仲治齊,患甲兵不足,因制重罪入
以兵甲、犀脅、二戟,輕罪入蘭盾、鞈革、二戟,小罪入以金鈞。分宥薄罪,入以半鈞之
法。此霸者權宜之制,不可以例古也。又以文求之,鞭撲皆爲刑具,金似與一類,作官
刑,官之刑也。作教刑,教之刑也。贖作非刑,作贖刑之贖,不得不以動詞解之,非但

失例,於義亦曲。是故贖刑之贖,不應與《呂刑》罰鍰同視也。"五流有宅,五宅三居",以馬融之説爲正。謂五等之差,亦有三等之居,大罪投四裔,次九州之外,次中國之外。

原 五 行

五行始見《洪範》,其言精約質近,無怪迂之義。自騶衍稱五德而推及符應,燕齊海上之方士,更附益之,遂滋異説。秦皇、漢武,以雄才大略之主,推波助瀾,而光武中興,亦復惑信讖緯。兩京諸儒,能皭然涅而不緇,獨有一桓君山,然以是譴逐道死。自餘慮無不阿諛承旨,以塗附汩經誣聖,其禍僅次於焚書。而方伎術數之流,遂以此爲根本大理,休咎禍福,咸依之以爲説。積數千年不少衰。晚近西學東漸,國人群焉趨之於是,於向之説五行者,多鄙視之,以爲不足道。而篤信者則仍奉爲祕寶也。兹經撢索本原,正其義如次。

水、火、木、金、土是謂五行。行者,列也,亦類也。先民以其形、質、性、用足以該攝一切物,而微著有等,生克循環,性用殊功,可假以爲區分庶物之標符。以簡馭繁,以顯闡幽,無論如何,淩雜賾隱,苟辨其性而標此五符,則條貫井井,其相互之關係,亦昭然可察。類族辨物之功,與八卦實同工異曲。然故神其説,以爲順天行氣,洛龜原文,復欲與八卦相配。橫造天一生水於北,地二生火於南,天三生木於東,地四生金於西,天五生土於中。陽無耦陰,無配未得相成。地六成水於北,與天一并,天七成火於南,與地二并,地八成木於東,與天三并,天九成金於西,與地四并,地十成土於中,與天五并也[1]之説,則陋矣。竊謂五行起於五官。《左》昭二十九年傳蔡墨對魏獻子曰:"夫物物有其官,官修其方,朝夕思之。"又曰:"故有五行之官,是謂五官,實列受氏姓,封爲上公。祀爲貴神,社稷五祀,是尊是奉。木正曰句芒,火正曰祝融,金正曰蓐收,水正曰玄冥,土正曰后土。"又曰:"少皞氏有四叔,曰重、曰該、曰修、曰熙。實能金、木及水。使重爲句芒,該爲蓐收,修及熙爲玄冥。世不失職,遂濟窮桑,此其三祀也。顓頊氏有子曰犁,爲祝融。共工氏有子曰句龍,爲后土。此其二祀也。后土爲社;稷,田正也。有烈山氏之子曰柱爲稷,自夏以上祀之。周棄亦爲稷,自商以來祀之。"觀此可知五行爲五官所掌。其興也,蓋因世之何急,古或止具一二,官漸遠漸增,久乃大備。《禹貢》六府即六範,五行所本。榖統於士也。《洪範》者,大法也,爲堯、舜、禹三聖致治之祕要。九疇凡目皆即行之己效者。歸納之,整齊之,以爲萬世政經。禹受之舜,箕陳之武,初非冥想結構,況可説爲符瑞? 書缺多矣。然皇極本於"允執其中",五紀本於"欽若昊天",三德本於九德,五行本於六府,皆班班可考。他雖不盡見經,亦必有躬行

---

[1]　《禮·月令》疏引鄭注。

心得之實,非同妄撰。更安有元龜負書,赤文朱字之事?《易》與《洪範》爲中國千古二大傑作。言理者莫外於《易》,言政者外於《洪範》,乃俱爲圖書所亂。作俑於漢,煽毒於宋,反覆沈痼,牢不可拔,良足慨已。故五行實肇五官,後世聖人以天下之物類盡於此,遂假爲辨物之資。今人別物體爲三態,曰固體、液體、氣體,亦據其分子之密度而分,其理與五行之判微著相類。又如古希臘人分氣質爲四種,曰膽汁質,多血質、神經質、黏液質。中土據五行分之,則曰水性流動,火性發揚,木性條暢,金性堅剛,土性厚重,[1]亦殊途同歸。方伎術數本此推演,用輒有驗,自詡玄奧,而輕之者斥爲鄙妄,總由未得其故也。五行、八卦,其辨物之功略同,原并行而不悖。乃昧者必欲混之爲一,牽强配合,徒亂人意,似猶治絲而棼之,殊不足取也。

---

[1]《呻吟語》。

跋

2016 年 1 月 26 日，我的一位不願透露姓名的朋友來到我家，向我出示了先師金景芳先生的一本手稿，篇名是《尚書戈春》。這部手稿爲線裝本，稿本長 27.5 厘米，寬 17.8 厘米。封面淺灰色，篇名題簽爲隸書，題簽的落款是"辛巳季夏 王準"，并鈐有"王準"的紅色名章。手稿的全文用毛筆小楷寫成，稿紙爲復性書院印製。欄高 19.2 厘米，欄寬 12.7 厘米，每頁 9 行。每行正文 23 至 24 字，注釋小字雙行，稿本共 76 頁。據這位朋友說，手稿是在先生的一摞線裝書中偶然發現的。筆者見到稿本時異常驚訝。因爲《尚書戈春》這篇文章先生生前未曾發表。我隨侍先生二十餘年，從未聽先生談起過《尚書戈春》一事。不僅我不知道，師門中其他師兄弟，甚至連先生的學術助手呂紹綱教授，還有與先生交往較多的黃中業教授，也同樣不知道先生早年寫過《尚書戈春》一文。但《尚書戈春》稿本又千真萬確是先生親筆所寫。因爲我見過先生在復性書院讀書時寫的《春秋釋要》手稿，并留有這份手稿的複印件，對先生早年的小楷字體非常熟悉。而且《尚書戈春》手稿與《春秋釋要》手稿所用的稿紙也完全相同。爲稿本封面題簽的王準以詩詞和書法見長，是先生在復性書院讀書時的同窗好友，題簽上的名章與筆者保存的先生《易通》手稿封面題簽使用的名章也完全相同。見到稿本後我一眼就能認定這確實是先生早年的文稿。可惜當時《金景芳全集》業已出版發行，先生這一早年的作品未能編入《全集》，這是一大遺憾。

"戈春"出典于《荀子·勸學》篇。荀子說："不道禮憲，以《詩》、《書》爲之，譬之猶以指測河也，以戈春黍也，以錐餐壺也，不可以得之矣。"先生釋"以戈春黍"之義云："謂春不能盡，且亦未必中食也。"此乃先生之謙辭。實際上先生在《尚書戈春》中所闡釋、考證者，皆爲《尚書》中之重要而又關鍵的問題，往往都是前輩經學家衆說紛紜、費盡口舌而又沒有說清楚的問題，可謂先生研究《尚書》的攻堅之作。先生在《尚書戈春·序》的末尾寫道："辛巳長夏，金景芳自序于嘉州復性書院學舍。"王準題簽的落款亦云"辛巳季夏"，可證這篇文章寫于 1941 年農曆六月。當時復性書院主講馬一浮先生剛剛發布"六·二五"通告，宣布因辦學經費無以爲繼，書院即將遣散全體生員。故先生在《尚書戈春·序》中説："兹以書院改變規制，不久便當離去，未知異日能有學益以否？"表明這篇文章寫于即將離開復性書院的前夕，是繼《春秋釋要》之後的又一篇力作。

先生早年曾下工夫研究《周易》，因先生的《易通》一書獲獎并正式出版而爲學界所熟知。先生曾在復性書院編印的《吹萬集》中發表了頗受馬一浮先生表彰的《春秋釋要》一文，學界對此事也不陌生。但先生早年曾下大力氣研究《尚書》，學界却知者寥寥。筆者作爲先生的及門弟子，也是在先生作古之後爲先生編纂全集時，得知先生在東北大學中文系曾講授《經學概論》，并編寫了《經學概論》的講義，又在東北大學主辦的《志林》雜志上發表過《尚書八論（上）》的長篇論文。由于《尚書戈春》稿本的發現，我們才知道，先生早年對儒家經典中最難讀、學問最深的三部經典《周易》、《尚書》、《春秋》都曾下過大工夫。先生的《尚書八論》和晚年的《〈尚書·虞夏書〉新解》原來都肇始于早年的《尚書戈春》。同時我們也更加清楚了先生作爲"由經入史"的歷史學家，能夠在史學研究領域取得大成就、做出大貢獻，實得力于早年的經學功底。

呂文郁

附圖片三幅

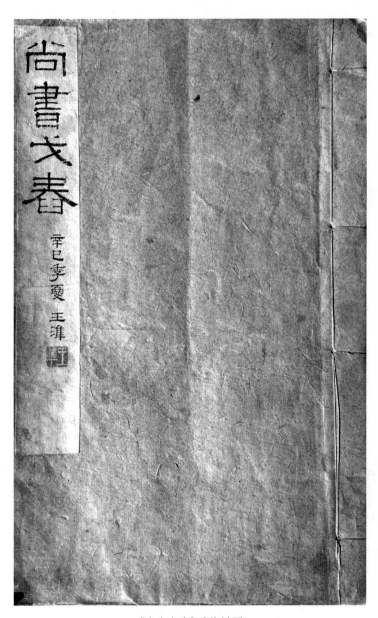

《尚書戈春》手稿封面

尚書戈春

義縣　金景芳　著

緒言

六藝之於教一也皆所以盡性而成德也詩書禮樂為教已久

易及春秋則昉自仲尼今之所傳又皆孔氏之書不與在昔同

也王制樂正崇四術立四教順先王詩書禮樂以造士春秋教

以禮樂冬夏教以詩書左傳趙衰稱郤縠說禮樂而敦詩書倍

二十七年而易之見於左國者第用之卜筮春秋則羊舌肸申

叔時三數人外絕少習之不似賦詩据書之數數覯也論語子

復性書院

《尚書戈春》手稿之一

無詩則明畏之天心不見故書之事多采錄高明詩之志特著

重鰥寡事存得失感也志有美怨應也感在朝宁而應及四竟

感裁一時而應延數世故書以著其源詩以沿其流書詳一人

之本詩錄四方之風書之作者即篇可知詩之作者率難塙指

何則書之旨在憲其事詩之旨在知其世事唯局於一人世則

通於有眾故三百篇其皆為誰氏所作固多無考即偶存一二

亦第以覘其一代風俗而已初不過視其人之賢否也蓋風之

形成乃積於多人之行累代之習薰漸成俗靡然一世故詩之

所示實乃流動中整體之纚嘗說詩而泥於一人一時者惑矣

二　復性書院

《尚書戈春》手稿之二

玄秘塔碑之惑

——大字本·通行本

李達麟

一、立碑·拓碑時機·過不去的坎

1. 立碑

唐安國寺玄秘塔碑銘,裴休撰文,柳公權書,刻玉册官邵氏兄弟鐫刻成碑,立于唐會昌元年歲末(842 年)。

這是安國寺的鼎盛時期,僧侶衆多,香火特盛。歷時五年建成的玄秘塔碑,高大雄偉,煌煌柳書大楷,引人注目。

榻拓大型石碑有一定難度,要搭工作臺,還會遮擋甚至汙損石碑,有礙觀瞻。無論僧俗,在建碑最初的日子,都沒有拓碑的機會。

2. 機會

建碑第二年,京師大地震,次年又震,有樓房倒塌紀錄。石碑高大,抗震性不佳,強震後倒地折斷的可能性大。這樣的石碑,一旦斷折就不可能重立;勉強再立,不止看相不吉,也與日進千金的安國寺地位不符。但是裴休撰寫的碑文和體勢勁媚的柳書,必須保存。這意外的災害,反造成捶拓石碑的機會。石碑仍在清淨之地,在安國寺掌控之中,可能不會讓俗衆隨意榻拓。碑文是安國寺高僧的個人傳記,對於俗衆意義不大,對寺院却有特殊意義,因而有義務保留碑文拓本。已故大達(端甫)門下弟子衆多,而且擔綱佛門要職,加上安國寺財力雄厚,物質條件優裕,具備將斷碑拓下保存的條件。

石碑雖折斷,因爲是新鐫之碑,未經任何捶拓損傷,拓本鋒口字棱,如同新出,柳書大楷,神形俱在,是值得收藏的佳品。

拓本保存在寺廟,它對於富甲一方的安國寺而言,只是一般藏品。

假如石碑在地震中屹立不倒,三年後將迎來過不去的坎。

3. 過不去的坎

對於玄秘塔碑來説,過不去的坎就是"武宗滅佛"。事件發生在大地震後的第三年。這是歷史上的大事。唐崔倬《石幢叙》:"會昌中,有詔大除佛寺,凡熔、塑、繪、刻,堂閣殿宇關於佛寺者,焚滅銷破,一無遺餘。"

玄秘塔,安放高僧端甫遺骨的靈塔。玄秘塔碑銘,是這位高僧的傳記。銘文盛贊佛僧德行等,知名度高,引人注目,勢必成爲"焚滅銷破"的重點。

安國寺被撤毀,僧人還俗,如果石碑被推倒,在動盪不安的環境下不會有人冒險拓碑。可以肯定,這一時期不可能有拓本産生。同理,一通完好的玄秘塔碑不可能在"武宗滅佛"後存留下來。

經"武宗滅佛"之劫,幸存拓本可能成爲秘藏。

近年,發現一册玄秘塔碑古帖,拓本柳書大氣俊朗,具柳書獨有風貌: 體勢勁媚。古帖開本很大,字體也大,這裏稱爲大字本。

二、歐陽修尋碑不遇、重出 • "非原石"、翻刻

1. 尋碑、重出

玄秘塔碑不可能平安渡過"武宗滅佛"這道關;殘損的石碑却可能避人耳目,逃過一劫。但是時間不長,拓本也不多。到宋初,完全銷聲匿跡。

宋人開創石刻研究先河。歐陽修(1007—1072)《集古錄》,我國現存最早研究石刻的專著,成書于北宋熙寧四年(1071 年),書中沒有收録玄秘塔碑。

歐陽修,北宋文學家、史學家。自稱"余家集顔柳書尤多",又特別喜愛柳書,爲了某件柳書碑拓"求之十年莫可得"却并沒有灰心。在他編撰的《集古錄》中,對柳書石碑都有精到的評述,特意將柳書集中著録,明確説明"不與別碑歲月爲叙"。歐陽修不止一次到訪古都長安,當時碑林藏石不過 40 來方,又有好友李丕緒(長安人,家藏歷代石刻數百卷)的幫助。以玄秘塔碑的龐大體積和巨大影響,它被《集古錄》遺漏的可能性太小。説明在歐陽修生活的時代:原碑已佚,原拓難尋,翻刻未出,或雖出而影響有限,或者不被人們認可。

宋元佑五年(1090 年)黎持《京兆府府學新移石經記》,提到京兆府府學(今西安碑林)陳列的碑石,除了石經等外,還有"顔、褚、歐陽、徐、柳之書","柳"可能是指柳書玄秘塔碑。

這距歐陽修長安訪碑剛 20 年。

有人認爲重出之碑——現存于西安碑林的玄秘塔碑——并不是柳書原石,而是翻刻。

清歐陽輔:"此碑今本書法亦窘滯,幾與前碑(按:這裏指《李晟碑》)相類,殆非原石。但不知何時何人所翻刻耳。若柳書盡如此二碑,無怪米顛詈爲'惡劄祖'。柳書大楷今已無他碑可徵,以《普照寺》集柳書碑較之,又以所存字小者勘之,可見二碑之劣。可決其非原石。使原石尚有拓本,必不如此之陋。"(《集古求真》)

他明確指出現存碑"非原石"——是翻刻,并提出"何時何人所翻刻"的問題。

2. 翻刻

古人翻刻石碑有四種方法:臨、摹、硬黃與響搨(見宋張世南《游宦紀聞》)。實際也就是臨與摹兩種。臨,由書法家臨寫上石;摹,則是由工匠描摹雙鈎入石。前者存古帖精神,多爲書法家採用;後者保存原帖字形,主要看工匠的手藝。

翻刻必須有祖本,就是原碑舊拓,書家依樣臨寫。翻刻者或已黯熟於心,直接書丹上石。另一種可能就是,採用早已臨寫好的紙質品,摹刻成碑。宋人岳珂對名家臨帖給予極高的評價:"臨帖如雙鵠并翔於九霄……真態頡頏,已與千載相上下矣。"(《寶晉齋法書贊》)

3. 什麼人翻刻

翻刻者一定要熟悉祖本,就是玄秘塔碑原碑舊拓。這件舊拓連歐陽修都沒有訪到,説明它的收藏地比較特殊。可能是遠離世俗的地方。石碑銘文是高僧傳記,不排除藏在寺廟的可能。晚唐有釋無可、釋應之,宋代有夢英、正蒙、夢正等精于柳書且知名一時的僧人,這或與柳書原碑舊拓秘藏寺廟有關。早期的通行本中,有個"情"字,心旁缺點,這不像是書家或刻工的疏漏,更像是某種暗示,"情"缺一點,讓人聯想到四大皆空的佛門人士。

因爲原碑不存,原拓早已成爲珍藏、秘藏。有一個小故事説,唐太宗誆走老僧秘藏王羲之真跡。這或是僧人藏原碑古帖却秘而不宣的原因。

【3.1　宋僧夢英(約948—?)柳書"第一"】北宋元佑五年(1090年)黎持《京兆府府學新移石經記》記載:將唐石經"徙置於府學之北墉……明皇注《孝經》及建學碑則立之于中央,顔、褚、歐陽、徐、柳之書,下迨《偏旁字源》之類則分佈於庭之左右"。

值得注意的是,唐代大師們的作品,與宋僧夢英篆書《偏旁字源》一同"分佈於庭之左右"!

夢英能模仿各代名家書體,精于仿柳;篆書則沒有好評。

明趙崡:"夢英在宋初自負篆書,故作《偏旁字源》……不免爲後世吾子行所譏……。英公似當以正書第一,篆次之。"(《石墨鐫華》)

選用夢英差的書體,與唐代大師的書法并列一室,這是京兆府府學的疏忽? 或者夢英"第一"的仿柳已經陳列在堂:玄秘塔碑?

夢英在府學教習書法,以擅長的柳書臨寫玄秘塔碑,最初可能出於教學目的,爲學子提供範本,作爲學習柳書的啟蒙教材。不排除多年後,有人據此摹刻成碑的可能。

【3.2　夢英仿柳石刻:"舊刻重摹""追書""重書"】夢英以"第一"的柳書翻刻石碑已有例子。明盛時泰《宋僧夢英正書夫子廟堂記》:"夢英繆篆極爲可鄙。一時縉紳從而贈詩。今見此碑有顏柳遺法,殊堪披誦。豈唐時舊刻英特重摹上石? 故典刑俱在耶。"(《蒼潤軒碑跋》)

翻刻水準還是不錯的。當然也有人并不賞識。

明趙崡:"此碑忽爾躩張。全用柳誠懸玄秘塔法。不師其遒勁,而師其粗疏。所謂真'惡劄'也。"(《石墨鐫華》)

明王世貞:"《夫子廟堂記》,程浩撰。而僧夢英追書之。浩文是唐人中之踏拖者,英書是柳法中之躩張者,不足存也。"(《弇州山人續稿》)

清倪濤:"《夫子廟堂記》……今石在湖州臨安縣。夢英重書,妙。"(《六藝之一録》)

米芾斥爲"惡劄"的柳書特點是"怒張",夢英正楷又是"真惡劄""是柳法中之躩張者",二者不是巧合?

分明看到玄秘塔碑的影子。

玄秘塔碑的翻刻者可能是僧人。有條件精研玄秘塔碑舊拓,可能是當時的書法名流。或者是與這類人有師承關係的人。

夢英活動時代早于歐陽修,因此由他書丹上石的可能性不大。但是不排除夢英原爲教學而臨寫的紙本,被人們摹刻成碑。可能是他的門徒輩促成了這件事。相關寺廟和府學發揮了應有的作用。

不論是誰,如何翻刻,"刻玉册官"一定是冒牌的,這可能是玄秘塔碑毀譽參半,且不斷被人做手腳的原因之一。

三、石碑·拓本·通行本

玄秘塔碑重出,影響是顛覆性的。

至今它仍然是學習柳書的啟蒙教材,柳書已不是原來的柳書了。隨之而來的還有一些奇怪的現象。

1. 石碑:不斷被做手腳

明孫礦認爲,刻工手藝精良,完全保留了柳書筆意,能見到的唐碑中算是最好的(《書畫畫跋》)。

明盛時泰:"刻手精工,唐碑罕能及之。"(《蒼潤軒碑跋》)

明趙宦光看法完全不同:"……後出諸碑,大半傳摹失真。無論好處,弄壞即是惡處。又爲好事者修飾遮掩,以眩世目,真僞幾乎不可辯矣。""柳公權專事波折,大去唐

法,過於流轉。後世能事,此其濫觴也。玄秘塔銘亦無可取。"(《寒山帚談》)

清人走得更遠,對石碑做了一次"鑱洗"并題字爲記:"秀州曹仲經觀"。梁巘對此極爲不滿。他評《玄秘塔碑》拓本説:"若無此六字者,即未經洗之原榻,風神迥殊。"(《承晉齋積聞録》)

葉昌熾認爲是過度榻碑造成文字變樣。拓碑之前有兩道工序:打磨與剔剜。"顔柳諸碑,拓工先礱之使平,又從而刀挖之,愈挖愈肥,亦愈清朗。久而久之,浮面一層盡揭而字遂漸向下,遂至惡俗之態不可向邇。"(《語石》)

2. 拓本:罕見的提法,"出土"以及衆多的拓本

玄秘塔碑重出不久就有了拓本傳世。

宋代金石學著作,只收録玄秘塔碑名,没提拓本,也没有進一步的研究資料。

明代研究玄秘塔碑的資料不少,都没有提到拓本。

清方若提到最早的拓本,用了一個新奇的提法"初出土拓本"(《校碑隨筆》)。

王澍的拓本更是特别:"明内庫宋本"(《虛舟題跋》)。

以上兩種提法不多見。

葉昌熾:"……碑林中'當當'榻石之聲終年不絶,廟堂、皇甫、玄秘塔諸碑旬月之間化身千億,以應四方之求。"(《語石》)這是晚清拓本。

各時代拓本,主要是清代拓本很多,流傳很廣。這,就是通行本。

3. 通行本:共同的碑版

各種拓本,雖有時代、書品等差别,都出自同一石碑,無論是整幅拓片還是剪裱成册的拓本,都拓自現存于西安碑林的玄秘塔碑。至於學柳必備的玄秘塔碑帖,都是以上述舊拓爲母本的印刷品。這類母本通常標稱爲宋拓本(前文提到"情"缺一點,就出現在這種本子)。這都屬通行本之列。此外,還有或大或小,或木雕或水泥雕或電腦版的玄秘塔碑,包括無缺字本等,也都屬於通行本,它們直接或間接出自同一碑版:現存于西安碑林的玄秘塔碑。細觀文字也能識别:硬朗有餘,勁媚不足。另外,拓本一定比石碑文字略"肥",這是由榻碑和襯裱工藝所決定的。有據拓本再刻碑,再拓出,那就"肥"了兩圈,這類通行本常見,也不難分辨。

四、鑒史尋柳·史料·校碑

【1】朱長文(1039—1098)《墨池編》卷六:

"唐大達禪端甫碑。柳公權書。在京兆。"

【2】趙明誠(1081—1129)《金石録》目録第1859:

"唐大達法師碑。裴休撰,柳公權正書,會昌元年十二月。"

【3】鄭樵(1104—1162)《金石略》卷下：

"大達法師端甫碑。京兆府。"

【4】宋佚名《寶刻類編》卷四：

"大達法師玄秘塔碑，裴休撰，會昌元年十二月立，京兆府。"

【5】陳思《寶刻叢編》卷七：

"唐安國寺產業記。僧正言撰。大中五年刻于大達法師碑陰。"

【1-1】《墨池編》約成書于北宋元豐年間(1078—1085)。在收錄玄秘塔碑的同時，還輯錄一則故事，暗喻柳公權不擅長用筆。故事伴隨玄秘塔碑廣爲流傳，專爲柳書寫照。【1-2】"大達禪"，沒有這種提法。大達，僧端甫諡號。碑銘稱"和尚"、"佛"、"大法師"等。"禪"，可能是"佛"之誤。或"禪"後脫一"師"字。【1-3】《墨池編》收有洪武皇帝等多位明人的碑刻。【2】宋人爲碑刻題寫跋文蔚然成風，《金石錄》前10卷爲目錄，後20卷辯證，跋尾共502篇。玄秘塔碑沒有跋文。《金石錄》傳本極少，宋洪邁《容齋隨筆》說他見到的《金石錄》內容多有"後人補入，非清照之原文矣"。歸有光、朱彝尊之流見到的也是傳抄本。啓示：碑目可以增入，跋文卻不容易補入。【3】、【4】、【5】連柳公權的名都不提，有點不可思議。【4】、【5】作者是南宋理宗時人，已是南宋末世。【5】是一條奇怪的款目，字面上收錄的是"唐安國寺產業記"，卻說是"刻于大達法師碑陰"。而這部書并不收錄"大達法師碑"。此書的編輯體例是碑陽碑陰一同著錄，碑陰不另題名。這一奇怪條目，或與玄秘塔碑的翻刻有關。

宋朝重視石刻研究，玄秘塔碑的資料很不完整，就是這些過於簡略的資料也存在後人補入的痕跡。

【柳書和柳公權史料參考】宋張邦基："若直爾暴露，便是柳公權之比，張筋努骨，如用紙，武夫不足道也。"

宋米芾："柳公權師歐，不及遠甚，而爲醜怪惡劄祖。自柳始，世有俗書……筋骨之說出於柳，世人但以怒張爲筋骨，不知不怒張自有筋骨在焉。"

明楊慎："米元章目柳公權書爲'惡劄'，如玄秘塔誠中其譏。"

明孫鑛評玄秘塔："此碑柳書中之最露筋骨者。"

明趙宧光："柳公權專事波折，大去唐法，玄秘塔銘亦無所取。"

明趙琦美："書法自唐顏柳以來多尚筋骨……。"

明盛時泰："玄秘塔是柳書之極有筋骨者。"

明豐坊："柳公權……書學歐、張，雖結體險怪，而骨力清勁。"

明潘之淙："柳書貴遒，筋骨盡露。"

清梁巘："……柳字只求健勁，筆筆用力。"

清孫承澤：玄秘塔"筋骨稍露"。

清劉清藜："柳書勁悍。"

【正史中的柳書和柳公權以及宋代名家評柳】新舊《唐書》對柳書的評價是"體勢勁媚""結體勁媚"。"體勢""結體"指字體間架結構。勁,堅强有力,剛勁。媚,美好可愛。

《舊唐書》記載：(1) 當時公卿大臣家碑板,不出柳公權筆,別人會認爲不孝。(2) 外國人來唐貿易,往往攜帶專款并注明：用來購買柳書。(3) 柳公權與唐文宗(844—850 年在位)聯句,公權當衆揮毫題寫上牆,寫的是方圓 5 寸的大字。文宗贊道：鐘繇、王羲之復生,不過如此吧。(4) 宣宗(847—859 年在位)時,柳公權用真、行、草三種書體題寫大字。一紙真書"衛夫人傳筆法于王羲之";一紙行書"永禪師真草千字文得家法";一紙草書"謂語助者焉哉乎也"。軍門使西門季玄捧硯,樞密使崔巨源過筆……此外還有"筆諫"美名,還有著名的《筆偈》傳世。

宋周必大：柳書"字瘦而不骨露。"(《益公題跋》)

宋蔡襄贊柳書"善藏筆鋒"(歐陽修《集古録跋尾》)。

宋米芾："柳公權如深山道士,修養已成,神氣清健,無一點塵俗。"(《海岳名言》)

米芾指柳書爲"惡劄"更爲知名,後人常將它和玄秘塔碑聯繫起來。但是人們忽視了米芾説的"惡劄"不一定是指真正的柳書。"開元後世傳《黃庭經》多惡劄,皆僞作。"(《書史》)

【校碑】圖例用來對比的通行本,拓本時代約在清中葉以前,是石碑未經"鑱洗"的本子。

大字本可能是歐陽輔説的"原石拓本",它與通行本的區別在於兩者不是出於同一碑版,它不是拓自現存于西安碑林的玄秘塔碑。拓本時代很難明斷,參考前文"機會""過不去的坎"兩節。

兩種本子是等比例縮小圖。

爲了更直觀,每頁選幾個字做對比。而選字大小并不是原件的正確比例,爲方便操作,大字本已略有縮小。

【觀碑】今天,站在西安碑林玄秘塔碑前,仍會贊賞古碑文字之完好,刻工之精良。不過和大字本一比,高下立見。因爲二者中只有一種出自"刻玉册官"之手。

今天站在古碑巨型玻璃框外,仍會被它的高大偉岸所震撼,這可能是宋人創建的業績;按大字本比例,推算原碑,或將亦可仰視唐人的高度。

李達麟,桂林市圖書館,ldlgl@163.com

大法師如從親
聞經律論藏戒
定慧學深淺同
源先後相覺異

顯闡讚導　有
夫法師逢時感
名空門正闢法
宇方開崢嶸崇
棟

金魚袋柳公權
書并篆額
玄秘塔者大法
師端甫骨之所

魚袋柳公權書
并篆額
塔者大法師端
甫佛骨之所歸

休撰
朝散大夫兼御
史中丞上柱國
賜紫金魚袋裴

使朝散大夫兼
御史中丞上柱
國賜紫金魚袋
裴休撰　正議

識大義於安國
崇昇律師傳唯
儀於西明寺照
律師稟持犯於

傳唯識大義於
崇
律師稟持犯於
昇律師
儀於西明寺照

欲荷如來之
菩提靈之耳
目固必有殊祥
奇表歟始十歲

荷如來之菩
提靈之耳
目固必有殊祥
奇表歟始十歲

無敵於天下囊
括川注逢源會
委涫涫然莫能
濟其畔岸矣夫

下囊括川注逢
源會委涫涫然
莫能濟其畔岸
矣夫將欲伐株

將欲伐株柷柷
情田雨甘露於
法種者固必有
勇智宏辯歟無

矣夫將欲伐株
柷於情田雨甘
露於法種者固
必有勇智宏辯
歟無可株

方袍歲時錫施
異於他等復
詔侍皇太子
於東朝
順宗

施異於他等
復詔侍
皇太子於東
朝順宗皇帝深仰

鑿章其寺待之
如賓友常承
顧問注納偏厚
而和尚符彩

待之賓友常承
顧問注納偏厚
而和尚符彩
超邁詞理響捷

闡揚為務繇是
天子益知
佛為大聖人其
教有大不思議

務繇是
天子益知
佛為大聖人其
教有大不思議

端拱無事詔
和平緇屬迎
真骨於靈山
開法場於

天子端拱無事
詔和緇屬迎
真骨於靈山開
法場於靈秘殿

即眾生以觀
佛離四相以修
善心下如地坦
無丘陵王公興臺

離四相以修善
心下如地坦無
丘陵王公興臺
皆以誠接議者

海無驚浪蓋茶
用眞宗以毗
政之明效也
夫將欲顯大不

義之道補大
海無驚浪蓋茶
用眞宗以毗
之明效也
夫將

玄秘俗壽六十
七僧臘卅八門
弟子比丘比丘
尼約千餘輩或

珠圓賜諡曰大
達塔曰秘俗壽
六十七僧臘卅

臺皆以誠接議
者以為成就常
和尚而已夫將
輕行者雄

丘陵王公興臺
以誠接議者
以為成就當輕
和尚

宗偏義孰正孰
駁有大法師
為作霜雹趣
則滯涉俗則流

師為作霜雹趣
眞則滯涉俗則
流家狂猿輕鈎
檻莫取梏制刀

大法師如從親
聞經律論藏戒
定慧學深淺同
源先後相覺異

有大法師如從
親聞經律論藏
戒定慧學深淺
同源先後相覺
異宗偏義孰正

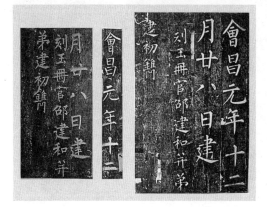

書 評 書 話

王天海《荀子校釋》評論

蕭　旭[1]

【提　要】當今學者治《荀子》一書者，多參考王天海《荀子校釋》，而不知王氏《校釋》乃鈔撮各家舊説而成，在學術上無所發明。

【關鍵詞】《荀子校釋》　王天海　評論

　　《荀子》20 卷 32 篇，戰國末期荀況著。荀子是曠世大儒，《荀子》是儒家最重要的著作之一。自唐代楊倞註《荀子》始，歷代整理校註《荀子》者甚衆。

　　今人王天海氏著《荀子校釋》，經名家推薦，上海古籍出版社把《校釋》列於《中華要籍集釋叢書》，於 2005 年 12 月出版。

　　廖名春據王天海在 2002—2005 年發表的六篇《荀子》論文，稱讚王氏“學風規範，視野開闊，考辨精細而富有創見”[2]，其時《校釋》剛剛出版，廖先生可能尚未見到其書，也未覆檢王氏立説實多暗襲而來，其説未允。

　　《校釋》出版後，曹景年稱譽王天海的《校釋》爲“校釋的集大成之作……足可以取《荀子集解》而代之”[3]。張啟成譽之云“王天海的《荀子校釋》，是繼晚清王先謙《荀子集解》之後對《荀子》校勘註釋的又一集大成之作……校釋者治學嚴謹，博學多識，有很強的辨析能力與創新能力。他既善於廣泛地吸取前賢的學術成果，又善於力排衆議，有理有據地提出自己的新見，時時閃爍出能思善辨智慧的光芒”[4]。近年王天

---

[1]　作者簡介：蕭旭，常州大學兼職教授，南京師範大學客座研究員，著有《群書校補》等七種。研究方向爲古文獻整理、訓詁學。

[2]　廖名春：《20 世紀後期大陸的荀子文獻整理研究》，原刊於臺灣《漢學研究集刊》2006 年第 3 期《荀子》研究專號；又刊于《邯鄲學院學報》2007 年第 4 期，頁 27。據作者補記，此文是提交 2006 年 2 月在臺灣召開的國際學術會議論文。

[3]　曹景年：《〈荀子校釋〉疑義舉例》，《畢節學院學報》2008 年第 1 期，頁 94、97。

[4]　張啟成：《〈荀子校釋〉之我見》，《貴州民族學院學報》2006 年第 6 期，頁 203；此文又易題作《〈荀子校釋〉的創新之處》，《貴州教育學院學報》2007 年第 1 期，頁 53。一篇頌文，一字不易，不知有何必要重複發表？此文所舉王氏“閃爍光芒”的例證多不當，吾于拙著《荀子校補》各條分別辨之。

海又自詡《校釋》"越來越受到學界重視,被廣大荀學研究者置爲案頭必備的參考書"[1]。

王天海《校釋》一書晚出,引録了幾部不易見到的日本學者的意見,此其所長也。但也有遺漏,比如王氏就不知道服部元雅的《荀子雜録》[2]。另外,豬飼彦博《荀子增註補遺》附於久保愛《荀子增註》之後,對於豬飼彦博的説法,《校釋》只是偶爾引用,大部分都遺漏了。

王天海《校釋》一書缺點明顯,主要表現在以下幾個方面:

一、王氏引録前人成果,按己意取捨,採擇不當,往往把前人正確的意見放棄,所謂"以不俗爲俗,以不狂爲狂"也[3];王氏又通篇好言"諸説未得",指責天下學者。這類情況不勝枚舉,我曾在拙著《荀子校補》中隨文舉正[4],這裏聊舉數例:①《勸學篇》:"蘭槐之根是爲芷,其漸之滫,君子不近,庶人不服。"梁啟雄曰:"服,佩也。"楊柳橋曰:"服,執也。"王天海曰:"梁、楊皆非也。此'服'字只能訓爲服用、飲用之義。"[5]梁説是,《晏子春秋·內篇褉上》正作"佩","服"即"佩"借字,《晏子》用本字,此梁説確證。孫星衍曰:"佩,《荀子》作'服','佩'與'服'聲義皆相近。"吳則虞曰:"《淮南子·人間訓》:'申菽杜茝,美人之所懷服也。'《補史記·三王世家》字亦作'服',服亦佩也。"[6]二家説王天海皆未參考,未能貫通群書。②《修身篇》:"以不善先人者謂之諂,以不善和人者謂之諛。"楊倞註:"諂之言陷也,謂以佞言陷之。"王念孫曰:"楊説'諂'字不確。諂之言導也。導人以不善也,故曰'以不善先人者謂之諂'。而《莊子·漁父篇》亦曰'希意道言謂之諂'。《不苟篇》:'非諂諛也。'《賈子·先醒篇》:'君好諂諛而惡至言。'《韓詩外傳》并作'道諛'。諂與導,聲之轉。"李中生曰:"諂,當從楊註。以不善導人,即以佞言使人墮落,所以稱爲'諂(陷)'。"王天海曰:"諂,佞也。楊註非,諸説亦未洽也。"[7]楊倞、王念孫皆説"諂"字語源,楊氏認爲是"陷",王氏認爲是"導"。《莊子》"希意道言謂之諂","道言"即"導言",《長短經·定名》引正作"導言"。成玄英疏:"希望前人意氣而導達其言,斯諂也。"《荀子》"先人"即"導人",是"諂"的語源是"導",王念孫説確不可移。"諂"訓佞是常詁,王念孫不容不知,王天海不達厥誼,而遽曰"諸説未洽",亦已疏矣。③《修身篇》:"智慮漸深。"王念孫曰:"漸,讀爲潛,《外傳》正作'潛'。《漢書·谷永傳》:'忘湛漸之義。'漢《太尉劉寬碑》:'演策沈漸。'漸并與潛通。"王先謙、孫

［１］　王天海:《〈荀子集解〉點校本校勘檢討(上)》,《邯鄲學院學報》2013 年第 4 期,頁 17。
［２］　服部元雅:《荀子雜録》,早稻田大學藏寫本。
［３］　"以不俗爲俗"出《荀子·非十二子》,"以不狂爲狂"出《宋書·袁粲列傳》。
［４］　蕭旭:《荀子校補》,花木蘭文化出版社,2016 年。
［５］　王天海:《荀子校釋》,上海古籍出版社,2005 年,頁 13。
［６］　二説并見吳則虞:《晏子春秋集釋》,中華書局,1962 年,頁 351。
［７］　王天海:《荀子校釋》,上海古籍出版社,2005 年,頁 53。

詒讓、裴學海、龍宇純皆從王説[1]。王天海曰："漸深，猶言詐深。《書·吕刑》：'民興胥漸。'孫星衍疏：'漸，猶詐也。'《不苟篇》：'知則攫盗而漸。'《正論篇》曰：'上幽險則下漸詐矣。'亦'漸詐'并言。諸説皆未得也。"[2]王天海説全誤，而竟顔曰諸説皆未得。王念孫非不知"漸"有詐義，《吕刑》、《不苟》、《正論》三篇之"漸"，王引之即訓爲"詐欺"（王引之所舉不止此三例）[3]。此義本由王引之發明，孫星衍疏指明是引用的王引之説，亦列舉了《不苟》、《正論》二例，而王天海不引王引之説，似乎《不苟》、《正論》二篇之"漸"訓詐，是他自己的發明。張啓成不察，竟舉此例作書評頌之曰"一語中的"、"思慮周密"、"引證得當，遠勝他註"、"見識確實在諸説之上"[4]。諸家謂此例"漸讀爲潛"者，《外傳》卷 2 作"智慮潛深"，此其確證，漢人近古，其説自當重視。《説文》："潛，一曰藏也。"《爾雅》："潛，深也。"謂藏之深也。"漸（潛）深"即"深藏"。後漢張衡《思玄賦》："經重陰乎寂寞兮，愍墳羊之潛深。"李善本《文選》作"深潛"。④《修身篇》："勇膽猛戾，則輔之以道順。"楊倞註："膽，有膽氣。戾，忿惡也。此性多不順，故以道順輔之也。"王天海曰："膽、敢同韻，一聲之轉。楊註非，諸説亦未得。"[5]"勇膽"不誤，楊註是也。鄧憂鳴曰："勇氣生於膽，故曰勇膽。"[6]其説亦是也，"勇膽"謂有勇有膽，《人物志·九徵》："勇膽之精，煜然以彊。"[7]亦用此詞。膽虚爲怯，膽實爲勇，故"勇膽"連文也。《莊子·盗跖》云"勇悍果敢"，義亦近。⑤《修身篇》："怠慢僄弃，則炤之以禍災。"楊倞註："僄，輕也，謂自輕其身也。《方言》：'楚謂相輕薄爲僄。'炤之以禍災，謂以禍災照燭之，使知懼也。炤，與'照'同。"物双松曰："僄弃，當作'僄弃'。《龍龕手鑑》：'僄，嬾解貌也。'《外傳》作'摽弃'，摽訓落，亦通。"朝川鼎曰："先君曰：'僄弃，疑當作僄疾。'"劉師培曰："僄弃，即暴弃。《孟子》謂'言非禮義，謂之自暴；吾身不能居仁由義，謂之自弃'，'自暴自弃'與此'僄弃'同。"朱起鳳曰："《外傳》作'摽弃'。今俗呼抛弃，義即本此。僄與摽同音通用。"王天海曰："朱説是，楊註及他説皆非。《外傳》'炤'作'慰'，'慰'與'畏'通。"[8]朱起鳳説是也，但王天海不能會通，以劉師培説爲誤，可謂"知二五而不知一十"也[9]。聞一多説同劉師培[10]。鄭知同曰："抛弃字古則作抱。錢氏

────────────

[1] 王先謙：《荀子集解》，中華書局，1988 年，頁 25。孫詒讓：《荀子校勘記上》，收入《籀廎遺著輯存》，中華書局，2010 年，頁 498。裴學海：《評高郵王氏四種》，《河北大學學報》1962 年第 2 期，頁 44。龍宇純：《荀子集解補正》，收入《荀子論集》，學生書局，1987 年，頁 128。
[2] 王天海：《荀子校釋》，上海古籍出版社，2005 年，頁 56。
[3] 王引之：《經義述聞》卷 3，江蘇古籍出版社，1985 年，頁 82。
[4] 張啓成：《〈荀子校釋〉之我見》，《貴州民族學院學報》2006 年第 6 期，頁 203。張氏又易題名作《略論〈荀子校釋〉的創新之處》，《貴州教育學院學報》2007 年第 1 期，頁 54。
[5] 王天海：《荀子校釋》，上海古籍出版社，2005 年，頁 56。
[6] 鄧憂鳴：《荀子札記》，《國專月刊》1935 年第 2 卷第 2 期，頁 63。
[7] 《長短經·知人》引"煜"作"曄"。
[8] 王天海：《荀子校釋》，上海古籍出版社，2005 年，頁 58。
[9] "知二五而不知十"出《史記·越王勾踐世家》。
[10] 聞一多説轉引自許維遹：《韓詩外傳集釋》卷 2，中華書局，1980 年，頁 75。

大昕云：‘《史記·三代世表》“抱之山中”，抱音普茅切，抛蓋抱之譌，從尤從力，於義無取。’其說是也。古亦通作勡，《後漢·賈復傳》‘復與鄧禹并勡甲兵，敦儒術’可證（章懷註引《廣雅》：“勡，削也。”謂除甲兵。不知勡即抛字）。亦有以摽訓棄者，《韓詩外傳》卷2云‘怠慢摽棄’是也（《荀子》作“儦棄”。作“儦”亦通借。楊倞望文生義，以“輕儦”解之，與“棄”文意不屬。）”[1]趙懷玉曰：“摽棄，猶今人言抛棄。”[2]章太炎曰：“‘儦’即‘暴’，此即《孟子》所謂‘自暴自棄’也。又案：自棄猶自輕賤也。”[3]黃侃曰：“暴棄亦作儦棄，當作受。”[4]諸說皆與朱起鳳說相會，“摽”本字，“抛”俗字，“抱”、“暴”則借字。王天海讀慰爲畏，并非創見。趙少咸曰：“‘慰’恐作‘畏’。《莊子·盜跖》：‘貪財而取慰。’《釋文》：‘慰，本作畏。’畏，恐懼之也。慰、畏同音。”[5]賴炎元說全同[6]，當即襲自趙說。趙善詒曰：“‘慰’乃‘畏’之叚，與《荀子》‘炤’同義。”[7]二趙說是。趙少咸說非王天海所能知，王天海說當竊自趙善詒《補正》。⑥《修身篇》：“行而俯項，非擊戾也。”楊倞註：“擊戾，謂頃（項）曲戾不能仰者也。擊戾，猶言了戾也。”盧文弨曰：“《方言》卷3郭註云：‘相了戾也。’正與此同。‘了戾’乃屈曲之意。”王念孫曰：“《淮南·主術篇》曰‘文武備具，動靜中儀，舉動廢置，曲得其宜，無所擊戾，無不畢宜。’然則擊戾者，謂有所抵觸也。楊說失之。”俞樾曰：“擊戾者，拂戾也。”物双松曰：“擊，當作繫。”帆足萬里曰：“擊，爲人所折。曲，戾也。”久保愛曰：“註‘了戾’字出於《方言》，郭註：‘猶言屈曲也。’世德堂本作‘乖戾’者，不解其義而私改之者也。元本作‘子戾’者，誤加一點者也。今據宋本、韓本改之。”久氏襲盧文弨說，又誤以“屈曲也”爲郭註。楊柳橋曰：“擊，當讀爲憨。《説文》：‘憨，憍也。戾，曲也。’《通俗文》：‘疲極曰憨。’‘憨’即‘憍’字。憨戾，謂疲極而曲背也。”王天海曰：“擊戾，猶係罪、係囚也。擊、係通借。戾，罪也。楊註未得，諸說亦未會此意也。”[8]王天海說支離破碎，非是。苟如其說，然則王念孫所舉的《淮南子》“無所擊戾”又何解？又怎麼能“揆之本文而協，驗之他卷而通”？王念孫、俞樾得其義，孫詒讓從王念孫說[9]，朱謀㙔亦曰：“擊戾，違忤也。”[10]但朱、王、俞尚未明其語源，其說未盡，還當補證。《淮南子·泰族篇》：“天地之間，無所繫戾。”“擊戾”即“繫戾”，一聲之轉。此詞他書僅見於《淮南子》，疑是古楚語。荀子廢老蘭陵，其

[1]　鄭珍：《説文新附考》卷6，收入《續修四庫全書》第223册，上海古籍出版社，2002年，頁328。
[2]　趙懷玉校本《韓詩外傳》卷2，收入《龍溪精舍叢書》，本卷頁16。
[3]　章太炎：《膏蘭室札記》卷2，收入《章太炎全集(1)》，上海人民出版社，1982年，頁150。
[4]　黃侃：《字通》，收入《説文箋識》，中華書局，2006年，頁145。
[5]　趙少咸説轉引自趙幼文：《〈韓詩外傳〉識小》，《金陵學報》第8卷第1、2期合刊，1938年，頁109。
[6]　賴炎元：《韓詩外傳校勘記》，(香港)《聯合書院學報》第1期，1962年，頁29。賴氏《校勘記》頁34讀發爲廢，又校“亡生”作“忘先”，頁47校“愚民”作“寅人”，頁57讀彼爲佊，讀恨爲很，皆竊自趙説。頁37謂“固禮猶厚禮”，以駁趙懷玉改作“因禮”不當；其實趙懷玉説是，賴氏竊其文而不能辨其誤也。不備舉。
[7]　趙善詒：《韓詩外傳補正》，商務印書館，1938年，頁68。
[8]　王天海：《荀子校釋》，上海古籍出版社，2005年，頁66。
[9]　孫詒讓：《荀子校勘記上》，收入《籀廎遺著輯存》，中華書局，2010年，頁504。
[10]　朱謀㙔：《駢雅》卷1，收入《叢書集成新編》第38册，新文豐出版公司，1985年，頁336。

著作中當亦有楚語也。"繫戻"是"夐娿"音轉。據《説文》,"夐"、"娿"本義皆爲頭傾斜不正貌,同義連文。"夐娿"引申指乖迕於人。字亦作"夐娄",蔣斧印本《唐韻殘卷》:"夐娄,多莭(節)目。"又作"契綀",《太平廣記》卷255引《啓顔録》:"毛賊翻爲墨槽,傍邊有曲録鉄,翻爲契綀禿。"倒言則作"娿夐",敦煌寫卷P.2717《碎金》:"娿夐:音列挈。""戻"、"列(娄)"古音通轉。《廣韻》:"夐,娄夐,多節目也。""多節目"謂木理不順,亦引申指好多事而乖迕於人。倒言亦作"戻契",《增韻》:"契,戻契,不平正貌。戻音列。"洪頤煊曰:"韋昭曰:'古文隔爲擊。'擊戻即隔背,高註非。"馬宗霍説略同[1]。"隔"、"夐"、"契"音亦相轉,洪説是也。尚節之曰:"以文理言,'擊戻'應爲殘疾。'擊'字義頗難通,註及謝校,都不之及。考下《王制篇》借擊爲覢,覢、擊音近故通用。兹仍斷爲同音相借之字。註言'猶了戻',了與擊音不類,非也。若元刊之孑字,音結,與擊音同。孑,《説文》'無右臂'形。而孒(孓)字音厥,《説文》'無左臂'形。而戻字音列,與孓音近。孑孓皆殘廢之疾。疑'擊戻'即'孑孓',音近通用,元刊不訛也。"[2]尚節之謂元刊作"孑戻"與"擊戻"音近,其説是也,馬宗霍亦謂楊註"猶言了戻"非是;但尚節之解作"孑孓",以爲是無左右臂的殘廢之疾,則未是。陳·江總《梁故度支尚書陸君誄》:"念君桑梓零落凋枯,傷君井邑孑戻崎嶇。"亦有"孑戻"一詞。五代·歐陽炯《題景煥畫應天寺壁天王歌》:"遍身蛇虺亂縱横,遶頷髑髏乾孑裂。""孑裂"即"孑戻",亦即"夐娿"、"契綀"。⑦《非相篇》:"古者桀紂長巨姣美,天下之傑也;筋力越勁,百人之敵也。"楊倞註:"姣,好也。越,過人也。勁,勇也。"王念孫曰:"越者,輕也。字本作娀,《説文》:'娀,輕也。'……《説文》:'跀,輕足也。'義亦與'越'同。"孫詒讓、王先謙從王説[3]。物双松曰:"越,俗語'愈'也。"久保愛曰:"越勁,其强勁超越於衆也。"于省吾曰:"《廣雅》:'越,疾也。'謂敏疾也。"梁啓雄從于説。王天海曰:"越勁,超越常人之勁力,猶强勁。"[4]王念孫、于省吾説是也,王引之説同[5],王先謙、孫詒讓從王念孫説[6]。王天海失於採擇。但"娀"是輕薄、輕侮義(《廣雅》:"娀、狋、傷、侮、懷、忽,輕也。"諸字義同),非本字,王念孫説稍疏。當以"跀"爲本字,《廣雅》:"跀,疾也。"⑧《校釋》第625頁引劉師培説,謂"'貢'疑'賁'訛,'賁'與'赦'同",王氏不知劉氏後來已自訂其説,改作"'貢'字係'置'字之訛",蔣禮鴻説同[7],皆不知引徵,此又其疏也。

---

[1] 洪頤煊:《讀書叢録》卷16,收入《續修四庫全書》第1157册,上海古籍出版社,2002年,頁699。馬宗霍:《淮南舊註參正》,齊魯書社,1984年,頁222,下引同。
[2] 尚節之:《荀子古訓考》,北京《雅言》1941年第5期,頁28。
[3] 孫詒讓:《荀子校勘記上》,收入《籀廎遺著輯存》,中華書局,2010年,頁512。
[4] 王天海:《荀子校釋》,上海古籍出版社,2005年,頁170。
[5] 王引之:《經義述聞》卷16,江蘇古籍出版社,1985年,頁389。
[6] 王先謙:《荀子集解》,中華書局,1988年,頁75。孫詒讓:《荀子校勘記上》,收入《籀廎遺著輯存》,中華書局,2010年,頁512。
[7] 劉師培:《荀子補釋》,收入《劉申叔遺書》,頁960。蔣禮鴻:《讀荀子集解》,收入《蔣禮鴻集》卷3,浙江教育出版社,2001年,頁284。

　　二、王氏失引有清以來許多學者的新成果。以《校釋》出版前三年即 2002 年爲限，就目力所及，列舉其要者如下：①《荀子》專書或專篇研究成果：惠棟《荀子微言》[1]，顧廣圻《荀子校記》、《荀子》校本[2]，江有誥《荀子韻讀》[3]，惠士奇、惠棟、沈大成校明刻六子全書本《荀子》[4]，顧洢荮《荀子異同》，陳碩甫《荀子異同》，陳觀樓《荀子正誤》，戴望《荀子校勘記》[5]，劉光蕡《〈荀子・議兵篇〉節評》[6]，方光《〈荀子・非十二子篇〉釋》[7]，許瀚《〈荀子・成相篇〉句例説》、《〈賦篇〉衍文》[8]，鍾泰《〈荀註訂補〉補》[9]，劉文典《讀荀子偶識》[10]，楊樹達《鍾泰〈荀註訂補〉》[11]，邵瑞彭《荀子小箋》[12]，馮振《荀子講記》[13]，余戴海《荀子字義疏證》、《荀子字義疏證（續）》、《荀子詩説》[14]，張蔭麟《〈荀子・解蔽篇〉補釋》[15]，鄧戛鳴《荀子札記》、《荀子札記（續）》[16]，劉盼遂《〈荀子・正名篇〉札記》、《荀子校箋》[17]，沈瓞民（祖緜）《讀荀臆斷》[18]，沈延國《讀書雜録・荀子》[19]，蔣禮鴻《讀〈荀子集解〉》、《荀子餘義（上）》[20]，章書簡《荀子札記》[21]，尚節之《荀子古訓考》、《荀子古訓考續》[22]，朱師轍《〈荀子・成相篇〉韻讀補釋》[23]，徐仁甫《荀子辨正》、《跋對雨樓本〈荀子考異〉》[24]，方竑《讀

[1]　惠棟：《荀子微言》，收入《續修四庫全書》第 932 册，上海古籍出版社，2002 年，頁 463—483。
[2]　顧廣圻：《荀子校記》，收入蔣光煦《斠補隅録》，收入《叢書集成初編》第 113 册，頁 233—250。顧廣圻：《荀子》校本，王念孫：《荀子雜志補遺附録》，收入《讀書雜志》卷 12，中國書店，1985 年。
[3]　江有誥：《荀子韻讀》，《江氏音學十書・先秦韻讀》，收入《續修四庫全書》第 248 册，頁 206—211。
[4]　惠士奇、惠棟、沈大成校明刻六子全書本《荀子》，藏上海圖書館。
[5]　戴望：《荀子校勘記》，藏浙江大學圖書館。
[6]　劉光蕡：《〈荀子・議兵篇〉節評》，收入《煙霞草堂遺書》，民國十二年刻本。
[7]　方光：《〈荀子・非十二子篇〉釋》，民國十七年排印本。
[8]　許瀚：《〈荀子・成相篇〉句例説》、《〈賦篇〉衍文》，收入《攀古小廬全集（上）》，齊魯書社，1985 年，頁 144—146。
[9]　鍾泰：《〈荀註訂補〉補》（蔣禮鴻輯録），收入《蔣禮鴻集》卷 6，浙江教育出版社，2001 年，頁 454—461。
[10]　劉文典：《讀荀子偶識》，收入《群書斠補》，《劉文典全集（3）》，安徽大學出版社、雲南大學出版社，1999 年，頁 640—650。
[11]　楊樹達：《鍾泰〈荀註訂補〉》，《清華學報》1937 年第 11 卷第 1 期，頁 219—239。
[12]　邵瑞彭：《荀子小箋》，《唯是》1920 年第 3 期，頁 22—29。
[13]　馮振：《荀子講記》，無錫《國光》1929 年第 1 期，頁 33—44。馮振：《荀子講記（續）》，《大夏季刊》1929 年第 1 卷第 2 期，頁 165—174。
[14]　余戴海：《荀子字義疏證》、《荀子字義疏證（續）》，《實學》1926 年第 1、3 期，頁 22—27、35—40。二文未完，續篇吾未見。余戴海：《荀子詩説》，《實學》1926 年第 2 期，頁 45—50。
[15]　張蔭麟：《〈荀子・解蔽篇〉補釋》，《清華週刊》十五週年紀念增刊，1926 年。
[16]　鄧戛鳴：《荀子札記》，《國專月刊》1935 年第 2 卷第 2 期，頁 60—64。鄧戛鳴：《荀子札記（續）》，《國專月刊》1936 年第 2 卷第 5 期，頁 49—52。
[17]　劉盼遂：《〈荀子・正名篇〉札記》，《清華週刊》1926 年第 25 卷第 10 期，頁 603—605；又收入《劉盼遂文集》，北京師範大學出版社，2002 年，頁 336—338。劉盼遂先生未曾刊佈的〈荀子校箋〉手稿，收入《劉盼遂文集》，頁 1—9。
[18]　沈瓞民：《讀荀臆斷》，《制言》1939 年第 58 期。
[19]　沈延國：《讀書雜録・荀子》，《制言》1936 年第 16 期。
[20]　蔣禮鴻：《讀〈荀子集解〉》，收入《蔣禮鴻集》卷 3，浙江教育出版社，2001 年，頁 275—291。蔣禮鴻：《荀子餘義（上）》，《中國文學會集刊》1936 年第 3 期，頁 61—88；此文《蔣禮鴻集》失收，下篇未見。
[21]　章書簡：《荀子札記》，安慶《學風》1937 年第 7 卷第 2 期，頁 1—8。
[22]　尚節之：《荀子古訓考》，北京《雅言》1941 年第 5—7 期。
[23]　朱師轍：《〈荀子・成相篇〉韻讀補釋》，《中山大學學報》1957 年第 3 期，頁 42—47。
[24]　徐仁甫：《荀子辨正》，收入《諸子辨正》，成都出版社，1993 年，頁 119—159。徐仁甫：《跋對雨樓本〈荀子考異〉》，《志學》1944 年第 13 期，頁 14—15。

〈荀子·解蔽篇〉札記》[1]，周大璞《荀子札記》[2]，胡懷琛《王念孫〈讀書雜志〉正誤·荀子》[3]，高亨《讀荀箋記》[4]，趙海金《荀子校補》、《荀子校釋》、《荀子校釋（上篇）〈荀子集解〉補正》、《荀子補遺（之一）》[5]，王叔岷《荀子斠理》[6]，阮廷焯《荀子斠證》、《校書堂札迻·荀子》[7]，郭在貽《荀子札記》[8]，韋政通《〈荀子·天論篇〉試釋》、《〈荀子·解蔽篇〉試釋》、《〈荀子·性惡篇〉試釋》[9]，張亨《讀〈荀子〉札記》、《荀子假借字譜》[10]，黃淑灌《〈荀子·非十二子篇〉辨證》、《〈荀子·非十二子篇〉詮論》[11]，韋日春《〈荀子·天論篇〉纂註》[12]，毛子水《荀子訓解補正》[13]，饒彬《荀子疑義集釋——〈勸學篇〉第一》、《荀子疑義輯釋》、《〈荀子·非相篇〉研究》[14]，劉文起《荀子正補》[15]，金德建《荀子零箋續》、《荀子零箋再續》[16]，伍非百《〈荀子·正名〉解》[17]，王顯《〈荀子·成相〉校註》[18]，廖名春《荀子新探》[19]。② 有清以降的學術筆記中也有涉及《荀子》者，王氏《校釋》亦未能註意：洪頤煊《讀書叢録》卷 15[20]，姚範《援鶉堂筆記》卷 50[21]，徐時棟《煙嶼樓讀書志》卷 14[22]，蔣超伯《南漘楛語》卷 7《讀荀子》[23]，

---

［１］　方竑：《讀〈荀子·解蔽篇〉札記》，重慶《中國文學》1945 年第 1 卷第 5 期，頁 11—31。

［２］　周大璞：《荀子札記》，《清議》1948 年第 1 卷第 9 期，頁 25—28。

［３］　胡懷琛：《王念孫〈讀書雜志〉正誤·荀子》，收入《叢書集成續編》第 24 冊，臺灣新文豐出版公司 1988 年印行，頁 667—668。

［４］　高亨：《讀荀箋記》，《東北叢刊》1931 年第 17 期，本文頁 1—12。

［５］　趙海金：《荀子校補》，《大陸雜誌》1960 年第 21 卷第 3 期。趙海金：《荀子校釋》，《大陸雜誌》1961 年第 23 卷第 3 期。趙海金：《荀子校釋（上篇）〈荀子集解〉補正》，《國科會報告》，1962 年。趙海金：《荀子補遺（之一）》，《大陸雜誌》1962 年第 24 卷第 7 期。

［６］　王叔岷：《荀子斠理》，收入《諸子斠證》，臺灣世界書局，1963 年，頁 177—259。

［７］　阮廷卓：《荀子斠證》，1959 年自印本。阮廷焯：《校書堂札迻·荀子》，香港《聯合書院學報》1967 年第 6 期，頁 130—131。

［８］　郭在貽：《荀子札記》，收入《郭在貽文集》卷 3，中華書局，2002 年，頁 7—10。

［９］　韋政通：《〈荀子·天論篇〉試釋》、《〈荀子·解蔽篇〉試釋》、《〈荀子·性惡篇〉試釋》，（香港）《人生》1960—1961 年第 20 卷第 2 期、第 20 卷第 9—10 期、第 21 卷第 11 期。

［10］　張亨：《讀〈荀子〉札記》，《大陸雜誌》1961 年第 22 卷第 8、9 期。張亨：《荀子假借字譜》，《臺灣大學中文研究所》，1959 年。

［11］　黃淑灌：《〈荀子·非十二子篇〉辨證》，（臺灣）《師範大學國文研究所》，1966 年。黃淑灌：《〈荀子·非十二子篇〉詮論》，（臺灣）《師大國文研究所集刊》1967 年第 11 期上。

［12］　韋日春：《〈荀子·天論篇〉纂註》，（臺灣）《中華學苑》1972 年第 9 期。

［13］　毛子水：《荀子訓解補正》，臺灣華正書局，1980 年。

［14］　饒彬：《荀子疑義集釋——〈勸學篇〉第一》，（臺灣）《文風》1971 年第 20 期。饒彬：《荀子疑義輯釋》，臺灣蘭臺書局，1977 年。饒彬：《〈荀子·非相篇〉研究》，《國文學報》1976 年第 5 期。

［15］　劉文起：《荀子正補》，臺灣師範大學國文研究所 1980 年博士學位論文。

［16］　金德建：《荀子零箋續》、《荀子零箋再續》，并收入《先秦諸子雜考》，中州書畫社 1982 年版，頁 176—211。

［17］　伍非百：《〈荀子·正名〉解》，收入《中國古名家言》，中國社會科學出版社，1983 年，頁 713—753。

［18］　王顯：《〈荀子·成相〉校註》，《古籍研究》總第 4 期 1987 年第 2 期。

［19］　廖名春：《荀子新探》，臺灣文津出版社，1994 年。

［20］　洪頤煊：《讀書叢録》卷 15，收入《續修四庫全書》第 1157 冊，頁 687—691。

［21］　姚範：《援鶉堂筆記》卷 50，收入《續修四庫全書》第 1149 冊，頁 171。

［22］　徐時棟：《煙嶼樓讀書志》卷 14，收入《續修四庫全書》第 1162 冊，頁 570—574。

［23］　蔣超伯：《讀荀子》，收入《南漘楛語》卷 7，《續修四庫全書》第 1161 冊，頁 355—358。

姚鼐《惜抱軒筆記》卷 7[1]，朱亦棟《群書札記》卷 9[2]，牟廷相《雪泥書屋雜志》卷2[3]，文廷式《純常子枝語》卷 15[4]，王汝璧《芸簏偶存》卷 2[5]，章太炎《膏蘭室札記》卷 2、3[6]，馬叙倫《讀書續記》卷 2[7]。

　　三、王氏不通小學，隔於古音，疏於訓詁，憑空增添錯誤説法，又喜臆改古書，所出新見常常牽强附會；凡逢作者自出手筆，便多荒陋。其所説音轉通假，除常見通假字外，甚無可取。我曾在拙著《荀子校補》中隨文舉正，這裏聊舉數例：①《不苟篇》：“其誰能以己之漼漼，受人之掝掝者哉？”楊倞註：“漼漼，明察之貌。漼，盡[也]，謂窮盡明於事。‘掝’當爲‘惑’。掝掝，昏也。《楚詞》曰：‘安能以身之察察，受物之昏昏者乎？’”郝懿行曰：“《外傳》卷 1 作‘莫能以己之嚼嚼，容人之混汙然’[8]。‘嚼’與‘漼’古音同，‘混汙’與‘掝掝’音又相轉，此皆假借字耳。《楚詞》作‘察察’、‘汶汶’，當是也。”久保愛曰：“漼漼，舊作‘僬僬’，觀訓盡，則誤也。”豬飼彦博曰：“漼，當作‘燋’，明貌。”王先謙曰：“焦、爵雙聲，故‘嚼嚼’亦爲‘漼漼’也。‘掝’當爲‘惑’，楊説是也。字書無‘掝’字，蓋‘惑’亦作‘惐’，遂轉寫爲‘掝’耳。”高亨曰：“漼漼者，潔白也。掝掝者，汙黑也。漼，借爲嚼，郝、王説是也。掝，借爲黬。《説文》：‘黬，羔裘之縫。’黬既從黑，則必有黑義。黑者必汙，故黬亦兼有汙義。”王天海曰：“漼漼，明察貌。掝掝，疑‘惐惐’之訛。‘漼漼’可讀‘皎皎’，即潔白之貌。‘掝掝’可讀作‘黑黑’，即汙黑之貌。如此則勝于楊註也。”[9]“漼漼”讀爲“嚼嚼”，郝懿行、王先謙説是也。“掝掝”亦作“惑惑”、“域域”、“棫棫”，古字作“或或”。朱駿聲曰：“惑，字亦作惐，誤作掝。”[10]“汶汶”讀爲“昏昏”、“惛惛”，省作“文文”，亦作“忞忞”[11]。王天海妄説通借云“掝可讀作黑”，而竟自許“勝於楊註”。高亨讀掝爲黬，非是。②《不苟篇》：“夫富貴者，則類傲之；夫貧賤者，則求柔之。”楊倞註：“富貴之類，不論是非，皆傲之也。見貧賤者，皆柔屈就之也。”孫詒讓曰：“‘類’與‘戾’通。類、傲二字平列，與‘求柔’文正相對。”俞樾曰：“求，猶務也。”于鬯曰：“‘類’當作‘頪’，又爲‘纇’之借字，書傳又用‘藐’字居多。”物双松曰：“求柔之，務求柔安之也。”久保愛引古屋鬲曰：“類，率也。”朝川鼎曰：“先君曰：‘類疑當作頪。頪，貌古

［1］　姚鼐：《惜抱軒筆記》卷 7《子部·荀子》，收入《叢書集成三編》第 5 册，臺灣新文豐出版公司，1985 年，頁 670；又收入《續修四庫全書》第 1152 册，頁 199。
［2］　朱亦棟：《群書札記》卷 9，收入《續修四庫全書》第 1155 册，頁 122—123。
［3］　牟廷相：《雪泥書屋雜志》卷 2、4，收入《續修四庫全書》第 1156 册，頁 488、490、493、494、521。
［4］　文廷式：《純常子枝語》卷 15，收入《續修四庫全書》第 1165 册，頁 203—208。
［5］　王汝璧：《芸簏偶存》卷 2，收入《續修四庫全書》第 1462 册，頁 79—80。
［6］　章太炎：《膏蘭室札記》卷 2、3，收入《章太炎全集(1)》，上海人民出版社，1982 年，頁 149—150、227、241、296。
［7］　馬叙倫：《讀書續記》卷 2，中國書店，1985 年，本卷頁 52—53。
［8］　王天海竟以“然”屬下句首，而不一檢《外傳》原文。
［9］　王天海：《荀子校釋》，上海古籍出版社，2005 年，頁 101。
［10］　朱駿聲：《説文通訓定聲》，武漢市古籍書店，1983 年，頁 222。
［11］　參見蕭旭：《〈敦煌變文〉校補(一)》，收入《群書校補》，廣陵書社，2011 年，頁 1174。又參見蕭旭：《孔子家語校補》，收入《群書校補(續)》，花木蘭文化出版社，2014 年，頁 394。

字。貌傲者,貌恭之反。'"熊公哲曰:"類,猶例也。"楊柳橋曰:"類,皆也。求,終也。終,竟也。竟,周徧也。是'求'有周徧之義。"王天海曰:"求,盡也,全也。楊註已訓類、求爲皆,而説者不察,故多歧説也。"[1]"求"無"皆"義,楊柳橋轉展説之,非是。求訓等,是匹配義,不得轉訓同,冢説亦非。楊註但説句義,非訓類、求爲皆。王天海之察,如不察耳。孫詒讓説是,梁啟雄從其説[2]。鄧憂鳴曰:"蓋'類'當與'纇'字意同。纇,戾也。"[3]鄧説亦是。求,讀爲優。"優柔"與"戾傲"文正相對。③《榮辱篇》:"所謂以狐父之戈钃牛矢也。"楊倞註:"钃,刺也。古良劍謂之屬鏤,亦取其刺也。或讀钃爲斫。"郝懿行曰:"钃訓刺,亦未聞。"劉師培曰:"钃,當訓斫。"徐復曰:"楊註本作'或讀爲钃斫',所以註'钃'字讀音。钃訓刺,當爲'擉'字之假借。"王天海曰:"钃,同'斸'。《釋名》:'钃,誅也,主以誅鉬根株也。'《玉篇》:'钃,鉬也。'《集韻》:'斸,《説文》:斫也。'或從金。'《正字通》:'钃,同"斸"。'民國元年修《定海縣誌》:'今謂以小鉬拾狗糞曰钃。'此皆可證'钃'當爲'鋤'一類農具,引申爲鋤拾之動作。又作剗除用。楊註訓钃爲刺,非也。"[4]王天海所説,自《定海縣誌》以上,皆鈔自《漢語大字典》而不作説明[5]。王天海説"以戈鋤牛屎",殊爲不辭。狐父之戈自當言擊刺,不當訓鋤拾,楊註不誤。徐復讀钃爲擉,是也,然未探本。擉之言觸也,觸及,引申之則爲擊刺。字亦作皷、斁,《集韻》:"皷,擊也。"又"斁,擊也。"钃、斸爲鋤名,亦取義於斫擊。④《非相篇》:"昔者衛靈公有臣曰公孫呂,身長七尺,面長三尺。"王天海曰:"面長三尺,乃言背長三尺。《正字通》:'面,背也。'《漢書·項籍傳》:'馬童面之。'顏註:'面,謂背之。'《後漢書·光武帝紀》李賢註:'面,偝也。'"[6]王天海訓面爲背至陋。"面"訓背(偝)者,是動詞背向、反向義,本字作偭,《説文》:"偭,鄉(向)也。"《廣雅》:"偭,偝也。"王氏所引三證,皆此義,而非名詞胸背之背。⑤《非相篇》:"傅説之狀,身如植鰭。"王天海曰:"諸説皆牽強也。今謂'鰭'或'鱗'字之誤也。《説文》、《爾雅》、《廣雅》并無'鰭'字,《左傳》、《詩經》、《論語》、《孟子》皆無'鰭'字,故疑'鱗'字之訛。植鱗,植被魚甲。"[7]王天海妄説妄改,毫無根據。方以智曰:"傅説如植鰭,言乾瘦也。"[8]方説是也。植,豎立。身如植鰭,言傅説之背脊如魚植立之鰭骨薄瘠。"鰭"字見於《禮記·少儀》、司馬相如《上林賦》。古書或作"鬐"字,《儀禮·士喪禮》:"載魚,左首進鬐。"鄭玄註:"鬐,脊也。"《莊子·外物》:"(大魚)揚而奮鬐。"字亦省作者,《文選·七發》:"薄耆之炙,鮮鯉

[1]　王天海:《荀子校釋》,上海古籍出版社,2005年,頁114。
[2]　梁啟雄:《荀子簡釋》,中華書局,1983年,頁32。
[3]　鄧憂鳴:《荀子札記(續)》,《國專月刊》1936年第2卷第5期,頁51。
[4]　王天海:《荀子校釋》,上海古籍出版社,2005年,頁126。
[5]　《漢語大字典》(縮印本),湖北辭書出版社、四川辭書出版社,1992年,頁1780。
[6]　王天海:《荀子校釋》,上海古籍出版社,2005年,頁163。
[7]　王天海:《荀子校釋》,上海古籍出版社,2005年,頁167。
[8]　方以智:《通雅》卷18,收入《方以智全書》第1册,上海古籍出版社,1988年,頁623。

之鱠。”李善註：“薄切獸者之肉而以爲炙也。者，今人謂之者頭。”馬脊上鬣爲鬐，魚脊上骨爲鰭，獸脊上肉爲者，其義一也。“鰭”即“鬐”分別字。王天海拘於字形，不能因聲求義，會通群書，而好逞臆妄改古書，甚不足取。⑥《非十二子篇》：“其冠進。”楊倞註：“進，謂冠在前也。”王天海曰：“進，通‘緊’。”王天海妄説音轉，必不足信。本書《儒效篇》：“逢衣淺帶，解果其冠。”“解果”是狀其冠高貌，此“進”字謂其冠向前而高出，與下文“其冠絻（俛）”指其冠向前而低俯對文。楊説不誤。

　　四、王氏引録別人意見，常有錯字，鈔書不認真。這類錯誤不勝枚舉，我曾在拙著《荀子校補》中隨文舉正。這裏舉《校補》中未列的數例：①《校釋》第254頁引鍾泰説：“‘道’與‘諂’同。”鍾氏原文“諂”作“諂”，“道”、“諂”音之轉耳，“諂諛”或音轉作“道諛”，是其例也。②《校釋》第477頁引王先謙説，引《易略例》“大闔謂之蔀”，王天海把“大”誤鈔作“夫”，則不知所云。③《校釋》第552頁引久保愛説“痤，妨害之意”，“意”誤作“害”。④《校釋》第554頁引梁啓雄説，“漫”誤作“慢”，“流蕩”誤作“流淫”。⑤《校釋》第674頁引郝懿行説，引《少儀》“埽席前曰拚”，“前”誤作“見”。⑥《校釋》第675頁“扞”誤作“干”；又引《意林》“不救流矢”，“救”誤作“見”。⑦《校釋》第690頁引俞樾説，引《説文》“茍，自急敕也”，“茍（jì，從羊省）”誤作“苟（gǒu，從艸）”，俞氏又云“經傳通作亟”，王天海不思“苟（gǒu）”無自急敕之訓，亦無通“亟”之理，二字音義全別（此承中華書局1988年出版的《荀子集解》點校本第312頁之誤，董治安《荀子彙校彙註》第551頁引亦誤）。⑧《校釋》第791頁引《士喪禮》鄭註“軸，輁軸也，輁狀如牀”，“狀”誤作“牀”。⑨《校釋》第811頁引鄭玄註“盡於此不可過”，“盡”誤作“益”；引孔穎達疏“形見也”，當點作“形，見也”。

　　五、王氏常常讀不懂古書，而致標點錯誤。這類錯誤也不勝枚舉，我曾在拙著《荀子校補》中隨文舉正。這裏舉《校補》中未列的三個顯例：①《校釋》第1049頁正文“如之何憂禮之長也”，王氏竟以“如之”二字爲句。②《校釋》第167頁引劉師培説：“《御覽》卷740引《荀卿子》‘周公僂背希麟’，《續一切經音義》卷6引《荀子》‘周公背傴’。”王氏居然不知“希麟”是《續一切經音義》的作者而誤屬上句；《希麟音義》并非僻書，即使不之知而强作《校釋》，但只要檢查一下《御覽》原文，也能發現《御覽》没有“希麟”二字，且董治安《彙校彙註》不誤，王氏讀書不細歟？③《校釋》第1043頁引物双松説：“《路史》曰：‘禹師於大成摯，暨墨如子高，學於西王悝。’”王氏於“暨墨”及“子高”旁標人名專線，則是以“暨墨”爲人名，王氏居然不知“暨”是連詞（猶及也，與也），“大成摯”與“墨如子高”二個人名并列，都是禹的老師。《潛夫論·讚學》：“禹師墨如。”《路史》卷24：“禹師墨如，或云墨台。”此其確證。當點作：“禹師於大成摯暨墨如子高。”又上文引“《世紀》尹壽爲許由友”八字是《路史》羅苹註語，王氏標于羅氏註語引號外，亦疏甚矣。

　　上面所舉五端，猶其小者，吾通讀其書，發現《校釋》一書的致命傷是其書所謂的新見、創見，多係鈔撮前人舊説而隱没其名，在學術上無所發明。陰襲前人舊作整合成書，這等手法，焉能盡欺天下之學人？

《校釋》第 504 頁指出盧文弨襲用王應麟《困學紀聞》説，又指摘李滌生《荀子集釋》"迻述他人之説而不指明出處，亦是其病"[1]。必須指出，王天海徵引文獻雖不完備，但其書自居創獲之見，實則暗襲他人之説而不言出處者甚多，我曾在拙著《荀子校補》所涉及的條目中分别指出，《校補》未及的條目，兹舉十證如下，以示所言不誣：① 以短篇《仲尼篇》的《校釋》爲例，《校釋》第 244 頁説"安，語詞，乃也"，是暗襲楊樹達的説法[2]；第 246 頁説"廣，厚也"云云，是暗襲龍宇純的説法[3]；第 249 頁説"徒、獨雙聲"云云，是暗襲包遵信的説法[4]；第 251 頁説"理，猶順也"，是暗襲楊柳橋的説法[5]。龍、包、二楊的論著，王天海都引用過，於此等處不指明出處，以按語作爲自己的創見，非竊而何？王天海於八年後又對《仲尼篇》作修訂，以論文單獨發表，上舉四例，他仍然作爲自己的説法[6]，看來是"自樂而不改"了。②《校釋》第 483 頁註(36)(37)、第 521 頁註(19)的校語，是暗襲劉師培的説法[7]。③《校釋》第 502 頁"及猶追也"，第 1039 頁註(12)疑楊註"器用"是"用器"誤倒，是暗襲龍宇純的説法[8]。④《校釋》第 640 頁云"'粥'通'鬻'"，是暗襲梁啟雄、董治安的説法[9]。⑤《校釋》第 806 頁云"動，通'慟'"，是暗襲劉如瑛的説法[10]。⑥《校釋》第 830 頁註(13)云"'是'疑因'足'字而衍"，是暗襲劉師培的説法[11]。⑦《校釋》第 894 頁舉《天論篇》駁楊註"天官"包含"心"説，是暗襲劉念親的説法[12]。⑧《校釋》第 909 頁註(16)云"楊註'麗同'下似脱'儷'字"，是暗襲盧文弨的説法[13]。⑨《校釋》第 930 頁説"粥，通'育'，養也"，是暗襲

[1] 王天海：《荀子校釋前言》，頁 8；又見王天海《〈荀子〉校勘註釋源流考》，《貴州民族學院學報》2005 年第 5 期，頁 101。

[2] 楊樹達：《詞詮》，中華書局，1954 年，頁 459。

[3] 龍宇純：《讀荀卿子三記》，收入《荀子論集》，學生書局，1987 年，頁 246。

[4] 包遵信：《讀〈荀子〉札記(上)》，《文史》1978 年第 5 輯，頁 208。

[5] 楊柳橋：《荀子詁譯》，齊魯書社，1985 年，頁 144。

[6] 王天海、宋漢瑞：《〈荀子·仲尼篇〉校釋訂補》，《邯鄲學院學報》2013 年第 3 期，頁 10、11、12、13。

[7] 劉師培：《荀子斠補》，收入《劉申叔遺書》，江蘇古籍出版社，1997 年，頁 917。

[8] 龍宇純：《讀荀卿子三記》，收入《荀子論集》，頁 262、319。

[9] 梁啟雄：《荀子簡釋》，中華書局，1983 年，頁 204。董治安、鄭傑文：《荀子彙校彙註》，收入《齊文化叢書(2)》，齊魯書社，1997 年，頁 501。梁氏原文説"粥是鬻字之誤省"，王氏稍易其辭。

[10] 劉如瑛：《荀子箋校商補》，收入《諸子箋校商補》，山東教育出版社，1995 年，頁 23。

[11] 劉師培：《荀子斠補》，收入《劉申叔遺書》，頁 925。

[12] 劉念親：《〈荀子·正名篇〉詁釋》，《華國月刊》1924 年第 1 卷第 11 期，頁 3。王天海此篇別處註釋引過劉念親説，可證他是知道劉氏此文的。

[13] 盧文弨、謝墉：《荀子》校本，收入《諸子百家叢書》，上海古籍出版社影印浙江書局本，1989 年，頁 134。盧氏原文曰："註'麗與儷同'，舊本脱'與儷'二字，今補。"王氏改作"麗同儷"耳。嚴元照云："先生(引者按：指盧文弨)所校書，自付梓者，如《逸周書》、《白虎通》等是也；它人出貲者，則不自署名。若《荀子》則嘉善謝，《呂覽》則鎮洋畢，《韓詩外傳》則武進趙，唯以書之流播爲樂，不務以劉向、揚雄自詡也。"嚴元照曾向盧抱經問學，當知此事之原委，則謝墉校語實出自盧文弨之手也。嚴元照《又書盧抱經先生札記後》，收入《悔菴學文》卷 8，陸心源輯《湖州叢書》本。

于省吾的説法[1]。⑩《校釋》第 961 頁註(5)駁王念孫據《御覽》改"苦"爲"共"之失，是暗襲駱瑞鶴的説法[2]。

　　除上舉十證外，更舉一顯證，《校釋》第 244 頁云："天海按：《意林》卷 1 引《管子》、《新語·無爲篇》、《説苑·尊賢篇》、《論衡·書虛篇》等，皆言及桓公淫其姑姊妹之事。"所引四書史實，皆鈔自魯實先説[3]，《管子》見今《小匡篇》，魯實先未能檢得出處，從《意林》轉引，王天海也轉引，只是補出了《意林》見卷 1，算有一點進步。

　　至可笑者，王天海指摘李滌生不指明出處，而自己却又暗襲李滌生説，《校釋》第 385 頁説"備，滿也"云云，即是暗襲李氏的説法[4]。更有甚者，王天海連王念孫的説法也作爲己有，聊舉數例：①《王制篇》"詐故"一詞，王先謙指出參見《王霸篇》，在《王霸篇》的《集解》中引了王念孫的説法，王念孫的説法出自王引之《經義述聞》卷 13[5]，而在《荀子雜志》中没有出現，《校釋》第 417 頁移花接木，引用其中一部分材料作爲自己的按語。②《勸學篇》："鍥而舍之，朽木不折；鍥而不舍，金石可鏤。"王念孫曰："作'知'者原本，作'折'者後人依《荀子》改之也。《晉書·虞溥傳》：'剨而舍之，朽木不知。'所引即《大戴禮》文。'知'與'折'古字通。"[6]王天海曰："《晉書·虞溥傳》云云，亦本此文。"[7]王天海不引王念孫説，而作己説。③《榮辱篇》："陶誕突盗。"王天海曰："突盗，欺詐掠奪。突，欺詐也。《廣雅》：'突，欺也。'王念孫《疏證》：'謂詐欺也。'楊註未得，他説皆未切。"[8]考《廣雅》："遁、詐、僞、突，欺也。"王念孫曰："突者，《荀子·榮辱篇》云云。陶誕突盗，皆謂詐欺也。《賈子·時變篇》云：'欺突伯父。'"[9]王念孫已把此篇的"突"訓作欺詐，王天海引王氏《疏證》，只引"謂詐欺也"四字，似乎此篇的"突"訓欺詐，是出於他的發明，而不忘批評天下人"他説皆未切"，欺天下人皆未讀《廣雅疏證》乎？④《校釋》第 591—592 頁引郝懿行説"險當爲儉"，王天海謂"郝説是，他説非"，而不引王念孫證成郝氏的説法[10]，王天海的做法實是陰襲王念孫説而陽没其名者也。

　　徐復先生去世前一年給王天海《校釋》作《序》，稱此書"體大思精，鉅細無遺"，又云："余閲其部分篇目，覺其體例妥善，勝義稠疊，允爲荀學功臣，欽遲無已。"這是前輩

---

[1]　于省吾：《荀子新證》卷 3，收入《雙劍誃諸子新證》，中華書局，2009 年，頁 533。
[2]　駱瑞鶴：《荀子補正》，武漢大學出版社，1997 年，頁 166—167。
[3]　魯實先：《荀子札記》，《責善》半月刊，1941 年第 1 卷第 23 期，頁 14。王天海是知道魯氏此文的，見《校釋》第 1275 頁附録《〈荀子校釋〉引用及參攷文獻列目》第 103 種，可以排除暗合的可能性。
[4]　李滌生：《荀子集釋》，學生書局，1979 年，頁 183。
[5]　王先謙：《荀子集解》，第 227 頁。王引之：《經義述聞》卷 13，江蘇古籍出版社，1985 年，頁 303。
[6]　王念孫説轉引自王引之：《經義述聞》卷 12，江蘇古籍出版社，1985 年，頁 295。
[7]　王天海：《荀子校釋》，上海古籍出版社，2005 年，頁 19。
[8]　王天海：《荀子校釋》，上海古籍出版社，2005 年，頁 136。
[9]　王念孫：《廣雅疏證》，收入徐復主編《廣雅詁林》，江蘇古籍出版社，1992 年，頁 184。
[10]　王念孫：《荀子雜志》，收入《讀書雜志》卷 11，中國書店，1985 年，本卷頁 43。

學者厚道,是鼓勵的話,《校釋》一書絕非蘭陵功臣。徐復先生的弟子王繼如教授説:"徐老爲許多後進者寫了序言,多事表彰,有的恐怕拔高了。這樣做是有其心曲的,因爲研究古漢語是極其艱苦的工作,研究的人相當少,所得的待遇相當微薄,不得不多加鼓勵和獎掖……從言談中,我得知其心曲蓋如是。可見助人爲樂也有其委曲呢。"[1]我能體諒徐復先生晚年的心曲。荀子説:"以仁心説,以學心聽,以公心辨。"[2]徐先生以仁心説之,吾則以公心辨之也。

吾通讀《校釋》一書,并盡可能參考所能見到的《荀》學論著,知其書之非。《荀子》説"有之不如無之"[3],其此之謂乎!《校釋》不足取代《荀子集解》,二者完全不在同一層次。

(本文修訂稿曾承龐光華教授審讀,陳敏博士幫助完成英文信息,謹致謝忱!)

蕭旭,常州大學兼職教授,南京師範大學客座研究員,xiaoxu10005@163.com

---

[1] 王繼如:《心存三樂,學求通精——追思徐老》,紀念徐復先生誕辰一百周年學術研討會論文,2012 年南京師範大學,收入《古文獻研究集刊》第 7 輯,鳳凰出版社,2013 年,頁 35。
[2] 《荀子·正名》。
[3] 《荀子·王霸》。

張覺《韓非子校疏》評論

蕭 旭[1]

【提　要】張覺著《韓非子校疏》,上海古籍出版社列於《中華要籍集釋叢書》,於 2010 年出版。張氏《校疏》在學術上發明無多,其書有較嚴重的缺陷。《中華要籍集釋 叢書》影響巨大,本文對《校疏》一書作評論。

【關鍵詞】韓非子　張覺　《韓非子校疏》　評論

《韓非子》20 卷 55 篇,舊題周·韓非撰,是先秦法家學説的集大成之作。

有清以還,學人整理研究《韓非子》者甚衆。今人張覺 1992 年出版《韓非子全譯》 (貴州人民出版社)。近年,張覺又著《韓非子校疏》,上海古籍出版社列於《中華要籍 集釋叢書》,於 2010 年 3 月出版。一年後,知識産權出版社 2011 年又出版張氏《韓非 子校疏析論》。經覆檢,2011 版中的"校疏"部分與 2010 版一書相同。《校疏》的疏語大 多承襲《全譯》,十八年間,無大改進,其如太倉之粟,陳陳相因。

鑒於上海古籍出版社《中華要籍集釋叢書》的巨大影響,本文對《校疏》一書作 評論。

一、《校疏》引録了幾部不易見到的日本學者的意見,此其所長也。但也有遺漏, 比如:芥焕彦章《校定韓非子》(延享三年,1746),片山格、朝州鷹《眉批乾道本韓非子》 (弘化二年,1845),青山延壽《批校寬政刊趙本韓非子》(明治二十五,1893),池田四郎 次郎《頭注韓非子定本》(大明堂書店 1931 年印行),依田利用《韓非子校注》[2],岡本 保孝《韓非子疏證》,宮内鹿川《韓非子講義》,户崎允明《讀韓非子補》,以上幾種張氏

---

[1]　作者簡介:蕭旭,常州大學兼職教授,南京師範大學客座研究員,著有《群書校補》等七種。研究方向爲古文獻整理、訓詁學。

[2]　東北師範大學圖書館藏依田利用(1782—1851)《韓非子校注》,日本古典研究會昭和五十五年(1980)影印本。 其上有竹添光鴻(1842—1917)批語一千餘條。關於依田利用《韓非子校注》的價值,趙成傑作《竹添光鴻批校本 〈韓非子校注〉評述》,發表于韓國《東亞文獻研究》2012 年第 10 期,頁 115—125。趙君此文當年發表前曾請我看 過,時趙君在東北師範大學讀碩士。後又見浙江傳媒學院宋神怡:《〈韓非子校注〉考論》(《淮海工學院學報》 2014 年第 2 期,頁 49—52),二文材料、觀點一致,結構略有調整,不知何故?

未曾參考徵引。

　　二、張氏失引有清以來許多學者的成果：① 清人批校本：王念孫、黄丕烈、王允升、戈襄皆批校過明萬曆十年趙用賢《管韓合刻》本，王友光、唐岳皆批校過明萬曆間吳勉學刊《二十子全書》本，朱駿聲批校過明萬曆間黄之寀刊《二十子》本，吳廣霈批校過日本藏明刻本。②《韓非子》專書或專篇研究成果，以《校疏》出版前十年即 2000 年爲限，列舉其未能參考的重要論著如下：江有誥《韓非子韻讀》[1]，朱錫庚《韓非子校正》，陳澧《韓非子箋注》，王蘧常《韓非子要詮》[2]，李笠《〈韓非子集解〉校補》[3]，杜章符《韓非子札記》[4]，羅焌《韓子校注》[5]，蔣禮鴻《讀〈韓非子集解〉》、《讀〈韓非子集解〉之餘》、《讀〈韓非子〉小記》[6]，何善周《〈韓非子·説難篇〉約注》[7]，陳恩成《〈韓非子校釋〉讀後隨筆》[8]，王叔岷《韓非子斠證》、《説郘本〈韓非子〉斠記》[9]，周法高《〈韓非子·初見秦篇〉札記一則》[10]，龍宇純《〈韓非子集解〉補正（上、下）》[11]，趙海金《讀韓非子札記》、《韓非子覼詁》、《韓非子覼詁（續）》[12]，嚴靈峯《韓非子讀記》[13]，王婉芳《〈韓非子〉通假文字音義商榷》[14]，王初慶《讀〈韓非子〉雜記二則》、《〈韓非子·八經〉校箋（上、中）》[15]，徐仁甫《韓非子辨正》[16]，王懷成《〈韓非子〉之字詞解釋》[17]，劉如瑛《韓非子箋校商補》[18]，陳勁榛《〈史記·韓非傳〉所引〈韓子〉篇名

[1]　江有誥：《韓非子韻讀》，《江氏音學十書·先秦韻讀》，收入《續修四庫全書》第 248 册，上海古籍出版社，2002 年，頁 212—215。
[2]　王蘧常：《韓非子要詮》，民國二十五年排印本。
[3]　李笠：《〈韓非子集解〉校補》，《廈大集美國專學生會季刊》1929 年第 1 期，頁 1—4。此文未完，至《十過篇第十》止，續篇吾未見。
[4]　杜章符：《韓非子札記》，《華西學報》1937 年第 6、7 期合刊。
[5]　羅焌：《韓子校注》，湖北詩詞叢書部，2000 年；又收入羅焌：《經子叢考》，華東師範大學，2009 年，頁 52—163。
[6]　蔣禮鴻：《讀〈韓非子集解〉》、《讀〈韓非子集解〉之餘》，收入《蔣禮鴻集》第 4、3 卷，浙江教育出版社，2001 年，頁 169—204、292—332。蔣禮鴻：《讀〈韓非子〉小記》，《國師季刊》1940 年第 7—8 期合刊、第 9 期、第 10 期，前三期分别見頁 108—110、71—74、87—92，至《外儲説左上》止，尚有一篇吾未見，不知頁碼。《小記》一文《蔣禮鴻集》失收。今觀二文，互有異同，前者當是後者修訂本。
[7]　何善周：《〈韓非子·説難篇〉約注》，《國文月刊》1942 年第 14 期，頁 25—29。
[8]　陳恩成：《〈韓非子校釋〉讀後隨筆》，《政論週刊》1958 年第 178 期。
[9]　王叔岷：《韓非子斠證》、《説郘本〈韓非子〉斠記》，收入《諸子斠證》，世界書局，1963 年（中華書局 2007 年重印），頁 261—325。
[10]　周法高：《〈韓非子·初見秦篇〉札記一則》，《大陸雜誌》1955 年第 10 卷第 4 期，頁 32。
[11]　龍宇純：《〈韓非子集解〉補正（上、下）》，《大陸雜誌》1956 年第 13 卷第 2、3 期，頁 40—45、91—97。
[12]　趙海金：《讀韓非子札記》、《續篇》、《續之一》、《續之二》、《續完》、《補遺》，原載《大陸雜誌》第 29 卷第 12 期、第 31 卷第 8 期、第 32 卷第 1—3 期、第 32 卷第 7 期，收入《大陸雜誌語文叢書》第 2 輯第 3 册《校詁札記》，大陸雜誌社編輯委員會編輯，1970 年，頁 406—435。趙海金：《韓非子覼詁》、《韓非子覼詁（續）》，《成功大學學報》1973 年第 8 期、1975 年第 10 期，頁 97—136、頁 83—124。《覼詁》至《説林下》止，《覼詁（續）》吾未見，不知頁碼。
[13]　嚴靈峯：《韓非子讀記》，1977 年《諸子讀記》排印本。
[14]　王婉芳：《〈韓非子〉通假文字音義商榷》，輔仁大學中國文學研究所 1985 年碩士論文。
[15]　王初慶：《讀〈韓非子〉雜記二則》，《輔仁國文學報》1988 年第 4 集，頁 103—120。王初慶：《〈韓非子·八經〉校箋（上）》，《輔仁國文學報》1990 年第 6 集，頁 19—21。王初慶：《〈韓非子·八經〉校箋（中）》，《輔仁國文學報》1990 年第 12 集，頁 1—10。下篇吾未見。
[16]　徐仁甫：《韓非子辨正》，收入《諸子辨正》，成都出版社，1993 年，頁 299—387。
[17]　王懷成：《〈韓非子〉之字詞解釋》，《黄埔學報》1993 年第 26 期，頁 143—149。
[18]　劉如瑛：《韓非子箋校商補》，收入《諸子箋校商補》，山東教育出版社，1995 年，頁 197—243。

之異文、異解及其相關問題》[1]。③有清以降的學術筆記中也有涉及《韓非子》者，張氏《校疏》未能注意者有：張文虎《舒藝室隨筆》[2]，文廷式《純常子枝語》[3]，蔣超伯《南漘楛語》[4]，牟庭相《雪泥書屋雜誌》[5]，金其源《讀書管見》[6]，阮廷焯《校書堂札迻》[7]，陳直《讀子日札》[8]。

三、書名《校疏》，張氏於異本異文校勘用力甚勤，此亦其所長也。《疏》則大多是僅僅是簡單的列舉了別人的一些説法，根本沒有用力，或者沒有能力用力。書名《校疏》，名實不副。張氏僅僅著意於刻本之異體字、俗譌字，沒有辨析異同判定正譌；又於人名、地名、國名、族名、官職名、歷史事件，則不嫌其煩，多所徵引，以示廣博，而於真正的疑難之處，則又放過；文字訓詁水準很是一般，實在是少有發明，其所出新見不逮陳奇猷氏《新校注》遠甚。張氏於前人注語，往往未能讀懂，而又勇於自立新説。如：①《校疏》第313頁注"偏借其權勢"云："偏，佐也，指君主身旁的輔佐大臣。"便是大錯。松皋圓曰："偏借，言其專也。"[9]《校注》："偏，旁。"[10] 這些舊説都是對的。②《用人》："故明主厲廉恥，招仁義。"陳奇猷、王煥鑣讀厲爲勵，訓獎勵；尹桐陽解"厲"作"勉"，皆是也。張覺曰："厲，尹桐陽解爲'勉'，陳奇猷、《校注》等解爲'勵'，恐不當。'厲'與'招'相對，當與'招'同義，應解爲'舉'。《呂氏春秋・恃君》：'而厲人主之節也。'高注：'厲，高也。'《荀子・議兵篇》：'威厲而不試。'楊注：'厲，謂抗舉。'《廣雅》：'高、厲，上也。'王念孫《疏證》舉《淮南子・修務訓》'故君子厲節亢高以絕世俗'爲例，皆可證此文'厲'字之義。"[11] 張氏不顧文義之不切，而妄立新説。"厲"無招舉義，張氏所舉例，"厲"皆高亢義。且"招"不訓舉，當讀爲劭，亦厲（勵）也，勉也，此則諸家所未及。③《有度》："屬（厲）官威民，退淫殆，止詐偽，莫如刑。"山仲質曰："《論語》云：'鄭聲淫，佞人殆。'"《論語》見《衛靈公》，孔安國、皇侃解"殆"爲"危殆"，于此文不切。張覺謂陳奇猷、《校注》等從高亨説讀殆爲怠不當，《韓子》當是承用《論語》[12]。高亨説是也。

[1]　陳勁榛：《〈史記・韓非傳〉所引〈韓子〉篇名之異文、異解及其相關問題》，《中國文化大學中文學報》1998年第4期，頁13—34。
[2]　張文虎：《舒藝室隨筆》卷6，收入《續修四庫全書》第1164冊，上海古籍出版社，2002年，頁399—400。
[3]　文廷式：《純常子枝語》卷16，收入《續修四庫全書》第1165冊，頁224—227。
[4]　蔣超伯：《南漘楛語》卷8《讀韓非子》，收入《續修四庫全書》第1161冊，頁370—372。
[5]　牟庭相：《雪泥書屋雜誌》卷1、3、4，收入《續修四庫全書》第1165冊，上海古籍出版社，2002年，頁471—472、509、521。
[6]　金其源：《讀書管見・韓非子》，（上海）商務印書館，1957年，頁387—388。
[7]　阮廷焯：《校書堂札迻・韓非子》，香港《聯合書院學報》1967年第6期，頁131—132。
[8]　陳直：《讀子日札・韓非子》，收入《摹廬叢著七種》，齊魯書社，1981年，頁68—82；又中華書局，2008年，頁276—288。
[9]　松皋圓：《定本韓非子纂聞》，昭和8年崇文院出版，收入《叢書集成續編》第40冊，新文豐出版公司，1988年，頁127。
[10]　南京大學：《韓非子校注》，江蘇人民出版社，1982年，頁160。
[11]　張覺：《韓非子校疏》，頁548。
[12]　張覺：《韓非子校疏》，頁108。

《周禮·天官·宮正》：“去其淫怠與其奇衺之民。”鄭玄注：“淫，放濫也。怠，解(懈)慢也。”“退淫殆”即“去其淫怠”也。《國語·齊語》：“無或淫怠而不聽治者！”亦其例。王念孫校《荀子·富國》“勤屬”曰：“‘屬’或爲‘厲’。作‘厲’者是也。厲，勉也。《治要》作‘勤勵’。勵即厲之俗書，則本作‘厲’明矣(《韓子·有度篇》“厲官威民”，《詭使篇》“上之所以立廉恥者，所以厲下也”，今本“厲”字并誤作“屬”)。”[1]張覺曰：“‘屬’通‘勵’，勸勉，激勵。”張氏不引王說，竊作己説。

張覺指斥陳奇猷“不明古音”、“不明文理”、“穿鑿附會”、“不明古字通假”[2]，自詡“時有發明”[3]，而“立志創不朽之典”[4]。張氏但知鈔撮日人著作，而於新出土的文獻以及學界的新成果，未能知聞，如：①《校疏》第1148頁取孫詒讓説，謂“有方”是“酉矛”之誤，張氏不知漢簡有多處記載了古兵器“有方”，其形制雖不可考，而其字決非誤文則可知也。陳直、裘錫圭、連劭名都提到流沙墜簡、居延漢簡有“有方”的記載[5]，周家臺30號秦墓簡牘《病方及其他》亦有“燔劍若有方之端”的記載[6]。這些秦漢竹簡，孫詒讓未曾得見，其疑有誤字，固不足怪也，而張氏作《校疏》時，流沙墜簡、居延漢簡已經出土半個世紀以上，周家臺秦簡也出土10多年，竟然不知不聞，還沿襲孫氏誤説，其不能與時俱進亦明矣。②《外儲説左下》：“墾草仞邑。”舊注：“仞，入也。”太田方曰：“仞，牣也，滿也。《管子》、《史記》并作‘入’，舊説因訓入也。《戰國策》：‘墾草刱邑。’注：‘刱，造也。’義亦通。刱音創。”[7]張覺曰：“既然《戰國策》有‘墾草刱邑’之語，從戰國時代的語言習慣來説，此文之‘仞’當爲‘刱’之形誤，‘刱’同‘創’。把‘仞’解爲‘入’或看作爲‘牣’的通假字，雖然也通，恐不當。”[8]張氏未知新出土的文獻，其説採擇不當，且謂“仞爲刱形誤”亦是竊自俞樾、許維遹、郭沫若説[9]。太田方“仞，牣也，滿也”之説是也，王念孫曰：“仞，充滿也。”[10]楊樹達亦讀仞爲牣[11]。睡虎地秦簡《爲吏之道》“仞”作“人”，銀雀山漢簡《王法》作“仁”，《管子·小匡》、《史記·蔡澤傳》作“入”，《戰國策·秦策三》、《新序·雜事四》作“刱”，《吕氏春秋·勿躬》作“大”。裘錫圭

---

[1] 王念孫：《荀子雜志》，收入《讀書雜志》卷11，中國書店，1985年，本卷頁16。
[2] 張覺：《韓非子校疏》頁125注(8)、頁133注(2)、頁191注(6)。
[3] 張覺：《現代〈韓非子〉研究述評》，《傳統中國研究集刊》第9、10合輯，上海人民出版社，2012年，頁661。
[4] 張覺：《韓非子校疏·後記》，頁1079。
[5] 陳直：《讀子日札·韓非子》，中華書局，2008年，頁286。裘錫圭：《考古發現的秦漢文字資料對於校讀古籍的重要性》，原刊於《中國社會科學》1980年第5期，頁19；收入《古代文史研究新探》，江蘇古籍出版社，1992年，頁26；又收入《裘錫圭學術文集》卷4，復旦大學出版社，2012年，頁365—366。連劭名：《居延漢簡中的“有方”》，《考古》1987年第11期，頁1009—1010。
[6] 《關沮秦漢墓簡牘》，中華書局，2001年，頁129。
[7] 太田方：《韓非子翼毳》，中西書局，2014年，頁488。
[8] 張覺：《韓非子校疏·後記》，上海古籍出版社，2010年，頁804—805。
[9] 參見俞樾：《韓非子平議》，收入《諸子平議》卷21，上海書店，1988年，頁427—428。又參見郭沫若、聞一多、許維遹：《管子集校》，科學出版社，1956年，頁372。
[10] 王念孫有《韓非子》批校本，現藏中國國家圖書館，其説轉引自張錦少：《王念孫〈韓非子〉校本研究》，收入《王念孫古籍校本研究》，上海古籍出版社，2014年，頁322。
[11] 楊樹達：《積微居讀書記·韓非子(續)》，《北平北海圖書館月刊》1929年第2卷第2號，頁124。

謂“刱”乃“刔”之誤，“入”、“大”爲“人”之誤，“刔”、“人”、“仁”并讀爲牣[1]。裘説皆是也，張氏未知其説。

有點難度的訓詁音韻問題，張氏亦“不明古字通假”，多亂説一通，下面聊舉十例，以見張氏之疏失：①《揚權》：“動之溶之，無爲而改之。”俞樾讀溶爲搈，羅焌説同[2]，王先慎、陶鴻慶、劉文典皆從俞説[3]，是也。《廣雅》：“搈，動也。”王念孫曰：“《説文》：‘搈，動搈也。’《楚辭·九章》云：‘悲秋風之動容兮。’《韓子·揚権篇》云：‘動之溶之。’溶、搈、容并通。”[4]此即俞説、羅説所本。張覺謂俞説不當，“動溶”即“動泄”，“溶”是從容閒暇之意[5]。王念孫、俞樾等説是也，張氏不能判斷，所出新説毫無根據，於文義亦不通。“動溶”不是“動泄”，且《韓子》上文“根幹不革，則動泄不失矣”，動泄指陰陽之氣發動而泄出。《通典》卷 78 引《五經通義》：“以冬至陽氣萌生，陰陽交精，始成萬物，氣微在下，不可動泄。王者承天理物，故率先天下静而不擾也。”是其證。張覺曰：“《方言》卷 10：‘戲泄，歇也，楚謂之戲泄、奄息也，楚揚謂之泄。’‘動泄’即‘動歇’，等於説‘動静’、‘舉止’。”[6]《方言》當點作：“戲、泄，歇也，楚謂之戲、泄。奄，息也，楚、揚謂之泄。”張氏亂點一通。《廣韻》：“戲，歇也。”又“泄，歇也，又作洩”。《後漢書·班固傳》《東都賦》：“士怒未泄。”李賢注引《方言》：“泄，歇也。”《文選·赭白馬賦》：“踠跡迴唐，畜怒未洩。”李善注引《方言》：“洩，歇也。”又引《東都賦》作“士怒未洩”。《文選·七啟》：“於是爲歡未渫，白日西頹。”李善注引《方言》：“渫，歇也。”又引《東都賦》作“士怒未渫”。“渫”、“洩”、“泄”字同，可知《方言》當點作“戲、泄，歇也”，是指“戲”、“泄”二字都訓作歇。又考《説文》：“歇，一曰氣越泄。”泄、歇互訓，“歇”指氣體泄出。張氏不知，居然理解成“静止”之義，其小學水準，從可知矣。②《十過》：“師曠曰：‘此所謂清商也。’”張覺曰：“‘清’當與‘變’區別而言，是純正的意思。”[7]張氏臆説無據。“清”謂絃急而其聲清屬、悲凉。《方言》卷 12：“清，急也。”又“激，清也。”“清”之言清屬，故爲疾激貌[8]。《文選·南都賦》李善注引《淮南子》許慎注：“清角，絃急，其聲清也。”（引者按：見《淮南子·俶真篇》）聲清則絃急，水清則流急，其義一也。③《喻老》：“倒杖而策鋭

[1]　裘錫圭：《考古發現的秦漢文字資料對於校讀古籍的重要性》，原刊於《中國社會科學》1980 年第 5 期，頁 22—23；收入《裘錫圭學術文集》卷 4，復旦大學出版社，2012 年，頁 370—371。

[2]　俞樾：《韓非子平議》，收入《諸子平議》卷 21，上海書店，1988 年，頁 414。羅焌：《韓子校注》，收入《經子叢考》，華東師範大學，2009 年，頁 73。

[3]　王先慎：《韓非子集解》，中華書局，1998 年，頁 47。陶鴻慶：《讀韓非子札記》，收入《讀諸子札記》，浙江人民出版社，1998 年，頁 342。劉文典：《韓非子簡端記》，收入《三餘札記》卷 2，《劉文典全集(3)》，北京師範大學出版社、安徽大學出版社，2013 年，頁 412。

[4]　王念孫：《廣雅疏證》，收入徐復主編：《廣雅詁林》，江蘇古籍出版社，1992 年，頁 97。

[5]　張覺：《韓非子校疏》，上海古籍出版社，2010 年，頁 138—139。

[6]　張覺：《韓非子校疏》，上海古籍出版社，2010 年，頁 138。

[7]　張覺：《韓非子校疏》，上海古籍出版社，2010 年，頁 184。

[8]　參見蕭旭：《〈玉篇〉“洌，清洌”疏證》，《傳統中國研究集刊》第 9、10 合輯，上海人民出版社，2012 年，頁 272—275。

貫頤(頤)。"《御覽》卷 368 引作"錣貫頤",《淮南子·道應篇》作"錣上貫頤"。張覺曰:"'銳'即鋒芒,此指錣。"[1]其說雖是,然未達聲音通借之指,未達一間。銳、錣,并讀爲筄,楊樹達校此文即曰:"此'銳'字假爲'筄'。《説文》:'筄,羊車騶筄也,箸箴其耑,長半分。'字又作錣,故《淮南》作'錣'。筄、銳、錣古音并同,故得通用。"[2]楊説是也。《集韻》:"筄,或作錣。"段玉裁曰:"筄,《淮南·道應訓》字作'錣',高曰:'策,馬捶,端有鐵以刺馬謂之錣。''錣'與'筄'音義皆同。"[3]俗字亦作鈉、鋿,《玉篇》:"鋿,銳鋿。"《集韻》:"錣,策耑有鐵,或作鋿。"《廣韻》:"鈉,銳鈉。"字亦作剟,《説文》:"櫡,箠也,一曰剟也。""剟"當作"錣"[4],《説文》二訓,只是一義,"剟"指馬箠(即馬策)頭端的鐵針。"櫡"是"捶"音轉,擊也,用爲名詞,故馬箠謂之櫡也。④《説林上》:"而越人被髮。"張覺曰:"被,通'披',分散。被髮:散髮,指不紮髮髻。"[5]張説非也,古籍無"越人被髮"的記載,《説苑·反質》作"剪髮",《莊子·逍遥遊》:"越人斷髮文身。"與本書説的是同一事。"被"當作"祝",斷也,與"剪"義同[6]。《金樓子·立言下》亦誤作"被髮"。⑤《説林下》:"鳥有翢翢者,重首而屈尾,將欲飲於河則必顛,乃銜其羽而飲之。"張覺曰:"尹桐陽曰:'翢,倒也。翢者,以其頭重,飲河而易致身倒耳。'覺按:古代'周'讀若'雕',與'倒'讀音相近。'翢翢'這一鳥名蓋取義於其容易顛倒。"[7]其説非也。《文選·詠懷詩》:"周周尚銜羽。"李善注引此文作"周周"。李善注蓋改字以從正文,非《韓子》原文即作"周周"也。顧廣圻曰:"'翢'、'周'同字。《集韻》又云'翢,弱羽者',即此。"[8]《御覽》卷 928 引《莊子》:"周周銜羽以濟河。"屈尾,猶言短尾。尾短,其身體不稱,則頭重,故云"重首而屈尾"。鳥名"翢翢(周周)"者,從羽周聲,當取義於短尾。周聲、刀聲古音相轉,無緣之衣(即短衣)謂之裯,短尾之犬謂之玿、猁,無緣之斗謂之刁,短尾之鳥謂之翢(翢、周),其義一也。小車謂之軺,小船謂之舠、舠、舠、刀,小魚謂之鯛、鮉,小兒留髮謂之髫、髻,亦皆取短義。⑥《大體》:"不吹毛而求小疵,不洗垢而察難知。"張覺曰:"比喻深入地去瞭解深奧隱微的事理,近於現在所説的'打破砂鍋問到底'。"[9]張氏全未得《韓子》之指。《韓子》二句是説不可刻意去挑剔小毛病,絕不是深入了解的意思。《後漢書·趙壹傳》《刺世疾邪賦》:"所好則鑽皮出其毛羽,所惡則洗垢求其瘢痕。"《劉子·傷讒》:"是以洗垢求痕,吹毛覓瑕。"《新唐書·魏徵傳》:"好則

[1]　張覺:《韓非子校疏》,上海古籍出版社 2010 年版,第 442 頁。

[2]　楊樹達:《積微居讀書記·韓非子(續)》,《北平北海圖書館月刊》1929 年第 2 卷第 2 號,頁 119。

[3]　段玉裁:《説文解字注》,上海古籍出版社,1981 年,頁 196。

[4]　參見桂馥説,王筠從之。桂馥:《説文解字義證》,王筠:《説文解字句讀》,收入丁福保:《説文解字詁林》,中華書局,1988 年,頁 6117—6118。

[5]　張覺:《韓非子校疏》,上海古籍出版社,2010 年,頁 478。

[6]　參見蕭旭:《淮南子校補》,花木蘭文化出版社,2014 年,頁 20—21。

[7]　張覺:《韓非子校疏》,上海古籍出版社,2010 年,頁 489。

[8]　顧廣圻:《韓非子識誤》卷中,收入《諸子百家叢書》,上海古籍出版社影印浙江書局本,1989 年,頁 178。

[9]　張覺:《韓非子校疏》,上海古籍出版社,2010 年,頁 561。

鑽皮出羽，惡則洗垢索瘢。"《寒山詩》："銓曹被拗折，洗垢覓瘡瘢。"皆本于《韓子》，其誼相同。⑦《外儲説右下》："延陵卓子乘蒼龍挑文之乘。"下文"挑文"作"翟文"。張覺曰："兩處文字不同，不必同解。此文之'挑'可看作'桃'的通假字，下節之'翟'可依其本義解之。"[1]此句兩處文字明明僅"挑"、"翟"二字相異，張氏未達通借，偏要斷爲二槪，其説非也。《御覽》卷746引作"桃文"。桃、挑，讀爲盜，指盜色，亦即竊色，言顏色相雜，即淺色者也。桃音轉作翟，增旁字作繹，指不青不黃的淺綠色。"桃文之乘"指黃白相雜的毛色的馬，亦即斑駁色之馬，專字作"駣"[2]。⑧《難二》："賓胥無善削縫。"削縫，《新序·雜事四》同，天明刊本《治要》卷42引《新序》作"削齊"；古鈔本《治要》引作"削齊"，"齊"字旁注"縫"。阜陽漢簡《春秋事語》作"削齊"。高亨曰："削亦縫也。"王煥鑣説同[3]，其説皆本于王引之。《荀子·臣道》："事暴君者，有補削，無撟拂。"王引之曰："削者縫也。《韓子·難篇》曰：'管仲善制割，賓胥無善削縫，隰朋善純緣。'《吕氏春秋·行論篇》曰：'莊王方削袂。'《燕策》曰：'身自削甲札，妻自組甲絣。'蓋古者謂縫爲削，而後世小學書皆無此訓，失其傳久矣。"[4]楊樹達曰："長沙謂縫衣如峭之平聲，云'補補峭峭'，久疑不知當作何字。近讀《荀子》，王引之云云。按：王氏發明削有縫義，石破天驚，精當無比。余因悟'補峭'當作'補削'字，蓋古音讀削如峭。"[5]姜亮夫指出"楊説極允"，又云："削，音如'巧'陰平。昭人謂縫衣履邊緣細斜平比曰削。"[6]蔣禮鴻亦援王説[7]。王引之説是也，而猶未盡。"削"謂繫連，指縫合。字亦作槊，《廣雅》："槊、縅、絉，索也。"曹憲槊音朔。是"槊"、"縅"與"絉"同義，謂繩索，以繩索繫連之亦謂之槊、縅、絉。《説文》："絉，縫也。"《玉篇殘卷》："槊，山卓反。《埤蒼》：'槊，縅也。'"字亦作槊，《玉篇》："槊，封也。"謂縫合之。字亦作綃，王念孫曰："'綃'與'槊'同義，《文選·海賦》：'維長綃，掛帆席。'張銑注云：'綃，連帆繩也。'義與'槊'亦相近。"[8]字亦作綃，《集韻》、《類篇》并云："槊，縅也，或書作綃。"張覺曰："《漢書·司馬相如傳》'揚袘戌削'注引張揖曰：'削，衣刻除貌。'此文'削'指修剪衣服。王引之、高亨説恐不當。"[9]張覺所説，所謂以不狂爲狂也。至引《漢書》張揖注，亦是不解其義，亂引一通。彼文"戌削"訓衣刻除貌（今本脱"戌"字），"削"是削殺、降殺之義。《文選》李善注引張揖注作"戌削，裁制貌也"。⑨《八經》："脱易不自神曰彈威，其患賊

[1]　張覺：《韓非子校疏》，上海古籍出版社，2010年，頁928。

[2]　參見蕭旭："桃華馬"名義考，《中國文字研究》2015年第22輯，頁187—191。

[3]　高亨：《韓非子新箋》，收入《諸子新箋》，《高亨著作集林》第6卷，清華大學出版社，2004年，頁222。王煥鑣：《韓非子選》，上海人民出版社，1974年，頁156。

[4]　王引之説見王念孫：《荀子雜志》，收入《讀書雜志》卷11，中國書店，1985年，本卷頁39。

[5]　楊樹達：《積微居小學金石論叢》卷4《長沙方言續考》，上海古籍出版社，2007年，頁277。

[6]　姜亮夫：《昭通方言疏證》，收入《姜亮夫全集》卷16，雲南人民出版社，2002年，頁326。

[7]　蔣禮鴻：《讀〈韓非子集解〉之餘》，收入《蔣禮鴻集》第3卷，浙江教育出版社，2001年，頁315。

[8]　王念孫：《廣雅疏證》，收入徐復主編《廣雅詁林》，江蘇古籍出版社，1992年，頁599。

[9]　張覺：《韓非子校疏》，上海古籍出版社，2010年，頁967。

夫酖毒之亂起。"張覺引《周禮・考工記》"凡兵,句兵欲無彈"鄭司農注"彈,謂掉也",解爲"丢掉"[1]。張氏沒有讀懂鄭注,以今義釋古義。鄭司農說的"掉",就是《左傳》"尾大不掉"的"掉",搖動之義。惠士奇曰:"僤者,動也。先鄭讀僤爲彈掉之彈,亦取動意,當依《說文》作'僤'。"[2]王先謙曰:"'彈'疑'殫',形近而誤。脫易不自神,則威竭盡於外。"[3]王氏得其誼,但二字古通,不必視爲誤字。⑩《顯學》:"夫嬰兒不剔首則腹痛。"張覺從王先慎說改"腹"作"復",又云:"剔,剔除,指割除病灶。"[4]其說皆誤。松皋圓曰:"'剔'、'髵'同,剃髮也。《楚辭》:'接輿髡首兮。'注:'髡,剔也。'《周禮》鄭注:'雉讀如髴小兒頭之髴。'"[5]陳直讀剔爲髴[6]。剔,讀爲鬀,亦省作髵,字亦作髴,俗字作剃。剔首,猶言剃頭髮,今吳俗猶稱"理髮"作"剃頭"。《說文》:"鬀,髵髮也。"鬀、髴一音之轉。段玉裁曰:"《大玄・增》次八:'兼貝以役,往益來鬀。'《釋文》云:'鬀,以刀出髮也。'《司馬遷傳》:'髡毛髮嬰金鐵受辱。'《文選》作'剔毛髮'。韓非曰:'嬰兒不剔首則腹痛。'《莊子・馬蹄》:'燒之剔之。'剔皆鬀之省也。"[7]《說文》:"髵,鬀髮也。大人曰髡,小兒曰髴,盡及身毛曰鬀。"段玉裁曰:"髵,俗作剃。《周禮・雉氏》注曰:'雉讀如髴小兒頭之髴。'韓非曰:'嬰兒不剔首則腹痛。'剔亦髴也。蓋自古小兒髴髮。"王筠亦引鄭注及《韓子》以證《說文》之誼,又云:"剔亦鬀之省也。"[8]張氏曾不讀段注乎?

四、張覺曾著文指出陳奇猷"欺世盜名"、"走便宜的路",暗襲陳啓天和他本人的說法,斥之曰"有背治學之正道"[9];張氏《校疏》第967頁又指斥高亨暗襲王引之說(即上文所引"削亦縫也"之說)。張氏所言固皆是事實,我讀高亨著作多種,覺得高氏學風嚴謹,于清人成果,皆引用之,此條或者偶然失記出處耳。陳啓天(1893—1984)1925年加入中國青年黨,1930年創辦《鏟共》半月刊,組織"反共救民會",1949年4月隨國民黨去臺灣,1950年創辦《新中國評論》,鼓吹"反共復國",1969年夏當選爲中國青年黨主席,1971年3月任"光復大陸設計研究委員會"副主任委員。陳奇猷《韓非子集釋》、《韓非子集釋補》由中華書局上海編輯所分別于1958年、1961年出版,在當時歷史形勢下,陳奇猷爲在政治上保護自己,必定不能在著作中出現"陳啓

[1] 張覺:《韓非子校疏》頁1174但引鄭注,無申說;他的《韓非子全譯》頁1008解爲"丢掉"。
[2] 惠士奇:《禮說》卷14,收入《叢書集成三編》第24冊,新文豐出版公司,1997年,頁461。
[3] 王先謙說轉引自王先慎:《韓非子集解》,中華書局,1998年,頁435。
[4] 張覺:《韓非子校疏》,上海古籍出版社,2010年,頁1257。
[5] 松皋圓:《定本韓非子纂聞》,頁285。
[6] 陳直:《讀子日札・韓非子》,中華書局,2008年,頁287。
[7] 段玉裁:《說文解字注》,上海古籍出版社,1981年,頁428。
[8] 段玉裁:《說文解字注》,上海古籍出版社,1981年,頁429。王筠:《說文解字句讀》,中華書局,1988年,頁339。
[9] 張覺:《校疏》,頁130注(11)、頁907注(5);張覺:《陳奇猷〈韓非子新校注〉僞校僞注初揭》,《中國文化研究》2005年春之卷,頁131—141;張覺:《現代〈韓非子〉研究述評》,《傳統中國研究集刊》第9、10合輯,上海人民出版社,2012年,頁657—660。張氏揭發陳氏的內容,二文所用材料大同,不知有何必要重複發表?

天"的名字(2015 年夏我在復旦大學參加學術會議,曾聽李鋭説過這個觀點)。陳啟天的《韓非子校釋》,創見不多,學識也只尋常,陳奇猷如欲暗襲學者的研究成果,爲何獨獨暗襲陳啓天一個人的説法? 王繼如教授跟我説過一件事:程千帆 1979 年到南京大學工作,來南京師範大學給我們講校讎學,舉了《聊齋志異》的例子,我們覺得很好,後來我查了書,原來是胡適《論學近著》中的例了,但這不能説程千帆講課暗襲胡適,只能説是當時情況下,還不能提胡適。這應當與陳奇猷的情況相仿佛。陳奇猷晚年修訂《集釋》,上海古籍出版社 2000 年出版《韓非子新校注》,其中還没有標示陳啟天的説法,可能是陳奇猷晚年精力不濟,不能逐條檢核而付之闕如的緣故。所以,我認爲説陳奇猷暗襲陳啟天,這個説法并不成立。陳奇猷留下的這個缺憾,竟然給了張覺攻擊的藉口,令人唏噓不已。至於張覺説陳奇猷暗襲過他本人的説法,陳氏已逝,這只是張氏的一面之辭,因爲陳、張曾合作出版過《韓非子導讀》(巴蜀書社 1990 年版),我不知誰氏襲誰。

　　張覺于申證前説或駁正誤説,每以"覺按"標示,似出于創見。而覆按前人著作,張覺著書,亦多所鈔撮。最有趣者,張覺指斥陳奇猷暗襲陳啟天説,高亨暗襲王引之説,我却發現張覺本人暗襲高亨、陳啟天、陳奇猷説,證據如下:①《校疏》第 76 頁"覺按:'習'通'襲'",這是張氏暗襲陳啟天的説法(還有例子,另詳下文)[1]。②《説林下》:"物之幾者,非所靡也。"《校疏》第 503 頁:"《爾雅》:'幾,危也。'"《解老》:"而萬害有原。"《校疏》第 399 頁:"'原'是'源'的古字。"《難三》:"死君後(復)生,臣不愧而後爲貞。"舊注:"不皆死,然後爲貞。"《校疏》第 993 頁:"注'不皆'當作'不愧'。"這三例是張氏暗襲陳奇猷的説法[2],而不知陳氏改"皆"作"愧"非是[3]。

　　此外,張覺暗襲舊説甚多,列舉數證如下:①《解老》:"上德不德,言其神不淫於外也。神不淫於外,則身全。"《校疏》第 351 頁:"《廣雅》曰:'淫,游也。'"《文選·長門賦》:"神怳怳而外淫。"李善注:"《韓子》曰:'神不淫放,則身全。'《廣雅》曰:'淫,游也。'"此是張氏竊取李善説。②《十過》:"楚王因發車騎陳之下路。"《校疏》第 208 頁:"下路,《戰國縱橫家書》作'夏路','下'與'夏'音同相通。"此説竊自帛書整理者[4]。③《難一》:"桓公不能領臣主之理而禮刑戮之人。"《校疏》第 951 頁:"《禮記·樂記》:'領父子君臣之節。'注:'領,猶理治也。'"這是暗襲太田方的説法[5]。④《校疏》第 114 頁讀"擁"爲"雍",第 275 頁謂"不義,不適宜",第 663 頁"跪,足也",第 740 頁讀

---

[1]　陳啟天:《增訂韓非子校釋》,臺灣商務印書館,1994 年,頁 689。

[2]　陳奇猷:《韓非子集釋》,中華書局,1958 年,頁 374、464、849。

[3]　王念孫改"皆"作"背",是也。王念孫有《韓非子》批校本,現藏中國國家圖書館,其説轉引自張錦少:《王念孫〈韓非子〉校本研究》,收入《王念孫古籍校本研究》,上海古籍出版社,2014 年,頁 305。

[4]　《馬王堆漢墓帛書[叁]》,文物出版社,1983 年,頁 76。

[5]　太田方:《韓非子翼毳》,中西書局,2014 年,頁 572。

“襑”爲“纂”,這都是暗襲松皋圓的説法[1]。⑤《大體》:“心不地則物不畢載。”《校疏》第 565 頁:“畢,七本均作‘必’,此依《治要》卷 40 引文改。”《内儲説上》:“袴之與嚬笑相去遠矣。”《校疏》第 615 頁:“相去,此依《御覽》卷 392 引文補。”這二例增字改字都是暗襲王先慎的説法[2]。⑥《校疏》第 99 頁引《左傳》孔疏解“委質”,以駁陳啟天説;第 116 頁謂“貞,當也”,以駁舊説;第 118 頁謂“外”字不當删,第 512 頁謂“‘從’字當解爲‘逐’、‘追擊’”,這都是暗襲王煥鑣的説法[3]。⑦《校疏》第 176 頁謂“利,貪也”,這是暗襲梁啟雄的説法[4]。⑧《校疏》第 666 頁引《爾雅》“已,此也”解“已”作“此”,這是暗襲陶鴻慶的説法[5]。⑨《校疏》第 179 頁謂“中射”官名取義於善射,這是暗襲孫詒讓的説法[6];而張君却不知于省吾曾引用過吳北江(闓生)的意見駁斥過孫詒讓説[7]。

有的地方,張覺略作增補改換材料,但暗襲之跡仍然明顯,例如:①《外儲説右上》:“四者加焉不變,則其除之。”《校疏》第 830 頁:“其,命令副詞,猶‘當’,參見《詞詮》。”《校注》:“其,當。”[8]《心度》:“能越力於地者富,能起力於敵者强。”《校疏》第 1293 頁:“《淮南子·俶真訓》高注:‘越,揚也。’”《校注》:“越,發揚,發揮。”[9]此二例乃竊取《校注》説。②《内儲説下》:“因患申生於君而殺之。”《校疏》第 675 頁:“覺按:《廣雅》:‘患,惡也。’”陳啟天引《廣韻》“患,惡也”[10],張氏玩弄小伎倆,僅改書證《廣韻》作《廣雅》耳。《外儲説右上》:“已自謂以爲世之賢士而不爲主用。”《校疏》第 842 頁:“《爾雅》:‘已,此也。’”陳啟天曰:“已自謂云云,猶言此自謂云云也。”[11]張氏只是補引了書證,觀點仍是竊自陳啟天。③《八經》:“任吏責臣,主母不放。”《校疏》第 1172 頁:“‘放’當解爲‘淫放’、‘放蕩’。”松皋圓解淫爲淫放[12]。《解老》:“是黑牛也而白題。”《校疏》第 363 頁:“《説文》:‘題,額也。’‘額’字條徐鉉注:‘今俗作額。’”松皋圓曰:“題,額也。”[13]張氏改俗字作正字。《解老》:“嬰衆人之心。”《校疏》第 363 頁:“覺

[1] 松皋圓:《定本韓非子纂聞》,頁 92、121、183、197。
[2] 王先慎:《韓非子集解》,中華書局,1998 年,頁 210、232。
[3] 王煥鑣:《韓非子選》,上海人民出版社,1974 年,頁 87、95、96、252。
[4] 梁啟雄:《韓子淺解》,中華書局,2009 年,頁 67。此書第 1 版中華書局 1960 年出版,吾未見,不知頁碼。梁啟雄於 1965 年去世,不可能有修訂。
[5] 陶鴻慶:《讀〈韓非子〉札記》,收入《讀諸子札記》,中華書局,1959 年,頁 369。
[6] 孫詒讓:《韓非子札迻》,收入《札迻》卷 7,中華書局,1989 年,頁 206—216。
[7] 于省吾:《韓非子新證》,收入《雙劍誃諸子新證》,上海書店,1999 年,頁 365。吳北江説見《〈韓非子〉疑義考》,《雅言》1941 年第 1 卷,頁 16。吳闓生:《〈韓非子〉疑義考》,北平《正風》1936 年第 3 卷第 9 期,吾未見此文,不知是否相同。
[8] 南京大學:《韓非子校注》,江蘇人民出版社,1982 年,頁 437。
[9] 南京大學:《韓非子校注》,江蘇人民出版社,1982 年,頁 715。
[10] 陳啟天:《增訂韓非子校釋》,臺灣商務印書館,1994 年,頁 454。
[11] 陳啟天:《增訂韓非子校釋》,臺灣商務印書館,1994 年,頁 566。
[12] 松皋圓:《定本韓非子纂聞》,頁 269。
[13] 松皋圓:《定本韓非子纂聞》,頁 135。

按：‘嬰’通‘攖’，它的用法與《莊子·在宥》‘昔者黃帝始以仁義攖人之心’的‘攖’相同。”松皋圓曰：“‘嬰’、‘攖’同，《莊子》：‘汝慎勿攖人心。’”[1]張氏改換了例句，而觀點不變，仍是暗襲松皋圓説。④《內儲説下》：“范蠡、大夫種曰：‘不可。昔天以越與吳，吳不受，今天反夫差，亦天禍也。’”《校疏》第 659 頁：“此文‘反’指報復。”物双松曰：“反，報也。”[2]此是張氏暗襲物説。⑤《功名》：“故立尺材於高山之上，則臨十仞之谿，材非長也，位高也。”《校疏》第 557 頁：“《荀子·勸學篇》：‘西方有木焉，名曰射干，莖長四寸，生於高山之上，而臨百仞之淵，木莖非能長也，所立者然也。’韓非此文源于師説。”此是張氏暗襲山仲質説[3]。⑥《難勢》：“夫擇賢而專任勢，足以爲治乎，則吾未得見也。”張覺曰：“擇，通‘釋’。《墨子·節葬下》：‘操而不擇。’《墨子·經説上》：‘取此擇彼。’皆以‘擇’爲‘釋’之例。前人不明古人用字之例而改將此‘擇’字改爲‘釋’，不當。”[4]所舉《墨子》二例，畢沅《墨子校注》、孫詒讓《墨子閒詁》早指出“擇讀爲釋”[5]，王念孫亦指出“操而不擇”之擇讀爲釋[6]，而張氏不引畢、孫、王説，欺天下學人都未曾讀過王念孫、孫詒讓之書乎？⑦《問田》：“令陽成義渠，明將也，而措於毛伯。”陳啟天據顧廣圻、王先慎、太田方説，校“毛”作“屯”[7]，張覺只引顧、王説，不引太田方説，而把太田方所引的二條證據《商子》、《古今注》以“覺按”列出[8]，竊書至有如此者乎！⑧《外儲説左上》：“故人曰：‘諾，今返而御。’”陳奇猷曰：“御，謂進食也。食、御二字古本同音。”洪誠《訓詁雜議》指出陳氏“這個説法很奇怪”[9]，張覺也指出陳説“顯屬謬誤”，論證相同[10]。張君 1977 年考入南京大學，南大洪誠先生的著作想必應當是讀過的，但卻沒有引用洪説，何耶？洪誠此文總共只舉了三例説明陳奇猷的疏失，而張覺就襲取其中一例，竟隱没他本校著名教授的名字，這不正是他自己説的“有背治學之正道”嗎？我只是舉例性質，没有全面普查張覺暗襲的所有用例。做學問跟做人一樣，應當老老實實，張氏應當把自己暗襲別人的地方全部改過，才不枉一個學人的本色。

　　張覺把自己的《校疏》標榜爲“一部研究《韓非子》的集大成之作”，把陳啟天的《校

---

[１]　松皋圓：《定本韓非子纂聞》，頁 135。

[２]　物双松説轉引自松皋圓：《定本韓非子纂聞》，頁 183。

[３]　山仲質説轉引自松皋圓：《定本韓非子纂聞》，頁 167。

[４]　張覺：《韓非子校疏》，上海古籍出版社，2010 年，頁 1045。

[５]　參見孫詒讓：《墨子閒詁》，中華書局，2001 年，頁 187、354。

[６]　王念孫：《淮南子雜誌》，收入《讀書雜志》卷 15，中國書店，1985 年，頁 42。

[７]　陳啟天：《增訂韓非子校釋》，臺灣商務印書館，1994 年，頁 309。

[８]　張覺：《韓非子校疏》，上海古籍出版社，2010 年，頁 1060。太田方説見《韓非子翼毳》，中西書局，2014 年，頁 632。

[９]　洪誠：《訓詁雜議》，《中國語文》1979 年第 5 期，頁 363；又收入《洪誠文集·雜誦廬論文集》，江蘇古籍出版社，2000 年，頁 165。

[10]　張覺：《韓非子校疏》，上海古籍出版社，2010 年，頁 762。

釋》和陳奇猷的《新校注》貶詆爲“代表了二十世紀《韓非子》基礎研究的水準”[1]，或非確論。張覺在評論王先慎《集解》、陳奇猷《新校注》時又説“錯誤百出……非屬弄虛作假、欺世盜名之舉，必屬學無根底而不知校讎爲何物者也”[2]，張氏稍知校讎而已，是否學有根底，不須作評判。而按照他自己製定的標準，《校疏》顯然就是“弄虛作假、欺世盜名”，夫子自道也歟？

要之，張氏《校疏》彙校異本異文，用力甚勤，又引録了幾部日本學者的著作，對於没有條件看到《韓子》的各種版本及日本學者著作的讀者來説，還是有所幫助的。但《校疏》對《韓子》的注釋疏證，吾未見有多大發明，在學術上還相差很遠。而他的陰襲前人成説的治學作風，則吾不敢苟同。當今學界風氣不正，這一點尤有必要揭舉。

附記：匿名審稿人指出，河北大學張超 2015 年碩士學位論文《張覺〈韓非子校疏〉研究》將張覺書中注釋的訛誤劃分爲 17 種類型，可以參看。本文修訂稿承龐光華教授審正，謹致謝忱！

蕭旭，常州大學兼職教授，南京師範大學客座研究員，xiaoxu10005@163.com

---

[1]　張覺：《韓非子校疏·前言》，上海古籍出版社，2010 年，頁 43、45。
[2]　張覺：《韓非子校疏·前言》，上海古籍出版社，2010 年，頁 40。

製造辛德勇

——從《製造漢武帝》反思歷史事實、歷史書寫與歷史學家之間的關係

游逸飛

　　2014 年辛德勇在《清華大學學報》發表《漢武帝晚年政治取向與司馬光的重構》一文，2015 年在此基礎之上修訂增補出版《製造漢武帝》一書，不僅秦漢史圈內人盡皆知，更引發海內外中國史學者高度關注，[1]這在高度分工的當代史學界裏堪稱異數。在此論戰熱潮之下，辛德勇及其批評者的學術爭議已毋須多費筆墨介紹，本文只想針對其中歷史事實與歷史書寫之間的曲折關係略加探討。因爲即使辛德勇用了一本書仔細探討司馬光如何製造漢武帝，胡文輝則把戰火延燒到辛德勇如何製造司馬光，[2]這一歷史書寫的研究思路仍未走到終點，除非我們把矛頭指向——製造辛德勇。

　　面對學者一波接著一波的商榷及讀者的殷切企盼，辛德勇不得不在出書之後，進一步説明其寫作目的與史學理念。他在《爲什麼要寫〈製造漢武帝〉》一文中指出他"并不是爲寫史事構建問題而切入司馬光對漢武帝的構建"。[3] 換言之，對辛德勇來説，"製造漢武帝"充其量只是一種方法、一個階段性研究，并非他的終極目標。他花五年多的時間做"製造漢武帝"的研究，終極目標其實是想證實黃永年先生曾經教給他的一個中國古代史料學基本常識："《通鑑》之秦漢及其以前部分，絕不能用作一般意義的史料；了解相關史事，更不宜先於《史記》、《漢書》而閲讀《通鑑》。"（引自《製造漢武帝》頁 1—2，下引不贅述書名。）誇張地説，若將《製造漢武帝》一書視爲黃永年此説

[1] 相關的商榷與書評可參考黄怡君的整理，《是誰"製造"了漢武帝?》，"故事"，2016 年 7 月 12 日，http：//gushi.tw/是誰"製造"了漢武帝/，又見於"澎湃新聞·私家歷史"，2016 年 9 月 23 日，http：//www.thepaper.cn/newsDetail_forward_1532766。

[2] 見胡文輝：《製造司馬光》，上海東方報業，"澎湃新聞·私家歷史"，2016 年 3 月 4 日，http：//www.thepaper.cn/newsDetail_forward_1442727。

[3] 見辛德勇：《爲什麼要寫〈製造漢武帝〉》，上海東方報業，"澎湃新聞·私家歷史"，2016 年 9 月 24 日，http：//www.thepaper.cn/newsDetail_forward_1366061。

的注脚、導讀,相信辛德勇也不會反對。

問題在於,辛德勇爲何會花五年多的時間去做研究,企圖證實一個看似無懈可擊的史料學常識? 這與他著作等身、新見迭出的研究風格似乎大相徑庭。箇中緣由必須從他所處的學術環境去理解。

就所在學術圈而言,辛德勇注意到當前中國歷史學界某些研究并不遵循黄永年所説的史料學常識,如"田餘慶先生〈論輪臺詔〉這篇文章,主要是依據《資治通鑑》的記載立論。這種做法,與黄永年先生上述看法直接抵觸,而在中國歷史學界很大範圍之内却具有强烈影響。"(頁 2)然而在田餘慶之前的中國史學名著如吕思勉的《秦漢史》、錢穆的《國史大綱》,海外的漢學名家或名著如宫崎市定、日比野丈夫、西嶋定生、《劍橋中國史》,探討漢武帝時皆與田餘慶的説法有别。[1] 辛德勇身處當代中國歷史學界,却對田餘慶的主流説法感到疑惑,自然願意撰寫《製造漢武帝》一書與田餘慶商榷。若辛德勇其生也早、或身在海外,恐怕就没有耗費大量精力與時間與田餘慶商榷的動力。

就所處學術單位而言,辛德勇指出他"撰寫這篇論文,緣於在北京大學給研究生講授目録學課程。"(頁 1)希望"透過這一研究,就可以很負責任地告訴學生,至少就《通鑑》的西漢部分而言,是不具備一般意義上的史料價值的。"(頁 2)此説看似平淡無奇,放在全球任何一間歷史系都不令人意外。但考慮到北大中古史研究傳統與《資治通鑑》一書的至深關係,就讓我們不得不感到興味。

北京大學歷史系存在一個源遠流長的《資治通鑑》讀書會,據説上承民初陳寅恪帶學生讀《通鑑》的傳統。至少從鄧廣銘、周一良、田餘慶、祝總斌、王永興、張廣達諸位知名學者開始,各自帶著自己的研究生,在書房中研讀《通鑑》。他們培養出來的當代中古史名家如閻步克、陳蘇鎮、羅新、胡寶國、陳爽等人無一不是如此。直到今天,陳蘇鎮與羅新仍輪流主持《通鑑》讀書會,引領北大歷史系欲研究中古史的研究生,共同進入學術的殿堂。[2]

而從田餘慶撰寫《論輪臺詔》、祝總斌撰寫《西漢宰相制度變化的原因》等秦漢史的論文開始,到閻步克出版《從爵本位到官本位》、陳蘇鎮出版《〈春秋〉與"漢道":兩漢政治與政治文化研究》等秦漢史專著,再到近年陳侃理逐漸以秦漢史爲研究重心,北大中古史似乎存在一個"立足魏晉,放眼秦漢"的研究趨勢。這一研究趨勢的形成不能不説與《通鑑》讀書會的學術傳統有一定關係,畢竟《資治通鑑》通貫秦漢晉唐的歷史書寫,適足打破斷代史的局限,有助於養成學者的通史視野。

---

[1] 于淑娟:《辛德勇:從尚功到守文,司馬光如何構建漢武帝》,上海東方報業,"澎湃新聞·私家歷史",2016 年 5 月 8 日,http://www.thepaper.cn/newsDetail_forward_1325381。
[2] 2017 年 1 月 29 日我在微信上向陳蘇鎮老師請教所知。

　　"立足魏晉,放眼秦漢"的研究取徑,固然與一般秦漢史學者有別,爲秦漢史研究帶來了新鮮的活力與洞見。但回溯前朝的"後見之明"未必全無弊端,受《通鑑》影響的秦漢史研究,理論上也有別於受《史記》《漢書》影響的秦漢史研究,研究者應有所自覺。辛德勇授課時面對北大歷史系這些浸淫於《通鑑》讀書會傳統的中古史研究生,自然深感有必要將黃永年所説的史料學常識推介給學生瞭解。爲了在北大中古史學術圈推廣黃永年的觀點,辛德勇自然也有必要在一定程度上挑戰田餘慶的學説,方能證明黃永年所説的史料學常識的有效性,這正是辛德勇撰寫《製造漢武帝》一書的用心所在,也是本文取名爲"製造辛德勇"的理由。

　　辛德勇是否成功了呢?在《爲什麼要寫〈製造漢武帝〉》一文裏,辛德勇指出關於全書、也就是司馬光構建漢武帝的系列問題是"一個簡單得不能再簡單了的史料比勘"。[1] 然而這麼"一個簡單得不能再簡單了的史料比勘",辛德勇也承認不一定能得到學界認同。例如他全書前四章指出司馬光對漢武帝晚年政治形象的塑造,史源來自於不足憑信的《漢武故事》,此説"對另外一些人來説,卻會有不同的想法";除了司馬光製造漢武帝,他在第五章還主張《漢武故事》的作者王儉同樣構建了戾太子的形象,但"我的推測是否能夠取信於所有讀者,那是另一個問題,或者也可以説是信不信由你的事情";梳理完司馬光與《漢武故事》的"製造",第六章他追溯到最早的西漢時期,嘗試探索漢武帝與戾太子故事的原型來源,而"這一點也不是用實證的方法所能夠獲取讀者認可的,信與不信,還是由你"(頁3—5)。

　　辛德勇的回應令讀者不禁困惑:如果這些問題都是"簡單得不能再簡單了的史料比勘",爲何有"不同的想法"、"信不信由你"、無法實證等情況發生?如果這些問題確實無法實證,因此導致"不同的想法"合理存在,甚至出現"信不信由你"的無奈局面。那麼"簡單得不能再簡單了的史料比勘"便只是表象,[2]《製造漢武帝》一書探討的問題實爲"困難得不能再困難了的歷史構建",故辛德勇需要花上五年多的時間去研究"製造漢武帝"的歷史事實與歷史書寫之間的曲折關係。

　　"製造漢武帝"涉及的重要概念關係可製表如下:

　　關於《資治通鑑》裏漢武帝晚年對方士求仙及征伐四夷感到後悔的記載,辛德勇考證其出處分別來自《漢武故事》與《漢書·西域傳》的輪臺詔書。《漢武故事》成書既晚,又是小説家言,不可信據;《漢書·西域傳》雖爲班固所作,可以信從。但考慮到班

---

[1]　見辛德勇:《爲什麼要寫〈製造漢武帝〉》,上海東方報業,"澎湃新聞·私家歷史",2016年9月24日,http://www.thepaper.cn/newsDetail_forward_1366061。

[2]　事實上即使是所謂"簡單得不能再簡單了的史料比勘",史家也難免犯錯。辛德勇本人便誤信北宋人王益之的《西漢年紀》,以爲"太子兵敗,南奔覆盎城門"十字出自《漢武故事》,沒有注意到《漢書·劉屈氂傳》正有此十字。韓樹峰、李浩已注意到此問題。見韓樹峰:《論巫蠱之獄的性質——以衛太子行巫蠱及漢武帝更換繼嗣爲中心》,《社會科學戰線》2015年第9期(長春),頁78—89;李浩:《"司馬光重構漢武帝晚年政治取向"説獻疑——與辛德勇先生商榷》,《中南大學學報》2015年第6期(長沙),頁216—222。

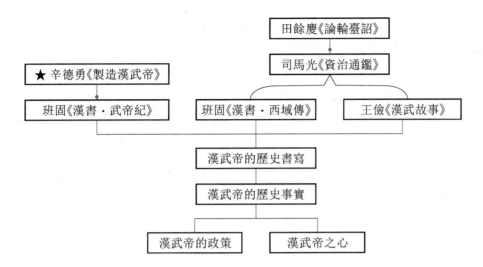

固撰述《漢書・武帝紀》時未載輪臺詔書,辛德勇認爲漢武帝晚年罪己悔過的範圍,應僅限於李廣利伐匈奴一事。今人論漢武帝晚年政治,應以《漢書・武帝紀》爲準,其內容根本看不出漢武帝晚年政治的重大轉向。因此司馬光《資治通鑑》敘述漢武帝晚年形象時,偏離了一般的史料運用原則,顯然有獨特用心。在辛德勇看來,司馬光是爲了現實政治目的,輕信不可靠的史料,藉此塑造漢武帝晚年追悔的明君形象。北大名家田餘慶《論輪臺詔》一文受到《資治通鑑》的影響,主張漢武帝晚年政治走向"守文",其論述亦有偏差。

　　上文簡要描述了辛德勇對《漢書・武帝紀》《漢書・西域傳》《漢武故事》與《資治通鑑》諸種歷史書寫的評析。辛說雖言之成理,卻在學界引起不小的反彈聲浪。其原因不能僅僅歸結於田餘慶之說在整個大陸史學界的影響力,更應考慮兩點:第一,歷史書寫的研究很容易發展成作者心思的推求,而個別古人的心靈世界在一定程度上屬於可以言說、不可論證的"心知其意"範疇,這樣的研究自然不是"簡單得不能再簡單了的史料比勘",也就難以避免"信不信由你"的窘境。[1] 第二,辛德勇認爲他"只是解析司馬光構建史事的一個典型事例而已"。然而單一個案可能適用於不同的解釋,在史料寡少的情況下,很難排除其他解釋,使漢武帝晚年形象這一個案僅適用於一種解釋。即便針對個案的解釋得以成立,也很難評估該解釋是否能擴大成爲整體的解釋。

　　以"製造漢武帝"的關鍵問題爲例:《漢書・武帝紀》與《西域傳》有無輪臺詔書的原因,固然可能如辛德勇所理解;但也可能是單純的"互文見意",輪臺詔書不見於《武帝紀》,不一定等於它不具備整體國策的意義;再考慮到班固在《武帝紀》論贊裏委婉

---

[1]　近年中國大陸的中國中古史學界的"歷史書寫"風潮甚爲流行,但亦有此弊端,孫正軍已有所反思。參孫正軍:《魏晉南北朝史研究中的史料批判研究》,《文史哲》2016年第1期(濟南),頁21—37。

陳詞,却在《昭帝紀》論贊直率批評武帝"海内虚耗,户口减半",班固不將武帝追悔的輪臺詔書寫在《武帝紀》,而寫在《西域傳》裏,顯然亦可理解成爲尊者諱的史筆,田餘慶正主此説;[1]李開元更認爲〈武帝紀〉與〈西域傳〉的差異,反映班固的《漢書》"無力也不能將這一段歷史清理出合理的脈絡來",[2]也是一種可能的解釋。

　　《漢書》的歷史書寫既然有這麼多可能的解釋存在,探討"製造漢武帝"的同時,就不能不將"製造班固"一併納入視野。但辛德勇却没有在《製造漢武帝》一書裏著重探討班固《漢書》的歷史書寫問題,爲什麼呢? 這就回到本文一開始指出的問題——製造辛德勇。對辛德勇來説,他撰寫《製造漢武帝》的目的是論證"至少就《通鑑》的西漢部分而言,是不具備一般意義的史料價值的。""了解相關史事,更不宜先於《史記》、《漢書》而閲讀《通鑑》。"(頁 2)爲此目的,《製造漢武帝》一書在一定程度上不得不揚《漢書》而抑《通鑑》,也就難以將《漢書》與《通鑑》置於同一個平臺、用同樣嚴格的史料批判精神去檢討。

　　《漢書》是研究西漢史的基礎史料,這確實是顛撲不破的史料學常識。但《漢書》的歷史書寫既然有這麼多可能的解釋存在,西漢史研究便非"常識"可以完全規範。面對變化萬千的歷史書寫,史家不能被"常識"拘泥,必須努力"別出心裁"地對各種史料加以取捨,方可能不人云亦云,提出自己的新見。故在史料學常識的基礎之上,我們有時不得不承認:較晚出的《漢武故事》縱爲小説家言,也不一定完全"不宜當做紀事的史料來使用"(頁 61)。被辛德勇譏爲"華夏第一情色讀物"(頁 100)的《趙飛燕外傳》,若考慮到漢代王侯隨葬的銅祖[3]與房中書,[4]畫象磚中的野合圖,[5]其是否有史料價值也不宜僅據其"淫陋"而加以否決。而田餘慶、司馬光的不循常規,究竟是李開元所説的"善於捕捉史實間微妙關係的獨特眼光"、"高人一籌的史識",[6]還是如辛德勇所説,"不惜曲意橫行,不惜改變歷史的本來面目,同樣堪稱自我作古"(頁128),亦難有定論。關鍵問題并不在於"常識"的瞭解與否,而是辛德勇所言"關鍵要看誰講的話更有理據。"(頁 17)

　　之所以如此,是因爲歷史書寫以歷史事實的存在爲基礎,千變萬化的歷史事實導致歷史書寫亦難有一定的準則。異人異時異地,歷史書寫便可能有所改變。因此要想了解"製造漢武帝"的歷史書寫,我們不得不進一步探索"製造漢武帝"的歷史事實。

---

[1]　他認爲班固"對漢武帝頌揚甚力,而指責則含糊其辭。"見田餘慶:《論輪臺詔》,收於氏著:《秦漢魏晉史探微》,中華書局,2004 年,頁 56。
[2]　見李開元:《懷念恩師田餘慶先生》,《二十一世紀經濟報導》2015 年 1 月 5 日人文版。
[3]　江蘇盱眙大雲山江都王墓隨葬銅祖,參南京博物院編:《法老.王:古埃及文明和中國漢代文明的故事》,譯林,2016 年,頁 325。
[4]　李零:《馬王堆房中書研究》,收於氏著:《中國方術考》,東方,2001 年,頁 382—433。
[5]　四川新都徵集漢代畫象磚,參高文編:《中國巴蜀漢代畫像磚大全》,澳門國際港澳,2002 年,編號 65。
[6]　見李開元:《懷念恩師田餘慶先生》,《二十一世紀經濟報導》2015 年 1 月 5 日人文版。

　　涉及"製造漢武帝"的歷史事實又可析分爲"漢武帝的政策"與"漢武帝之心"兩種。既然上文說明了班固、司馬光等歷史書寫者的心思不易把握,那麼身爲歷史事實的主角漢武帝的心思也同樣難以掌握,甚至更難,因爲他的心思隱藏於歷史書寫者的心思之後。在午夜夢迴之際,漢武帝究竟是追悔於他的全盤政策? 還是只對李廣利伐匈奴一事感到後悔? 見仁見智。考慮到人心的複雜與善變,答案也可能是以上皆是——隨著不同時候的漢武帝心思而定。

　　讓我們讀一段田餘慶對漢武帝之心的描述:漢武帝"對開邊之事心裏無數,不知道該在什麼地方適可而止","師心自用,僥倖求逞,使自己走向相反方向,因而延誤了政策轉變的時間。只是到了最後時刻,他才下決心頒布輪臺'哀痛之詔',力圖挽回將頹的局勢。"[1]儘管我們不宜將美與善當作判定歷史事實真偽的標準,但田餘慶製造的漢武帝之心似比辛德勇製造的漢武帝之心更加活潑生動。循此而論,田餘慶製造的司馬光之心也比辛德勇製造的司馬光之心更具備"歷史的深度"。[2] 田餘慶何以能夠如此? 胡文輝認爲"跟田先生所身歷的政治經驗和時代氛圍有關"。[3] 此說誠是,但這也代表田餘慶的"經驗之談"雖然不是不可驗證的假說,却不一定能夠得到缺乏相同經驗的讀者認同。這種"神會古人"的歷史研究固然值得品味再三,但也容易流於"信不信由你"、"菩薩證菩薩"的孤芳自賞,也就難以避免辛德勇所言"我另外見到一些人,在文章中曲折而明確地表述出我不具備資質與田餘慶先生討論問題。"[4]此種"不足與言哉"的流弊。

　　漢武帝之心難覓、難證,歷史事實的研究理應致力於探討相對客觀、可供驗證的漢武帝政策。然而在"製造漢武帝"的論爭中,就連漢武帝晚年及過世之後政治上是

[1] 見田餘慶:《論輪臺詔》,收於氏著:《秦漢魏晉史探微》,頁34。
[2] 見田餘慶:《論輪臺詔》,收於氏著:《秦漢魏晉史探微》,頁37。
[3] 見胡文輝:《製造司馬光》,上海東方報業,"澎湃新聞‧私家歷史",2016年3月4日,http://www.thepaper.cn/newsDetail_forward_1442727。
[4] 于淑娟:《辛德勇:從尚功到守文,司馬光如何構建漢武帝》,上海東方報業,"澎湃新聞‧私家歷史",2016年5月8日,http://www.thepaper.cn/newsDetail_forward_1325381。

否發生重大轉向都難有定論，其間原因值得探索。田餘慶將輪臺詔書、巫蠱之禍、鹽鐵會議等政治事件全部綁在一起，企圖從政策的角度論證漢武帝晚年及過世之後，政壇上存在兩條不同的政治路線，政治路線的背後則是兩個不同的政治集團。換言之，政治事件的發生，并非純憑政治人物的個人意志，更須考慮背後的政治結構的影響。田餘慶此説，自然亦"跟田先生所身歷的政治經驗和時代氛圍有關"。

辛德勇則認爲通檢《漢書》及《鹽鐵論》等史料，其内容根本看不出在漢武帝晚年及過世後政治上發生重大轉向。其説得到楊勇、黄怡君等人的肯定。[1] 但黄怡君也將漢帝國内部與外部政策區别開來，主張漢武帝與戾太子内部固然看不出政見歧異，若就"對外政策的轉折"而言，漢武帝晚年時期確實可能停止對外征伐、與民休息。[2] 換言之，如果不上升到整體政治路線的高度，漢武帝晚年確實在某些政策上轉向"守文"，田餘慶的分析并非全盤落空。

"守文"既然不是全盤性的政策，某些政策自然可以不符合"守文"。例如《鹽鐵論》所見國家專賣等財政政策在昭帝時未有所更張，不一定適合用來反駁"守文"。即便是整體政策更趨於"守文"的元成時期，鹽鐵專賣亦未廢除。若以鹽鐵專賣爲評判標準，整個西漢中後期都不趨於"守文"，都没有政治上的重大轉向。這樣的結論顯然不利於理解西漢中晚期政治史。探討西漢中晚期政治史，有必要重新檢討"守文"的概念及其適用範圍究竟爲何。而評估"守文"的標準有别，也是導致"製造漢武帝"論爭的主因之一。畢竟田餘慶自己認爲昭宣時期的"霸王道雜之"就是武帝晚年趨向的"守文"。[3] 若如此理解，武帝以霍光、桑弘羊等人爲顧命大臣，正是要維持武帝晚年趨向的"守文"。武帝對顧命大臣的選擇，并不能證明當時政治上没有重大轉向。

而田餘慶真正關注的政治集團與政治結構等深層歷史，實非政治事件、政治路線之有無可以直接證明。換言之，不管漢武帝晚年及過世之後政治上是否發生重大轉向，當時政壇都可能存在不同的政治集團，而政治結構也必然發揮其自身的作用。受限於史料，此課題幾乎不可能實證。辛德勇從實證的角度出發，致力於政治重大轉向之辯，固然在一定程度上糾正了田説，但未能在理論框架上提供另一套新的理解方式，遂導致田餘慶的政治史觀并未真正被駁倒。雖然，辛德勇似乎根本無意致力於此。

上文盡力呈現班固、司馬光、田餘慶、辛德勇等歷史學者前仆後繼地"製造漢武

[1] 見楊勇：《再論漢武帝晚年政治取向——一種政治史與思想史的聯合考察》，《清華大學學報》2016 年第 2 期（北京），頁 155—169；黄怡君：《是誰"製造"了漢武帝？》，"故事"，2016 年 7 月 12 日，http：//gushi.tw/是誰"製造"了漢武帝？/，又見於"澎湃新聞·私家歷史"，2016 年 9 月 23 日，http：//www.thepaper.cn/newsDetail_forward_1532766。

[2] 見黄怡君：《是誰"製造"了漢武帝？》，"故事"，2016 年 7 月 12 日，http：//gushi.tw/是誰"製造"了漢武帝？/，又見於"澎湃新聞·私家歷史"，2016 年 9 月 23 日，http：//www.thepaper.cn/newsDetail_forward_1532766。

[3] 見田餘慶：《論輪臺詔》，收於氏著：《秦漢魏晉史探微》，頁 60—61。

帝"，其間牽涉的歷史事實與歷史書寫情況高度複雜，因而創造了波瀾壯闊、延續兩千年之久的史學論戰。在這裏面，并無簡單的歷史圖像可以提供。

過去司馬光、田餘慶的學說在中國大陸學界大行其道，幾有定於一尊之勢，實不利於我們深入認識此時期歷史的真相。其實近年陳蘇鎮已經指出"《漢書·西域傳》誇大了武帝悔過的内容，誇大了輪臺詔的意義，也誇大了由此引起的歷史轉折的幅度。"[1]辛德勇撰寫《製造漢武帝》一書，實非孤軍奮戰。他嘗試對此時期的歷史事實與歷史書寫提出全面且周延的看法，自成一家之言，其精神值得效法，其成果值得品味。

也因爲歷史事實與歷史書寫情況高度複雜，我們應該注意到司馬光、田餘慶等史家殫精竭慮地企圖還原歷史真相之時，必然會感受到《漢書》的歷史書寫不足以完全還原當時的歷史事實。在此困境下，他們注意到《漢武故事》等其他歷史書寫，努力壓榨其史料價值，嘗試更全面深入地還原當時的歷史事實。其結論雖未必皆是，但其用心仍值得充分肯定。而辛德勇撰寫《製造漢武帝》一書，同樣是根據他所信賴的歷史書寫，嘗試還原當時的歷史事實。就歷史學者的立場而言，雙方同樣是在努力探求歷史的真相，并無高下之分。

然而司馬光并非職業歷史學者，《資治通鑑》一書的書名清楚揭示其經世致用的政治意圖，史學與經世之間的張力確實值得吾輩留意。但辛德勇雖是職業歷史學者，他撰寫《製造漢武帝》一書時却不只爲了探求歷史的真相，還想要藉此證實黃永年所說的史料學常識，帶有教育北大歷史系學子的目的，也是某種程度的"經世致用"，其間的張力同樣值得留意。

歷史研究雖須以史料學常識爲基礎，却又不能被史料學常識所拘泥。史料學常識可以從歷史研究之中提煉，却不應是歷史研究的目的。西方史家曾經指出：

> 確定一種記載優於另外一種的危險在於，它是爲了把"歷史"澆鑄成一個單一的真實故事。這也是尋求一種"客觀的"或"科學的"歷史所遵循的邏輯——就其意欲實現的目標而言，它們都是不可能的。[2]

本此立場，我希望"製造漢武帝"的議題可以繼續討論下去，直至永遠。上述諸家之說看似紛紛擾擾、各說各話，實則引領讀者進一步思考歷史事實與歷史書寫的關係，思考歷史的真相應如何探求，深具學術意義。如果《漢書》、《漢武故事》、《資治通鑑》的史料價值被確定下來，如果班固、司馬光、田餘慶、辛德勇的是非對錯已成定論。不管是漢武帝的歷史，還是現代史家的論著，便只剩下記誦的價值，失去重新理解、重新構

---

[1]　陳蘇鎮：《〈春秋〉與"漢道"：兩漢政治與政治文化研究》，中華書局，2011年，頁284。
[2]　John H. Arnold 著，李里峰譯：《歷史學》，香港牛津大學出版社，2016年，頁151。此論著承吳政緯提示。

建的可能性,歷史學的意義也就蕩然無存。行文至此,本文似乎成爲破而不立的騎牆之論。但只要能欣賞各種推陳出新的精彩史論,浸淫於知識的饗宴之中,"心無定見"又有什麼關係呢?

游逸飛,中興大學歷史學系助理教授,d98123002@ntu.edu.tw

李純甫《鳴道集説》研究述評

張俊毅　祁逸偉

本文力圖概述學術界對《鳴道集説》一書的文獻與思想研究歷程，并評價大陸地區的研究狀況。能力所限，綜述的範圍主要集中於大陸學界，旁及港臺、日韓和歐美。

一、李純甫及其《鳴道集説》

有金短祚，文教遠遜天水一朝，可稱道的文人不多。李純甫出入三教，又工詩文，是金代文化史上的一座高峰。李純甫的生平和仕宦、治學經歷，在劉祁《歸潛志》、元好問《中州集》和《金史》中都有記載。李純甫一生著述豐富，曾爲《楞嚴經》、《金剛經》作注，爲《老子》、《莊子》作集解，撰有《楞嚴外解》、《金剛經别解》、《中庸集解》、《鳴道集説》等書，其中《鳴道集説》是其最重要的著作。

《鳴道集説》（五卷）是李純甫針對宋儒崇儒排佛言論集《諸儒鳴道集》而撰寫的著作，其選取《諸儒鳴道集》中周敦頤、張載、邵雍、二程、張栻、朱熹、吕祖謙等宋代大儒的排佛之説，列作二百一十七篇逐一辯駁，以達到"尊孔聖與釋老鼎峙"[1]的目的，現存一百八十二篇。通常認爲，此書主要思想傾向包括以佛爲主而會通三教、以華嚴宗圓融學説爲基礎彌合三教差異并調和彼此矛盾、以佛家心性之説指摘理學的理論缺陷等方面。有學者稱其"可以算是基於思想史的角度，對《諸儒鳴道集》的唯一回應"。[2]《鳴道集説》在文獻中有多種名稱，如《鳴道集》、《鳴道集解》、《諸儒鳴道集説》、《屏山鳴道集説》、《辟鳴道集》，實際上《鳴道集》一般作爲南宋人編纂的《諸儒鳴道集》的簡稱，兩者不應混淆；《鳴道集解》被《四庫全書總目提要》斥爲訛誤，故已不再使用，其餘的名稱均可。歷史上曾有數人爲此書作序——李純甫的自序、同時代耶律

---

[1]　〔元〕耶律楚材：《屏山居士鳴道集序》，耶律楚材著、謝方點校：《湛然居士文集》，中華書局，1986 年，頁 308。

[2]　田智忠：《關於〈諸儒鳴道集〉編者身份的初步推測》，《〈諸儒鳴道集〉研究——兼對前朱子時代道學發展的考察》，中國社會科學出版社，2012 年，頁 211。

楚材的序、元代黃溍的序、[1]明代王禕的序、清代汪琬的序，其重要性可見一斑。

但由於佞佛排儒的内容，再加上處在女真族統治下理學發展滯後的社會背景中，《鳴道集説》的流傳情況不佳。明代胡應麟《詩藪》稱："今《鳴道集解》尚散見釋氏書。"[2]清代藏書家黃丕烈曾叙述道："丁丑初夏，書友有李之純《鳴道集説》示餘者，前有金華黃溍序，知係金人……今得《鳴道集説》讀之，方信是書目録家不載，未知有金刻否。見在鈔本止三卷，未知全否，附記於此。"[3]可見《鳴道集説》在明、清兩代的留存情況已不甚理想。

二、文獻學綜述

在筆者所能見到的範圍内，對《鳴道集説》真正意義上的文獻學研究幾乎不存在。胡傳志雖然考據過李純甫的著述，但對於《鳴道集説》只涉及了其内容、寫作年代和書名辨正。[4] 在此主要介紹的是該書的出版情況。依照其所依據的古籍版本，當今的本子可以被劃分爲五類：

（一）景明鈔本：包括 1973 年臺灣《中國子學名著集成》本和 2012 年香港蝠池書院《子部珍本叢刊》本。[5] 這兩個本子均影印自國家圖書館藏明鈔本，包括屏山自序、"鳴道諸儒姓氏"、"《諸儒鳴道集》總目"、正文以及之後的《雜説》和《心説上》《心説下》。這些影印本對《鳴道集説》的目録與版本狀況都没有介紹。

（二）《佛祖歷代通載》本：《通載》是元僧釋念常彙編各種僧俗著述而成的佛教史，其中收入了《鳴道集説》的耶律楚材序、正文十九篇和自跋，無《雜説》和《心説》，定名爲《辟鳴道集》。《通載》現存最早的兩個版本是元至正七年(1347)募刻本和日本南北朝時期的五山版刻本，兩者都已被影印出版。[6] 該書於明永樂年間入《北藏》以及

[1] "黃溍"在目前可見的論著中均誤爲"黃潛"。藍吉富主編的《大藏經補編》中收録了該序，但結句稱："前翰林侍講學士金華黃潛序"，"潛"、"溍"乃形誤，該序爲其他學者所參考、引用，致使錯誤範圍進一步擴大。根據《大藏經補編》注釋："黃溍，元，義烏人，字晉卿，延祐進士，生平博極群書，議論精約，在朝廷挺然自立，不附權貴，時稱其清風，纖塵弗染，有《日損齋稿》及《筆記》行世。"這一叙述與《元史》卷一百八十一《黃溍傳》的叙述完全吻合："黃溍字晉卿，婺州義烏人……中延祐二年進士第……及升朝行，挺立無所附，足不登鉅公勢人之門，君子稱其清風高節，如冰壺玉尺，纖塵弗汙……溍之學，博極天下之書，而約之於至精……所著書，有日損齋稿三十三卷、義烏志七卷、筆記一卷。"〔明〕宋濂：《元史》，北京：中華書局，1976 年，頁 4187—4189。又根據下引黃丕烈《士禮居藏書題跋記》"前有金華黃溍序"，黃溍曾有《金華黃先生文集》傳世，可見"黃潛"應爲"黃溍"之誤。但目前收入《叢書集成初編》的《黃文獻公集》、浙江古籍出版社的《黃溍集》和天津古籍出版社的《黃溍全集》均未收此序，實爲疏漏，理應補之。
[2] 〔明〕胡應麟：《詩藪·雜編》卷六《閏餘下》，中華書局，1958 年，頁 314。
[3] 〔清〕黃丕烈著、潘祖蔭輯、周少川點校：《士禮居藏書題跋記》卷六《集類》，"中州集十卷（金本）"條，書目文獻出版社，1989 年，頁 306—307。
[4] 胡傳志：《李純甫考論》，《社會科學戰線》2000 年第 2 期。
[5] 方勇編：《子部珍本叢刊》第 55 册，香港蝠池書院出版社，2012 年。
[6] 元刻本收入北京圖書館古籍出版編輯組編：《北京圖書館珍本古籍叢刊》子部釋家類，第 77 册，北京圖書館出版社，1998 年；五山版刻本收入域外漢籍珍本編纂出版委員會編：《域外漢籍珍本文庫》第 3 輯，第 14—15 册。

之後的歷代大藏,還被編入《四庫全書》,單行本亦廣有翻刻,版本豐富,這意味著《鳴道集説》也隨之產生了許多版本。《通載》本現存祖本的年代與李純甫的時代接近,遠早於現存的任何一部《鳴道集説》的單刻本,文獻價值最高。其最大問題就是該本僅存十九篇,內容過少,事實上不足以用來研究《鳴道集説》的思想,但直到近幾年仍有人用《通載》本做研究,[1]這是不可取的。

(三)景和刻本:目前有 1977 年日本中文出版社《近世漢籍叢刊》本。[2] 該本影印自日本享保四年(1719)田中莊兵衛刻本。較之明抄本,此本多了耶律楚材序、黃溍序和元好問《中州集》中的李純甫小傳。書前有九州大學教授荒木見悟所做的解題。該解題援引了常盤大定的《支那佛教史研究第二》中的研究成果,説北平圖書館原藏《鳴道集説》全本二百一十七篇的鈔本,但後來遺失,只餘今本一百八十一篇。[3] 這段內容也被國內學者引用過。荒木氏還介紹了日本《鳴道集説》的版本情況,列舉了延寶二年(1674)的中野是誰本、天和三年(1683)的田中莊兵衛本和享保本三種刻本以及明治二十八年(1895)赤松連城依據京都古寺所藏寫本刊佈的活字排印本。[4] 國內的楊曾文和劉輝譯介了該解題的內容。[5]

(四)單行本:即赤松連城的排印本,1999 年日本臨川書店的《禪學典籍叢刊》影印該本。[6] 赤松氏爲全書加了標點,并爲該書做了一篇漢文短序,序中指出了常用的《通載》本篇數過少的問題。[7]

(五)其他:1984 年臺灣華宇出版社推出了由藍吉富主編的三十六冊《大藏經補編》,其中包括《鳴道集説》。[8] 編者自稱收入了未被學術界通用的兩種藏經——《大正藏》和《卍字續藏》——收入的佛書,[9]言下之意是《鳴道集説》也是以上二者未收之書。如前所述,自明修《永樂北藏》時,《鳴道集説》的節本一直隨《通載》被收入歷代大藏,説"未收"并不嚴謹。該本是《鳴道集説》繼赤松連城本之後的第二個標點排印本,文中有責任者的一些夾註,但它沒有給出標點所據底本,未出校勘記,沒有任何形式的前言或説明,甚至連標點者的姓名都沒有,其文本品質是很值得懷疑的。而書中

---

[1] 比較嚴肅的研究如邱軼皓:《吾道——三教背景下的金代儒學》,《新史學》2009 年 20 卷第 4 期。

[2] 岡田武彥、荒木見悟編:《近世漢籍叢刊》思想 3 編,第 15 冊,(京都)中文出版社,1977 年。

[3] 常盤氏書中的有關內容來自其論文《金の李屏山撰鳴道集説について》,《服部先生古稀祝賀紀念論文集》,(東京)冨山房,1936 年。

[4] 久保田量遠詳細描述了赤松本的由來:"明治二十二年晚春,在日本京都松原街某古董鋪,中島純發現一部《鳴道集説》,原在東山一座古刹保存,由一百八十一篇組成。中島純把這部書當作帷中珍寶秘藏著。明治二十七年秋,由合志諦誠、癡山義亮的推薦,第二年二月,經赤松連城活印刷五百部,分發贈送給各名刹,以圖長久保存。"參久保田量遠著、胡厚恩譯:《中國佛道儒交涉史》,金城書屋,1978 年,頁 193。

[5] 楊曾文:《金朝護法居士李純甫及其〈鳴道集説〉》,《法源》2005 年第 23 期;劉輝:《金代儒學研究》,博士學位論文,吉林大學古籍研究所,2008 年,頁 132。

[6] 柳田聖山、椎名宏雄編:《禪學典籍叢刊》第 2 卷,(京都)臨川書店,1999 年。

[7] 柳田聖山、椎名宏雄編:《禪學典籍叢刊》第 2 卷,頁 247。

[8] 藍吉富編:《大藏經補編》第 26 冊,臺灣華宇出版社,1984 年。

[9] 藍吉富編:《大藏經補編》第 1 冊,"出版説明",頁 1—2。

的錯字誤點確實隨處可見，如將耶律楚材的字"晉卿"誤作"真卿"、《左氏》和《戰國策》點爲一書、"張載"誤作"張戴"等等。[1] 總體來説，該本不合學術規範且整理態度不認真，不是值得研究者信賴的善本。然而，或許是由於《大藏經補編》名氣較大且更易獲取，該本仍然得到了一些論文的徵引，以及一些權威性指南文獻的介紹，如任繼愈主編的《佛教大辭典》和景愛主編的《地域性遼金史研究》等。[2] 九洲圖書出版社於2000 年推出的《頻伽大藏經(續編部)》也收入了這個版本的《鳴道集説》。[3]

　　目前，就大陸學界的情況而言，關於《鳴道集説》的研究集中在其思想方面，文獻學研究非常薄弱。國内論著中，唯一稍微涉及該書文獻問題的是楊曾文和劉輝，但他們并没有一手研究，而是幾乎全盤照搬日本學者的結論；此後，有些學者隻言片語提及了該書收藏與亡佚的情況，其内容不出楊曾文譯介的範圍。[4] 還有些學者對該書的存佚狀況完全不瞭解，近期仍有人在文章中聲稱《鳴道集説》只保留下來了《通載》中的十九篇。[5]

　　文獻學研究的不足帶來了些許不良影響：

　　第一是學者們對於版本優劣没有概念，故而不懂得尋求善本。現在看來，《鳴道集説》幾種版本的文字可能都存在一定的問題，同時多數學者對此出於無知無識的狀態。上個世紀及本世紀初的學者多用明鈔本、享保本或某個版本的《通載》，而近十年又多有人依據《補編》本，但這種轉換基本來自隨意的選取而非比勘。除了崔培明以外，筆者没有見到一位學者在文中説明自己選擇某個版本的原因。[6] 這顯然是文獻學知識匱乏、學者不清楚該文獻版本系統以及流通狀況的結果。

　　第二是學界長期缺乏該書的優良校勘本，故而學者也無從求得善本。該書版本多樣、脈絡複雜，没有相關研究，自然談不上校勘。除了前文所述幾種鈔本、刻本的現代的影印本之外，并無高水準的點校本問世，再加上不同版本分別保存於中、日兩國，影印本數量稀少，獲取困難，給學者的研究造成極大的不便。

---

[1] 《補編》本和享保本相似度較高，如正文前同樣依次收入了耶律楚材序、黄溍序、屏山自序和《中州集》的李純甫傳，"晉卿"同誤爲"真卿"，"雜説"同用異體字印作"襍説"等等，其底本有可能就是享保本。但是，該本大多數錯訛不見於享保本。

[2] 參任繼愈編：《佛教大辭典》，江蘇古籍出版社，2002 年，頁 770；景愛編：《地域性遼金史研究》第 1 輯，中國社會科學出版社，2014 年，頁 261。

[3] 本社編：《頻伽大藏經續編》第 195 册，九洲圖書出版社，2000 年。

[4] 參顧偉康：《空門名理孔門禪——李純甫〈鳴道集説〉的時代特色》，怡學主編：《遼金佛教研究》，金城出版社，2012 年，頁 154；劉立夫：《金代居士李純甫的三教關係論》，黄夏年編：《遼金元佛教研究(下)》，大象出版社，2012 年，頁 803。

[5] 顧偉康：《空門名理孔門禪——李純甫〈鳴道集説〉的時代特色》，頁 158。其中作者將《佛祖歷代通載》的編者"念常"誤爲"常念"。

[6] B. P. W. Tsui, "Li Ch'un-Fu's Theory of Harmonization of the Three Teachings," in *Journal of Chinese Philosophy* 13 (1986), 94 n.4.

三、思想史研究

作爲金代儒學和佛學的代表性著作,《鳴道集説》很早就引起了學術界的重視。由清人黄宗羲撰寫、其子黄百家纂輯、全祖望修定的《宋元學案》中有《屏山鳴道集説略》,把李純甫作爲"王(安石)蘇(軾)餘派",并列舉其名言四種;王梓材、馮雲濠編纂《宋元學案補遺》,補寫"屏山文集",并收録了《歸潛志》、《中州集》等書中的李純甫小傳。

此後李純甫和《鳴道集説》的研究陷於停滯。直到二十世紀二十年代,日本佛學家忽滑谷快天才在其代表作《禪宗思想史》一書中對《鳴道集説》進行了簡要的介紹。[1] 但真正系統關注李純甫、《鳴道集説》及其思想的是日本學者常盤大定。他的《關於金代李屏山所撰〈鳴道集説〉》叙述了李純甫和《鳴道集説》的基本情況,簡要梳理了《鳴道集説》的版本及理學思想内涵。[2] 日本學者久保田量遠撰《支那儒道佛交涉史》,把"《鳴道集説》的發現"與"《鳴道集説》的内容"作爲兩個獨立的子目分别予以介紹,但深度和廣度均不足。[3] 野上俊靜的《中國佛教史概説》[4]和《中國佛教通史》[5]兩書均認爲李純甫《鳴道集説》提倡了"三教合一"的學説,是金代佛學的重要特色之一,不過其内容仍不完善。總而言之,日本學者在《鳴道集説》研究上的捷足先登,很大程度上得益於該書幾種版本在本國保存情況較好,但他們的研究并不深入,仍有較多可以開拓的方向。

隨著中國學術界愈發認識到李純甫和《鳴道集説》在思想史、理學史、儒佛關係史上不可或缺的地位,中國學者開始對其進行詳細而全面的研究。悟慈法師所編《鳴道集説的研究》是目前所知研究李純甫《鳴道集説》的唯一專著。[6] 該書可分爲正文和附録兩部分:正文包含四章的篇幅,首先介紹了宋儒與禪學、金代佛教的關係,并簡要考證了李純甫的生平和著作、《鳴道集説》的版本、著作動機和年代,其次分别摘取李純甫明抄本二百一十七篇《鳴道集説》、《佛祖歷代通載》所收十九篇《鳴道集説》、《雜説》和《心説》的主要内容,按鳴道諸儒姓氏的序列解釋了李純甫是如何反駁這些宋儒的排佛之論、以此提倡儒佛道三教融合,其中加入了悟慈法師的理解;附録的内容較

[1] 忽滑谷快天:《禪宗思想史》,(東京)玄黄社,大正十二年(1923年)六月。中文版由朱謙之譯出,忽滑谷快天著,朱謙之譯:《中國禪學思想史》,上海古籍出版社,1994年,2002年再版。

[2] 常盤大定:《金の李屏山撰鳴道集説について》,《服部先生古稀祝賀紀念論文集》,(東京)冨山房,1936年;又收入氏著《續支那佛教史の研究》,(東京)名著刊行會。此前關於李純甫的研究還有野上俊靜:《金李屏山考》,《大谷學報》1935年第16卷第3號;常盤大定:《儒佛之際的李屏山》,《東方學報(東京)》(第6册),1936年。

[3] 久保田量遠:《支那儒道佛交涉史》,(東京)大東出版社,昭和十八年(1943年)二月。中文版由胡厚恩譯出,久保田量遠著、胡厚恩譯:《中國佛道儒交涉史》,金城書屋,1978年。

[4] 野上俊靜等著、釋聖嚴譯:《中國佛教史概説》,臺灣商務印書館股份有限公司,1972年。

[5] 野上俊靜等著、鄭欽仁譯:《中國佛教通史》,臺灣牧童出版社,1978年。

[6] 悟慈法師:《鳴道集説的研究》,臺灣佛教出版社,1984年。

多,不僅收入了李純甫的主要作品(當然以《鳴道集說》爲主,悟慈法師對此做了簡單的校勘),還附上與李純甫相關的人物傳記、宋元學案的記載等,幾乎囊括了可供研究李純甫的一切材料,具有較高的參考價值。正如悟慈法師所説:"筆者有感於此,故欲盡能力所及,將他(注:指李純甫)僅存的資料,多方搜集,把它聚在一起,附於附錄,以資研究的參考。如因之而能引起多方面的注意與研究的話,於願已足矣!"[1]可惜的是,這本書流傳不廣、獲取困難,同《鳴道集說》一樣,未能引起足夠的重視,而且該書錯字、年代混亂等訛誤不少,再加上悟慈法師採用的考證方法多以猜測爲主(如他斷定《鳴道集說》的成書時間爲"正大四、五年頃"的依據是此前李純甫"忙於應酬"、"無暇著書",并憑藉劉祁《歸潛志》的記載認爲李純甫晚年存在"性格的轉向",即變得"非常的過敏",故才把晚年的這部作品秘藏起來),實際上立論不實。作爲一名佛學家,悟慈法師在研究中帶有強烈的感情色彩,即極度讚揚李純甫的思想、竭力鼓吹佛教義理之崇高,也削弱了思想史研究所要求的客觀性。

　　除了這部《鳴道集說的研究》以外,針對李純甫及其《鳴道集說》的直接研究還有:顧偉康《空門名理孔門禪——李純甫〈鳴道集說〉的時代特色》闡發了《鳴道集說》及其"三聖合一"思想的時代背景與文化主題,提出"李純甫不是單純的以佛非儒,他對宋儒有批評,却不對立"的觀點,認爲李純甫立論的依據,就是他模仿儒家的"道統",自創了"三聖合一"的"心學"之統,富有時代特色。但他還認爲"李純甫其人其書,幾乎没有影響",可以説有失偏頗。[2]楊曾文《金朝護法居士李純甫及其〈鳴道集說〉》利用《金史》、《歸潛志》等史料,詳細叙述了李純甫的生平,并從"道學是儒釋道三教會通,特別是儒家吸收佛教思想而形成的"、"以佛教的心性思想評述道學的理氣、心性之説"、"對道學者批評佛教'自私'、'棄人倫'等的回應"、"儒釋道三教不可去一,提倡三教融合"四個維度闡釋了《鳴道集說》對道學的批評及其儒釋道三教會通論。[3]胡傳志《李純甫佛學二題》考察了《鳴道集說》的書名由來、著述時間、篇幅卷次、體例内容,但胡氏對《鳴道集說》的版本情況瞭解不足,徵引書目也不齊全,因此可以説該文的一些結論并没有建立在紮實的研究基礎上。[4]霄虹、史野《李純甫儒學思想初探》簡要介紹了《鳴道集說》中闡述比較完整的心説、性説、鬼神説的基本内容,以窺李純甫儒學思想的精髓,并認爲"在《鳴道集說》中,李純甫儒學思想與佛學思想的相互交叉、滲透、互爲佐證相當明顯",闡述了其"大道合一"(儒釋道三教合一)的論説,雖然

[1]　悟慈法師:《鳴道集説的研究》,頁2。

[2]　顧偉康:《空門名理孔門禪——李純甫〈鳴道集説〉的時代特色》,收入怡學主編《遼金佛教研究》,金城出版社,2012年,頁146—161。

[3]　楊曾文:《金朝護法居士李純甫及其〈鳴道集説〉》,《法源》2006年第23期,此文略作修改後收入楊曾文:《宋元禪宗史》,中國社會科學出版社,2006年。

[4]　胡傳志:《李純甫佛學二題》,《佛教與遼金元文化國際學術研討會論文集》,香港能仁書院,2005年。

文章比較全面,但只是對《鳴道集説》一些文字的片面解讀,且其中有一些訛誤。[1] 封樹禮《李純甫佛學思想初探》利用《鳴道集説》及李純甫的其他佛學著作梳理了李純甫"自報自得的因果論"、"淡化空有對立,强調自性空寂的空觀"、"不離世間法的出世法"和"尊異求同,三教合一"的四大佛教思想,邏輯上比較混亂。[2] 閏孟祥《李純甫研究的幾個問題》研究了李純甫的認識境界、李純甫的"中國心學"體系、李純甫對理學家的批評、李純甫對儒學——理學體系的認識四個方面的内容,《鳴道集説》是其所利用的主要材料,相對而言内容覆蓋面較廣。[3] 東梁《李純甫的"三教合一"論》根據文獻記載的李純甫生平,指出李純甫是由詞賦、經義,再經由老莊而走向以佛教爲中心的"三教合一"論,這種"三教合一"論是李純甫在整理資料和理論研究上作出極大努力,并對儒、道、釋深入研究的結果。作者認爲李純甫在中國歷史上第一次系統地把"三聖之道"結合,其"三教合一"思想的中心是把佛與佛書抬高到儒、道二家之上,具有歷史必然性,而這一觀念的形成有相應的時代背景、思想背景和他自身的原因。遺憾的是,作者探討該問題并未引用《鳴道集説》中的任何語句,因此研究顯得比較薄弱。[4] 王明蓀《李純甫之三教思想》從《宋元學案》中全祖望對李純甫的批判説開去,認爲該書涉及金代學術的内容僅一卷尚且以李純甫爲代表,可見李氏學説有相當之影響。作者叙述了三教學風從漢季到宋金的嬗變,即大體由三教論衡、三教調和發展到三教融會,這種背景極大地影響到李純甫的"三教合一"思想——因李純甫信佛,故對諸儒攻佛排釋加以疏解,一則以平反去謬,一則以會儒道於佛。本文大量引用《佛祖歷代通載》所收《鳴道集説》,但僅作鋪陳、叙述,并無細緻研究。[5] 劉立夫《金代居士李純甫的三教關係論》分析了李純甫對三教平等的理解、對佛教的辯護以及對道學吸收佛學的認識。[6] 韓煥忠《李純甫居士對佛教的辯護》研究了李純甫對佛教的辯護,重點分析的是屏山如何利用儒家經典《周易》《論語》《孟子》《中庸》等書來回應道學家對佛教的攻擊。[7] 韓氏還撰有《亦爲南華鳴不平——李屏山居士對莊子的辯護》一文,注意到了《鳴道集説》中涉及莊子的條目約占六分之一,并認爲其心學思想來自莊子,爲此作者分析了屏山對莊子和推重、他的心學與莊子思想的關係,并搜集整合了書中對攻擊莊子的反駁,具有一定的創新性。他的最後一項工作所占篇幅最大,却是歸納性質的,缺乏分析。[8]

[1] 霽虹、史野:《李純甫儒學思想初探》,《社會科學戰線》2006 年第 2 期。
[2] 封樹禮:《李純甫佛學思想初探》,《遼寧工程技術大學學報(社會科學版)》2009 年第 6 期。
[3] 閏孟祥:《李純甫研究的幾個問題》,收入怡學主編《遼金佛教研究》,金城出版社,2012 年,頁 233—255。
[4] 東梁:《李純甫的"三教合一"論》,《遼金契丹女真史研究動態》1984 年第 3、4 期合刊。
[5] 王明蓀:《李純甫之三教思想》,《宋史研究集》第 28 輯,臺灣編譯館,1998 年,頁 523—542。
[6] 劉立夫:《金代居士李純甫的三教關係論》,黄夏年編:《遼金元佛教研究(下)》,大象出版社,2012 年,頁 802—816。
[7] 韓煥忠:《李純甫居士對佛教的辯護》,黄夏年編:《遼金元佛教研究(下)》,大象出版社,2012 年,頁 817—833。
[8] 韓煥忠:《亦爲南華鳴不平——李純甫居士的護莊論》,《中國道教》2011 年第 3 期。

　　除了以上專題研究論著,中國學者更多是在研究金元史、儒學史、理學思想、佛學論說、《諸儒鳴道集》、耶律楚材、《宋元學案》編纂等其他方面時,旁及《鳴道集説》。主要可以分爲儒學與佛學兩大方面。

　　儒學角度的研究主要有:周良霄《程朱理學在南宋、金、元時期的傳播及其統治地位的確立》指出李純甫雖然極力推崇佛學,但他的基本立場與理學家是一致的,而且他對宋代理學諸儒的駁斥僅限於其辟佛的言行。[1] 魏崇武《金代理學發展初探》在談及《諸儒鳴道集》的成熟時間和南宋理學開始北傳的年代時,就將李純甫及其《鳴道集説》作爲有力的例證,構成其觀點"金代理學接續北宋理學在北方的微弱血脈,在經過一段衰而不絶的時期後,以南宋理學的北上爲契機,開始了一個復蘇階段"的重要部分。[2] 晏選軍《金代理學發展路向考論》解釋了李純甫和《鳴道集説》排儒崇佛、屢遭非議的原因,認爲李純甫從根本上講仍屬於儒家士大夫,由此加深了宋儒對其的駁斥。[3] 張帆《關於元代陸學的北傳》以李純甫未在《鳴道集説》一書中批駁陸九淵的史實,推斷李純甫雖曾下功夫搜集南宋中期學者的思想資料,但對陸學并無瞭解。[4] 邱軼皓《吾道——三教背景下的金代儒學》同樣研究了金代儒學,其中關於李純甫的内容比較散亂。但他在屏山護佛的問題上提出了特別的説法,認爲李純甫著《鳴道集説》的目的是"欲'援佛排道'以張大儒學,故表面上對佛學揚譽備至,背地裏却'陽助而陰擠之'"。[5] 李申《中國儒教史(下卷)》將李純甫和《鳴道集説》放在"第九章 遼金元儒教"中進行闡釋。[6] 楊珩《女真統治下的儒學傳承:金代儒學及儒學文獻研究》立"李純甫及其《鳴道集説》"一節,比較全面地梳理了《鳴道集説》一書的基本情況及思想内容,認爲其屬於"學術化時期的儒學"。[7]

　　佛學角度的研究主要有:劉保金《中國佛典通論》以目録、提要的方式介紹了《鳴道集説》及其内涵。[8] 潘桂明《中國居士佛教史》通過解讀《鳴道集説》的部分文段,探討了《鳴道集説》的中心思想,即"通過對儒、釋、道三教學説的融會,提倡在佛教華嚴理論指導下的三教一致,以助成其師説",從而"重新確立佛教的優勢地位以及佛教思想的主導作用",還論述了李純甫思想形成的特殊社會背景。[9] 潘桂明的另一部

[1] 周良霄:《程朱理學在南宋、金、元時期的傳播及其統治地位的確立》,《文史》(第37輯),中華書局,1993年。
[2] 魏崇武:《金代理學發展初探》,《歷史研究》2000年第3期。
[3] 晏選軍:《金代理學發展路向考論》,《北京師範大學學報(社會科學版)》2004年第6期。
[4] 張帆:《關於元代陸學的北傳》,《鄧廣銘教授百年誕辰紀念論文集》,中華書局,2008年,頁351—360。原文又收入陳蘇鎮主編:《中國古代政治文化研究》,北京大學出版社,2009年,頁361—376。
[5] 邱軼皓:《吾道——三教背景下的金代儒學》。
[6] 李申:《中國儒教史(下卷)》,上海人民出版社,2000年,頁532—535。
[7] 楊珩:《女真統治下的儒學傳承:金代儒學及儒學文獻研究》,四川大學出版社,2014年,頁181—205。
[8] 劉保金:《中國佛典通論》,河北教育出版社,1997年,頁620—621。
[9] 潘桂明:《中國居士佛教史(下册)》,中國社會科學出版社,2000年,頁671—681。

著作《中國佛教思想史稿》基本延續了前書的文字和觀點。[1]　賴永海《中國佛教通史》叙述了李純甫的生平及著述情況,具體介紹了《鳴道集説》如何實現他"打破門户之見,會三教合一"的理想,探討了三教之功用及相互關係。[2]　但這些著作關於李純甫與《鳴道集説》的内容往往大同小異,并無多少新意,甚至稱不上"研究",只是照搬或重複既有成果而已。此外,饒宗頤《三教論與宋金學術》與《三教論及其海外移殖》在論述宋金時期的學術狀況時,稍微涉及李純甫及其《鳴道集説》,兩篇論文首先列舉了一些關於李純甫的材料,但不出《金史》《歸潛志》《中州集》等文獻。文章并未深入研究李純甫的學説,但對其人給予了高度肯定,稱"即以'心學'而論,亦屏山所啟迪"、"若屏山者,其尤錚錚者矣"、"李屏山持論,漸造淵奥"、"元明間道學心學之興,屏山與有力焉"等等。正是基於這種觀點,饒氏才"樂爲闡發幽潛,對於中國宗教學術史之研究,或不無涓埃之助乎",并"亟盼西方學人於屏山之説,能加以移譯探討"。這種没有建立在足夠深入的思想研究基礎上的無端誇獎難免有過譽之嫌,但能明確李純甫在宗教學與思想史上的重要地位,則體現了饒氏廣闊的視野。[3]　類似的研究亦有張踐《新佛教、新道教和新儒學——宋金三教匯通論》。[4]

　　近年來,學術界還湧現出三篇涉及《鳴道集説》的博士論文:符雲輝《〈諸儒鳴道集〉述評》第三章探究了李純甫及其《鳴道集説》對《諸儒鳴道集》的回應,通過這種雙向的對話衝擊,加深對《諸儒鳴道集》乃至宋代道學發展的認識,該文集中闡發了李純甫的學術淵源和生平、李純甫關於佛教對道學的影響的看法及諸儒出入佛教、《鳴道集説》"中國心學"和《諸儒鳴道集》之間的關係,通過《鳴道集説》發現了《諸儒鳴道集》可能的學術流派傾向和後者思想學説體系在歷史上曾經客觀存在的佐證,并且高度肯定了《鳴道集説》所具有的思想文獻價值。該文是一篇高水準論著,其對李純甫及其《鳴道集説》的分析、考察頗有可參考之處。[5]　劉輝《金代儒學研究》緒論對其所見研究李純甫儒學思想的成果做了綜述,但有欠缺之處,而且該文第三章第三節涉及到李純甫及《鳴道集説》的儒學思想,内容與霽虹、史野《李純甫儒學思想初探》基本一致。[6]　劉海濤《明代莊子學研究》的第二章在概述明以前莊學發展的情況時,對金、

─────────────

[1]　潘桂明:《中國佛教思想史稿(第三卷上)》,江蘇人民出版社,2009 年,頁 334—342。

[2]　賴永海:《中國佛教通史(第十卷)》,江蘇人民出版社,2010 年,頁 485—493。

[3]　饒宗頤:《三教論與宋金學術》,《東西文化》,1968 年第 11 期。饒宗頤:《三教論及其海外移殖》,《選堂集林·史林》(下),臺灣明文書局,1982 年,頁 1207—1248。這篇文章第一部分題爲"三教論與宋金學術",幾乎包含了饒氏《三教論與宋金學術》的全部内容。

[4]　張踐:《新佛教、新道教和新儒學——宋金三教匯通論》,《宗教哲學(臺北)》1995 年第 1 卷第 2 期。

[5]　符雲輝:《諸儒鳴道集述評》,博士學位論文,復旦大學歷史學系,2007 年。

[6]　劉輝:《金代儒學研究》,博士學位論文,吉林大學古籍研究所,2008 年。據該文後附"攻讀博士學位期間公開發表科研成果"顯示,"論文:《李純甫儒學思想略論》(第一作者),《社會科學戰線》2006 年第 2 期"是作者劉輝的研究成果之一。但檢核《社會科學戰線》2006 年第 2 期目録,僅有《李純甫儒學思想初探》而無《李純甫儒學思想略論》,或爲作者筆誤。另,在作者網路資訊的"科研成果"一欄,"《李純甫儒學思想初探》,《社會科學戰線》2006 年 2 月版(第一作者)"位列其中。由此看來,劉輝與"霽虹"當爲同一人。

元莊學頗費筆墨,重點論述了李純甫的《鳴道集説》以及元代焚毀道教"僞經"之事在莊學史上的影響,彌補了學術界相關研究的不足。[1]

英文學界也有對李純甫和《鳴道集説》的一些研究。

加拿大學者冉雲華的《李屏山和他對新儒家批判佛教的反駁》很可能是關於該論題的第一篇英文專文。此文基於當時北美學界對李純甫幾乎一無所知的背景而作,因此以介紹性爲主,簡介了屏山的生平和《鳴道集説》的大致觀點,并按主題將其中10篇翻譯成了英文。[2] 該文最大的貢獻,在於向70年代的美國學者系統地介紹了一位他們并不熟悉、又在思想史上有重要地位的人物,在當時來看的確頗有創新性。[3] 但以今天的眼光看,作者的觀點并無多少創見,也缺乏深度。

香港大學崔培明依靠《鳴道集説》系統地研究了李純甫的三教調和思想,包括李純甫對待"中國傳統"的看法,包括對儒、道的認識和對三教相同點(parallel)的認識,後者又細分爲"原理(Absolute)的結構"、"宇宙生成論"、"實在與《華嚴經》法界的結構"、"成聖論"和"其他"五點,并對李純甫調和工作的邏輯做了評價。[4] 該文思路清晰,值得後來者參考。

美國亞利桑那州立大學田浩(Hoyt C. Tillman)《金代的儒教——道學在北部中國的印跡》被社科院的黄振華譯出後刊載於1987年出版的《中國哲學》。[5] 該文認爲李純甫通過那些直接借自佛家的説法來理解孔子,體現了儒釋道三教一體的本質,但李純甫綜論哲理的著作(包括《鳴道集説》在内)存在諸多先天的缺陷,妨礙了許多儒家學者去認真看待他的儒學主張。作者的主要目的是反駁認爲金代學者對於南宋學術一無所知的舊觀點,[6]因此他主要關注李純甫對於宋朝道學的認識程度。至於李純甫自己的思想内容,作者沒有多談,其材料和觀點基本來自前人崔培明。[7] 而他的《金代思想家李純甫和宋代道學》則完全是删節自《金代的儒教》。《大陸雜誌》於

[1] 劉海濤:《明代莊子學研究》,博士學位論文,四川大學文學院,2009年。

[2] Jan Yu-hua, "Li Pingshan and His Refutation of Neo-Confucian Criticism of Buddhism," in Roy C. Amor, (ed.) *Developments in Buddhist Thought: Canadian Contributions to Buddhist Studies* (Waterloo, 1979), 162-193. 該文最初來自她在美國東方學會(American Oriental Society)中西部分會1971年年會上宣讀的論文,名爲 *Li Pingshan and His Counter-Attack on Neo-Confucian Criticism of Buddhism*,見 "American Oriental Society: Middle West Branch Proceedings of the Annual MeetingNovember 7-9, 1971," in *Journal of the American Oriental Society* 92 (1972), 596. 又參冉雲華:《熊十力對佛學的批判》,收于《玄圃論學集:熊十力生平與學術》,生活・讀書・新知三聯書店,1990年,頁135—149。

[3] 對於該文的評論,見 *Developments in Buddhist Thought* 一書的書評。Daniel L. Overmyer, "Review," in *Philosophy East and West* 31 (1981), 384.

[4] B. P. W. Tsui, "Li Ch'un-Fu's Theory of Harmonization of the Three Teachings," in *Journal of Chinese Philosophy* 13 (1986), 69-100.

[5] 田浩著、黄振華譯:《金代的儒教——道學在北部中國的印跡》,《中國哲學》第14輯,人民出版社,1988年,頁107—141。

[6] 田浩著、黄振華譯:《金代的儒教——道學在北部中國的印跡》,頁107—108。

[7] 田浩著、黄振華譯:《金代的儒教——道學在北部中國的印跡》,頁126。據原文註腳,作者對崔培明成果的引用并非來自他發表的期刊文章,而是1980年的一份會議報告。參該書第125頁注①。

1989 年刊發該文,没有給出譯者姓名,但其中許多措辭和兩年前《中國哲學》上的譯文是完全一致的,《大陸雜誌》不免有剽竊的嫌疑。[1] 田氏近著《邊界跨越與調和傳統:對李純甫〈鳴道集説〉的反思》認爲李純甫寫此書是鑒於儒釋道三大文化傳統有被顛覆摧毁的危險,反映了他在當時的文化危機感。在蒙古入侵下,李純甫試圖建立中國文化傳統的統一戰線,使中國文化豐富的内涵調和一致;他的《鳴道集説》爲該時期跨越邊界的文化衝突與調和提供了一個複雜的例證。[2]

此外,韓國學者近年撰文《程頤在〈鳴道集説〉中對禪宗的批評》。該文筆者未能也無力經眼,但從摘要上看,作者的目的是通過《鳴道集説》研究程頤的思想。[3]

總之,過往學界對於《鳴道集説》即李純甫思想的研究以定性和概括爲主,最常見的觀點包括:李純甫雖然爲佛學辯護但并不反對道學、主張三教合一;李純甫認爲道學吸收了佛學等,能深入文本進行思想分析的論著不多。霄虹和史野在儒學思想上的分析、閆孟祥對心學體系的研究、韓焕忠對屏山如何以佛道的觀點運用儒家文獻的論述、崔培明關於其三教調和論的分析尚可取。

目前對《鳴道集説》思想的研究整體上可以説是非常不充分的。學術探討的範圍狹窄,話題集中,重複工作極多,結論大多雷同;專門研究該書的論著少,研究水準偏低,專著僅有悟慈法師《鳴道集説的研究》一部。許多專題研究論文在做介紹性工作,層次與通論性著作無異,或是在探討其他問題時"蜻蜓點水"般涉及到《鳴道集説》。而在分析方法上,中國學者採用方法基本是歸納整理法,即聚集書中個别文句一些同質的論述,再添上一個標題"李純甫的……"。這樣一來,與其説是在研究思想,不如説是在研究李純甫的行爲以及《鳴道集説》的文本現象。另外,很少有學者跳出《鳴道集説》與《諸儒鳴道集》的緊密聯繫以及金代儒學和佛學的時代範疇,全面探究宋明理學與《鳴道集説》之間的關係、《鳴道集説》在理學與佛學交流史中的特殊意義等,有些甚至連一些基本情況都没有理清,如李純甫的生卒年、《鳴道集説》的卷數和篇數等。因此,迄今爲止大陸學界很少有文章能夠像三十年前的崔培明那樣,以一種哲學觀點消化并重組《鳴道集説》中的材料。

對於學界不佳的研究狀況,不講學術規範或許要負很大責任。第一,絶大多數學者不借鑒前人的成果,絶大多數的著作從未被引用過。其實,學界并不缺乏對前人工作的總結——劉輝在其博士論文中做過李純甫研究綜述,王德朋在其金代儒學與佛

[1] 田浩:《金代思想家李純甫和宋代道學》,《大陸雜誌》第 78 卷第 3 期。
[2] 參見李清凌:《中國宋史研究會第十屆年會暨唐末五代宋初西北史研討會論文概述》,《中國史研究動態》2003 年第 1 期。
[3] 권선향、김원명:《명도집설(鳴道集説)〉에 나타난 정(程)이의 선불교 비판 연구,《동서철학연구》,2013 年,卷 69。

學研究述評中也都涉及了李純甫，[1]閆孟祥也在文章開頭列舉了從 20 世紀 80 年代至今的研究論著。雖然這些人的工作都比較粗糙，所彙集的文獻數目少，缺乏學術史批判與對研究本身的反思，但至少表明了學者們對學術界的積累并非一無所知。非常令人奇怪的是，學者的文獻調研僅僅停留在回顧的層面，既没有將之轉化自己研究的基石，又没有任何形式的唱和與論戰。第二，并不寬廣的研究界中存在著剽竊行爲，正如前文所述。

四、研 究 展 望

通過前文的論述可知，有關李純甫《鳴道集説》研究存在較大的提升空間。今後，研究者應當致力於以下五個方面：

第一，繼續《鳴道集説》的版本搜集、整理、校勘、編輯等工作，充分利用現有的版本以及他書中的佚文，完成一部高品質的點校本。

第二，學界應在全面總結各國學者的成果的基礎上，考證李純甫的有關史事、注釋《鳴道集説》，從而形成一部關於《鳴道集説》的集解，或一部全面論述該書的高水準專著，爲將來的研究提供一個更高的起點。

第三，在更大的背景下以新的角度研究開展研究，擺脱某一部書（《諸儒鳴道集》）、某一個朝代（金朝）的限制。《鳴道集説》的內容及其在思想史、儒佛交流史上的特殊意義乃至其與宋明理學、陸王心學的關係值得詳細分析。此外也需要對其中的"三教合一"論、"中國心學"論、"佛學心性"論等思想做更加深入的探討。

第四，《鳴道集説》回應了《諸儒鳴道集》所收的江民表《心性説》，但江民表在中國思想史研究中受到的關注不夠，他的學派和師承等問題尚不明確。以《諸儒鳴道集》和《鳴道集説》爲中心整理江民表的言論、把握其思想，是一個亟待進行的工作。

第五，一方面總結日本及西方學界的成果，借鑒其思路與方法；另一方面向外譯介《鳴道集説》，以期與更多國際學者一道將李純甫與《鳴道集説》的研究推向更高層次。

張俊毅，北京師範大學歷史學院研究生，zhangjunyi1019@163.com
祁逸偉，牛津大學古典學系研究生，cccp1927@126.com

---

[1] 王德朋：《近二十年來金代儒學研究述評》，《東北史地》2009 年第 1 期；王德朋：《近三十年來金代佛教研究述評》，《中國史研究動態》2012 年第 4 期。

圖書在版編目(CIP)數據

學燈. 第二輯 / 香港浸會大學孫少文伉儷人文中國
研究所主辦. —上海：上海古籍出版社，2017.12
　ISBN 978-7-5325-8590-8

　Ⅰ.①學… Ⅱ.①香… Ⅲ.①社會科學—文集 Ⅳ.
①C53

　中國版本圖書館 CIP 數據核字(2017)第 212753 號

學燈(第二輯)

香港浸會大學孫少文伉儷人文中國研究所　主辦
上海古籍出版社出版、發行
(上海瑞金二路 272 號　郵政編碼 200020)
　　(1) 網址：www.guji.com.cn
　　(2) E-mail：gujil@guji.com.cn
　　(3) 易文網網址：www.ewen.co
浙江臨安曙光印務有限公司印刷
開本 787×1092　1/16　印張 23　插頁 2　字數 432,000
2017 年 12 月第 1 版　2017 年 12 月第 1 次印刷
ISBN 978-7-5325-8590-8
B·1028　定價：78.00 元
如有質量問題，請與承印公司聯繫